新时代的大国战略

左凤荣　梁亚滨　赵　柯◎著

新华出版社

图书在版编目（CIP）数据

新时代的大国战略 / 左凤荣, 梁亚滨, 赵柯著.
--北京：新华出版社, 2018.6
ISBN 978-7-5166-3928-3

Ⅰ.①新…　Ⅱ.①左…　②梁…　③赵…　Ⅲ.①国际关系－研究
Ⅳ.①D81

中国版本图书馆CIP数据核字(2018)第051046号

新时代的大国战略

作　　者：左凤荣　梁亚滨　赵　柯

责任编辑：陈君君　刘　飞　　　　　封面设计：臻美书装
责任印制：廖成华

出版发行：新华出版社
地　　址：北京石景山区京原路8号　　　邮　　编：100040
网　　址：http://www.xinhuapub.com
经　　销：新华书店、新华出版社天猫旗舰店、京东旗舰店及各大网店
购书热线：010－63077122　　　　　中国新闻书店购书热线：010－63072012
照　　排：臻美书装
印　　刷：河北鑫兆源印刷有限公司
成品尺寸：170mm×240mm
印　　张：21.5　　　　　　　　　　字　　数：305千字
版　　次：2018年6月第一版　　　　　印　　次：2019年5月第三次印刷
书　　号：ISBN 978-7-5166-3928-3
定　　价：42.00元

前 言

　　中国日益走近世界舞台的中心，中国与世界的互动越来越强，中国的发展在影响世界，世界的发展也影响着中国。历史的实践证明，世界的发展趋势主要是由大国和大国关系决定的。当今世界正处于大发展大变革大调整时期，各大国都在努力调整自己的政策，既回应时代提出的挑战，又谋求在未来的国际秩序中占据有利地位。因此，研究美国、俄罗斯、欧盟这些大国或大国集团的内部政策调整和国际战略变化，仍是国际政治和国际关系学界关注的重点。

　　冷战结束以来，全球化浪潮一直高歌猛进地向前发展，但美国总统大选、英国脱欧、欧洲右翼力量的发展，使全球化的方向、动力和机制正在发生变化。这一方面使大国间相互依存度上升，另一方面也使大国间的利益冲突增多。西方发达国家的实力和自信心在下降，贸易保护主义上升，全球治理意愿下降，而气候变化、网络安全、恐怖主义等全球性问题使世界各国对全球治理的需求提高。在这一背景下，中国共产党倡导构建人类命运共同体，把中国人民追求美好理想的梦想同各国人民的梦想联系在一起。"人类命运共同体"超越了历史上大国争夺主导权的思维，代之以国家间的平等协商与合作；超越了传统国际共运的目标追求，代之以所有国家携手前行，不同制度国家共同创造人类社会的美好未来。"构建人类命运共同体"这个新理念，反映了正在强起来的社会主义中国的目标追求，向世界宣示了中国不同于历史上那些崛起的强国，中国不追求自己的霸权，而是以合作的态度面对世界，并对世界的发展进步贡献力量。

处理好大国关系是"构建人类命运共同体"的关键。在当今世界上，具有世界性影响的国家有：美国、中国、俄罗斯，如果考虑经济影响力的话，无疑要算上欧盟。在这些大国和国家集团中，美国仍占据着优势地位，美国不仅仍是实力最强大的国家，还有欧盟和日本这样强大的盟友；中国的经济实力和国际影响力增长很快，成为仅次于美国的世界强国；俄罗斯虽然经济乏善可陈，但其军事和外交的影响力仍是世界一流的，不可忽视。欧盟国家是美国的盟国，并不意味着它们对世界没有自己的影响力，欧盟作为仅次于美国的经济体，其影响也是不可忽视的。因此，本书主要关注了美国、俄罗斯、欧盟的政策调整与发展变化，研究了中、美、俄、欧之间的关系，同时也对党的十九大所确定的中国国际战略和对外经济战略进行了解读。

本书是左凤荣担任首席专家的中央党校创新项目"大国战略走向及其对中国的影响"的阶段性成果，该项目的执行专家是梁亚滨副教授，专家助理为赵柯副教授。左凤荣负责全书框架设计，左凤荣、梁亚滨和赵柯分别撰写了俄罗斯、美国、欧盟的部分。全书的统稿和定稿工作也是由左凤荣完成的。

本书以马克思主义基本原理和习近平新时代中国特色社会主义思想为指导，坚持学术性和可读性相结合。鉴于时间和精力有限，我们只研究了相对宏观的问题，研究中还存在许多缺点和不足，希望得到广大读者的批评指正。

目 录 | CONTENTS

前 言 ……………………………………………………………………… 1

上 篇 强人治大国

2016 年美国总统大选：为什么是唐纳德·特朗普？ ……………… 3

一、2016 年美国大选的社会背景 ………………………………… 3

二、特朗普的竞选策略更容易被底层民众接受 ………………… 6

三、新媒体的出现大大削弱了政治精英引导舆论的能力 ……… 11

四、选举人团制度是州权和民权的统一，导致巨大的不确定性 …… 13

五、沉默的大多数最终投票支持特朗普 ………………………… 15

特朗普政府的政治光谱："白""右""军""商" ……………… 17

一、特朗普政府的核心成员 ……………………………………… 18

二、特朗普政府中的"白""右""军""商" ……………………… 31

特朗普政府面临的挑战 ………………………………………… 37

一、美国仍具有超强的实力 ……………………………………… 37

二、特朗普总统个性的优势与劣势 ·················· 40

三、特朗普政府面临的来自国会的挑战 ·················· 42

四、军费增加将遭遇"预算天花板" ·················· 44

五、朝核问题陷入两难 ·················· 45

普京强人治国的谋略·················· 51

普京：政治强人的成功之处 ·················· 51

普京重视发挥国家与法治的作用 ·················· 55

普京善于利用外交为内政服务 ·················· 60

普京善于发挥个人魅力的作用 ·················· 61

从历史观看普京的治国理念·················· 63

一、强调俄罗斯的历史继承性，培养爱国主义情感 ·················· 63

二、淡化革命意识，强调国家走渐进式发展之路 ·················· 67

三、强调俄罗斯自古以来就是统一的多民族国家 ·················· 71

四、歌颂人民的英雄主义和爱国主义，强调人民性 ·················· 74

五、肯定各个历史时期（包括苏联时期）作为大国、强国的辉煌 ·················· 76

俄罗斯以"进口替代战略"对抗西方制裁·················· 78

一、俄罗斯"进口替代战略"提出的背景 ·················· 79

二、俄罗斯"进口替代战略"的实施及其效果 ·················· 83

三、俄罗斯"进口替代战略"实施面临的问题与前景 ·················· 89

普京第四次入主克里姆林宫：问题与挑战·················· 93

一、普京执政六年并未兑现的诺言 ·················· 94

二、普京面临着发展经济和解决社会问题的重要任务 ·················· 97

三、普京的对外政策面临重大挑战 ·················· 100

"后危机时代"欧盟面临多重挑战与欧盟的结构性改革·········· **105**

危机成为改革的动力 ························· 105

结构性改革初见成效 ························· 107

欧洲财政一体化在蹒跚起步 ····················· 111

德法两国对财政一体化的分歧 ···················· 117

德国在欧盟内的"崛起" ······················ **120**

欧元制度下的超强融资能力：德国"重新崛起"的根基 ········· 120

源自欧元的国际货币权力：德国主导欧洲的工具 ··········· 125

理念引领与非中性制度："德国式"权力扩张 ············ 132

中国对外开放战略如何回应挑战·················· **137**

以各国经济大融合、发展大联动来深化新时期对外开放 ······· 137

以新型合作机制创新对外开放新模式 ················ 140

以新理念引领对外经济合作新方向 ················· 142

下　篇　大国全球博弈

新时代的中美俄三角关系···················· **149**

一、中美俄力量对比已经发生了变化 ················ 149

二、中美俄三角关系互动性不强 ·················· 152

三、运筹好中美俄三角关系的对策 ················· 156

从"利益攸关方"到"战略竞争者"：霸权衰落下的中美关系········· **162**

一、新世纪以来美国历届政府对华战略定位与演变 ········· 162

二、美国霸权衰落和中国的崛起 ·················· 166

三、美对华政策调整背后的中美博弈 ················ 171

从"中美新型大国关系"到命运共同体：中国视角下的中美关系·········· 181

一、中美建设新型大国关系的理论与现实背景 ·············181

二、中美建设新型大国关系的探索 ···············184

三、坚持走和平发展道路，构建人类命运共同体 ···········188

特朗普总统的亚洲之行与美国的"印太战略"··········· 199

一、特朗普亚洲之行简述 ················199

二、美国"印太战略"的战略意图 ···········206

三、美国"印太战略"的内涵 ·············209

谁是俄罗斯的敌人：俄罗斯国家安全战略解读·········· 217

一、俄罗斯新安全战略出台的背景 ···········218

二、俄罗斯安全战略的新变化 ·············221

三、俄罗斯维护国家安全的政策走向 ··········226

俄罗斯与朝鲜半岛关系的演变········· 234

一、俄罗斯与朝鲜半岛两个国家关系的历史 ·········234

二、俄罗斯政策"东向"背景下的俄朝关系 ·········240

三、俄罗斯对朝鲜半岛政策的目标 ············244

日益增进的中俄全面战略协作伙伴关系········· 256

一、习近平高度重视发展对俄关系 ···········256

二、"一带一路"助推中俄合作 ·············261

三、中俄战略互信增强 ···············265

俄美关系为何难以转圜·············· 269

一、改善俄美关系的转机并未出现 ···········269

二、俄美间存在重大矛盾与根本分歧 ··········271

三、俄美关系短期内难以改善 ············278

欧盟的亚太战略：奉行"新接触主义"·········· 283

欧洲与亚投行：从冷眼旁观到争相加入 ·········284

欧盟国家加入亚投行背后的欧美协调 ·········287

"亚投行热"体现欧盟亚太政策的"新接触主义"转向 ·········289

欧盟"新接触主义"亚太政策带来的风险与机遇 ·········293

欧盟的对美战略：推动欧美关系"再平衡"·········· 297

北约框架下欧美军事同盟没有弱化 ·········297

欧美贸易政策的共识大于分歧 ·········299

欧美正在推动"大西方"的形成 ·········301

中欧关系发展进入新时代：从贸易伙伴迈向全球合伙人·········· 305

中欧金融合作的起点：国际金融货币体系的动荡 ·········306

中欧改革全球货币体系的努力 ·········309

开辟新路径：中欧资本的互联互通 ·········313

以金融合作助力中欧战略伙伴关系进入新时代 ·········317

"构建人类命运共同体"：中国外交战略的目标追求·········· 320

一、"人类命运共同体"：中国向世界贡献的新理念 ·········320

二、"人类命运共同体"：中华文化传统与现实紧密结合 ·········326

三、"一带一路"是打造"人类命运共同体"的重要举措 ·········329

上 篇

强人治大国

2016 年美国总统大选：
为什么是唐纳德·特朗普？

中央党校国际战略研究院　梁亚滨

2016 年是美国的大选年，不仅要选第 58 届总统，还要完成 435 位全部国会众议员和 1/3 国会参议员的改选，一些州长和州议员也要重新选举。此次大选是美国历史上最为重要的一次大选之一，也是意识形态分歧最为严重的大选之一，不但表现出美国社会阶层的巨大分裂，也预示着美国未来战略走向的重新调整。11 月 8 日大选日吸引了全世界的注意力，而且最终结果也震惊了整个世界，开始一再不被看好的共和党参选人唐纳德·特朗普居然从开票的开始就一路领先，尽管在一些关键的摇摆州出现长时间的胶着状态，但最终还是凭借超高的人气先后拿下俄亥俄、北卡罗来纳、佛罗里达、宾夕法尼亚等多数摇摆州，颠覆选前绝大多数主流民调预测，挫败了希拉里·克林顿迈向"美国首位女性总统"的进取之路，当选新一届美国总统。但问题是，为什么之前的认为希拉里将获得大胜的民调与最终结果却相差这么大呢？

一、2016 年美国大选的社会背景

2016 年美国大选最为重要的社会背景为两极分化愈发严重，造就一大批对现状不满、希望带来真正变革的群体。这种不满的根源就在于美国社会结构在过去十年的巨大变化。由于资本回报率总是倾向于高于经济增长率，所以贫富分化是资本主义无法避免的致命缺陷。这也进一步阻碍了阶层之间的流动，导致社会阶层固化，破坏自由、平等和民主。

2007 年，美国遭遇次贷危机，经历了严重的经济衰退。从数据上来看，经过奥巴马政府长达八年的努力，美国经济已经实现复苏，选前最新数据显示失业率创历史新低，降至 4.9%。2009 年该数字曾一度高达 10%。[1] 但不可否认的一个事实是，在这一轮所谓的"复苏"中，不同社会群体的受益情况是完全不一样的。无论是盖洛普还是皮尤研究中心，研究报告都认为美国经济不但没有真正复苏，反而存在严重问题。盖洛普调查揭露，自认是中产阶层或中上阶层的人口数量占总人口数量的比例从 2000 年至 2008 年的平均61% 剧降至 2015 年的 51%，减幅达 10 个百分点。与此同时，自认为是工人阶级或者下层阶级的百分比则从 2000 年的 33% 急剧增加到 47%–48%。[2]

在这些认知变化中，我们可以发现受教育水平是一个重要变量。自认为不再是中产阶级的人群中，本科毕业生群体变化比例最高，从 60% 下降到45%，下降了 15 个百分点。其次是初中及以下群体，从 42% 下降了 13 个百分点。变化最小的群体是研究生群体，只下降了 6%。同时，年龄也是另外一个重要因素，30–49 岁和 50–60 岁的中、老年群体是失落感最为强烈的群体，自认为是中产阶级的比例从 63% 和 65% 下降到 48% 和 49%，降幅高达 15 到16 个百分点。由此可见，社会的中坚力量越来越有失落感。从收入上来看，年均收入在 3 万至 7.5 万美元之间的群体变化最大，其次是年均收入 7.5 万美元以上的群体。另外从党派属性来看，相对于民主党支持者，共和党群体的失落感更为明显。

皮尤研究中心 2015 年底的研究数据也得出了类似且更加严重的结论，即美国中产阶级家庭所占比例已不到一半，从 1971 年的 61% 减少到 49.4%。实际上，尽管数以百万计的美国人可能仍在就业，但距离失业、未充分就业

---

[1]Patrick Gillespie, "U.S. unemployment falls to 4.9% before election,"CNN, November 4, 2016, http://money.cnn.com/2016/11/04/news/economy/us-october-jobs-report/index.html.

[2]Frank Newport, "Fewer Americans Identify as Middle Class in Recent Years,"*Gallup*, APRIL 28, 2015, http://news.gallup.com/poll/182918/fewer-americans-identify-middle-class-recent-years.aspx.

或工资被削减，仅一步之遥。美国劳工统计局数据也显示，自 2010 年以来，拥有全职工作的人在美国成年人口中的比重一直维持在 48% 左右，这是 1983 年以来的最低水平。只能从事兼职工作而非全职工作的人群高达 600 万人。事实上，即便如此，依然存在巨大的失业群体，很多人由于在过去几年中一直未能找到工作就最终放弃了继续到失业部门进行登记，不再寻求就业。而且，十月份的工资强劲增长其实是长期等待的结果，长期的工资停滞实际上已经令很多人感到不满，因为他们没有从过去七年的经济缓慢复苏中享受到获得感。[1] 总体来讲，曾经是社会中坚和稳定器的中产阶级比例大幅度萎缩，导致精英阶层与底层人民的对立更加严重。这导致无论是在国内政治还是国际政治层面，美国社会均越来越难以实现共识，极端对立的政策将不断在左右两端的政治光谱中摇摆。

与贫富分化相伴的是美国国内不同阶层的流动性降低，阶层固化趋势愈发严重，政治生态也愈发意识形态化。诺贝尔经济学奖获得者斯蒂格利茨教授在其《不平等的代价》一书中指出，"占领华尔街"运动反映的不仅仅是一个经济问题，更重要的是其背后的政治问题："1% 的群体所有、所治、所享"。[2] 在他看来，"美国社会不平等日益加剧，且政治体制越来越向上层群体倾斜"；"不平等是政治体制失败的成因和后果，不平等也造成了经济体制的不稳定，经济体制的不稳定又加剧了不平等"。市场没有发挥应有的作用，既无效率也不稳定；政治体制并没有纠正市场失灵；经济体制和政治体制在根本上都是不公平的。[3] 金融危机加速了市场失灵、政府失灵和体制不平等。社会阶层随之趋向固化。如果社会阶层流动性充分的话，占人口总量 20% 的最底层人群中将只有 20% 的人的孩子会继续留在最底层。这方面，

---

[1]Frank Newport, "Fewer Americans Identify as Middle Class in Recent Years,"Gallup, APRIL 28, 2015, http://news.gallup.com/poll/182918/fewer-americans-identify-middle-class-recent-years.aspx.

[2] 仿效林肯总统著名的葛底斯堡演讲的结尾句：民有、民治、民享的政府。

[3] 约瑟夫·E·斯蒂格利茨，张子源译：《不平等的代价》，机械工业出版社 2013 年版。

丹麦的数据是 25%，英国的数据是 30%，而在美国是 42%。最底层的 20% 人群进入最上层的 20% 人群的概率，丹麦是 14%，英国是 12%，美国是 8%。教育在美国是影响收入水平较高的因素，因此教育数据更能够直观说明问题。美国知名大学的学生构成比例为：9% 来自底层 50% 的人群，74% 来自上层 25% 的人群。来自低收入家庭但学习成绩很好的学生中有 29% 大学毕业，来自高收入家庭但学习成绩不好的学生中有 30% 能大学毕业。[1]

所以，几乎所有群体，特别是社会的中坚力量群体越发对现状不满。这种认知变化也带来剧烈的政治影响，尽管"中产阶级"这一术语依然能够获得共鸣，但是政治家已经开始变得小心翼翼，尽量不使用该术语来称呼他们的支持者。希拉里的一个声明视频中就曾用"日常的美国人"（Everyday Americans）来取代"中产阶级"。在她的竞选网站首页上就写道："日常的美国人需要一个冠军。我想成为那个冠军。"[2] 这表明希拉里已经意识到在竞选战略中需要注意修辞，力求使用更具包容性、更容易被接受的术语，避免引发选民的不满。这反证了一个事实，即中产阶级不再是社会能够被接受的最大公约数。

二、特朗普的竞选策略更容易被底层民众接受

未来学大师、世界著名未来学家阿尔文·托夫勒（Alvin Toffler）曾在 1990 年出版过一本书《权力的转移》，成功地预测到类似唐纳德·特朗普这样的商业巨头有可能成为美国总统。他在书中写道："商业巨头的大名就像好莱坞的影星一样，经新闻媒介的传播在公众眼前飞来晃去。像唐纳德·特

---

[1]Jason DeParle, "Harder For Americans To Rise From Lower Rungs,"*The New York Times*, 4ᵗʰJan. 2012, http://www.nytimes.com/2012/01/05/us/harder-for-americans-to-rise-from-lower-rungs.html?_r=1&pagewanted=all.

[2]Melissa Brown, "'Everyday Americans need a champion': Hillary Clinton enters 2016 presidential race,"*the AL*, Apr 13, 2015, http://www.al.com/news/index.ssf/2015/04/everyday_americans_need_a_cham.html.

朗普或者李·亚柯卡那种靠自我奋斗起家，身边常围着一批热衷于搞宣传吹捧的人，正在成为商业界实力人物的象征。这批人业已成为喜剧中的讽刺对象。他们及其所雇用的文人墨客炮制出最畅销的作品。这些人甚至被提名，或者已被安排提名为美利坚合众国总统的潜在候选人。商业活动已进入格里兹时代。""过去商业史上的明星也不乏其人，但昔日商业明星们的发家史不能与今天同日而语。新经济的表面包裹着一层商业活动所需要的、新型的、华而不实的魔力。""在新经济中，信息所涉及的范围，其中包括从科学研究直到那些骗人的广告，起着日渐增强的作用。现在发生的事情是，一个崭新的'财富创造系统'正在崛起。随之而来的是出现了权力再分配的戏剧性变化。"[1]

回顾特朗普的商业历史，充分体现出"格里兹"时代的特征：充满着"需要的、新型的、华而不实的魔力"，以及"从科学研究直到那些骗人的广告"。这些"格里兹"魔力和欺骗不断起着日益增强特朗普影响力的作用，也不断增强其权力，从商业漫溢到政界。特朗普数次破产又重新崛起的经历，对很多普通民众——特别是遭遇挫折的民众——来说，成为他们寄托希望的唯一载体。所以，特朗普的竞选策略从一开始就采取了一种剑走偏锋的路径，豪赌不满现状的人数超过了希望维持现状的人数。因此，特朗普在整个大选期间，并没有遵循传统竞选套路——初选阶段走极端以搏"出位"，大选阶段则尽可能向中间路线靠拢以扩大支持——而是将对抗性的极端路线从头贯彻到尾。特朗普的竞选政策简单总结可以称之为"精兵简政，矛盾外移"。

面对美国政治与社会的巨大变革，无论是希拉里还是特朗普都很清楚经济因素在这场变革中的重要性。所以，2016 年 9 月 6 日两位候选人的首场电视辩论，第一个议题就围绕就业和工资增长。希拉里强调创造经济"强劲增长、公平增长和长期增长"的条件，强调政府对市场的干预，鼓励企业和员工分享盈利所得，鼓励各州根据实际情况提升各州的最低工资，通过改善资本利

---

[1] 阿尔文·托夫勒：《权力的转移》，中共中央党校出版社 1991 年第 1 版，第 31 页。

得税来鼓励可持续发展性企业。她特别指出："美国的经济应该服务于所有阶层，而不只是上流阶层。"同时，希拉里·克林顿希望为非法移民打造获得公民身份的快速通道。纯粹就数据和理论而言，2016年的经济情况有利于希拉里赢得大选。大选日之前的三个月，美国经济增长速度达到2.9%，成为金融危机以来表现最好的一个季度。10月份美国经济增加了16.1万个就业机会，而且是连续第73个月增加，显示经济运行健康稳定。劳工部长汤姆·派瑞兹（Tom Perez）指出："我们看到很多的数据显示经济正在朝着正确的方向前进。"与此同时，工资增长与去年同期相比增加了2.8%，是2009年以来增长速度最快的一个月份。这也表明美国经济正在从金融危机所带来的大萧条中恢复，对大选必然产生难以估量的重要影响。就业报告一般都被认为是对总统大选结果有绝对性影响力的因素。总体来说，漂亮的经济数据有助于执政党赢得大选。

与之相反，特朗普则承诺减税和放松管制，减轻政府对市场的干预。特朗普认为民主党政府的政策增加了美国企业的负担，导致就业岗位流失，特别是向墨西哥、中国等国的流失。他认为美国需要"大幅缩减企业税，税率从35%缩减到15%，让企业留在美国，创造更多的就业"。根据穆迪、牛津经济学院和宾夕法尼亚大学沃顿商学院的研究，希拉里的政策比特朗普的政策更能够创造就业机会。[1]但是，在美国社会普遍存在巨大不满的社会背景下，将问题原因归结于外部而非自己的方法更容易令普通老百姓，特别是底层人民所接受。面对希拉里的竞选优势，2016年10月22日，仍是共和党候选人的特朗普来到宾夕法尼亚州葛底斯堡发表演说，全面阐释了他如果当选美国新一届总统后将在100天内实施的新政，向选民立下"契约"。

"百日工作"计划要点：

---

[1]Patrick Gillespie, "U.S. unemployment falls to 4.9% before election,"*CNN*, November 4, 2016, http://money.cnn.com/2016/11/04/news/economy/us-october-jobs-report/index.html.

清除华盛顿腐败和利益勾连的六项政策措施：

（1）动议宪法修正案，规定所有国会议员的任期上限；

（2）除军队、公共安全和公共健康部门外的所有政府部门停止招聘新员工以削减开支；

（3）以后每产生一条新的联邦法规，必须先废除两条旧的；

（4）所有白宫和国会官员在离开公职后五年内不得担任政治游说者；

（5）所有白宫官员终身不得代表其他国家政府从事政治游说活动；

（6）全面禁止外国说客为美国的选举活动筹款。

保护美国工人的七项行动：

（1）宣布重新谈判《北美自由贸易协定》（NAFTA），或根据该协定第2205条退出；

（2）宣布退出《跨太平洋伙伴关系协定》（TPP）；

（3）指示财政部长将中国列为"汇率操纵国"；

（4）指示商务部长和美国贸易代表识别所有给美国工人带来不利影响的国际贸易活动，指示他们在美国和国际法律框架内穷尽一切手段，立即阻止这些贸易损害行为。

（5）取消总价值50万亿美元的美国能源储备生产限制，包括页岩气、石油、天然气、清洁煤；

（6）取消奥巴马、克林顿政府对能源基础设施建设项目的限制；

（7）撤销对联合国气候变化项目高达十亿美元的资助，将这笔资金用于修复美国水资源和环境基础建设。

上任第一天即采取的恢复安全和法治五项措施：

（1）废除所有奥巴马签发的违宪行政令、备忘录和总统令；

（2）启动联邦大法官遴选程序，从20人名单中选出一位接替已去世的斯卡利亚首席大法官；

（3）取消对所有保护非法移民城市的联邦资助；

（4）开始遣返超过200万的有犯罪记录的非法移民，若对方国家不愿接收，则取消向他们提供的签证便利；

（5）停止从有恐怖主义倾向且移民审查失效的国家接收移民，所有进入美国的移民必须接受终极审查。

与国会一道采取的立法行动：

（1）中产阶级税务减轻和简化法案。这是一项旨在通过减税和简化税法使 GDP 增速达到 4%、产生 2500 万个新工作机会的经济计划。与之配套的还有贸易改革、宽松法规和取消美国能源限制等举措。商业税率从 35% 下调到 15%，数以万亿美元的美国企业海外资金以 10% 的速度回流；

（2）终止离岸法案。通过设立关税来抑制美国公司诸如将总部设到海外、产品返运回美国时避税并解雇美国本土工人的全球化行为；

（3）美国能源与基建法案。通过税率优惠撬动公私伙伴关系、争取私人投资，从而推进一项为期十年、总额 1 万亿美元的基建投资；

（4）学校选择与教育机会法案；

（5）撤销和替换奥巴马医保改革法案，代之以健康储蓄账户；

（6）可负担的儿童保障和老年人保障法案；

（7）结束非法移民法案；

（8）恢复社区安全法案；

（9）恢复国家安全法案。减少协防支出，增加军事投入，重建军力。为退伍军人提供公共服务。加强网络安全建设。建立新的移民筛选机制，确保新移民支持美国人民和美国的价值观。

（10）反贪腐法案。清除不良风气，减少特殊利益集团对美国政治的影响。[1]

特朗普的百日计划总体来看可以突出体现出其竞选纲领"美国优先"的理念，同时也体现出共和党"精兵简政"和加大军事投入的传统风格。

---

[1] 盘古智库课题组：《新一届美国政府内外政策展望——美国当选总统特朗普候任期观察报告》，执笔人：安刚，盘古智库课题报告系列，第 3、4 页。

此外，选择葛底斯堡作为公布旨在使美国再次强大的百日新政发布地，首先为了向林肯总统致敬，同时表达要扭转美国"败局"的决心。无论是地点选择还是政策内容，特朗普的新政都非常容易唤起共和党人的热情和认同。与希拉里相比，特朗普的优势在于其政策主张简单、通俗、易懂，很好地迎合了美国中下层白人的焦虑心理。这些受教育程度、工作技能和收入水平均偏低的白人男性，在经济全球化的浪潮中越来越感受到挫败和失落，对自由贸易、照顾少数族裔、推动同性恋合法化等问题越来越不满。这种不满和愤怒转化为有排外倾向的本土主义和反对精英控制的民粹主义，进而转化为对特朗普的支持。如果我们把本次大选当作一个观察指标的话，美国的中产阶级由于数量萎缩已经大大削弱了稳定社会的功能。特朗普胜选很可能意味着美国历史上的一个新的分水岭，未来美国国内的意识形态分歧将更加严重，社会不同阶层的割裂也将更加难以弥合，不同党派的政策主张也可能更加倾向于极端化。

三、新媒体的出现大大削弱了政治精英引导舆论的能力

近代以来，大众传媒的发展和普及极大推进了世界民主化进程。报纸、电视、广播等媒体是民众了解世界和认识世界的主要途径。这也赋予大众传媒巨大的权力，既是监督政府的"第四权力"，也拥有教育和引导民众的启蒙力量。但这样一个权力长期以来基本上掌握在知识分子和资本家手中。资本家可以凭借巨大的财力成为具有世界影响力媒体的幕后操纵者。知识分子则自认为掌握了未来社会发展的真理，时刻不忘教育民众并替民众做出关于未来的选择。这一现象在美国尤为突出。因此，我们会看到美国历任总统大选中的重头戏都在媒体上展开，无论是广告还是辩论。媒体也因此成为选举费用的主要流向。

但是技术的进步，特别是网络的发明和普及，使自媒体成为可能。凭借Facebook、Blog、Twitter等自媒体工具，人人都成为信息的制造者、编辑者和传播者。原本由精英通过传统媒体所垄断和控制的信息流动，在现实中被

迫向掌握新媒体的普通民众开放。民众的自我觉醒也越来越明显，不再轻易接受精英阶层替他们做出的选择。在这种情况下，本身就话题不断且热衷于推特等新媒体的特朗普在自媒体时代能够更加容易脱颖而出。此外，自媒体的出现增强了民众自身的话语权，天然产生了对传统主流媒体的对抗意识，总是需要以标新立异的方式来挑战传统媒体的权威。这既是自媒体的本质属性，也是生存之道。所以特朗普以反建制派斗士的角色出现时，就自然受到大多数对传统主流权威不满群体的追捧，成为他们对抗传统主流权威的重要同盟军。

当主流媒体不断抓住特朗普的不当言辞进行猛烈攻击时，却对希拉里的"邮件门"等诸多违规行为选择轻描淡写地略过。这种明显的"偏见"进一步增强了普通民众对建制派的厌恶。在两位参选人的 Twitter 大战中，支持特朗普的热度远远超过了希拉里，而且站在特朗普一边的大多明确地表达支持，而偏向希拉里一边的多表示中立态度和嘲讽特朗普。这种明显的差别却被主流媒体所轻易或刻意忽视，所以当出现打着科学旗号的民意调查最终与真实结果谬以千里时，也就不难理解了。特朗普本人又是一个极具争议性的候选人，他以各种出格言论不断挑战政治正确使之能够长期在媒体上保持热度。无论是批评还是赞扬，特朗普总能够使自己站到媒体关注的焦点之中，能够凭借较少的广告投入就保持超高的曝光度。相比之下，希拉里如果想要保持同样的曝光度则需要更加巨大的广告宣传投入。与希拉里大规模进行电视广告不同，特朗普的竞选经费大多集中在印有其头像或名字的旗帜、棒球帽和 T 恤衫上。

对特朗普的吹捧明显地体现在与竞选有关的国际贸易订单和出口数据中，甚至成为成功预测特朗普胜选的关键依据。大数据分析早在 2016 年初就预示特朗普可能会赢得大选，因为购买支持特朗普的衍生产品的订单数量远远超过支持希拉里的衍生产品的订单数量。阿里巴巴国际站解释称，类似面具这样的大宗采购商基本都直接来自国外大的贸易商、批发商。这些贸易商的采购需求大多直接来自于当地政府、党派和财团，也有一些有组织的粉丝团。

所以从某种程度看，订单数量体现了当地人对不同候选人的支持力度。[1]

与此同时，来自阿里巴巴全球速卖通（AliExpress）上的关键词搜索量，也能显示出普通美国消费者的倾向。阿里巴巴全球速卖通在美国是排名前三的跨境电商平台，但和亚马逊、eBay不同，其特点是"中国制造"的集中输出地。从海外买家在速卖通上查询特朗普和希拉里的情况，可以洞察出美国选民的心态。数据显示，从2月1日（初选开始）到特朗普成为共和党唯一候选人，他在阿里巴巴全球速卖通上的搜索次数及周边产品的销量都远远超过希拉里；在相关产品页，特朗普也再次领先：在阿里巴巴国际站上，与特朗普相关的产品有11页，而与希拉里相关的产品只有短短3页。特别值得注意的是，特朗普产品的买家普遍表现得更加热情，晒买家秀和发表留言的比比皆是，而且留言绝大多数都表示支持特朗普。相比而言，买希拉里产品的买家更加朴实平和，缺乏热情。[2]选民在网上进行晒买家秀和发表留言的行为进一步增强了持同一或者类似观点人群的集体认知，在彼此的互动过程中不断强化这种认知。同时特朗普在推特上的高频发声与亮相，进一步拉近了他与支持者的距离，增强了彼此间的热烈互动。所以特朗普的"死忠"粉丝往往会更加忠诚热情地去影响其他人，而希拉里的支持者则往往不屑于做这种事情从而削弱了扩张影响力的机会。

四、选举人团制度是州权和民权的统一，导致巨大的不确定性

根据美国宪法，总统不是由国会选举，也不是由选民直接选举，而是由选民选举的选举人组成选举人团进行选举。选举人团共有538名选举人，即538张选票，只要某一位选举人能够获得270张票，即可当选。每个州的选

---

[1] 任翀：《义乌做旗子的预测了特朗普获胜？这还真的靠谱》，上观新闻，2016年11月9日，http://www.shobserver.com/news/detail?id=35918.

[2] 任翀：《义乌做旗子的预测了特朗普获胜？这还真的靠谱》，上观新闻，2016年11月9日，http://www.shobserver.com/news/detail?id=35918.

举人团选票和该州的参众两院议员名额相符，每州至少会有一名众议院议员和两名参议院议员，因此每州至少会有三张选票。根据宪法第 23 条修正案，首都哥伦比亚特区被给予三张选举人团选票，在选举人团的投票资格和程序上与其他州一样。每位总统候选人都有支持自己的选举人，这些选举人往往由该候选人的政党决定，但是各州的产生方式也多有不同。通常情况是，政党会在州代表大会或中央委员会上提名选举人，每位总统候选人都会有自己的选举人名单。选择"选举人"往往根据他们对政党的贡献而做出，大多数是州政府官员、政党领袖或是与总统候选人存在特殊私人关系或政治联系的人。在大选日，各州的选民们通过给自己支持的总统候选人投票来选择"选举人"，因此选举人的名字不一定会在选票上出现在总统候选人名字的下方。所以，选民在投票的时候看上去是在选总统，但实际上是在选举支持某位总统候选人的选举人。除了内布拉斯加和缅因州，获得最多选举人票数的候选人可全数取得该州的选举人票，即"赢者通吃"。在内布拉斯州和缅因州，获得最多选举人票的候选人将获得两张选举人票，另外一张将给予在该州国会众议院议员选举中获胜的一方。因此，这两个州的选举人票是有可能分配给两个候选人的。[1]

可以说，这样的制度设计并不完全符合民主的原则，因为获得最多选举人票的候选人未必是获得普选票最多的候选人。例如 2000 年的总统大选，尽管小布什凭借超过 270 张的选举人票成功当选总统，但是从全国来看他获得全部普选票并没有其竞争对手戈尔多。但是，美国总统选举除了体现人民的民主权利外，还要体现作为合众国组成部分的州的权利。本质上来看，该制度的设计理念所体现的并不是普选制，而是州权与民权的妥协和统一。与参议院议员数量相等的 100 张选举人票再加上法律赋予哥伦比亚特区的两张选举人票所代表的就是州权。剩下的 346 张代表的是民权，即以人口多寡计算

---

[1] "Who are Electors?" in U.S. Electoral College, http://www.archives.gov/federal-register/electoral-college/electors.html#restrictions.

的票数。"赢者通吃"的原则进一步将一州之内的选举权力统一，事实上增强了州权，即本州要作为一个整体发出一个统一的声音来参与总统选举。这样的设计有助于造就强势总统。因为一旦总统成功当选，就意味着他获得了50%以上的支持率。比较而言，实行普选制总统制的菲律宾情况就完全不一样。2016年5月11日的菲律宾总统选举，杜特尔特凭借39%的得票率就成功当选总统。这显然无法从逻辑上证明杜特尔特获得了绝大多数民众的支持，只能说他获得相对多数的支持。

当然，选举人团的制度设计也必然带来巨大的不确定性，不到最后一刻谁也不敢确保胜选。即便候选人在一州之内只是以微弱多数获胜，也能在"赢者通吃"的原则下立刻获得整个州的支持。从最终结果来看，特朗普获得了304张选举人票，占全部选举人票的56.5%，成功当选美国新一届总统，但是实际上他只获得了46%的普选票，比希拉里少了近300万张选民票。但反过来，也正是因为这种不确定性，让参选人时刻要对选民心存敬畏之心，否则稍不注意就会被选民抛弃。民主党和主流媒体之前一边倒地支持希拉里，终于为这种傲慢受到了选民的惩罚。

五、沉默的大多数最终投票支持特朗普

事实上，本次选举大大出乎大多数人的意料，从刚开始时就对民主党不利。迟至2015年底，也只有很少人认为民主党会赢得大选，因为历史上民主党只有两次连续三次赢得总统大选。在2014年的国会中期选举中，共和党大胜，同时拿下参众两院的多数席位，也给民主党角逐2016年的总统大选投下了巨大的阴影。这也是相比民主党，共和党有多位参选人出来竞选的原因。

但是，特朗普的横空出世，彻底打乱了共和党的阵脚，也大大增加了希拉里获胜的概率。特朗普个性张扬，高调炫富，不断挑战"政治正确"底线的出格言论招致整个建制派的厌恶，无论是民主党还是共和党。此前媒体就曾爆出，共和党的一批元老级人物拒绝为其背书，例如老布什就曾说将投票给希拉里。但是美国选举政治的吊诡之处就在于，真实的民意未必如

同政治家所期待或想象的那样去发展。在选前很长一段时间内，公开宣称支持特朗普在某种程度上已经成为一种"政治不正确"的行为，否则就会被贴上"种族主义""极右分子""歧视女性"等不道德的标签。所以当主流媒体在做民意调查时，无论是出于恐惧还是厌恶，相当多的人隐瞒了自己真实的政治倾向，因为他们知道做民意调查的那些人知道他们的住址、电话甚至其他信息。这是导致民调不靠谱的直接原因。在选前一天，知名的政治预测网站 FiveThirtyEight 的调查显示，希拉里胜选的概率为 81.5%，特朗普仅为 18.4%。在开票当天，纽约时报最初的预测依然给予希拉里 90% 以上的高估值。但是当希拉里试图携民调一路高歌时，却受到开票结果的无情打击。选民用选票狠狠地教训了建制派和主流媒体的傲慢。

特朗普政府的政治光谱：
"白""右""军""商"

中央党校国际战略研究院 梁亚滨

2017年1月20日，唐纳德·特朗普在白宫宣誓就职，成为第45任美国总统。在竞选过程中，特朗普以各种出格言论和非常规做法不断挑战美国政治社会的主流价值观，因此被贴上"反建制派"的标签。这虽然让特朗普能够以剑走偏锋的方式赢得大选，但是也撕裂了美国政治生活中一些价值观共识，即便在共和党内部也存在对特朗普本人的强烈厌恶氛围。例如此前媒体就曾爆出，共和党的一批元老级人物拒绝为其背书，老布什就曾说将票投给希拉里。这使很多共和党政治精英不愿意主动为特朗普政府效劳，大大削弱了特朗普政府的执行能力。所以，最终进入特朗普政府的人员也多持有各种偏激的观点，进一步加剧了内部斗争，降低了白宫的工作效率，也造成短短一年时间内多次出现内阁人事变动。新当选总统第一任期的首批内阁人选，一向有着至关重要的象征意义。总统往往通过组阁，勾勒出未来政策方向。总体来看，特朗普政府的政治光谱较为偏右，主要由"白""右""军""商"组成，属于意识形态上的保守派，本质上代表了共和党鹰派，同时向军队和商界示好，与奥巴马政府偏向少数族裔和知识分子的倾向截然不同。同时，内阁成员的高度意识形态化、年龄偏大和人事变动频繁，大大削弱了政府的运行能力，说明特朗普政府执政经验不足。

一、特朗普政府的核心成员

副总统迈克·彭斯（Mike Pence），58 岁，出生于印第安纳州哥伦比亚市，毕业于印第安纳大学罗伯特·麦金尼法学院，前印第安纳州州长。2010 年，印第安纳州的人口种族构成如下：84.3% 为白人，9.1% 为黑人（非洲裔美国人），1.6% 为亚裔美国人，0.3% 为印第安原住民，2.0% 为混合的种族（两种或两种以上种族混血），其他种族 2.7%。截至 2016 年白人比例都在 84% 以上。[1] 宗教上，基督教占据绝对主流地位，67% 的人口是新教徒（Protestant），罗马天主教徒（Roman Catholic）占 20%。1988 年和 1990 年两度竞选国会议员失败后，彭斯在 1994 年至 1999 年间成为一个保守主义电台和电视脱口秀主持人。2000 年竞选国会众议员成功，并连任至 2013 年，其间曾在 2009 年至 2011 年间担任众议员共和党团主席，成为该党在众议院的第三号人物。[2] 2013 年成为印第安纳州州长后，彭斯实施了印第安纳州历史上最大的减税政策，扩大教育投入，大幅增加了该州的预算盈余。其间，彭斯通过了限制女性堕胎的法案 [3]，以及颇具争议的"宗教自由复兴法案"，受到来自党内温和派、商业团体和同性恋支持群体的猛烈抨击。随后，他也曾签署法案禁止基于性取向、性别和其他原因的歧视。彭斯在美国国内被普遍认为是强硬的保守派人士。2016 年 7 月，迈克·彭斯放弃州长连任竞选，成为美国共和党总统竞选人唐纳德·特朗普的竞选搭档。在移民政策和自由贸易协定方面，他与特朗普意见相左，不赞成排斥外来移民和设立贸易壁垒。彭斯自认为是有原则的保守主义者，支持茶党运动，强调他首先是基督徒，其次是保守派，最后是共和党人。[4]

---

[1] "2010 Census Data," www.census.gov/2010census/data/.

[2] Maureen Groppe,"U.S. Rep. Mike Pence of Indiana to get House GOP's No. 3 leadership job,"*The Indianapolis Star,* November 19, 2008.

[3] Mitch Smith, "Indiana Governor Signs Abortion Bill With Added Restrictions,"*The New York Times*, March 24, 2016.

[4] Emily McFarlan Miller, Winston Kimberly, "5 faith facts about Mike Pence: A 'born-again, evangelical Catholic,'"*Religion News,* July 15, 2016, http://religionnews.com/2016/07/14/5-faith-facts-on-mike-pence-a-born-again-evangelical-catholic/.

　　国务卿雷克斯·蒂勒森（Rex Tillerson），65 岁，在德克萨斯州长大。德克萨斯州是美国坚定的红州，是共和党的大本营。种族上，白人占 52.4%，拉美裔人占 32%。宗教上以基督教为主，新教徒占人口总数的 66%，另外还有 23% 的罗马天主教徒。蒂勒森从德克萨斯大学奥斯汀分校土木工程专业获得学位，1975 年加入埃克森石油公司，并不断获得晋升，最终在 2006 年成为董事长和首席执行官（CEO），成为这家世界第六大公司的掌舵人，直到 2016 年加入特朗普的总统竞选阵营。蒂勒森有很多不同的头衔，曾兼任美国国际战略研究中心（CSIS）董事会成员、美国石油组织董事会成员、美俄商业理事会董事会成员、美国工程院成员、美国商业理事会执行委员会成员，还是美国童子军的长期志愿者，曾经获得童子军的最高军衔鹰级，在 2010 年至 2012 年间担任童子军全国主席。蒂勒森是共和党的长期支持者和捐献人，但是从没有为特朗普的总统竞选提供过捐献。不像其他内阁成员，蒂勒森本人并没有强烈的意识形态思维，跟总统也没有私人交往历史。他在卸任童子军全国主席后依然担任全国执行委员会委员，曾经在 2013 年力推该委员会废除了一项禁止同性恋成员加入童子军的长期禁令。美国国际战略研究中心主席约翰·哈姆雷（John Hamre）认为蒂勒森是"大家能够达成共识的关键领袖"。相信正是蒂勒森的这种广泛阅历和沟通协调能力使之成为特朗普选择国务卿的关键考量。据传，是小布什政府时期的前国务卿康多莉扎·赖斯（Condoleezza Rice）向特朗普首先推荐的蒂勒森，并且获得了奥巴马政府时期的前国防部长罗伯特·盖茨的支持。[1] 可见，蒂勒森总体上获得了共和党和民主党的认可。此外，特朗普阵营的核心成员首席战略分析师史蒂芬·班农和女婿贾瑞德·库什纳也大力支持蒂勒森。[2]2017 年 2 月 1 日，蒂勒森的任命在参议院以 56 票对 34 票获得通过，

---

[1]Henry C. Jackson, Josh Dawsey and Eliana Johnson,"ExxonMobil CEO Tillerson emerging as frontrunner for secretary of state,"*Politico*, December 9, 2016, https://www.politico.com/blogs/donald-trump-administration/2016/12/rex-tillerson-exxonmobil-secretary-state-232455.

[2]David E.Sanger, Maggie Haberman & Clifford Krauss, "Rex Tillerson, Exxon Chief, Is Expected to Be Pick for Secretary of State,"*The New York Times*, December 10, 2016.

担任美国第 65 任国务卿。但是，蒂勒森没有从政经验，而且与俄罗斯总统普京的关系也成为政府内外怀疑其能力的理由。早在 1999 年蒂勒森就与普京相识，2013 年被普京授予"俄罗斯人民友谊勋章"（Order of Friendship）。2014 年，蒂勒森曾经代表埃克森石油公司与俄罗斯总统普京达成商业协议，反对对俄进行经济制裁。[1] 但是，仅仅上任不到一年，白宫就已经传出消息：蒂勒森也有可能会提前下课，原因是经常与总统唱反调，例如在朝核问题上，曾公开宣称"特朗普的讲话只代表他"。尽管特朗普总统本人曾经在推特上公开称否认蒂勒森会离去，但是在特朗普的哲学中新闻和假新闻往往只有一步之遥，而且转变往往就在最后的一瞬间。国务卿是副总统之后的首席内阁成员，职权大大超过其他国家的外交部长，虽然由总统提名任命，但并不是总统的跟班，而是拥有自己的班底和独立空间，往往也会反映其他派系的利益。实际上，这也是对总统的一个制衡。如果蒂勒森真的去职，而换上更加"听话"的人选，那么特朗普政府的"右倾"色彩将更加浓重。[2]

白宫首席战略分析师史蒂夫·班农（Steve Bannon），63 岁，特朗普竞选团队首席执行官，布莱巴特新闻（Breitbart News）前主席，毕业于乔治城大学、哈佛商学院，曾为海军军官和高盛银行家，特朗普政治盟友、极右翼分子、白人至上主义者，曾被称为"美国最危险政治人物"。他使曾经就职的布莱巴特新闻成为"极右翼的平台"。在 20 世纪 90 年代，班农曾在好莱坞电影和媒体行业担任过一段时间的执行制作人，在 1991 年至 2016 年间曾制作过 18 部电影。班农的经历使之成为一名极具想象力的右翼

---

[1] Brad Plumer, "Rex Tillerson's potentially huge conflict of interest over Russia and oil,"*Vox*, Dec 14, 2016, https://www.vox.com/energy-and-environment/2016/12/14/13940866/trump-rex-tillerson-sanctions-russia.

[2] 美国总统特朗普于 2018 年 3 月 13 日宣布解除国务卿蒂勒森的职务，并提名中央情报局（CIA）局长蓬佩奥接任。4 月 26 日，蓬佩奥的国务卿提名在美国参议院以 57 张赞成票对 42 张反对票的结果获得通过。相对于蒂勒森，出身中央情报局的蓬佩奥将更加凸显对总统命令的"执行力"。

分子，自诩为经济民族主义者，反对自由贸易，主张减少移民。班农和彼得·纳瓦罗都劝说特朗普实施更加强硬的贸易保护主义政策，并且公开与其他持不同政见的人进行争吵。[1]班农对美国的海外军事干预持怀疑态度，反对美军扩大在阿富汗、叙利亚和委内瑞拉等国家的介入。首席战略分析师是特朗普政府专为班农量身配置，是总统最亲密的顾问，为政府制定长期战略，并向总统提供关键领域的政策咨询。作为总统行政办公室的一员，该职务任命并不需要获得参议院认可。首席战略分析师的职位类似于白宫办公室主任，与之共同做出政策决定，随后也成为国家安全委员会的一员。但是，班农过于意识形态化的主张使之在白宫到处树敌。2017年4月5日，班农被从国家安全委员会移除，8月18日，迫于压力辞职回到布莱巴特新闻网。离开白宫后，班农向共和党建制派公开"宣战"，支持共和党内的非主流候选人。2017年补选阿拉巴马州参议院席位期间，班农积极地支持备受争议的罗伊·摩尔（Roy Moore）。但随着摩尔失败，班农的政治战略也开始受到质疑。[2]虽然班农已经离开特朗普政府，但是他的思维模式和行事逻辑依然有助于人们认识特朗普政府，特别是总统本人。班农在日本曾发表演讲指出，要在白宫外继续为总统战斗。2018年1月5日，美国专栏作家沃尔夫出版《烈焰与怒火：特朗普白宫内幕》，书中大量引述班农的话对特朗普家族进行了大肆攻击，例如指责库什纳为"叛国者"，引发特朗普总统的极度愤怒。2018年1月7日，班农发表长篇声明，称对特朗普的支持"毫不动摇"，还称赞特朗普的长子小唐纳德为"爱国者"，意图缓和与特朗

---

[1]Graham Lanktree, "Trump Backtrack on Steve Bannon's Plan to Ditch NAFTA," *News Week*, April 27, http://www.newsweek.com/trump-backtracks-steve-bannons-plan-ditch-nafta-590705; "Trump's go-to man Bannon takes hardline view on immigration," *Reuters*, January 31, 2017, https://www.reuters.com/article/us-usa-trump-immigration-bannon-idUSKBN15E2TG.

[2] Andrew Prokopandrew, "Steve Bannon's Republican critics are gleefully dunking on him for Roy Moore's shocking loss: Not every man can make an Alabama Senate race close, but Steve Bannon can," Vox, Dec 12, 2017, https://www.vox.com/2017/12/12/16770678/roy-moore-loses-steve-bannon.

普的紧张关系，但显然已经造成两人之间的决裂。然而，像班农这样的"思想家"，其作用显然不能够单纯从其与总统的关系来进行评价，事实上他之所以能够成为特朗普的首席战略分析师，根本原因在于他的思想在特朗普那里形成了共鸣。换句话说，无论特朗普总统本人及其政府与班农的关系如何，都将受到班农的思想影响。根据班农的概括，特朗普总统的政策主要有三个支柱：一是阻止大规模非法移民，保持美国的种族和宗教信仰；二是把制造业岗位带回美国；三是弱化海外战争。

白宫办公厅主任约翰·凯利（John F. Kelly），66 岁，退役四星将军，前国土安全部部长，2017 年 7 月 28 日接替莱茵斯·普里巴斯（Reince Priebus）担任白宫办公室主任。普里巴斯曾担任共和党全国委员会主席，曾经在 2016 年总统大选初选中公开批评特朗普，但是随后又顶着党内巨大压力号召党派团结支持特朗普，为特朗普赢得大选立下汗马功劳，也因此被特朗普提名为白宫办公室主任。但是在任职期间，白宫发生多起泄密事件，7 月 27 日普里巴斯辞职，由国土安全部部长凯利接任。凯利曾是美国海军陆战队上将，担任美国南方司令部司令，负责美军在中南美洲和加勒比地区的联合作战任务。在 2008–2009 年期间，凯利曾担任驻伊拉克多国部队指挥官。事实上，特朗普上台后依然没有彻底赢得美国公务员体系的足够尊重，这也是普里巴斯担任白宫办公室主任期间不断发生泄密事件的原因之一。所以，凯利上任后的第一件事就是整顿白宫系统，通过军人作风和方式，提高白宫的工作效率和保密措施，增强白宫权威。凯利上任第一天就开除了白宫新闻主管安东尼·斯卡拉穆奇（Anthony Scaramucci），后者刚被任命十天。据报道，凯利开除斯卡拉穆奇是因为后者曾吹嘘可以直接面见总统，而非通过白宫办公室主任。[1] 随后，凯利又开除了特朗普政府中最具争议的人物——白宫首席战略分析师史蒂夫·班农。总的看，凯利就任以来大大削弱了特朗普政府的极右翼和民粹色彩，有利于政府基调向

---

[1]Maggie Haberman, Michael D. Shear & Glenn Thrush, "Trump Removes Anthony Scaramucci From Communications Director Role,"*New York Times*, July 31, 2017.

主流建制派靠近，更重要的是减轻政府内斗，有利于政令畅通。纽约时报 10 月份的一篇深度报告指出："就凯利先生来说，作为一个温和人物和号称白宫内的成年人，他成为针对爱国主义、国家安全和外来移民不同情感相互融合的港湾，与他那位奉行强硬路线且直言不讳的老板形成了对比。"[1]

此外，特朗普总统的女儿伊万卡和女婿贾瑞德·库什纳（Jared Kushner）虽然只挂着总统顾问的头衔，但凭借与总统本人的亲密关系实际上对特朗普的影响力非常大。

总统国家安全事务助理赫伯特·雷蒙德·麦克马斯特（Herbert Raymond McMaster），55 岁。实际上，特朗普总统的首任安全事务助理是迈克尔·弗林（Michael Flynn），58 岁，退役陆军中将，曾在军队服役 33 年之久。在特朗普竞选期间，弗林曾担任军事和安全政策顾问，也是一名对"政治正确"不屑一顾的有争议的人物，对伊斯兰教的强硬粗鲁态度使之备受争议。弗林对俄罗斯怀有好感，在 2016 年接受德国《明镜》周刊专访时曾表示，美国应该加强同俄罗斯的合作，与普京保持建设性关系，"普京将是美国在某些事情上的可靠伙伴"。所以，自被提名国家安全事务助理之后，弗林就饱受美国国内各种质疑。最终在担任该职务短短 24 天（2017 年 1 月 20 日至 2 月 13 日）后被迫去职，成为史上任职最短的国家安全事务助理。经过十个月的调查，弗林最终在 12 月认罪，承认对联邦调查局说谎，承认他曾在特朗普总统候任期间非法与俄罗斯政府接触。麦克马斯特接替弗林成为新一任国家安全事务助理。他出生于费城，毕业于美国陆军军官学院，后来又在北卡罗来纳大学教堂山分校获得美国历史专业博士学位。博士论文主要研究越南战争期间的美国战略与军事领导力，最后以《疏忽职守》为名出版，成为美国军队内的畅销书。麦克马斯特参加过海湾战争、阿富汗战争（"永久自由"作战行动）和伊拉克战争（伊拉克自由作战行动）。海湾战争后，他曾进入美国

---

[1]Peter Baker, "Pitched as Calming Force, John Kelly Instead Mirrors Boss's Priorities,"*The New York Times*,Oct. 25, 2017.

陆军军官学院担任军事历史教授（1992–1996 年），并曾在胡佛研究所担任研究员研究战争、革命和和平，成为外交关系委员会成员和国际战略研究所的咨询高级研究员。随后，他在美国中央司令部担任一系列参谋职务。2012 年，麦克马斯特成为美国陆军训练及战略思想司令部（United States Army Training and Doctrine Command）的副司令官。2017 年 2 月 20 日，特朗普总统提名麦克马斯特中将接替弗林担任国家安全事务助理。由于麦克马斯特将军担任国家安全事务助理期间并不会辞去军职，有违文官治国传统，所以其任职须经参议院特别投票同意。3 月 6 日，参议院军事委员会以 23 比 2 首先投票通过，建议参议院允许麦克马斯特可以在担任国家安全事务助理期间保留中将军职。3 月 15 日参议院正式投票以 86 比 10 的票数通过麦克马斯特的正式任命。上任后，麦克马斯特曾连续开除几位国家安全委员会工作人员，因而被批评进行"恶意清洗"（Smear Campaign）。

国防部长詹姆斯·马蒂斯（James Mattis），66 岁，海军陆战队退役上将，曾参与阿富汗和伊拉克战争，特别是以在伊拉克指挥费卢杰战役出名，他对敌作战时穷追猛打，因此获得"疯狗"的绰号，也得到了军中其他将领的尊敬。2010 年 8 月任美军中央司令部司令，2013 年因支持奥巴马政府的中东政策被迫辞职。美国法律规定，将军退役后必须等七年才能出任国防部长，所以马蒂斯的任命需要参议院特别批准。2017 年 1 月 20 日，马蒂斯的任命在参议院以 98 比 1 的压倒性优势获得批准，也成为特朗普内阁中第一个获得通过的成员。作为国防部长，马蒂斯重申美国对盟友的防卫承诺[1]，反对与俄罗斯在军事领域展开合作，坚持认为俄罗斯是世界秩序的威胁[2]，反对美国退出伊核协议。[3] 所以，总体上来看，马蒂斯其实代表了美国超越共和党和民主

---

[1] "Jim Mattis, in South Korea, Tries to Reassure an Ally," *NY Times*, February 2, 2017.

[2] Lolita Baldor, "Mattis: US not ready to collaborate militarily with Russia," *ABC News*, 16 February 2017; "US needs to be ready to confront Russia: Trump's Pentagon pick," *Press TV*, January 13, 2017.

[3] Jamie McIntyre, "Mattis: Iran is the biggest threat to Mideast peace," *Washington Examiner*, April 22, 2016.

党争议的建制派主流意见。

国土安全部部长克斯汀·米歇尔·尼尔森（Kirstjen Michele Nielsen），45 岁，律师、国家安全专家，在 2017 年 12 月 5 日被参议院通过任命，填补因为凯利转任白宫办公厅主任而空出的国土安全部部长职位。进入内阁以前，尼尔森曾经担任凯利部长的办公室主任（2017 年 1 月至 7 月）、白宫办公室首席副主任（2017 年 9 月至 12 月）。尼尔森在佛罗里达长大，曾获得理学学士学位和法学博士学位，出身技术官僚，曾经在小布什政府时期担任总统特别助理和白宫国土安全委员会负责防御、准备和应对事务的高级主管。她还曾担任交通运输安全管理局立法政策与政府事务办公室主任。在加入凯利领导的国土安全部前，尼尔森曾经担任私人咨询公司奇维塔斯集团（Civitas Group）的董事长和国土、国家安全领域的总咨询师，随后她创办了自己的咨询公司 Sunesis 并担任董事长。[1]

中央情报局局长迈克·蓬佩奥（Mike Pompeo），54 岁，毕业于西点军校，2011 年至 2017 年间担任堪萨斯州国会议员，是共和党内部茶党运动的成员。蓬佩奥支持国家安全局的监控项目，曾指出："国会应该通过法律重建机制以收集元数据，并与公开可获取的金融与生活信息结合，构建综合的可搜索数据库。对监控的所有法律和行政障碍都应该被清除。包括第 28 号总统政策命令，它赋予外国人以隐私权，为合法收集数据制造了烦琐的要求。"[2] 蓬佩奥支持强力打击恐怖主义，曾在 2013 年发表言论认为那些因伊斯兰名义的原因而拒绝谴责恐怖主义行为的穆斯林领袖都是"潜在的共谋者"，遭到美国伊斯兰关系理事会的强烈批评。他还反对关闭位于古巴的关塔那摩海军基

---

[1]Max Kutner, "Who is Kirstjen Nielsen, Trump's Pick for Secretary of Homeland Security?"News Week, Nov. 10, 2017, http://www.newsweek.com/who-kirstjen-nielsen-homeland-security-secretary-nominee-682727.

[2]Pete Kasperowicz, "GOP lawmaker: US Muslim leaders 'complicit' in terrorist attacks,"The Hill, June 11, 2013, http://thehill.com/video/house/304743-gop-lawmaker-silence-on-terror-attacks-makes-islamic-leaders-potentially-complicit.

地；批评奥巴马政府关闭海外黑狱以及所有问询人员必须遵守《反酷刑法》的要求；希望在朝鲜实现政权更替；反对奥巴马政府签署的伊核协议，支持武力摧毁伊朗核设施；支持以色列；反对俄罗斯；认定维基解密为"非政府敌对情报机构"，其创始人朱利安·阿桑奇是自恋狂、骗子和懦夫。[1]

美国常驻联合国代表妮基·黑利（Nikki Haley），女，44 岁，印度裔，前南卡罗来纳州州长，曾是美国最年轻的州长，缺乏外交政策方面的经验，对朝鲜持强硬态度。

美国驻华大使特里·布兰斯塔德(Terry Branstad)，70 岁，前艾奥瓦州州长，美国历史上任职时间第二长的州长。在竞选期间大力支持特朗普，本人也曾七次访问中国。1985 年，他接待了河北省派往艾奥瓦州的一个农业考察团，带队的正是中共河北省正定县委书记习近平。

国家贸易委员会主席彼得·纳瓦罗（Peter Navarro），67 岁，加州大学尔湾分校经济学教授，主张对中国采取强硬态度，在竞选期间担任特朗普顾问，尖锐批评美国对中国的政策，是特朗普任命白宫高级职务中唯一一位经济学家。其著作包括《致命中国：与龙冲突》《卧虎：中国军事主义对世界意味着什么》等。国家贸易委员会是新设的总统顾问机构，主要职责是协助总统规划贸易和工业政策，特别研究制定能够减少美国贸易赤字和就业机会流失海外的政策。在 2016 年 11 月 8 日大选日前一天，美国《外交政策》杂志刊登了特朗普高级顾问亚历山大·格雷（Alexander Gray）和彼得·纳瓦罗的文章《特朗普的亚洲和平观》，批评奥巴马的"亚洲再平衡"不过是一个"拿

---

[1]2018 年 4 月 26 日，蓬佩奥取代蒂勒森的国务卿提名在美国参议院以 57 张赞成票对 42 张反对票的结果获得通过。中央情报局局长一职由特朗普总统提名的副局长吉娜·哈斯佩尔接任。哈斯佩尔因为曾在海外掌管海外"黑牢"且用酷刑逼供而备受争议，甚至被称为"血腥吉娜"，但她的提名获得了 70 多位前中央情报局官员的联名支持。5 月 9 日，吉娜·哈斯佩尔前往国会参议院情报委员会，进行了她任命投票前的听证。在听证会中，哈斯佩尔承诺如果她获准就任 CIA 局长，不会重启酷刑手段。5 月 17 日，哈斯佩尔的提名在美国参议院以 54：45 的表决结果获得通过，成为中情局（CIA）历史上首位女性局长。

着小棍儿空喊高调门"（talking loudly but carrying a small stick）的不明智政策，因此注定或多或少给该地区带来威胁和不稳定，指出特朗普政府的亚洲和平观是"以实力促和平"。[1] 该文基本上成为 2017 年 12 月发布的特朗普政府国家安全战略的蓝本。

美国贸易代表罗伯特·莱特希泽（Robert Lighthizer），69 岁，退役海军陆战队上尉，1998 年至 2005 年前曾先后作为路透社、华尔街日报记者派驻中国，与执法部门发生激烈摩擦。他曾在里根政府时期担任美国贸易副代表，主张贸易保护主义，在对华贸易问题上态度强硬，与特朗普在贸易问题上的态度非常吻合。莱特希泽政治上属于共和党极端保守派，有"贸易鹰派"之称，在里根政府任职期间以与日本进行贸易战而闻名。

财政部长史蒂文·姆努钦（Steven Terner Mnuchin），55 岁。他毕业于哈佛大学，曾在高盛公司工作 17 年，担任过首席信息官，随后还担任过电影制作人和对冲基金经理。据《财富》根据 2017 年公开数据估算，姆努钦的个人财富约为 5 亿美元。[2] 出身高盛集团的姆努钦，毫无疑问成为连接特朗普与华尔街的桥梁，大大缓解了两者之间的紧张状态，也有助于特朗普政府在内政领域获得华尔街的支持。姆努钦在 2016 年加入特朗普团队，并成为其财务主席。他支持税改，支持降低企业所得税，是特朗普政府税改的主要操刀人。同时，姆努钦支持放松金融管制和废除多德·弗兰克法案（Dodd–Frank Act）部分内容，受到华尔街的热烈欢迎。多德·弗兰克法案全称为《多德·弗兰克华尔街改革和消费者保护法》（*Dodd–Frank Wall Street Reform and Consumer Protection Act*），于 2010

---

[1] Alexander Gray and Peter Navarro, "Donald Trump's Peace Through Strength Vision for the Asia-Pacific: How the Republican nominee will rewrite America's relationship with Asia,"*Foreign Policy,* Nov. 7, 2016, http://foreignpolicy.com/2016/11/07/donald-trumps-peace-through-strength-vision-for-the-asia-pacific/.

[2]Jen Wieczner, "Trump Treasury Pick Mnuchin Is Much Richer Than Most People Thought,"*Fortune,* Jan. 11, 2017, http://fortune.com/2017/01/11/trump-cabinet-steven-mnuchin-net-worth/.

年 7 月 21 日由美国时任总统奥巴马签署生效，其目的是回应次贷危机所导致的金融风暴，引入自 20 世纪 30 年代 "大萧条" 以来最为严厉的金融监管措施，例如扩大监管机构权力，允许拆分陷入困境的所谓 "大而不能倒" 的金融机构和禁止使用纳税人资金救市。研究表明，多德·弗兰克法案确实促进了金融稳定和保护消费者利益，但是也确实对小银行带来消极影响。[1] 特朗普过渡团队曾经公开在网站上批评该法案没有起到当初承诺的效果："经济增速继续位于 2% 以下，是历史均值的一半。大型银行越来越大，而社区金融机构却在以每天一家的速度消失，纳税人则继续被迫救助那些 '大到不能倒' 的金融机构。多德·弗兰克法案下的经济发展对劳动阶层无用，官僚的繁文缛节以及华盛顿的权力不是解决之道。金融服务政策执行团队将会努力废除多德·弗兰克法案，并用新的政策取而代之，以便促进经济增长和就业。"[2] 2017 年 2 月 3 日，特朗普总统下令对多德·弗兰克法案进行全面审查，签署下达行政命令，大幅缩减该监管系统。该行政命令开启了六年来最大的监管洗牌，导致股市金融板块大幅上涨，道琼斯指数冲上 2 万点。这也成为特朗普津津乐道的政绩之一。这是特朗普政府在放松金融监管领域最为有力的一步，为发布进一步法令铺平道路。作为财政部长，姆努钦未来将面临巨大的挑战，因为其减税和放松金融监管等政策都关系到美国上下各阶层的利益，在短期内和长期内来看都存在各种风险，例如债务急剧增加和金融风险加大。所以，从消极的角度来看，这些政策都有一种 "饮鸩止渴" 的应急色彩。更为关键的是，如果美国经济出现问题，也必然会外溢到其他国家和地区。

司法部长杰夫·塞申斯（Jeff Sessions），69 岁，最早支持特朗普的参议员，坚定地反对非法移民，对拒绝执行联邦法律的所谓的 "庇护城市" 实施强硬

---

[1]Marshall Lux, Robert Greene, "The State and Fate of Community Banking,"M-RCBG Associate Working Paper No. 37, 2015, https://www.hks.harvard.edu/centers/mrcbg/publications/awp/awp37.
[2] 转引自《乐观过头了？特朗普可能并不会彻底废除多德·弗兰克法案》，《华尔街见闻》，2016 年 11 月 12 日，https://wallstreetcn.com/articles/273201.

路线，威胁切断联邦政府援助。在参议院任职期间曾被誉为最保守的参议员。甫一上台，塞申斯就遇到了巨大麻烦，很可能会因为作伪证而遭遇司法审判。在任命听证会上，塞申斯曾发誓在 2016 年竞选期间没有与俄罗斯官方人员有接触，也不知道特朗普的团队成员与俄罗斯官方人员有接触。但是，媒体在 2017 年 3 月份揭露塞申斯与俄罗斯驻美大使谢尔盖·基斯利亚克（Sergey Kislyak）在 2016 年见过两次面。随后，塞申斯因此要求在俄罗斯干预 2016 年美国总统大选问题调查中回避。但是，11 月特朗普总统的前外交政策顾问卡特·裴吉在众议院情报委员会听证会上证实，他曾将其在 2016 年 6 月份与克里姆林宫官员接触一事事先通知给塞申斯。这与塞申斯的此前证词完全相反。[1]

商务部长威尔伯·罗斯（Wilbur Ross），79 岁，毕业于耶鲁大学和哈佛商学院。根据《福布斯》测算，罗斯的身价截至 2017 年 3 月高达 25 亿美元，在贸易问题上是特朗普的有力支持者，认为美国需要一个"更激进、采取新模式的政府"帮助中产阶级和下层中产阶级。在参议院贸易委员会听证会上，罗斯宣称："我不反对贸易，我支持贸易，但是我支持合理（Sensible）贸易，而不是那些有损美国工人和美国制造业的贸易。"[2] 无论是罗斯还是经典教科书，都没有界定过什么是合理贸易，但可以肯定的是，这里所表达的意思是对现有国际贸易规则和现状不满。这也代表了特朗普政府的总体贸易观，摒弃传统的自由主义贸易主张，更加强调所谓的"合理""公正"，即对重商主义或者经济民族主义主张的回归。这将对目前的国际贸易体制造成巨大挑战。此外，罗斯是美国知名的"破产大王"，即善于从陷入破产困境的企

[1] 尽管目前塞申斯似乎已经成功地避开陷入"通俄门"的麻烦，但是他在特朗普政府当中的地位也不稳固。2018 年 4 月 21 日《华盛顿邮报》引述知情人士披露，塞申斯近期告诉白宫，若特朗普总统开除他的副手罗森斯坦，他可能也要走人。罗森斯坦负责监督俄罗斯被控干预美国 2016 年大选调查案。
[2]Rafael Bernal and Mike Lillis, "Hispanic leaders wary of Trump's trade plans," *The Hill*, Jan. 23, 2017, http://thehill.com/latino/315538-hispanic-leaders-wary-of-trumps-trade-plans.

业中看到机遇，经过收购和改革然后再高价卖出。所以，罗斯具有非常敏锐的政策嗅觉和商业眼光。特别值得一提的是，罗斯是一位白手起家的成功人士，在福布斯美国 400 富豪榜上，排名第 289 位，白手起家指数高达 7 分。[1]这也进一步增强了特朗普政府在改变普通人命运方面的示范效应，增加了其政策光环效应。

内政部长瑞安·金克（Ryan Zinke），55 岁，曾为美国海军陆战队海豹突击队指挥官。金克是特朗普的早期支持者。他主张公共土地继续由联邦政府拥有，他还主张在公共土地上增加化石能源的开采，并对气候变化的紧迫性表达过怀疑。

劳工部长安德鲁·普兹德（Andrew Puzder），66 岁，2000 年成为拥有卡乐星和哈迪斯等著名快餐连锁的 CKE 餐馆集团的首席执行官。他猛烈抨击政府监管，强烈反对提高最低工资至每小时 15 美元、反对更广泛地支付加班费，以及反对"奥巴马医保"。他从很早开始就是支持特朗普竞选的捐助者之一，并担任特朗普的加州竞选资金团队共同主席。

卫生及公共服务部部长汤姆·普莱斯（Tom Price），62 岁，矫形外科医生，强烈反对"奥巴马医保"，反对堕胎，因陷入公款包机事件而被迫辞职。副部长艾瑞克·哈根（Eric Hargan）随后被特朗普总统指认为执行部长。住房与城市发展部部长本·卡森（Ben Carson），65 岁，黑人，退休的神经外科医生，没有任何实际执政经验。交通运输部部长赵小兰（Elaine Chaos），63 岁，华裔，曾担任小布什政府时期的劳工部长。能源部长里克·佩里（Rick Perry），66 岁，曾在军中服役，曾经以民主党人身份当选德州众议员，1989 年转投共和党。共和党保守派代表人物，质疑气候变化，反对同性恋婚姻和堕胎。立场保守的佩里可能改变奥巴马政府能源部的工作重点，从再生能源转向佩里在德克萨斯州推动的石油和化石燃料。

教育部长贝特西·德沃斯（Betsy DeVos），58 岁，家族净资产高达 50.1 亿美元，

---

[1] "Wilbur Ross, Jr. real time net worth,"the Forbes, http:s//www.forbes.com/profile/Wilbur-ross-jr/.

强调教育界的"优胜劣汰"，引发巨大争议。环境保护署署长斯哥特·普鲁特（Scott Pruitt），48 岁，否认气候变化。白宫预算与管理局局长米克·马瓦尼（Mick Mulvaney），49 岁，茶党背景，极力反对扩张政府赤字，作为"财政鹰派"曾力主大幅削减联邦开支，并在联邦开支问题上与奥巴马总统强硬对峙。

二、特朗普政府中的"白""右""军""商"

1956 年，莱特·米尔斯（C. Wright Mills）曾提出一个"权力精英"概念，认为二战之后美国的权力结构已经发生变化，经济、政治、军事三大领域权力高度集中，并且彼此相互渗透融合。"权力精英的内核中包含着来自大律所、大投行、拥有法律和金融背景的高级人士，他们几乎是经济、政治和军事事务之间的职业中介，通过行动将权力精英团结起来。"[1] 未来学大师、世界著名未来学家阿尔文·托夫勒（Alvin Toffler）在《权力的转移》一书中还写道，二战之后的权力转移并非是简单的"转移"（transfer），而是"转化"（transform）。商业巨头在强大的媒体和虚假广告的包装之下被赋予强大的力量，"一个崭新的'财富创造系统'"崛起，带来权力再分配的戏剧性变化。[2] 这使得特朗普在总统大选中脱颖而出，也给特朗普政府打上了浓厚的商业标签。换句话说，尽管权力精英包括经济、政治和军事三个领域的精英，但是在特朗普政府内部，来自经济领域的商业精英显然已经成为主导性力量，政治和军事精英服务于商业精英。从特朗普核心团队的组成来看，本届政府具有浓厚的"白""右""军""商"色彩。

第一，所谓"白"是指绝大多数内阁成员为白人，非裔、亚裔和拉丁裔高官凤毛麟角，女性领导人比例也非常低，且多掌控非核心部门。特朗普政府具有浓厚的白人种族主义色彩，再加上其成员多为保守的基督教成员，所以越发体现出"WASP"（盎格鲁 - 萨克逊系白人新教徒）的特性。在美国，

---

[1]C. Wright Mills, *The Power Elite*, New York: Oxford University Press, 1956, pp. 288-289.

[2] 阿尔文·托夫勒：《权力的转移》，中共中央党校出版社 1991 年版，第 10、31 页。

WASP 意识形态曾经长期主导美国社会，特别是在金融、商业、司法等部门，也是共和党的意识形态来源。[1] 然而第二次世界大战之后，随着民权运动的发展和有色人口的增加，WASP 的影响力日趋衰落，该群体的不满也越来越强烈。所以，特朗普政府的"白"色在一定程度上代表了 WASP 意识形态的回归。

第二，所谓"右"是指共和党极端保守分子居多，像白宫首席战略分析师班农、国家安全事务助理弗林、国家贸易委员会主席纳瓦罗、白宫预算和管理办公室主任马瓦尼、中情局局长蓬佩奥等，都在军备、移民、中东、伊朗、贸易、财政等问题上持激进立场。2017 年 1 月 27 日，美国总统唐纳德·特朗普签署了一份名为"阻止外国恐怖分子进入美国的国家保护计划"的行政命令，要求未来 90 天内禁止伊拉克、叙利亚、伊朗、苏丹、索马里、也门和利比亚等七国公民入境美国。因为所涉七国均为穆斯林为主要人口的国家，因此这份行政命令也被媒体和民间团体称为"禁穆令"。该命令甫一出台就立刻引发国内外巨大的批评和反对声音，并遭到两家联邦法院接连叫停。特朗普政府修改之后再次发布新的旅游禁令，新增乍得、朝鲜和委内瑞拉，去掉了苏丹和伊拉克，并强调新政策将因国家而异，并分阶段实施。然而，该禁令再次遭到夏威夷州和马里兰州联邦地区法官喊停。美国司法部被迫就夏威夷州和马里兰州联邦地区法官的裁定提起上诉，将官司打到联邦最高法院，表现出将旅行禁令坚持到底的决心。同时，特朗普政府的"白""右"色彩也鼓舞了美国国内的种族主义分子和极右翼势力。2017 年 8 月 12 日，美国弗吉尼亚州夏洛茨维尔爆发大规模骚乱，集会上公然出现白人至上主义者、新纳粹分子和三 K 党等极右翼分子。特朗普也确实没有一如既往、"正确地"批评右翼分子，而是认为抗议人群"双方有责"。该表态再次引起巨大争议，受到美国国内广泛的批评。

第三，所谓"军"是指退役将领和有过军中服役经历的人员比例偏高，

---

[1] Joseph Epstein, "The Late, Great American WASP,"*Wall Street Journal*, Dec. 23, 2013.

特别是总统国家安全事务助理、白宫办公厅主任两个关键岗位同时由退役军官出任，内阁中国防部长也由退役军人担任，打破了文官出任国防部长的惯例。凯利和马蒂斯的任职都因为军人身份问题而不得不寻求参议院投票获得特别批准。而参议院以绝对优势通过对两位将军的任命也证明了美国国内政治向军方靠拢的倾向。

第四，所谓"商"是指成员中多出身华尔街、石油、军工利益集团，富豪众多，还有数位擅长投资、收购、重组的商界精英。美国学者彼得·弗赖塔格（Peter Freitag）的研究表明，内阁成员与商业精英确实存在高度关联性，而且这种关联性在不同历史时段和不同政党统治下差异并不大，例如在1897-1973年间，拥有商业背景的内阁成员平均比例可以高达76.1%。[1]特朗普政府的23位内阁成员中，商业精英共12位，占比52.2%，实际上远远低于艾森豪威尔政府和尼克松政府，后者分别高达85.7%和95.7%。但是如果从内阁成员的财富规模来看，本届政府成为历史上平均身价最高的一届政府。[2]多位出身高盛集团的内阁成员成功上位，也表明本届政府已经修好与华尔街的关系。号称代表底层民众声音和利益的特朗普显然与美国的富豪阶层关系更加紧密一些。[3]从这个角度来看，特朗普总统的减税政策尽管获得了国会通过，成为其任期内最大的政绩之一，但是此减税已非彼减税。特朗普大幅度降低企业税的政策确实在一定程度上有助于企业回归，但是总体上来讲无论是企业税还是个人所得税调整都大大向富人倾斜。这并不符合班农希望给富人增税的设想。此前美国最高个人所得税的税率39.6%，对年收入在41.4万美元以上的人进行征税。美国总统特朗普的首席战略分析师班农（Steve Bannon）之前声称要将美国富

---

[1]Peter J. Freitag, "The Cabinet and Big Business: A Study of Interlocks," *Social Problems*, Vol. 23, No. 2, December 1975, pp. 137-152.

[2] 陈晨晨：《特朗普内阁财富与政治政策走向》，《人大重阳研究报告》第27期，2017年12月，第4页。

[3] 以上部分重点参考了盘古智库课题系列报告《新一届美国政府内外政策展望》，执笔人安刚，2017年1月11日。

人的税率调至40%以上。然而，该想法遭到共和党内部的愤怒反对。随后，2017年，美国财长姆努钦在接受美国广播公司ABC的《本周》采访时称，特朗普没有考虑给富人增税，9月初将出炉的税改草案中也不会含有将美国富人的税率调至40%以上的内容。事实上，参众两院最终通过的减税版本为公司所得税将从35%下调至20%，鼓励美国公司把海外利润带回美国；个税从七档减至四档，分别为12%、25%、35%和39.6%。总体来讲，该减税版本是美国31年来最大规模的税制改革，符合共和党主流意见。

但是，我们也要看到：富豪内阁将大大增强特朗普政府的议价能力和谈判经验，特别是在外交领域。出身商业精英的富豪内阁成员在应对有关贸易领域的谈判上可谓得心应手。例如商务部长罗斯，他的商业生涯无不是面对各种谈判挑战，他习惯于漫长艰难的谈判，并且在其中保持强势与控制。[1]饱受争议的特朗普上台后却在出访期间受到各国的高度重视，甚至纷纷采用包括签署巨额贸易合同或意向书在内的各种方式来"讨好"他，也反面说明了本届政府的谈判能力。总之，本届政府不会过于强调意识形态领域的利益，但是在实际利益上更加强势和锱铢必较。

第五，司法领域的变化也进一步增强了美国政府的保守色彩。2016年大选，希拉里和民主党的失败很可能意义深远，因为共和党不仅仅是赢得总统大选，从而成功地掌握了行政机构，基本控制了国会参众两院的多数席位，更为重要的是获得了进一步向司法机构扩展权力的可能。大选前组成美国联邦最高法院的9名大法官席位中，可能有4个席位需要被新一任总统重新提名。三人因年事已高可能随时卸任，包括83岁的露丝·巴德·金斯伯格（Ruth Bader Ginsburg）、80岁的安东尼·肯尼迪（Anthony M. Kennedy）和78岁的史蒂芬·布雷耶（Stephen G. Breyer），另外一人安东尼·斯卡利亚（Antonin Scalia）在2016年初突然去世。美国联邦最高法院是美国最高司法机构，其

---

[1] 陈晨晨：《特朗普内阁财富与政治政策走向》，人大重阳研究报告第27期，2017年12月，第62页。

判例对全国有拘束力，享有特殊的司法审查（judicial review）权，即有权通过具体案例宣布联邦或各州的法律是否违宪。根据美国宪法，最高法院法官由总统提名，经过参议院审议和认可后，由总统正式任命，只要行为端正，就得终身任职。历史上，大法官的平均任期为 25 年，对美国政治和社会的长期影响甚至超过提名他们的总统，因此被称为总统政治遗产的守护者。对大法官的提名和任命将直接影响美国未来长达四分之一世纪的政治、经济、社会、文化政策与意识形态走向。短时间内不会卸任的另外五名大法官中，有三名政治理念属于或倾向于保守派，即小约翰·罗伯茨（John G. Roberts, Jr.）、克劳伦斯·托马斯（Clarence Thomas）和小赛缪尔·阿利托（Samuel Anthony Alito, Jr.），另外两名倾向于自由派，即索尼娅·索托马约尔（Sonia M. Sotomayor）和艾琳娜·凯根（Elena Kagan）。

本来奥巴马在卸任前曾有机会提名一位大法官以填补由于斯卡利亚去世而空缺的席位，但是遭到共和党主导的参议院的阻挠。参议院多数党领袖、共和党人米奇·麦康奈尔明确表示，参议院将不会就奥巴马提名人选的任命举行听证会和投票。按照麦康奈尔的说法，新一任大法官的任命将决定美国最高法院在未来对重要案件的判决结果，因此必须由下一任美国总统而不是即将卸任的奥巴马提名。这也因此成为过去 40 多年来，美国最高法院大法官席位空缺时间最长的一次。2017 年 1 月 31 日，特朗普就职不久就提名尼尔·戈萨奇担任最高法院大法官。戈萨奇出生于 1967 年，现年 49 岁，是过去 26 年来最年轻的最高法院大法官被提名者，来自美国中西部的科罗拉多州，从 2006 年开始一直担任联邦第十巡回上诉法院法官。他先后就读于美国哥伦比亚大学、哈佛大学法学院以及英国牛津大学，随后供职于首都华盛顿一家知名律所，小布什总统时期在司法部任职两年。路透社评论，戈萨奇是保守派主流人物，与斯卡利亚"风格相近"。按照特朗普的说法，"戈萨奇法官拥有卓越的法律技能、杰出的思想、众多的拥趸和跨党派的支持"。值得注意的是，自 1991 年共和党总统老布什任命保守派大法官克拉伦斯·托马斯以来，美国最高法院长期保持着 5 名保守派大法官和 4 名自由派大法官的结构，直到斯卡利亚 2016 年去世才打破这一局面。[1]

2017 年 4 月 7 日，美国参议院全体投票，最终以 54 票对 45 票的结果通过了对戈萨奇的任命。三名民主党参议员"倒戈"投票赞成——西弗吉尼亚州的曼钦（Joe Manchin）、北达科他州的海特坎普（Heidi Heitkamp）、印第安纳州的唐纳利（Joe Donnelly）。这三个州在 2016 年总统选举中都投票给共和党候选人特朗普，三人可能迫于本州选情投票赞成。在空缺一年多以后，美国高法终于补齐了九人编制。[2] 这也是特朗普政府的司法部坚持和敢于把针对多个国家的旅行禁令被联邦法院叫停的官司打到最高法院的原因：倾向于共和党理念的大法官在最高法院占据了多数席位。

如果未来三年内，再有大法官因为年事问题而去职，那么特朗普很有可能会再次获得一个提名权，将彻底打破最高法院内部保守派与自由派 5 ∶ 4 的微弱平衡，使共和党的理念贯穿未来至少二十年。这一旦成为现实，那么也就意味着共和党将全面掌控美国的行政、立法和司法权力，三权分立相互制约与制衡的格局将被打破。

第六，总体上来看团队成员年龄偏大，多人超过 65 岁，甚至超过 70 岁。这说明作为一届"另类"的政府，特朗普确实面临无人可用的境地。很多年轻、资深、有能力的人员要么不愿意为特朗普服务，要么由于政治理念的因素而不被特朗普所认可。而且又"白"又"右"的班底也进一步加深了特朗普政府的内部混乱和难以协调，最终导致多人主动或被动辞职。班农、弗林等人的去职事实上有利于特朗普政府凝聚力量，向建制派靠拢，提高政府效率。

---

[1] 杨舒怡：《特朗普提名最高法院大法官两党会否互撕？》，新华社专特稿，http://news.xinhuanet.com/world/2017-02/02/c_129463907.htm.

[2] 李增新：《特朗普大法官提名人获通过》，财新网，2017 年 4 月 8 日，http://international.caixin.com/2017-04-08/101075701.html.

特朗普政府面临的挑战

中央党校国际战略研究院 梁亚滨

作为美国历史上颇具争议的一届政府，特朗普政府已经磕磕绊绊走过一年。在过去的一年，特朗普政府有得有失。特朗普未能成功推翻奥巴马医保法案，但是通过了重要的减税法案，在限制移民领域，特别是针对特别国家出台的旅行禁令[1]问题上，虽接连遭到地方联邦法官的挑战被叫停，但最终修改版本获得了最高法院的支持而得以实施。客观地看特朗普执政一年来的成绩单，结果还不错。美国经济创造了最近三年来连续两个季度GDP增长达到或超过3%的纪录；美国失业率降至4.1%，为17年来最低，其中拉美裔和非洲裔的失业率为有史以来最低；蓝领工人的工资增长也快于平均水平；美股指数创历史新高，标普累涨21%，向2600点迈进。但主流媒体对特朗普评价不高，美国民众对特朗普总统的满意度一直维持在较低水平，只有38%左右。[2]特朗普这个特立独行、不按常理出牌的总统，未来将面临巨大挑战。

---

[1] 媒体俗称的"禁穆令"，实际上修改过的版本增加了朝鲜、乍得和委内瑞拉，并取消了伊拉克和苏丹，所以最终名单为伊朗、利比亚、索马里、叙利亚、也门、乍得、朝鲜和委内瑞拉。

[2] "Gallup Daily: Trump Job Approval,"*Gullup*, accessed on Jan. 18th, 2018, http://news.gallup.com/poll/201617/gallup-daily-trump-job-approval.aspx.

一、美国仍具有超强的实力

首先，"一超多强"的世界格局并未发生根本转变，美国依然是世界上最为强大的国家。从经济上来看，美国国内生产总值（GDP）自次贷危机造成 2009 年出现下滑后，就一直稳步增长，2016 年达到 18.569 万亿美元，排名世界第一，比排名第二位的中国整整高出 7 万多亿美元。美国 GDP 占世界 GDP 总量的比例也从 2012 年的最低点 21.19% 逐渐增加到 2016 年的 24.58%。尽管与历史上的几个高峰时期相比依然存在较大差距，但是目前美国的经济总量占比却呈现回升企稳趋势。

军事上，美国军费开支长期居于世界首位，超过其后的多个国家的军费开支总和，因此保有世界上最为强大和先进的军事力量。尽管在核武器数量方面，俄罗斯拥有与美国相抗衡核武库，但这也几乎是俄罗斯在军事领域唯一能够与美国保持均势的领域。根据瑞典斯德哥尔摩国际和平研究所数据，美国军费开支在 2011 年达到峰值 7110 亿美元（按照当前美元价值计算），此后逐年下降，2015 年达到最低值 5960 亿美元。持续地降低军费确实对美国的军事实力造成一些影响，一定程度上削弱了美军的战斗力和威慑能力，同样也引发国内越来越多的不满声音。在 2016 年 11 月 8 日大选日前一天，美国《外交政策》杂志刊登了特朗普高级顾问亚历山大·格雷（Alexander Gray）和彼得·纳瓦罗（Peter Navarro）的文章《特朗普的亚洲和平观》，批评奥巴马的"亚洲再平衡"不过是一个"拿着小棍儿空喊高调门"（talking loudly but carrying a small stick）的不明智政策，因此注定或多或少给该地区带来威胁和不稳定。[1] 尽管美军在 2016 就已经开始扭转削减军费的势头，但长期积累的一些问题开始逐渐显现。进入 2017 年以来，美国海军军舰已经发生

---

[1] Alexander Gray and Peter Navarro, "Donald Trump's Peace Through Strength Vision for the Asia-Pacific: How the Republican nominee will rewrite America's relationship with Asia,"*Foreign Policy,* Nov. 7, 2016, http://foreignpolicy.com/2016/11/07/donald-trumps-peace-through-strength-vision-for-the-asia-pacific/.

四起与商船相撞，导致 17 人伤亡。作为世界上最强大、最先进的海军连续发生这种事情，实在令人难以置信。2017 年 9 月 7 日美国审计总署给国会的调查报告认为主要原因是预算削减导致船员训练不足和过度劳累。[1]2017 年 11 月 16 日，美国国会以压倒性的优势通过了总额高达约 7000 亿美元的 2018 财年国防预算授权，不仅与 2017 年相比大幅度提高 810 亿美元，增长幅度约为 13%，而且甚至比特朗普政府主动提出的预算还要高。[2]这表现出特朗普政府和美国国会都希望重塑军事实力的决心。

此外，美国的超强实力同样依赖于同盟体系。冷战结束至今，没有一个盟国脱离或者试图脱离该同盟体系。相反，统一后的德国和脱离苏联控制的前 12 个中东欧共产党国家纷纷加入北约。北约组织的 29 个成员国来自全球两个生产率最高、技术最先进、社会最现代化和经济上最繁荣的地区——西欧和北美。其成员国 9 亿多人口仅占世界总人口的 13% 不到，却占全球国内生产总值的 46.8%，军费总开支占全球军费开支的 70% 以上。[3]在亚洲，日本和韩国也把美日同盟和美韩同盟视作各自外交政策的重要基石。尽管特朗普总统的一些言论曾经一度引发盟友的担忧，例如以撤军为手段要挟日韩等盟国增加驻扎美军的军费分担比例，但在他正式成为总统后迅速修复了与多

---

[1]Statement of John H. Pendleton, Director, Defense Capabilities and Management, "NAVY READINESS: Actions Needed to Address Persistent Maintenance, Training, and Other Challenges Facing the Fleet,"Testimony Before the Subcommittees on Readiness and Seapower and Projection Forces, Committee on Armed Services, House of Representatives, http://docs.house.gov/meetings/AS/AS03/20170907/106357/HHRG-115-AS03-Wstate-PendletonJ-20170907.pdf.

[2]5 月 23 日特朗普总统正式向国会提出 6391 亿美元的 2018 财年国防预算草案，"DoD Releases Fiscal Year 2018 Budget Proposal," U.S. Department of Defense, https://www.defense.gov/News/News-Releases/News-Release-View/Article/1190216/dod-releases-fiscal-year-2018-budget-proposal/; Jeff Daniels, "Senate passes $700 billion defense policy bill, backing Trump call for steep increase in military spending,"CNBC, https://www.cnbc.com/2017/09/18/senate-passes-700-billion-defense-policy-bill-backing-trump-call-for-steep-increase-in-military-spending.html.

[3]GDP 和人口数据来源于国际货币基金组织，http://www.imf.org/en/data；军费开支数据来源于瑞典斯德哥尔摩国际和平研究所数据库，http://www.sipri.org/databases/milex.

个同盟国的关系。从单个国家和地区来看，美国、中国、欧盟、俄罗斯、印度、日本等国家呈现出"一、二、三"的梯形权力结构，但总体来看欧盟国家、日本和印度都是美国的军事同盟国和潜在同盟国。这种势态在短时间内不可能发生本质的变化。所以，未来美国在国际体系当中的博弈优势将更加突出。

二、特朗普总统个性的优势与劣势

从心理学角度来看，特朗普性格极度自恋、自负，富于表现欲、攻击性和投机性，是一个风险偏好型领袖，容易做出寻求重大回报的大胆决定，并坚信自己所做的决定不会出错。[1]一般来说，演说中紧扣权力导向及进攻性意象的总统，更容易将国家引向战争。[2]特朗普在描述自己的人生以及其他他认为有敌意的国家所使用的言辞，毫无疑问是进攻性的。耶鲁大学精神病学家班迪·李（Bandy Lee）博士指出，特朗普"口头上不断发出威胁言论，不断吹嘘自己的性能力，在竞选集会中煽动暴力，以及在公开演讲中支持暴力的行为"，表现出对暴力和强大武器的迷恋，包括核武器。这都是他未来将国家引向暴力的最好的预测。再加上特朗普睚眦必报的性格，必然在未来对外战略中更加趋于强硬。[3]美国最为著名的哲学家、语言学家、认知学家、逻辑学家和政治评论家诺姆·乔姆斯基（Noam Chomsky）评论特朗普时指出：由于核武器，特朗普可能会对全人类的生存形成威胁。这种强硬另外一方面

---

[1]Dan P. McAdams, "The Mind of Donald Trump: Narcissism, disagreeableness, grandiosity—a psychologist investigates how Trump's extraordinary personality might shape his possible presidency,"*The Atlantic*, JUNE 2016 ISSUE, https://www.theatlantic.com/magazine/archive/2016/06/the-mind-of-donald-trump/480771/.

[2]Dan P. McAdams, "The Mind of Donald Trump: Narcissism, disagreeableness, grandiosity—a psychologist investigates how Trump's extraordinary personality might shape his possible presidency,"*The Atlantic*, JUNE 2016 ISSUE, https://www.theatlantic.com/magazine/archive/2016/06/the-mind-of-donald-trump/480771/.

[3]Bandy X. Lee, *The Dangerous Case of Donald Trump: 27 Psychiatrists and Mental Health Experts Assess a President*, Thomas Dunne Books, October 3, 2017, p. 356.

其实反映出特朗普的商人本性：交易思维。"交易思维"简单来讲就是：凡事可交易，交易的成败在于定价，高定价有助于确立谈判优势。换句话说，"交易思维"在实践中倾向于提高要价以增加谈判的筹码，同时通过强硬表态来迫使对方做出最大的让步。特朗普人生的大多数时间里都在经商，没有任何行政经历，深重的"交易思维"不可避免地要影响到他当政后的行为方式：偏好边缘政策。

该政策基于一种反应规则，它通过施加更大的威胁，来试图迫使对手放弃对抗。如果威胁如愿以偿，那么发出威胁的一方实际上并不会真正实施威胁的手段；但如果威胁失败，那么发出威胁的一方将不得不采用实施威胁的手段，否则将承受巨大的信誉损失。换句话说，边缘政策是一种要么带来成功，要么带来失败的政治策略。诺贝尔奖获得者美国经济学家、战略学家托马斯·谢林（Thomas Schelling）通过研究博弈论认为，一方可以通过减少自己的选择空间来获得优势，报复的能力比抵抗攻击的能力更加有用，不确定的报复比确定的报复更加可信和有效。[1] 所以，最好的威慑不仅仅包括事前警告，同样还包括一些随意性、不可预测性，以及一位疯子领导人。在谢林的理论中，疯子是不理性的、不可预测的、鲁莽的、易于失控的，以及不计后果的，因此一位疯子能够在谈判中给对手施加更多的压力，迫使对方做出最多的让步。[2]

特朗普的性格特征和从商经历使之更加完美地符合"疯子理论"中的政治疯子，而不会被认为是"装疯卖傻"。在特朗普的从商生涯中，他曾经破产6次。由此可见他绝对是一个高风险偏好的赌徒，为寻求高回报不惜一切代价。这无疑大大增强了美国新政府的谈判能力。实际上，在特朗普出访中东和亚洲国家期间，广泛受到热烈欢迎和超规格待遇，已经表现出各国不希

[1]Thomas C. Schelling, *The Strategy of Conflict* (Reprint, illustrated and revised. ed.), Harvard University Press, 1980.

[2]Jonathan Schell, "Letter From Ground Zero: Madmen," *Nation*, May 15, 2003.

望惹怒这位总统的迹象。但是耶鲁大学精神病学家李博士认为，特朗普讲话方式"看上去不能完整地结束句子，他经常思维脱线，讲话跑题，总是从一个话题跳到另外一个话题。"这都预示着某种精神病征兆或者健康问题。[1]特朗普高频率发推特预示他在压力之下变得越发分裂，情况随着时间推移会更加严重，终将无法承受总统职位的压力。[2]"我们将距离最危险的境地越来越近，一个可能甚至是人类灭亡。这不是假设，而是现实。"[3]

上台前后，特朗普总统的一系列言论和动作，例如以撤军来要挟盟友增加分担军费比例、在墨西哥修建隔离墙、与蔡英文通电话等，都体现出交易思维和边缘政策的痕迹。他在朝核问题上不断增加对朝鲜及其领导人金正恩的战争威胁，则是最为明显的边缘政策，同时也遭遇了朝鲜以同样的边缘政策来回击：不断增加核试验和弹道导弹试射。事实上，美朝两国已经陷入严重的边缘政策危机，越来越将世界拖入战争的灾难。

三、特朗普政府面临的来自国会的挑战

由于共和党目前在众议院和参议院都掌握多数席位，所以总体来看国会的权力格局有利于特朗普政府的施政。尽管特朗普不善于与国会打交道且遭到诸多批评和抵制，但到目前为止共和党在国会投票基本与其一致。根据《国会季刊》统计，国会众议院共和党在 2007 年与小布什总统保持一致的投票平

---

[1]Kate Sheridan, "Trump Could Destroy the Entire Human Species, Says Yale Psychiatrist Who Warned Congress Members,"*News Week*, Jan. 6, 2018, http://www.newsweek.com/trump-could-de-stroy-entire-human-species-says-yale-psychiatrist-who-warned-772328；另外有关特朗普精神分析的著作可以参阅 Bandy X. Lee, *The Dangerous Case of Donald Trump: 27 Psychiatrists and Mental Health Experts Assess a President*, Thomas Dunne Books, October 3, 2017.

[2]Brett Samuels, "Lawmakers briefed by Yale psychiatrist on Trump's mental health: report,"*The Hill*, Jan. 3rd, 2018, http://thehill.com/homenews/administration/367362-lawmakers-briefed-by-yale-psychiatrist-on-trumps-mental-health-report.

[3]Kate Sheridan, "Trump Could Destroy the Entire Human Species, Says Yale Psychiatrist Who Warned Congress Members,"*News Week*, Jan. 6, 2018, http://www.newsweek.com/trump-could-de-stroy-entire-human-species-says-yale-psychiatrist-who-warned-772328.

均值为 75%，2008 年只有 68%，而现在的数据是 98%。[1] 例如在 2017 年 12 月 2 日凌晨，参议院在表决特朗普政府提出的减税法案时，两党的表现几乎一边倒完全按照党派划分。共和党议员中除了鲍勃·考克（Bob Corker）以外都投了支持票，而所有民主党议员都投了反对票，最终以 51 : 49 的投票结果通过了特朗普税改的参议院最终修改版本。这说明，特朗普的政策已经在共和党内部获得了很大程度的认可。所以，特朗普政府的对外政策可能更具"进攻性现实主义"色彩，倾向于以"边缘政策"的冒险方式来重塑美国的主导地位，同时依然高度不可预测。

但是，国会这种有利于特朗普政府的权力有可能在 2018 年中期选举中被逆转。特朗普总统的持续低支持率确实会对 2018 年的中期选举产生消极影响。2017 年阿拉巴马州的参议员补选最具象征意义。由于前联邦参议员杰夫·塞申斯（Jeff Sessions）被总统特朗普任命为司法部部长，将其参议员席位空出。时任阿拉巴马州州长罗伯特·本特利任命时任阿拉巴马总检察长的卢瑟·斯特兰奇（Luther Strange）临时充任，本计划直到 2018 年与中期选举一并补选。然而由于本特利因性丑闻和妨碍司法被迫辞职，新任州长埃夫伊按照州法相关规定将补选提前到 2017 年 12 月。结果反建制派罗伊·摩尔（Roy Moore）在初选中轻松战胜共和党本属意的斯特兰奇。摩尔特立独行的性格颇有特朗普本人的韵味，再加上他强烈的基督教原教旨主义信仰使其成为一个评价极其两极分化的人物。赢得共和党内初选的摩尔获得了特朗普总统本人和班农的支持，但是他的反建制派主张却没能赢得选民的支持，特别是选举前爆出的一系列性丑闻最终埋葬了他成为该州参议员的梦想。民主党人道格拉斯·琼斯（Gordon Douglas Jones）以微弱优势（1.5%）击败了共和党人罗伊·摩尔。阿拉巴马州此次补选的意义在于，自 1992 年以来从来没有一位民主党人

---

[1]Cited from "What Really Matters From Trump's First 3 Weeks?"A FiveThirtyEight Chat, FEB. 8, 2017 AT 4:47 PM, https://fivethirtyeight.com/features/what-really-matters-from-trumps-first-3-weeks/?from=timeline.

在这里赢得参议员选举，即便是赢得 1992 年选举的民主党人理查德·希尔比（Richard Shelby）也在两年后转投共和党。所以，该州是支持共和党的典型铁杆儿红州。一年前的总统大选，特朗普总统在阿拉巴马州以大比分击败希拉里·克林顿，赢了 28 个百分点。既然民主党候选人能够在阿拉巴马州获得胜利，那么就有可能在任何一个州获得胜利。同时，这也可能意味着曾经将特朗普送进白宫的反建制意识形态已经不再具有足够的吸引力。同时，特朗普总统和班农也在失去影响力。不过，这对共和党来说也未必是一件坏事，毕竟摩尔所代表的极端意识形态和个人经历不符合共和党的主流价值观。所以，摩尔的失败有助于维持共和党建制派的力量。但无论如何，这对民主党人来说绝对是鼓舞士气的胜利，吹响了在中期选举中的反击号角。目前民主党与共和党在参议院的席位为 49 ∶ 51。因为当参议院投票为平局时，副总统将有权投票以打破僵局，所以民主党距离成为参议院多数党还差两席。现在看来，似乎并不难。

四、军费增加将遭遇"预算天花板"

特朗普政府的"印太战略"中安全领域的政策实施需要强大的军事力量，这也是美国政府大幅度增加军费的题中之义，但是尽管国会已经通过相关预算授权法案，但是距离真正的拨款依然存在关键障碍：2011 年《预算控制法案》。

参众两院通过的 2018 财年军费授权法案高达 7000 亿美元，包括 6340 亿基础军费与 660 亿应急海外行动经费，大大超过特朗普政府向国会提交的预算草案（6030 亿基础军费、650 亿应急海外行动经费）。媒体对此纷纷惊呼"美军获得有史以来最高军费"。但实际上，美军能否最终获得如此多的巨额拨款并不确定。2011 年美国会通过《2011 预算控制法》（*Budget Control Act 2011*）[1]，为提高债务上限设定了天花板，要求从 2013 年到 2021 年期间

---

[1]Pub.L. 112–25, S. 365, 125 Stat. 240, enacted August 2, 2011, http://legislink.org/us/pl-112-25.

每年的预算都要减1090亿美元，其构成主要包括：一半为国防开支，一半为非国防开支，每年军费不得超过5490亿美元。该法案继承了《格拉姆－鲁德曼－霍灵斯法案》的强制减支措施，即当预算不够时并不能按照优先次序削减开支，而必须在每件事上按同等比例削减。如果这种现象发生必然会对整个政府运转造成不可估量的破坏和混乱。所以为了避免强制减支，只有两个办法：一是最后的拨款法案一定会将预算从数字上拉下来，以满足2011年法案的规定；二是通过国会再次授权，修改2011年法案，临时提高预算天花板的额度。事实上，2012年、2013年和2015年都曾修订提高2013年至2017年间的预算天花板，使相应财年的"超标"预算得以通过。所以，2018财年的军费拨款最终能够有多少依然取决于特朗普政府在国会和两党的斗争。虽然大概率可能是预算天花板再次被提高，但是这个过程并不轻松，特别是在共和党在参议院又失去一个席位的情况下。2017年12月7日，国会参众两院通过临时开支法案，避免联邦政府在9日停摆，令联邦政府可以继续运转到22日。12月22日，美国国会再次通过了临时预算法案，为美国联邦政府提供4周资金到2018年1月19日。据传自2017年12月8日以来，财政部部长姆努钦（Steven Mnuchin）就一直要求国会在2月底之前提高债务限额。在减税法案已经通过的大背景下，继续提高债务上限已经成为美国政府的唯一选择。

五、朝核问题陷入两难

针对朝核问题，奥巴马政府期间的"战略忍耐"政策已经难以为继。2017年朝鲜进行了一次氢弹试验——第六次核试验和三次"高抛型"弹道导弹试验，在技术上获得了突飞猛进的进步。特别是2017年11月29日火星15号洲际弹道导弹试验后，朝鲜已经确定获得了能够打击包括美国本土东部地区的打击能力。在朝鲜缺乏远程战略轰炸机的情况下，事实上即便朝鲜有也不可能用于实战，所以只能依赖洲际弹道导弹来实现对美国的核威慑。从这个意义上来讲，实现弹头小型化并与洲际导弹相结合，实现"弹箭合一"的投放能力是朝鲜实现完全核武化的最后一步。但是，"弹箭合一"的技术难度并不低，主要涉及核弹头小型化和载入大气层的隔热措施。弹道导弹弹头在再入大气层时，速度通常达到 4.3 千米~7.3 千米/秒，由于受到气动力和气动加热作用，其表面温度达数千开氏度，驻点处可达 8000~10000 开而形成"热障"。如此高的温度，不要说用普通的金属材料制成的弹头壳体难以承受，即使弹头壳体上再敷上一层耐高温烧蚀的保护层，也难免被熔化。如果无法解决隔热问题，那么核弹头很可能在刚刚进入大气层就被烧毁，而无法发挥杀伤作用。所以，目前朝鲜理论上距离拥有实战型的核武器仅仅一步之遥，而且已经形成有限"核威慑"，实际上很可能已经拥有或者正在接近拥有。金正恩在元旦讲话中指出，韩美两国企图发动核战争，导致半岛局势陷入紧张，但韩美没敢点燃战争导火索正是因为朝鲜拥有制服美国的核战争遏制力。所以，想要迫使朝鲜主动放弃核武器已经不可能。2018 年 1 月 1 日，朝鲜劳动党委员长金正恩在发表的新年贺词中提到"尖端武器的研究与开发是卓有成效的，洲际弹道导弹的试验准备已经进入了最后阶段"。在这种情况下，朝鲜的首要目标是保持既有成果，既不会倒退，又要避免被摧毁，缓和局势是理性选择。这对美国来说是一个两难选择。

默认朝鲜拥有核武器可以避免战争，特别是核战争以及生化武器所导致的大规模灾难性战争，但是会破坏世界核不扩散体系，损害美国的威信。美国国家情报局局长詹姆士·科兰坡（James Clapper）曾指出，大多数朝鲜问题观察员长期坚持的观点"让朝鲜弃核"已经不可能了，美国政府也应该放弃劝说，最好的选择是冻结其进一步发展核能力。[1] 朝鲜目前距离成为事实上的核武国家只有一步之遥，即将核弹头与远程弹道导弹相结合。2017 年 7 月 3 日和 28 日朝鲜进行了两次高抛型弹道导弹实验，就是为了尽可能模拟

---

[1] Ryan Browne and Jennifer Rizzo,"US intel chief: North Korea will never give up nukes,"CNN, October 25, 2016, http://edition.cnn.com/2016/10/25/politics/clapper-north-korea-nuclear-weapons-lost-cause/index.html.

远程导弹发射，最终获取对美国本土的核打击能力。[1]9月3日，朝鲜进行第六次核试验，而且是一次氢弹试验。这都表明朝鲜的核技术突飞猛进，正在快速接近最终目标。尽管联合国安理会在8月5日和9月11日通过2371和2375号决议，几乎将切断朝鲜所有的对外贸易，但朝鲜依然没有表现出放弃核武器的意愿。如果朝鲜最终获得了这种能力，那么也不太可能真正地用来摧毁美国，因为这无疑是自杀行为，那么最有可能也就是保持这种威慑能力，然后宣布再也不进行新的试验，然后等待谈判。美国有可能采用针对巴基斯坦和印度的模式，最终默认朝鲜的这种核威慑能力，最终实现和解。

事实上韩国目前的所作所为——无条件重启对话——已经是接受现状、默认朝鲜拥核。2018年1月9日韩朝高级别会谈在韩朝边境板门店的韩方一侧"和平之家"举行，在开场发言中朝韩两方都对此次会谈寄予厚望。韩方团长、韩国统一部长官赵明均表示，今天的会谈在韩朝关系历经长期隔绝状态后终于启动，好的开始是成功的一半，希望双方带着决心与恒心开展对话；但也有俗话说"一口吃不成胖子"，希望双方本着从容不迫、坚韧不拔的精神一步一个脚印展开对话。但是，最终能够实现这一步的前提条件是，美国对朝鲜做出巨大让步，例如美国重量级人物访问朝鲜，达成具有约束力的和平条约。在这之前，朝鲜的缓和手段都是一时的，如果得不到美韩积极回应，那么会继续进行中短程弹道导弹试射进行挑衅。如果这一结果实现，那么东北亚将实现和平，但是特朗普总统和美国的信誉将受到巨大的损害。特朗普本人并不在乎，但是美国霸权将遭受严重质疑，同时美国将可能在韩国、日本等地区重新部署战术核武器，同时加大在东北亚地区的战区导弹防御系统。

更为重要的是，这将严重破坏世界核不扩散体系，鼓励更多的国家以非

---

[1]Dr. Theodore Postol, Markus Schiller, and Robert Schmucker, "North Korea's 'Not Quite' ICBM Can't Hit the Lower 48 States,"*Bulletin of the Atomic Scientists*, 11 August 2017, cited by *Global Research*,August 16, 2017, https://www.globalresearch.ca/north-koreas-not-quite-icbm-cant-hit-the-lower-48-states/5604217.

法手段研发核武器，形成多米诺骨牌效应。此外，默认朝鲜拥有可以打击美国本土的能力，尽管现在还不能确定是否拥有核能力，不仅会使美国面临巨大的安全威胁，而且也将承受世界范围内的"声望"损失。[1] 这都将极大削弱美国维持世界霸主地位的能力和运用能力的可信性。显而易见，默认朝鲜拥核意味着美国接受被朝鲜核讹诈的结局。

同时，美国军事摧毁朝鲜的可能性同样急剧上升。1962 年 10 月 16 日，面对苏联在古巴部署攻击性核导弹的威胁，肯尼迪召集"国家安全委员会执行委员会"商讨对策，统一意见是：绝对不能容忍苏联此举得逞，否则就可能在冷战中"从物质方面和……政治方面改变力量均势"，会产生一系列不利于美国的严重后果。[2] 肯尼迪对顾问们说："我们不得不采取某种行动，否则这个同盟（北约）将分崩离析。"[3] 今天的美国，在面对朝鲜的核威慑时，处于同样的抉择境地。显而易见，美国既不能冒被核打击的风险，也无法容忍一个像朝鲜这样的国家对其实施核讹诈。所以，如果美国最终认定谈判无法阻止朝鲜发展核武器，且朝鲜正在迅速接近获得打击美国本土的能力，那么军事手段几乎就成为唯一的选择。目前华盛顿主张对朝动武的声音正在急剧增加。特朗普总统的亚洲之行，从日本、韩国、中国到越南和菲律宾，首要任务就是确认与这些国家达成共识，继续以最大的压力逼迫朝鲜回到弃核的道路上来。

2017 年 12 月 12 日，美国国务卿蒂勒森在美国智库"大西洋理事会"发表演讲时说，美国愿意开始与朝鲜进行"不设先决条件"的谈判，哪怕只"为了谈判而谈判"。此前，美国的立场一直是坚持朝鲜必须首先放弃其核导计划，才能与之展开谈判。不过同时，蒂勒森也强调，面对朝鲜半岛的紧张局势，

---

[1] 关于声望在决策者心目中的地位及其对决策的影响，参见 Tang Shiping（唐世平），"Reputation, Cult of Reputation, and International Conflict," *Security Studies* 14 , No. 1, January-March 2005, pp. 34-62.

[2] 西奥多·索伦森：《肯尼迪》，上海译文出版社 1981 年版，第 520 页。

[3] 路透社 1994 年 7 月 27 日报道，肯尼迪在 1962 年 10 月 15 日白宫会议上的发言录音。

美国政府也做出了一系列以军事手段应对的准备。这在一定程度上可以解读为，蒂勒森在做最后的外交努力。《大西洋》月刊在 12 月 14 日发表的一篇采访中援引共和党参议员林赛·格雷厄姆的话说："我认为，我们动用军事选项的可能性为三成。"如果朝鲜进行第七次核试验，那么美国动武的可能性将提高到 70%。他说："目前还没有到这个临界点。但如果他们再次试验核武器，那么一切皆有可能。"[1] 种种迹象都在表明美国政府正在失去耐心。

　　2018 年 1 月 15 日，美国国防部长马蒂斯（Mattis）在加拿大温哥华举行的朝鲜问题相关 20 国外长会议前的 15 日晚餐会上，发言称"（美国）已做好准备，也有战争的计划"，"若外长会议不顺利，下次就开防长会议"。日本外相河野太郎在晚餐会上指出，要解决朝鲜核问题"为了对话而对话没有意义"，他强调支持美方将包括行使武力在内的"所有选项摆在桌面上"的立场。[2] 第二天，1 月 16 日，美国国防部长马蒂斯在爱达荷州的芒廷霍姆空军基地（Mountain Home Air Force Base）讲话中指出："但底线是，我们在那已经完全了解现状，并分享了外交事务，而今天，在我给了他们——基本上的——军事情况和军事手段之后，他们回去工作，试图外交解决此事。那就是他们现在做的事情。"马蒂斯的发言都在暗示军事手段作为最后的解决手段已经被认真考虑，但也指出现在准备并不足：由于故障维修等原因，目前美国的空军中队无法满足朝鲜战争所需要的每个中队每天十架飞机的编制要求，目前只能大概保证四架，所以美军正在做后勤准备。[3]

---

[1]Uri Friedman, "Lindsey Graham: There's a 30 Percent Chance Trump Attacks North Korea,"The Atlantic, Dec. 14, 2017, https://www.theatlantic.com/international/archive/2017/12/lindsey-graham-war-north-korea-trump/548381/.

[2]《详讯：美国防长马蒂斯谈及对朝战争计划》，日本共同社共同网，2018 年 1 月 18 日，https://china.kyodonews.net/news/2018/01/d85b252d5d02.html.

[3] Secretary of Defense James N. Mattis, "Off-camera Gaggle by Secretary Mattis at Mountain Home Air Force Base,"News Transcript, US Department of Defense, Jan. 16, 2018, https://www.defense.gov/News/Transcripts/Transcript-View/Article/1416680/off-camera-gaggle-by-secretary-mattis-at-mountain-home-air-force-base/.

　　总之，特朗普政府在 2018 年并不轻松，依然面临一系列国内外的挑战。由于美国具有全球影响力，其国内问题并不能完全地被狭隘理解为其国内问题，实际上具有强大的外溢影响力。无论是特朗普总统本人的性格和健康问题，还是美国国内三权分立制度下的内耗与斗争，特别是 2018 年中期选举，都会对美国对外战略的实施产生巨大的影响。2016 年特朗普总统当选被很多人认为是一次典型的"黑天鹅"事件，但随着他执政一年，认为"不确定性已经消失"的声音已经成为主流。但是，这种"确定"的声音也似乎过于确定。尽管特朗普总统最新的体检报告显示他非常健康，但是这并不能打消外界对他健康问题的质疑，一方面身体上的物理健康指数并不代表精神上的健康状况，另外他毕竟已经 72 岁了。前国家安全顾问弗林（Michael Flynn）已经向联邦调查局（FBI）认罪，这也意味着纠缠特朗普政府的"通俄门"并非纯粹的空穴来风，种种迹象表明，这把火有可能烧向特朗普的女婿库什纳，甚至女儿伊万卡。虽然现在可以确定"通俄门"最终导致特朗普总统本人被弹劾解职的可能性非常低，但是如果控制不好，依然有可能给特朗普政府造成巨大的杀伤和导致剧烈的动荡。2018 年新版《美国国家安全战略报告》和《美国国防战略报告》都把中国、俄罗斯、朝鲜和伊朗定义为战略竞争对手，特别指出大国竞争取代反恐成为美国国家安全的"首要关切"。如果未来特朗普政府领导下的美国同时与中俄两大政治军事大国对抗，无疑将走上保罗·肯尼迪一再警告的"过度扩张"的老路，重复大国政治的悲剧。这种零和思维指导下的战略博弈必将会对冷战后所形成的世界和平与稳定秩序造成严重的破坏性影响。毫无疑问，在这样一个全球化时代，特别是命运共同体越来越成为现实的时代，美国在这一过程中将无法获得想象中的利益与好处。

普京强人治国的谋略

中央党校国际战略研究院　左凤荣

俄罗斯于 2018 年 3 月 18 日举行新一轮总统大选，这是苏联解体后俄罗斯举行的第 6 次大选，也是普京第 4 次参加大选。尽管俄罗斯经济状况不好，普京也未能实现其使俄罗斯成为世界第五大经济体的目标，但普京仍在大选中获得了超高支持率，得票率高达 76.69%，远高于其前三次大选的得票率。为什么其他国家的领导人不能促进经济发展和人民生活水平的提高会失去民众的支持，而俄罗斯民众对普京的支持率却居高不下？普京这个政治强人成功的秘诀在哪里？

普京：政治强人的成功之处

1999 年 12 月 31 日，普京从叶利钦手中接过了总统职位，到 2017 年底，普京当政的时间正好 18 年（梅德韦杰夫当政的 4 年实际上也是在普京的领导之下），与勃列日涅夫相同。2018 年普京将开启其下一个六年任期，并将成为 20 世纪以来担任国家最高领导人时间仅次于斯大林的人。虽然现在俄罗斯已经失去了世界超级大国的地位，但人们都公认普京是一位强有力的国家领导人，也是俄罗斯最受欢迎的政治家。俄罗斯人喜欢和相信普京，自然与普京作为国家最高领导人的政绩分不开。

首先，普京实现了俄罗斯由乱到治的转变。叶利钦执政期间，俄罗斯上层权力机关争斗不已，导致中央权力削弱，政令不通。苏联解体后遗症的影响以及改革失误引发的离心力，使民族分裂和地方分离思潮蔓延，有些联邦主体宣称是"主权国家"，公然违抗总统和中央的指令，国家机构的权力被削弱了。普京坚信要振兴经济必须保持社会稳定，在政治上加强中央权力。他采取的第一个措施就是整顿秩序，打击地方分离主义，恢复国家统一的法律空间。随后，普京又实施了一系列改革措施，加强了中央对地方的垂直管理、重要资源由国家控制、发挥能源大国的优势、重视和改善民生、通过《政党法》规范政党的行为、加强国家对媒体的监管，使新闻摆脱大财团的控制。废除了地方与中央相抵触的 3000 多项法律，此举加强了中央对地方的控制，保障了总统各项政策的实施。普京还改变了联邦委员会（议会上院）的组成，改变了地方行政长官和立法机构的最高领导人兼任联邦委员会议员的惯例，而由他们任命的代表担任上院的议员，恢复了上院作为立法机关的本来面目，维护了分权制原则。2001 年 6 月通过《政党法》，目的是消除"党派众多，实际上无党"的局面，原来政党林立的状况已有很大改变，俄罗斯形成了四大议会政党加三个议会外政党的体制。原来主张发展自由市场经济的右翼力量衰落了，在俄罗斯已经没有了市场，右翼力量联盟、"苹果党"惨遭淘汰，连议会的大门都没有进去。俄罗斯的主流意识实际上成了国家资本主义和民族主义。独大的"统一俄罗斯党"反对"政治激进主义"，主张保持国家稳定、团结和统一，自称是"全民党"，代表俄罗斯全体人民的利益，特别是中间阶级的利益，全面支持总统普京的路线政策，推动市场经济与社会公正相结合。

普京的国家资本主义之路取得了一定成效，在 2008 年金融危机前俄罗斯经济发展速度很快，人民的生活也有了很大提高，俄罗斯又重归世界大国的行列。俄罗斯是一个抗压能力极强的国家。面对西方制裁，俄罗斯加紧实施"进口替代"战略，并取得了一定成效。2016 年俄罗斯遏制住了经济下滑的局面，经济只下降了 0.2%。2017 年俄罗斯经济状况好于预期，7 月增速为 1.8%，8 月为 2.3%，2017 年全年俄 GDP 增速为 1.5%。

第二，普京保证了俄罗斯人民的生活水平与经济发展同步提高。从 2000 年至 2008 年，普京借油价上涨的东风，给俄罗斯带来了稳定和繁荣。俄罗斯经济连续 8 年保持高速增长，GDP 总量在 2007 年上升至世界第七位。普京吸取了苏共失败的教训，在关心国家强大的同时，更注意提高人民的生活水平和生活质量，让民众过上有尊严的生活。人们的平均月工资从 2000 年的 1500 卢布增加到现在的 36000 卢布，寿命从 65.3 岁增至 72 岁。GDP 增长了 7.4 倍，国内生产总值按购买力计算增加了 2.8 倍。军事成就更不用说了，从国家曾经找不到进行第二次车臣战争的几万战斗人员，到现在具有在精确制导帮助下在远方进行军事行动的高水平的动员力量，特种战役和电子侦察的力量。[1] 俄罗斯一直坚持全民免费教育和免费医疗制度，俄罗斯不存在因病致贫的现象。普京重新把能源领域掌握在国家手中，用石油、天然气涨价获得的高收益履行国家所承担的社会义务，他把实现高质量的教育、现代化的医疗、买得起住房和高效农业作为国家重点抓的工程项目，通过立法明确规定养老金的涨幅不能低于通货膨胀率和工资提高的幅度，保障了退休人员的实际生活水平。从 2006 年开始，俄罗斯政府加大了对多子女家庭的援助力度。2012 年普京在竞选中强调，"俄罗斯是一个强国。相比于劳动生产率和人均收入相似的国家而言，我国的社会保障水平比较高。近些年预算中社会领域的支出占全部预算的一半以上。过去四年中，社会支出绝对值增加了 50%，占 GDP 的比例从 21% 提高到了 27%。在 2008–2009 年的危机中没有一种社会保障躲得过动荡。但在这段时期内，预算中的工资增加了，养老金和其他社会性支付也扩大了。"[2] 居民货币收入总额中来自政府的社会补贴所占比例高达 18%，60% 的家庭享受国家提供的补贴和优惠。尽管 2014 年以来乌克兰危机和西方的制裁，使俄罗斯经济下行，但普京仍坚持把保障民生、履行国家的社会职责放在重要地位，仍保持着较高的社会福利水平。普京表示，

---

[1]*Илья Ухов Владимир* Путин кардинально изменит Россию в ближайшие шесть лет. http://xn--h1akeme.ru-an.info/новости/.
[2]Строительство справедливости. Социальная политика для России. http://www.putin2012.ru/#article-5.

2017 年用于卫生保健的比例占 GDP 的 3.8%，2018 年将增加到占 4.1%。[1]因此，多数民众对普京的工作给予了充分的理解与肯定。

第三，普京满足了俄罗斯人的大国愿望与追求。俄罗斯民族具有不畏强暴、勇于进取的性格。从 18 世纪彼得大帝通过改革使俄国走上强国之路到苏联解体，俄国都是一个世界性强国。长达 200 多年的帝国地位培养了俄罗斯人的大国心态，追求大国地位、影响世界发展进程一直是俄罗斯的首选目标。俄罗斯民众的传统意识是做大国，做世界性强国，苏联的解体和俄罗斯的衰落，增强了俄罗斯人的危机感。普京十分了解本国民众的心态，他也是个强国主义者，他把重振俄罗斯大国雄风、做强国确定为国家发展的战略目标。俄罗斯要在多极化的世界体系形成过程中发挥更积极的作用，以大国的身份对世界施加有效影响。俄罗斯是联合国安理会常任理事国、八国集团成员、世界能源大国、军事强国，这是俄罗斯重要资本。美国批评俄罗斯不民主，在俄罗斯的周边地区搞"颜色革命"，挤压俄罗斯的战略空间，恶化俄罗斯的周边环境，借此牵制俄罗斯的发展，对此，普京坚决予以回击。面对北约东扩的压力，俄罗斯把巩固与独联体各国的关系作为其重要的战略方针，普京的目标是建立一体化的经济和政治联合体，并在国际问题上采取共同立场和协调行动。2014 年 3 月，普京利用乌克兰危机成功"收复"了克里米亚，有力地回击了西方的挤压，激发了国内民众的爱国热情，普京的支持率在克里米亚入俄后飙升至 85% 以上。

普京把增强军事实力作为其维护大国地位的重要手段。地处东欧平原的俄罗斯缺少天然屏障，历史上俄国也遭受过外族入侵，俄罗斯人对外部世界有不安全感，俄国统治者往往把控制地理范围的大小作为国家安全的重要保障，扩张、构筑缓冲地带成为俄国维持国家安全的传统手段。俄罗斯重视军事手段在维护国家安全中的作用，在俄罗斯国力下降、北约东扩至俄罗斯家

---

[1]Владимир Путин провел первую кандидатскую тренировку. http://www.ng.ru/politics/2017-12-15/1_7137_putin.html.

门口和恐怖主义活动猖獗的情况下，普京更加重视武装力量的建设。俄罗斯在核武器的数量、质量与水平上，仍可与美国抗衡。在应对乌克兰危机和西方制裁的大背景下，俄罗斯与北约在东欧形成对峙。2017 年 9 月 14-16 日俄在白俄罗斯和俄罗斯境内进行"西方-2017"军演，展示了俄罗斯的新军事技术，如先进的无线电电子侦察系统，特别是无人机和使用格拉纳斯导航的系统，以及"伊斯坎德尔"战术导弹、"巴尔"岸基导弹系统、S-400"凯旋"防空导弹系统等，显示了一个军事大国的风姿。经济状况不佳并没有影响俄罗斯军力的发展，俄罗斯加强了在黑海、地中海和北极地区的军力。2015 年 9 月 30 日俄罗斯出兵叙利亚，并没有像许多人预料的那样陷入中东，而是成功达到了巩固巴沙尔政权、消灭伊斯兰国、加强本国在中东影响力的目的。俄罗斯在中东的军事政治成功，使其成为该地区最有影响力的外部大国。

普京重视发挥国家与法治的作用

普京是一个对俄罗斯传统和文化有深入了解的领导人，在其治国过程中，他成功地把现代社会发展的普遍原则与俄罗斯社会的传统价值结合起来，强调走俄国自己的发展道路。普京治国成功的秘诀也根植于此。

首先，普京重视发挥国家的作用。俄罗斯是一个幅员辽阔、人口相对稀少的大国，同时又是一个后起国家。在俄国历史上，国家一直是现代化的有力领导者和推动者。苏联剧变后，俄罗斯一度照搬西方的自由市场经济，效果不佳。普京重新重视发挥国家的作用，他说："在我国，国家及其体制和机构在人民生活中一向起着极为重要的作用。对于俄罗斯人来说，一个强大的国家不是什么异己的怪物，不是要与之做斗争的东西，恰恰相反，它是秩序的源头和保障，是任何变革的倡导者和主要推动力。"普京强调，俄罗斯的伟大成就取决于国家的强大，"俄罗斯过去是，将来也还会是一个伟大的国家。它的地缘政治、经济和文化的不可分割的特征决定了这一点。在俄罗斯整个历史进程中，它们还决定着俄罗斯人的思想倾向和国家的政策。即使在今天它们依然起着决定性的作用。但如今这种思想倾向应当充实新的内容。"[1] 因此，普京努力建立强有力的国家政权体系，加强国有经济，由国家掌控战略资源。

第二，普京坚持把俄国特色与世界发展的潮流结合起来。普京的目标是使俄罗斯成为自由、繁荣、富裕、强大的文明国家，成为公民为其自豪和受世界尊敬的国家。针对人们对苏联时期一党制和专制的不满，普京强调："只有民主的国家才能确保个人与社会之间利益的平衡，使个人主动精神与全民族的任务并行不悖。"[2] "没有民主，不彻底纳入世界进程，今天我们便不能想象俄罗斯会有成功的未来。"[3] 但是，普京强调俄罗斯的民主有自己的民族特色，要符合本国的国情。在形式上，俄罗斯与西方发达国家一样，实行三权分立、多党制和民主选举，但在实质上俄罗斯与西方国家又有很大不同。俄罗斯的民主与西方民主的基础不同，俄罗斯的民主不是建立在个人主义的基础上，"在俄罗斯，集体活动向来比个体活动重要，这是事实；而专制作风在俄罗斯社会根深蒂固这也是事实。大多数俄罗斯人不习惯通过自己个人的努力奋斗改善自己的状况，而习惯于借助国家和社会的帮助和支持做到这一点。需要很长的时间才能改掉这种习惯。"[4] 俄罗斯实行的是总统高高在上的"超级总统制"，行政、立法、司法之间的制衡关系很弱，实际上都听命于总统。当然，普京还是要照顾民意，根据俄罗斯的特点，不断改革和调整俄罗斯的政治体制。2004 年借别斯兰事件，普京加强了总统的权力和总统对地方的控制权。2012 年，又对国家的政治体制进行了改革，恢复了对地方行政长官的直选， 年龄在 30 岁以上的俄罗斯公民有权竞选州长，可以由党派提名，也可以以独立候选人身份参选，后者需要征集支持者签名，签名者的数量需达到该州总人口的 0.5% 至 2%，具体比例由各州自行决定。总统有

---

[1] 普京著：《普京文集》，中国社会科学出版社 2002 年版，第 9 页。
[2] 普京著：《普京文集》，中国社会科学出版社 2002 年版，第 82 页。
[3] 普京著：《普京文集》，中国社会科学出版社 2002 年版，第 518 页。
[4] 普京著：《普京文集》，中国社会科学出版社 2002 年版，第 9、10 页。

权与党派提名的候选人以及独立候选人进行磋商，即必须通过总统审查确认，如果总统认为候选人有渎职或违法行为就可以终止其候选人身份。恢复了杜马选举的单席位选区，全国分为 225 个选区，以保障公民都有自己的代表。对《政党法》进行修改，降低了政党门槛，到 2012 年 10 月，在司法部注册的政党从原来的 7 个增加到了 40 个，现在俄罗斯有 70 多个政党。取消了政党参加选举时必须征集签名的法案，根据新法案，除总统选举外，政党在任何选举中无需再征集支持自己的选民签名，只有自荐者才需要征集签名。在总统选举中，保留了未进入国家杜马或没有进入三分之一以上联邦主体地方议会的政党必须征集签名的规定，但签名数量从 200 万张减少到 10 万张，总统选举自荐者必须征集的签名数量从 200 万张减少到 30 万张。这些措施旨在增强政治的竞争性、公民的参与度和释放政治活力。

第三，重视法制建设，坚持依法治国。普京注重用法律规范公职人员的行为，防止其腐败。如建立了财产申报制度，总统、总理、部长、议员每年都要公开自己的财产。对超过 10 亿卢布的政府采购进行社会监督。2012 年 4 月 17 日，俄罗斯正式成为经合组织的《反对在国际商务活动中贿赂外国公职人员公约》第 39 个缔约国。2013 年，通过法案，禁止官员在海外拥有银行账户、持有外国发行的股票以及其他金融票据，不执行这项规定的官员将遭解职。有关监督官员开支情况的法案 2013 年 1 月 1 日生效。法案规定："联邦和地方政府各级官员、联邦和地方的议员、在中央银行及国有企业等其他国家机构中担任公职的人员及他们的配偶和未成年子女在购买不动产、交通工具和证券等大额消费时，若出现单笔交易支出金额超过本人最近三年家庭总收入的消费时，必须申报该项支出的资金来源。在开支与收入不符的情况下，检察院将通过法院要求没收其非法所得财产。如果国家公务员拒不申报或提供虚假收入信息，将会被解职。"普京没有像中亚领导人那样自己一直当政，而是遵守宪法所规定的连任总统不能超过两届的规定，2008 年他推荐梅德韦杰夫竞选总统。梅德韦杰夫在任期间修改了宪法，把总统任期从 4 年延长到 6 年，从而使普京可以连选连任直到 2024 年。

对反对派，普京的政策也是把他们的活动限制在法律允许的范围内。在大城市，普京的支持率不高，举行游行抗议是不满者表达意见的主要方式。对此，要树立民主国家形象的普京并没有禁止，而是用严格的法律进行规范。2012年6月通过的游行集会法修正案大幅度增加对游行集会中违规行为的罚款，最高罚款额可达30万卢布（参与者）至60万卢布（组织者），对游行集会的空间、时间及申报程序进行严格规定，如不得干扰交通及居民生活，最近一年有违纪行为的人没有申请组织游行集会的资格，对游行集会参与者装备的规定，除了按国际通例对扩音喇叭的限制外，还要求参加者不准戴面具、口罩等无法辨认本人面目的东西。

普京的治国理念与外交政策与西方有很大冲突，西方国家为策动"颜色革命"也采取了多种手段。2017年3月26日俄罗斯从符拉迪沃斯托克到加里宁格勒的几十个城市爆发了抗议普京、要求梅德韦杰夫下台的游行集会，如此普遍的游行抗议是苏联解体以来少见的。参加者的主体是年轻人，许多是不满18岁的高中生，游行者多则几千，少则几百，反对派领袖纳瓦尔内因参加抗议被警察带走。对这样一场政治事件，俄罗斯主流媒体基本上没有报道。俄罗斯普遍认为这是由来自西方的势力插手的活动，网络在其中起了很大作用。普京特别注意通过立法防范西方的"颜色革命"，从2005年起，俄罗斯制定了《非营利组织法》《社会联合组织法》《俄罗斯慈善法》等，并根据新情况不断对这些法律进行补充和修改。在法律上把外国资助的政治组织定义为外国代理人的法案，有效地阻止了西方对俄罗斯内政的干涉，成为阻止西方，特别是美国对俄罗斯渗透的工具。最具挑战性的反对派领袖纳瓦尔内不符合参选总统的条件，其要求参加2018年总统大选的申请被驳回。

第四，普京很会用人，或者说很善于用人。在观察俄罗斯政坛时我们发现，在普京的竞争对手中，除了纳瓦尔内外，基本都是老面孔：久加诺夫、日里诺夫斯基、亚夫林斯基等，这些人在苏联解体后就一直活跃在俄罗斯的政治舞台上，先是跟叶利钦争总统宝座，后又与普京竞争，但他们的支持率并不高，始终处于陪衬地位。反对派没有有威望的领导人，也提不出像样的纲领，根本无法与普京竞争。2017年12月14日在年度记者会上普京自己讲："现在谈谈您所提关于反对派的问题，为什么没有出现这样有竞争力的反对派。对我来说，最简单的就是，我不会为自己培养竞争对手。俄罗斯的政治环境和经济环境都应该是有竞争力的。当然，我很想，也将朝着这方面努力，使我们有一个平衡的政治制度。""就像我之前说的，十几年来，俄罗斯都没有出现有施政能力的成熟反对派。"[1] 纳瓦尔内在莫斯科和圣彼得堡得不到多少人支持，使他根本无缘参加2018年的总统选举。俄罗斯政坛上还有许多强有力的领导人，但基本都被普京纳入自己的麾下，反对派阵营没有强有力的政治人物。不管普京是否委他们以重任，他们都在普京的团队中找到了自己的位置，而没有走到普京的对立面。普京自己成了20世纪以来掌权时间仅次于斯大林的人，但其执政团队却不断更新，许多成员都很年轻，如2016年11月普京任命的经济发展部长奥列什金，时年只有34岁，是俄最年轻的政府部长。"老近卫军"逐渐失势，亚库宁、伊万诺夫等相继离职，而新任总统办公厅主任瓦伊诺、国家杜马主席沃洛金等一批60后、70后乃至80后技术官僚开始走到政治前台。2016年10月至2017年，俄罗斯85个联邦主体的行政长官中逾四分之一被撤换，一批政治新人走上联邦和地方政治舞台，旨在向日益年轻化的新一代选民表明普京打造更年轻、更敬业、更专业执政团队的坚定决心。普京正试图打造一支更年轻、更有活力、专业化程度更高的新执政团队，用正式的、体系化的权力结构取代盟友间的非正式权力分配。普京把当了自己多年保镖的维克多·佐洛托夫任命为新成立的俄联邦40万人编制的国民近卫军的领导人。在"收复"克里米亚过程中崭露头角的谢尔盖·梅尼亚伊罗担任了西伯利亚联邦区总统特使，并进入国家安全委员会。在查处哈巴罗夫斯克州州长霍罗沙文、反对派领导人纳瓦尔内、调查局局长巴斯特雷金等事件中表现突出的谢尔盖·克罗廖夫升任安全局经济安全部门负责人。

---

[1]Большая пресс-конференция Владимира Путина,http://www.kremlin.ru/events/president/news/56378.

克里米亚"美女检察官"波克隆斯卡娅在新一届杜马中担任职务。这支团队将成为普京维系其影响力、使俄长期稳定发展的基础。

普京善于利用外交为内政服务

俄罗斯人像美国人一样，具有救世情怀。在苏联历史上，长期把推进世界革命，取代资本主义作为自己的目标，内政长期为外交服务。苏联解体后，俄罗斯联邦吸取历史教训，收敛外部目标，专注于国内问题的解决。但事态的发展表明，美国以冷战的胜利者自居，不承认俄罗斯的平等地位，利用一切可能挤压俄罗斯的战略空间，遏制俄罗斯的发展。特别是在普京第三次入主克里姆林宫后，他们认为普京建立欧亚经济联盟是为了恢复苏联，西方与俄罗斯争夺原苏联加盟共和国的斗争加剧。乌克兰危机使俄罗斯经济受到严重影响，在西方的经济制裁下，俄罗斯经济连续两年出现负增长，卢布大幅度贬值，民众的生活也受到了一定的影响。普京利用外交巧妙地转移了人们的不满。从2014年起，俄罗斯政府支持率并不必然与经济增长相关联，俄罗斯政府利用全面的宣传手段，让民众相信经济困难是外部敌人的阴谋所致。

俄罗斯人具有救世情结和大国情怀，普京充分利用了这一民族心理。在国内经济状况不佳的背景下，普京通过塑造外部对手和显示国家的强大，获得国民的支持和认可，外交已经成为普京的一个重要工具。普京通过深度介入乌克兰内部冲突，"收复"了克里米亚半岛。该半岛是俄罗斯人的传统土地，是他们付出了巨大牺牲从奥斯曼土耳其帝国手中夺过来的，1954年赫鲁晓夫为了表示俄罗斯和乌克兰两大民族的友好把此地让给了乌克兰。苏联解体后，许多俄罗斯人主张把此地收回，但由于种种原因，俄罗斯最终认可了乌克兰对该地的主权。让克里米亚"回家"，确保拥有这个战略要地，使黑海舰队能够保留这个传统基地，大大增强了俄罗斯在黑海的战略地位。对于许多俄罗斯人而言，这是个巨大成功。乌克兰东部的武装冲突，大大牵制了乌克兰执政当局，使他们无暇顾及克里米亚。

普京善于利用外交中的不利因素。乌克兰危机以来，西方对俄罗斯的制裁严重影响着俄罗斯的经济发展，普京也通过强化俄罗斯的敌人意识，转移了民众的注意力。西方成为俄罗斯经济发展状况不佳、居民生活水平受影响的罪魁。俄罗斯人有重视安全的传统，一向把国家安全放在第一位，在俄罗斯人看来，只有强人普京能够维护国家的安全。2017 年，普京通过举行俄白军演、推进北极地区战略部署、改造提升巡洋舰等手段不断夯实国家安全基础，增强了民众的信心。

俄罗斯在外交上的成功，也提升了普京的支持率。在中亚这个俄罗斯具有传统影响的地区，普京通过推动欧亚经济联盟和集体安全条约组织，增强了在这一地区的影响力，通过建设大欧亚伙伴关系计划，力图主导欧亚地区的经济一体化进程。2015 年 9 月俄罗斯出兵叙利亚，到 2017 年 12 月俄罗斯宣布从叙利亚撤军，俄罗斯不仅稳固了叙利亚的巴沙尔政权，也改善了与土耳其、伊朗的关系，还加强了对埃及、以色列、沙特、卡塔尔等国家的影响。俄罗斯在中东的影响显然超过了美国，中东的许多事务都取决于俄罗斯，俄罗斯在中东的军事政治建树使其成为该地区最有影响力的外部大国。俄罗斯外交在中东的成功，被一些俄罗斯人认为是俄罗斯走出苏联解体的阴影、东山再起的标志。

普京善于发挥个人魅力的作用

普京特别重视展现自己的个人魅力。俄罗斯具有崇拜好沙皇的传统，俄罗斯人所崇尚的是伊凡雷帝、彼得大帝、叶卡捷琳娜二世、斯大林这样的强有力的国家领导人，他们以铁腕治国，开疆拓土。普京也努力向国民展示自己强有力的一面。他可以驾飞机上天，可以开潜艇入海，不仅柔道具有很高的专业水平，冰球打得也不错，骑马、滑雪也在行，更重要的是他具有坚强的意志，不怕压力和困难，敢于应对西方的压力与挑战。普京政治强人的形象，符合俄罗斯人对国家领导人的要求。

普京精心打造的俄罗斯硬汉形象，无论是梅德韦杰夫，还是其他政客都只能望其项背。普京有一身硬汉的肌肉，面对孩子却又表现出少有的柔情。

只有普京才是俄罗斯的拯救者，才是俄国人的守护神。

普京特别重视利用媒体和舆论展现自己的魅力。普京每年都会举行与民众的直接连线和年度大型记者招待会，每次活动持续时间达 3 至 4 个小时，普京都是临时回答民众、记者提出的问题，那些经济数据都在他的头脑中。在普京面前的桌子上，没有任何事先准备好的资料，对于问题，哪怕是最令人难堪的问题，他都能够机敏、睿智地回答，经常妙语连珠，严肃而不失风趣。既解释了人们关心的问题，阐明了国家的方针政策，也拉近了与民众的距离，维护了俄罗斯政府和普京的形象。同时也展现了普京超强的体力，表明其是一个强壮、精力充沛、能够担当领导国家重任的领导者。

总之，普京是一个深谙治国之道的领导人，其治国之策兼具传统与现代的特点。普京的成功之处在于其满足了民众对大国、强国的期待，也表现为其没有竞争对手，民众对其持续保持着很高的支持率。但俄罗斯能否在经济状况不佳的情况下，持续保持其国际影响力和大国地位，俄罗斯的发展会对世界产生什么样的影响，都需要我们继续观察。

从历史观看普京的治国理念

中央党校国际战略研究院　左凤荣

普京是个强国主义者，也是一个俄罗斯传统文化色彩深厚的领导人。他重视历史教育在凝聚国民共识、培养爱国主义方面的重要作用。在其任内恢复了俄罗斯历史协会和俄罗斯军事—历史协会。普京重视对俄罗斯历史上重大事件的纪念，2012 年纪念了打败拿破仑入侵的波罗季诺战役 200 周年、俄罗斯国家建立 1150 周年、彼得·斯托雷平诞辰 150 周年、波兰侵略者被赶出莫斯科 400 周年、斯大林格勒保卫战 70 周年、苏联成立 90 周年等重大历史事件。2013 年纪念了罗曼诺夫王朝建立 400 周年，2014 年纪念了第一次世界大战爆发 100 周年，2015 年纪念了伟大卫国战争胜利 70 周年，2017 年纪念了俄国大革命 100 周年等。通过这些重大历史纪念活动，重新认识和评价历史，影响民众的历史观，为普京的执政服务。普京以俄罗斯民族主义、大国主义为指导，以传统道德为精神价值观，审视俄罗斯千年历史，展望未来的国家发展道路。普京尊重本国历史的每一个时期，包括苏联时期的帝国因素，即强国主义、传统爱国主义和"铁腕"治国理念。通过普京对以往历史的看法与评价，我们可以从中更深刻地认识普京的治国理念。

一、强调俄罗斯的历史继承性，培养爱国主义情感

从 2012 年开始，普京要求编写统一的中学历史教科书。2013 年 7 月 12 日普京谈到历史教材时说，"去年有 41 种课本，今年已经有 65 种，从向年轻人、

向在校生传授基本知识、基本观点的角度来看，这是完全不可取的。""我认为，一定要有规范的版本，统一主要事实、标志性事件和我国发展阶段，当然，其中也包括伟大卫国战争时期，还有整个第二次世界大战。伟大卫国战争和抗击纳粹的苏联人民是二战的最重要部分。"[1]2015 年俄罗斯历史协会组织专家首先制定了《俄罗斯历史统一教科书新教法总构想框架》，作为新编教科书的指导思想。这一工作是在国家杜马主席纳雷什金（他也是俄罗斯历史协会主席）的领导下进行的，成立了专门的编写小组，副组长是教育部部长利瓦诺夫、文化部部长兼俄罗斯军事历史学会主席梅津斯基，学术小组的领导人是俄罗斯科学院通史研究所所长丘巴里扬院士，近百位历史学家、教师，以及社会组织和俄罗斯地区（总计有 50 个地区）参与了这一工作，并两次大规模征求意见，2013 年 10 月 30 日在俄罗斯历史协会委员会扩大会议上正式定稿。2014 年 1 月 16 日，普京在克里姆林宫接见了《俄罗斯历史统一教科书新教法总构想框架》的作者们，并对他们的工作给予了肯定。普京努力构建跨度更大的历史观，"俄罗斯历史既不始于 1917 年，更不始于 1991 年，我们有连贯一致的千年历史，只有依托这个历史，我们才能获得力量，理解国家发展的内涵。"[2]中学历史教材对 1613 年罗曼诺夫王朝建立以来，包括整个俄罗斯帝国时期的历史，给予了较为肯定的评价。认为 1613 年缙绅会议把米哈伊尔·罗曼诺夫推上王位，是混乱时期的转折点，从此奠基的新王朝，直到 20 世纪初都一直统治着俄罗斯。教材充分肯定了罗曼诺夫王朝开疆拓土的伟业。通过肯定历史上有作为的专制君主、"铁腕人物"，为现实中的"铁腕"治国提供历史镜鉴，并为铁腕治理提供历史的合法性。

普京对待过去历史的总基调是强调历史的继承性，歌颂那些展现俄罗斯大国、强国地位的事件。俄罗斯官方特别重视围绕俄罗斯帝国举行一系列纪

---

[1]普京著，《普京文集（2012-2014）》编委会译：《普京文集（2012-2014）》，世界知识出版社、华东师大出版社版，第 364、365 页。
[2]《普京文集（2012-2014）》，第 263 页。

念活动，重温"大国梦"。2013 年俄罗斯隆重"纪念罗曼诺夫王朝建立 400周年"，这是一次带有明显政治色彩的重大历史纪念活动。17 世纪初俄罗斯处于"大混乱"时期。在打败外敌侵略之后，缙绅会议集中 50 多个城市、总计 700 多位各等级的代表，于 1613 年 1 月在莫斯科克里姆林宫乌斯宾大教堂举行推举沙皇的会议，2 月 7 日，拥有留里克家族血统的米哈伊尔·罗曼诺夫被推举为沙皇，并于 1613 年 7 月 11 日举行了登基大典。从此，俄罗斯开始了总计 304 年的罗曼诺夫王朝时期。罗曼诺夫王朝的历史与俄罗斯帝国的辉煌紧密联系在一起。除了举行与罗曼诺夫王朝相关的展览外，在莫斯科还重建了"纪念罗曼诺夫王朝 300 周年方尖碑"，并举行了揭幕仪式。在第一个沙皇祖母玛利亚·舍斯托娃死难地楚瓦什，重建了尼古拉大教堂（1690 年建立后被毁）。

从 2012 年开始，8 月 1 日被定为"第一次世界大战纪念日"。2014 年按照法定国家纪念日的规格，俄罗斯隆重纪念第一次世界大战爆发 100 周年。早在 2013 年 2 月 26 日，总理梅德韦杰夫就签署"联邦政府命令"，成立由杜马主席纳雷什金为主席的筹备第一次世界大战 100 周年纪念活动的组织委员会。该委员会规模庞大、规格甚高，成员包括文化部正、副部长，国家档案局局长，科学院院长，以及联络和大众公共事务部、外交部、国防部、经济发展部、科学和教育部各部的副部长，国家历史博物馆馆长，广播电视、联邦文化预算机关领导，还有有关重要纪念地斯摩棱斯克、圣彼得堡、普斯科夫和加里宁格勒四个联邦主体的行政长官。由文化部部长担任组织委员会副主席，文化部副部长和国防部副部长出任正、副秘书长。"命令"还对纪念活动财政预算的解决办法做了规定和安排，并指示各联邦主体执行机关和各地方自治机关参与各地纪念活动的筹备工作。在 2014 年 8 月 1 日，即第一次世界大战爆发 100 周年纪念日当天，在莫斯科卫国战争纪念馆靠近库图佐夫大街处举行了隆重的第一次世界大战英雄纪念碑揭幕式。同时还在多处举行了有关第一次世界大战的展览，举办了各种纪念活动。同一天，杜马主席纳雷什金会见了"罗曼诺夫家族"俄罗斯基金会主席、皇族后裔德米特里·罗曼诺夫。

十月革命后，苏共一直把一战称为帝国主义战争，对沙皇政府参加一战持否定态度。普京要纠正人们的看法，歌颂第一次世界大战参战者的英雄主义精神。他从爱国主义的角度谴责布尔什维克在一战中的态度，他说："布尔什维克和共产党人在第一次世界大战前线起了什么作用大家都很清楚。我们得到了什么？我们败给了战败国，没过几个月德国就投降了，这在历史上是少有的。为什么？为了争权。我们今天知道这些，评价此事应该考虑到给国家造成了多么巨大的损失。"[1]如果不是布尔什维克退出战争和与同盟国签署屈辱的《布列斯特和约》，俄国也可以以战胜国的身份参与一战后的分赃。

普京强调，"我们应该注意，今天有可能研究过去发生的这一切，但不能把过去的一切都描绘成黑色，也不能把现在发生的一切都看成是美好的。应该重视，客观分析，旨在不放过错误，不管是过去发生的，还是未来的。"[2]普京肯定苏联时期实行计划经济有其优越性，可以集中力量发展工业、教育、卫生事业，如果不是苏维埃政权集中一切资源，不可能战胜德国法西斯。但苏联最终没有感受到世界的变化，对技术革命、对新技术革命麻木导致经济崩溃。普京肯定伟大卫国战争的胜利和苏联时期取得的强国地位。对于苏联时期的政治体制，当今俄罗斯基本持否定态度。对于苏联的多民族国家建设，承认其对国家统一的积极影响，也指出其民族政策的消极方面。"布尔什维克把前俄罗斯帝国的大部分地区统一为一个国家，开始了俄国历史发展的苏联阶段。一方面促进了民族的自我意识、建立和发展了民族文化；另一方面苏联建立的原则基础是'一个民族一个国家'，经常导致几个世纪以来一直

---

[1]Заседание межрегионального форума ОНФ, 25 января 2016 года, http://www.kremlin.ru/events/president/news/51206.

[2]Заседание межрегионального форума ОНФ, 25 января 2016 года, http://www.kremlin.ru/events/president/news/51206.

生活在共同地域的各民族权利受到钳制。"[1] "官方的宣传把苏联的一切成就都归功于斯大林个人。斯大林建立了个人集权制度，党和国家机关都要服从于他的意志。领袖专政，大规模的镇压，与民主原则和苏联宪法的规定根本矛盾。"[2]

为了表明当今俄罗斯与十月革命前历史传统的接续，普京还推动把罗曼诺夫王朝一些在十月革命后流亡海外并死在国外的一些著名人物迁葬回俄罗斯。2005 年 10 月，在普京授意之下，著名的白军将领邓尼金以"爱国将军"的身份从美国迁葬回莫斯科。邓尼金敌视苏维埃政权，国内战争失败后流亡西方，1947 年 8 月 8 日病逝于美国密歇根州的安娜堡。他的迁葬仪式正式隆重，俄罗斯东正教领袖阿里克谢二世称赞，认为这证明了俄罗斯人的团结，20 世纪的悲剧历史造成了人民分裂，如今表明了俄罗斯社会由分裂最终走向了弥合。2006 年 9 月 23 日，丹麦和俄罗斯在丹麦的罗斯基勒大教堂启动了俄国末代沙皇尼古拉二世母亲的迁葬仪式，她最终被安葬在圣彼得堡其丈夫的身旁。2013 年俄罗斯政府把安葬在法国的一战时俄帝国海陆军最高统帅尼古拉·尼古拉耶维奇大公的骨灰迎接回俄，并举行了隆重的安葬仪式。

二、淡化革命意识，强调国家走渐进式发展之路

在过去的 100 年里，俄罗斯经历了两次国家解体（一次是俄罗斯帝国，一次是苏联），两次大的战争（一次是内战，一次是反法西斯战争），遭受了巨大的人力物力损失，俄罗斯国家走过的道路充满了英雄业绩，也有可怕的悲剧，有令人骄傲之处，也有要吸取的教训。研究和总结过去是为了确定未来的发展道路。俄罗斯实际上已经选定了未来的发展之路，这是不同于苏

---

[1]Горинов М.М., Данилов А.А., Моруков М.Ю. и др. / Под ред. А. В. Торкунова.История России. 10 класс. В 3-х частях.М.:Просвещение, 2016. Часть1. С.107.

[2]Волобуев О.В., Карпачев С.П., РомановП.Н.История России: начало XX - начало XXI века. 10 класс. М.:Дрофа,2016. С.150.

联模式的道路，反对激进革命，追求渐进式发展，遵循的是保守主义的传统价值观。普京借一系列重大的历史事件表明：反对革命，强调走渐进式的发展之路。

2017 年是十月革命 100 周年，这是俄罗斯绕不过去的一个重要历史事件，世界都在关注俄罗斯怎么对待这一影响了俄国与世界历史的事件。普京对此做出了回应。2016 年 12 月 1 日普京在国情咨文中说："2017 年是二月革命和十月革命 100 周年。这是回顾俄罗斯革命原因和本质的又一个重要契机。这不仅仅是对历史学家和学术界而言的，整个俄罗斯社会都应当客观、诚实、深入地探究这些事件。这是我们共同的历史，应该予以尊重。""不管我们的祖辈曾经站在哪个阵营，让我们牢记一点：我们是统一的民族，我们是一个民族，我们只有一个俄罗斯。"[1]2016 年 12 月 19 日普京发布命令，要求俄罗斯历史协会成立专门的组织委员会，建议该委员会在一个月内拿出纪念俄罗斯 1917 年革命 100 周年的计划。同年 12 月 23 日历史协会主席团会议讨论并成立了"就准备和举行 1917 年俄国革命 100 周年活动组织委员会"，12 月 26 日俄罗斯历史协会主席团批准了组委会成员。该组委会包括官员、学者、教师、创作团体和媒体的代表，如：俄国家杜马教育与科学委员会主席、历史学博士维亚切斯拉夫·尼康诺夫、俄文化部第一副部长弗拉基米尔·阿里斯塔霍夫、国家公共历史图书馆馆长米哈伊尔·阿法纳西耶维奇、电影导演安德烈·康恰洛夫斯基、国家历史博物馆馆长阿列克谢·列维金、埃尔米塔什博物馆馆长米哈伊尔·皮奥特洛夫斯基、俄科学院世界历史研究所科研领导人安德烈·丘巴里扬、俄科学院俄罗斯历史研究所所长尤里·彼得罗夫、俄科学院院士尼古拉·马卡罗夫等。组委会成员、著名历史学家丘巴里扬在接受俄新社采访时也说："我的观点是，1917 年的主要教训对我们而言是明摆着的。这不应该再次发生。这不是好的解决社会矛盾的方式，因为革命必

[1]Послание Президента Федеральному Собранию，http://www.kremlin.ru/events/president/news/53379.

然与暴力和牺牲联系在一起。"[1] 纳雷什金在组委会第一次会议上发表讲话时也强调，伴随革命艺术和"颜色革命"的是流血、公民的死亡、国家被破坏和贫困化，"在俄罗斯民族的遗传记忆中存在着对革命巨大代价和持久价值的记忆。""我们看到，俄国革命史逐渐不再使我国的公民意见不和、互相冲突，我们必须支持这一趋向并帮助创造一切必要条件，反思100年前发生事件的历史教训。必须在这样的背景下来看待这些事件，公平公正地回忆起各方的斗争、胜利和牺牲，每个人都从中得出自己的真理。我相信，正是客观、平和地在俄罗斯社会中寻求理解，会促使我们巩固统一的价值观和公民团结，增强社会和平解决冲突和矛盾的能力。"[2] 俄罗斯正是按照这个基调来对待 1917 年俄国大革命百周年纪念的。

普京表明，十月革命百年并非国家的庆祝时刻，对克里姆林宫而言，11月 7 日只是一个普通的工作日。2017 年 10 月 26 日，普京在瓦尔代俱乐部发言时称："革命往往是缺乏责任心的结果"，"今天，面对 100 年前的教训，面对 1917 年俄国革命，我们看到其结果并非是单一的，其积极的和消极的后果紧密交织。我们不禁要问：除了革命，难道就不能通过渐进方式——不破坏国家体制和残酷摧毁千百万人的命运，来获得发展吗？"[3] 普京明确表示反对革命和用革命手段解决社会问题，他认为俄国历史表明，反对政府就是反对俄罗斯本身，结果就是国家本身被摧毁。

由于俄罗斯是个多元社会，在十月革命百周年之际，各个政党和组织也表示了自己不同的态度。俄罗斯联邦共产党是杜马四大党之一，十月革命百

---

[1]*Александр Чубарьян*: 1917 год не должен повториться. https://ria.ru/revolution_opinion/20170201/1486787308.html.

[2]Выступление С.Е.Нарышкина на заседании Оргкомитета по подготовке и проведению мероприятий, посвященных 100-летию революции 1917 года. 俄罗斯历史协会网站，2017 年 1月 23 日。

[3]Заседание Международного дискуссионного клуба «Валдай», http://www.kremlin.ru/events/president/news/55882.

周年之际，俄共在莫斯科和圣彼得堡举办为期一周的革命百年庆祝活动。活动包括"共产主义者和工人党第十九次国际会议"，列宁墓献花圈仪式及探访这位伟人在克里姆林宫的办公室。俄共为百年纪念日发表一系列口号："社会主义革命万岁！""列宁—斯大林—胜利""光荣属于伟大的十月""革命是历史的火车头""革命已经发生，革命永远进行。"同时，俄国东正教的领袖把革命视作"精神灾难"，把1917年作为"迫害时代的开端"和"新殉道者"被暗杀的年份加以纪念，当时许多教士被布尔什维克处决。新殉道者的圣骨匣在全俄巡游。俄罗斯自由民主党也谴责十月革命。对此，克里姆林宫也没有加以干涉，允许不同观点的存在。但普京和俄罗斯政府是反对革命和激进主义的。2017年10月30日纪念政治受难者的"悲伤墙"在莫斯科揭幕，普京参加这一仪式并发表了讲话，他说："这段可怕的过去不能从民族的记忆中抹去，尤其是不能以任何方式、以任何最高的所谓人民的利益为名而正当化。""我们及我们的后代应该记住大清洗的悲剧，记住它的根源。但这不意味着清算。不允许再次将社会推向危险的对立境地。"[1]

　　与反对革命相适应，普京也反对激进主义，强调奉行保守主义，遵循传统的价值观，普京喜欢别尔嘉耶夫对保守主义的解释："保守主义的意义不在于它阻碍前进和向上，而是在于阻碍后退和向下，阻碍向混乱的黑暗发展，阻碍返回原始状态。"他强调，"这种价值观几千年来构成了每个民族文明的精神和道德基础：传统的家族价值观、真正人生的价值观，也包括宗教生活，不仅是物质的，还有精神的、人道主义的和世界多样性的价值。"[2]普京推崇的俄国历史人物是改革家斯托雷平，他认为斯托雷平是一位成功的领导人，他实行的土地改革带来了一战前俄罗斯的大发展。在普京的推动下，俄罗斯

---

[1]Открытие мемориала памяти жертв политических репрессий «Стена скорби», http://www.kremlin.ru/events/president/news/55948.

[2] 普京著，《普京文集（2012–2014）》编委会译：《普京文集（2012–2014）》，世界知识出版社、华东师大出版社版，第521页。

出现了"斯托雷平热"。2008 年"俄罗斯第一频道"所做的关于"俄罗斯名人"的调查中，斯托雷平位居第二，仅次于亚历山大·涅夫斯基。2011 年 7 月 13 日，普京总理在政府成员的会议上说："在漫长的以数十年计的岁月中，斯托雷平的活动和他毋庸置疑的功绩被不公正地遗忘了，同时代的人和后来者对此评价不足。"为纪念斯托雷平的诞辰，他建议在政府大厦附近的莫斯科河旁建造一座斯托雷平纪念碑，并动员政府成员捐款。他说："这是每个人的责任，我不强迫，但我希望，每个政府成员都要拿出自己的钱来建造这座纪念碑。"[1]2012 年 4 月 14 日是斯托雷平诞辰 150 周年纪念日，俄罗斯进行了隆重纪念。同年 12 月 27 日，位于俄罗斯联邦政府所在地白宫前的斯托雷平纪念碑建成，揭幕仪式隆重盛大，普京总统和梅德韦杰夫总理、部长和社会名流参加。俄罗斯国家博物馆还举办了主题为"彼得·斯托雷平，帝国最后的勇士"的展览。俄罗斯各个地区也纷纷举办展览和学术研讨会、报告会，以纪念斯托雷平。著名的电影导演尼基塔·米哈尔科夫还拍摄了斯托雷平的传记片。普京推崇斯托雷平，意在表明俄罗斯目前所走的道路，是俄国改革家斯托雷平道路的继续。

三、强调俄罗斯自古以来就是统一的多民族国家

普京认为，"从历史渊源上看，俄罗斯不是单一民族国家，不是美国那样的基本由移民组成的'大熔炉'。俄罗斯作为多民族国家经历了几个世纪的发展。""俄罗斯国家发展所积累的经验是独一无二的。我们是多民族共同体，同时是统一民族。""贯穿俄罗斯独特文明的主轴线是俄罗斯民族和俄罗斯文化。""俄罗斯民族的自决是以俄罗斯文化为核心的多民族文明。俄罗斯人民一次又一次用鲜血而不是用投票和公决验证了这个选择，用自己 1000 年

---

[1]Путин восхваляет Столыпина и предлагает членам правительства скинуться на создание памятника, https://www.gazeta.ru/news/lenta/2011/07/13/n_1922477.shtml.

的历史验证了这个选择。"[1]

面对乌克兰危机和俄乌关系的恶化，普京特别强调俄乌在历史上的渊源关系。2013 年 7 月 23 日普京在访谈中说："本质上，俄罗斯民族和俄罗斯中央集权国家的基础都是统一的精神价值，这些价值联结起了这片广袤的欧洲大地，今天的俄罗斯、乌克兰、白俄罗斯就处在这片土地上。这是属于我们的统一的精神、价值、道德空间，这也是民族团结统一十分重要的因素。"[2]2013 年 9 月 19 日在瓦尔代会议上，普京再次强调："今天的俄罗斯国家起源于第聂伯河，正如我们所说的，我们都受第聂伯河的洗礼。基辅罗斯是此后的俄罗斯国家的根基。我们有着共同的传统，共同的思想，共同的历史，共同的文化。我们有着非常相近的语言。在这个意义上，我想再次重申一遍，我们是一个民族。"[3]

普京对于列宁指责沙皇俄国是各民族的监狱，严重不认同。他更反对列宁的所谓"民族自决权"，认为列宁的民族自决权和建立由主权平等、可以自由退出的共和国组成联盟，是在国家大厦下埋了一颗定时炸弹、埋了一颗原子弹，造成了国家的解体。2016 年 1 月 21 日，普京在科学与教育委员会会议上说："重要的是想法要导致好的结果，而不是像列宁的想法那样的结果。想法本身要正确。这个想法最终导致苏联解体，他的许多想法如自治等，在被称为俄罗斯的大厦下放置了一颗原子弹，后来爆炸了。"[4]

2016 年 1 月 25 日，在俄南部城市斯塔夫罗波尔召开的全俄人民阵线论坛上，历史教师布兹戈洛夫·达尼埃丽提出这样的问题：在讲授历史时，我要对过去的历史进行客观解释。在伟大的十月革命一百周年前夕，有各种不同的研究，当然，我们不理解这个名称，在培养年轻一代爱国主义情感时，

---

[1]《普京文集（2012—2014）》，第 15、16 页。

[2]《普京文集（2012—2014）》，第 372 页。

[3]《普京文集（2012—2014）》，第 445 页。

[4]Заседание Совета по науке и образованию, 21 января 2016 года, http://www.kremlin.ru/events/president/news/51190.

需要研究和尊重过去。我知道，您特别尊重过去的政治家和国务活动家、我们国家的领导人，珍重我们俄罗斯的文化和历史遗产。她请普京谈谈对苏维埃国家领导人和迁葬列宁问题的看法，"您的立场对我们很重要，"普京表示，"至于迁葬列宁以及其他类似问题，你们知道，我认为，需要非常谨慎地对待，防止采取可能分裂我们社会的任何措施。相反我们应该团结起来，这是最主要的。"普京并没有全盘否定苏联，他认为苏联的社会主义思想与圣经有共同之处，我们的国家一点都不像太阳城。他谴责布尔什维克的暴力镇压，"大家都谴责沙皇政权的镇压暴行。苏维埃政权是从何而来？是从大规模镇压开始的。我这里说的不是规模，其规模简直令人发指，例子就是把沙皇一家，连同儿童一起消灭、枪决。有什么理由要这么做，也许有根除潜在竞争者的考虑，但为什么要杀害波特金医生？为什么要杀害所有的仆人？这些按说是无产阶级出身的人。为了什么？为了掩盖罪行。"普京补充说："你们知道，我们过去从未思考过这些。好吧，与那些手持武器对抗苏维埃政权的人作战是可以理解的。那为什么要消灭神职人员？仅1918年就有3000名神职人员被枪决，而10年间有1万人。在顿河上有数百人被沉入冰下。"这个主意是从哪来的？普京称，列宁在给莫洛托夫的一封信中写道，枪毙资产阶级代表和神职人员越多越好。[1]

在谈到列宁时，普京进一步发挥了他在2016年1月21日会议上的观点，具体谈了他认为列宁在国家大厦下面埋了一颗地雷的理由。"正是列宁赞成，苏维埃国家建立的基础正像他说的，我可能说得不准确，但他的意思我理解，苏维埃联盟各主体完全平等，并拥有退出苏联的权利。这是埋在我们国家大厦下的地雷。靠近边境地区的一些族裔与多民族的国家联系少，但实质上这是一个国家整体。对待某些疆域，可以随意地决定边界，而且常常没有理由。为什么要把顿巴斯划给乌克兰？为了增加乌克兰的工人比重，为了那里有一

---

[1]Заседание межрегионального форума ОНФ, 25 января 2016 года, http://www.kremlin.ru/events/president/news/51206.

个大的社会主义强国。你们理解这些胡话吗？这不是统一的方案，而是分成许多部分的方案。"[1]

为了巩固多民族国家的统一，普京吸取苏联的经验教训，注意加强国家的统一性，要求俄罗斯公民必须掌握俄语这门国语。2001 年 5 月 20 日，俄罗斯联邦国家杜马专门制定和通过了《俄罗斯联邦国家语言法》。普京特别重视俄语的作用，他在 2013 年 2 月 19 日民族关系委员会会议上强调："国家统一的基础无疑是俄语，我们的国语，民族间交际的语言。正是俄语形成了共同的公民、文化和教育空间。每个俄罗斯公民都应该高水平地掌握俄语。同时，为了能更深入地研究俄语，需要创造和改善相关的必要条件。"[2]2013年俄罗斯庆祝了宪法颁布 20 周年，俄罗斯的历史告诉国民，俄国从一开始就是多民族、多宗教的国家，俄罗斯领导人强调要巩固俄罗斯作为世界独特文明的地位，"首要的是加强国家主权和俄罗斯人民统一的权力源泉——多民族且统一的国家。"[3]

四、歌颂人民的英雄主义和爱国主义，强调人民性

俄国历史有起伏变化，政权多次更迭，但不变的是俄罗斯人的英雄主义和爱国情怀。当今俄罗斯在历史教育中特别注意歌颂人民的英雄主义和在教育、科学和文化领域取得的成就，突出俄国和苏联对世界的贡献。在中学历史教科书中用大量篇幅介绍俄罗斯各界有成就的名人，主要是科学家、作家、音乐家、艺术家等。在谈到卫国战争这个伟大胜利时，也强调这是苏联人民英雄主义和爱国主义的胜利，歌颂苏联军民的英雄主义。"卫国战争是第二

---

[1]Заседание межрегионального форума ОНФ, 25 января 2016 года, http://www.kremlin.ru/events/president/news/51206.

[2]Заседание Совета по межнациональным отношениям, 19 февраля 2013 года, http://state.kremlin.ru/council/28/news/17536.

[3]Участники «круглого стола» в Госдуме обсудили проект стратегии государственной национальной политики, http://www.duma.gov.ru/news/273/221158/.

次世界大战的一部分，但有自己的独特之处。被称为卫国战争不是偶然的：对于苏联人民来说面临的是祖国的命运问题。希特勒的种族学说把斯拉夫人和其他民族归入应该'被消灭'—'非人类'，德对苏的战争是'非常规的'，具有异常残酷性。战争的胜利体现了苏联人民的英勇功勋，使全人类摆脱了法西斯的威胁。"[1]

　　无论是前线还是后方，苏联人都为战争胜利做出了巨大牺牲。战争的胜利体现了苏联人民的英勇功勋。"在很长一段时间苏联人头脑中的想法是胜利要归功于斯大林。是的，斯大林是最高统帅，是国防委员会和人民委员会的主席，他成了胜利的象征。是的，斯大林有军功，但他由于镇压军队中的指挥员、由于1941—1942年的失利，由于战争中造成巨大的人员损失，对国家和人民也有罪过。哪方面更多一些，正面的还是负面的，每个人会做出自己的判断。对于大多数历史学家来说，他们的评判是明摆着的。""没有千百万军官、士兵、医务人员、游击战士、后方劳动者的自我牺牲和爱国主义精神能取得胜利吗？没英雄们，没有布列斯特要塞的保卫者和潘菲洛夫师的战士，没有'列宁格勒狭地'和斯大林格勒巴甫洛夫小屋的保卫者，没有马特罗索夫和库尼科夫，能取得胜利吗？回答胜利属于谁的问题，只有一个答案：属于那些为此做了贡献的人，属于苏联全体人民。"[2]"苏联在战争中胜利的主要根源是前线和后方的苏联人民空前的勇敢和英雄主义精神。""胜利也使我们付出了巨大代价。战争夺走了近2700万人的生命（其中包括1000万士兵和军官），在敌后牺牲了400万游击战士、地下工作者和平民。超过850万人遭到法西斯奴役。"[3]

---

[1]*Волобуев О.В., Карпачев С.П., РомановП.Н.* История России: начало XX - начало XXI века. 10 класс. М.:Дрофа,2016. C.205.

[2]*Волобуев О.В., Карпачев С.П., РомановП.Н.* История России: начало XX - начало XXI века. 10 класс. М.:Дрофа,2016. C.203.

[3]*Горинов М.М., Данилов А.А., Моруков М.Ю. и др. / Под ред. А. В. Торкунова.* История России. 10 класс. В 3-х частях.М.:Просвещение,2016. Часть2. C.65.

在举行纪念卫国战争胜利 70 周年活动时，普京把老战士请到莫斯科，参加对胜利的纪念。他还举行不朽军团的游行，民众举着参加过卫国战争的亲人的照片参与游行，普京也拿着自己父亲的照片与民众走在一起，以此表明全民都对战争的胜利做出了贡献，下一代要记住前辈的英雄业绩。

五、肯定各个历史时期（包括苏联时期）作为大国、强国的辉煌

普京认为，俄罗斯几个世纪以来创造的历史表明，"国家必须有一个强大的、有作为的、受尊敬的联邦中心，它是平衡地区间、民族间、宗教间等关系的关键性政治稳定因素。"[1]

在 2012 年国情咨文中，普京说："我们的祖先把第一次世界大战称为伟大的战争，但是它很不公正地被遗忘了，一系列政治和意识形态原因将这场战争从俄罗斯历史和俄罗斯军事史中抹去了。但是，武装力量的斗志源于传统，源于与历史的密切联系，源于英勇牺牲的英雄楷模。我认为，要在军队中恢复历史上最英勇的团、部队、集团军的番号，包括苏联时期以及其后的番号，比如普列奥布拉仁斯基禁卫团、谢苗诺夫禁卫团。"[2]

当今俄罗斯把一战作为现代史的开端和仿效法国大革命，把 1917 年推翻沙皇政权和建立社会主义称为俄国大革命，体现了普京的世界情怀和大国情结，继承的是俄国的救世传统。苏联时期把十月革命看成现代史的开端，称其开辟了人类历史的新纪元，现在俄罗斯把第一次世界大战爆发作为现代史的开端，把十月革命纳入"'大动荡'时期的俄罗斯"来考察，这一时期从 1914 年开始到国内战争结束。1917 年发生了俄国大革命，二月革命和十月革命同属于俄国大革命。1917 年 10 月，以建立无产阶级专政和新的社会主义社会为目标的政党在人类历史上第一次在一个大国夺取了政权。"1917 年俄国大革命不仅是俄国历史的转折点，也是全世界历史的转折点。狭义上的革

---

[1]《普京文集（2012–2014）》，第 50 页。
[2]《普京文集（2012–2014）》，第 263-264 页。

命范畴包括从 1917 年 2 月到 10 月的革命——从推翻君主到建立布尔什维克政权；广义上则指从沙皇制度崩溃到布尔什维克在原俄罗斯帝国领土上确立权力为止的整个历史时期。""十月革命的意义超出了本国的范畴。布尔什维克在俄国建立的新的社会制度，成为世界千百万人的榜样，到处都出现了共产主义组织和政党，布尔什维克感觉自己是世界革命的先锋队。1919 年 3 月建立了共产国际，把不同国家的共产主义者联合起来。他们面临的一项任务是建立'全世界苏维埃国家'。""十月革命思想不仅影响着革命者。'资本主义国家'的领导人也意识到，社会不公平发展，少数富人奢华的生活建立在千百万人贫困和受压迫的基础上将导致社会爆炸。他们开始调整自己的政策，缓和社会矛盾，不允许共产主义者扩大影响。"[1] "'苏维埃试验'由于影响了世界历史进程被认为是 20 世纪重大事件之一。"[2]

在谈到第二次世界大战时，也突出强调卫国战争对人类的贡献。"在第二次世界大战中德国 70%~80% 的损失是在卫国战争中，苏联对反法西斯同盟取得胜利做出了决定性贡献。胜利是巨大的代价换来的。""对于苏联来说，这场战争是保卫自己国家生存和发展的全民的、卫国的、神圣的战争。在纳粹的威胁面前，社会团结起来了。爱国热情、前线与后方的团结是胜利最重要的因素，纳粹制造苏联各族人民不和的企图没有成功。"[3]

总之，普京的历史观体现了他的治国理念，其核心是弘扬俄罗斯的大国主义传统，突出俄罗斯对人类的贡献，增强民众的历史自豪感和爱国主义情怀，强调俄罗斯渐进发展的重要性。

---

[1]*Волобуев О.В., Карпачев С.П., Романов П.Н.* История России: начало XX - начало XXI века. 10 класс. М.:Дрофа,2016. С.79.

[2]*Горинов М.М., Данилов А.А., Моруков М.Ю. и др. / Под ред. А. В. Торкунова.* История России. 10 класс. В 3-х частях.М.:Просвещение,2016.Часть1. С.5.

[3]*Горинов М.М., Данилов А.А., Моруков М.Ю. и др. / Под ред. А. В. Торкунова.* История России. 10 класс. В 3-х частях.М.:Просвещение,2016. Часть1. С.6.

俄罗斯以"进口替代战略"对抗西方制裁

中国原子能工业有限公司副译审、博士　刘建

乌克兰危机爆发后，美国和其他西方国家对俄罗斯采取了严厉的制裁措施，俄罗斯国内经济发展遭遇困境。为应对这一严峻挑战，确保本国经济的持续发展，2014年俄罗斯开始宣布实施新一轮"进口替代战略"，以此来作为对抗西方制裁的一项重要手段。根据俄罗斯国内学界的定义，"进口替代"（Импортозамещение）是指通过本国生产与进口产品相同或类似的产品，以减少或停止这些产品进口的一种行为，它是一种国家经济战略和工业政策，目的是通过替代进口产品的方式来保护本国生产者。[1]俄罗斯进口替代历史悠久。早在伊凡雷帝时代，古罗斯便开始限制或禁止国外一些商品进入国内市场。[2]进入二十世纪以来，俄罗斯分别于1998年和2008年两次经济危机后，推行过一段时间的进口替代政策，但效果并不理想。在西方制裁和全球经济增长持续乏力的综合因素影响下，2014年梅德韦杰夫总理宣布将"进口替代"作为俄罗斯国家优先实施的战略任务。该战略实施三年来，已取得了一些积极进展，但同时也面临不少问题。作为一项长期性战略任务，其在实施过程

---

[1]*Гельбрас В.М.*, Импортозамещение и экспортная ориентация экономики/В.М.Гельбрас – МЭ и МО.М.-2013. 198с. http://econ.bobrodobro.ru/43449.

[2]*Тимур Мухаматулин*, Как на Руси иноземные товары запрещали. http://www.oneoflady.com/2017/10/blog-post_8.html.

中仍面临诸多挑战。

一、俄罗斯"进口替代战略"提出的背景

俄罗斯不仅是苏联的国际法继承者，同时也继承了苏联畸形的经济结构，具体而言就是农业和轻工业、服务业发展差，重工业和原材料工作所占比重过高。在苏联解体、俄罗斯一下子向世界打开大门之后，俄罗斯的传统重工业受到非常大的冲击，国外的廉价工业品大量涌入俄罗斯并挤占了其经济发展空间。自苏联解体以来，俄罗斯基本上是一个靠出卖原材料和军工产品赚取外汇、进口机械设备和日用消费品的国家，这显然与俄罗斯的国际地位不相称。俄罗斯作为一个大国，要实现经济持续稳定的发展，必须要有自己的工业体系，有自己的制造业和工业制成品，"进口替代"是俄罗斯的利益所在。

首先，恶化的国际环境是俄罗斯实施进口替代战略的直接动因。2014 年3 月 18 日，俄联邦总统普京与克里米亚和塞瓦斯托波尔的代表签署条约，标志着克里米亚和塞瓦斯托波尔以联邦主体身份正式加入俄罗斯联邦。随即，美国等西方国家相继对俄罗斯采取了一揽子制裁措施。政治层面，俄罗斯联邦一大批要员出国受限、海外资产被冻结，一大批驻外外交人员被驱逐离境，俄罗斯也最终被"踢出"G8 行列；军事层面，北约通过采取一系列军事行动，频频对俄施压，许多双多边军事合作项目也被迫终止；经济层面，一批俄罗斯能源、金融、军工等行业领军企业被列入制裁名单，一些关键技术和设备进口受阻，重点行业企业信誉评级下调，引进外资和国外信用贷款严重缩水。同时，在全球经济增长持续低迷的大环境下，俄罗斯国内宏观经济不景气、能源价格大跌、卢布大幅贬值、出口收入锐减、进口成本上升等多重不利因素叠加，这一切都迫使俄罗斯逐渐将经济发展的注意力转向国内，开始实施新一轮进口替代战略。

第二，俄罗斯经济发展的固有结构性矛盾是其实施进口替代战略的根本原因。自二十世纪九十年代以来，俄罗斯一直在恢复国内经济和融入世界经

济的道路上不懈努力，但整个九十年代，俄罗斯深陷"休克疗法"泥潭，加之受国外商品的冲击和国内经济联系中断、营商环境不佳等综合因素影响，经济下滑严重，三分之一的人口生活在贫困线以下。自 2000 年就任俄罗斯总统之后，普京开始大力整顿混乱的秩序，不断理顺中央与地方的关系，积极为经济发展提供稳定的社会环境，确定了将市场经济和民主的普遍原则与俄罗斯的具体实际相结合的发展之路，俄罗斯经济开始逐步企稳回升。在2008 年金融危机前，俄罗斯经济实现了快速增长，2001 年至 2008 年期间，俄罗斯 GDP 增速分别达到了 5.1%、4.7%、7.3%、7.2%、6.4%、8.2%、8.5%、5.2%。金融危机中断了俄罗斯快速发展之路，俄罗斯经济增速起伏不定。2009 年俄罗斯经济下降了 7.9%，但 2010 年俄罗斯经济实现了恢复性增长，达到 4.0%，2011 年增长了 4.2%，2013 年增长速度降至 3.4%，2014 年又下降至 1.5%。[1] 俄罗斯经济增长乏力，原因很多，但很大程度上是由国际市场上油气价格下降所致，这也充分暴露了俄罗斯经济严重依赖能源和原材料的弱点。虽然普京总统和梅德韦杰夫总理都强调要建设"新经济"，俄罗斯经济必须摆脱对能源原材料出口的过度依赖，通过发展创新型经济、智慧型经济，力争使俄罗斯在未来几年跻身世界前五大经济体。但从实际效果看，十多年来，俄罗斯的经济结构实质上并未得到显著改善，能源原材料行业在国内"一枝独秀"的局面没有得到根本改观，俄罗斯仍依赖传统的能源资源型经济发展模式。根据统计数据，2014 年俄罗斯油气综合体的收入占俄联邦财政预算收入的比重高达 50.2%。[2] 在俄罗斯出口结构中，能源资源类产品占绝对优势。（见下表）

---

[1] *Старецкая Елена*, Валовой внутренний продукт (ВВП) России.19.01.2015. https://bbf.ru/magazine/12/5748/.

[2]Развитие нефтегазового комплекса в России за 2014 год. Национальное рейтинговой агентство. С.3. 02.02.2015. http://www.ra-national.ru/sites/default/files/other/neftegaz_2014.pdf.

表：俄联邦 1995—2014 年商品出口结构（占出口总额的 %）[1]

类别＼年份	1995	2000	2005	2007	2008	2009	2010	2011	2012	2013	2014（前8个月）
出口总额（十亿 USD）	78.2	105	240	346.5	466.3	297.2	392.7	515.4	529.1	523.3	298.2
农产品	1.8	1.6	1.9	2.6	2.0	3.3	2.2	2.6	3.2	3.1	2.9
能源资源	42.5	53.8	64.6	64.7	69.8	67.4	68.5	71.1	71.4	66.5	75.9
化工及橡胶	10.0	7.2	5.9	5.9	6.4	6.2	6.2	6.3	6.1	5.8	4.9
林产品	5.6	4.3	3.4	3.5	2.5	2.8	2.4	2.2	1.9	2.1	2.0
冶金、矿石	26.7	21.7	17	16.1	13.2	12.8	12.7	11.4	11.1	7.8	7.6
机械、运输类	10.2	8.8	5.6	5.6	4.9	5.9	5.4	5.0	5.0	5.4	3.0
其他类	3.2	2.6	1.6	1.6	1.2	1.6	2.6	1.4	1.3	9.4	0.9

　　丰富的自然资源在一定程度上导致了资源依赖型的经济模式。其具有以下特征：一是在国民经济结构中原料开采占优势，且对原料及其相关产业资源收入的依赖较大。同时，在一定情况下资源收入甚至成为国家收入的主要来源。二是在这种经济模式下国家社会经济发展高度依赖资源，不仅国内形势，而且国际资源市场行情等外部因素也对资源部门产生较大影响。[2]俄罗斯确实是一个资源丰富的国家，在当今世界上，俄罗斯的石油储量占世界总储量的 6%、天然气储量约占 1/4、淡水约占 10%、耕地占 8% 和森林资源占 23%。[3] 丰富的自然资源对于俄罗斯的未来发展是一种天然优势，但这种优势如不能得到充分合理的利用，那么也将会转化成某种"劣势"，

[1]Ищенко Е.Г.,Алексеев П.В., Совершенствование механизма поддержки экспорта в России. ДЕНЬГИ И КРЕДИТ.2015(6).С.37. http://www.cbr.ru/publ/MoneyAndCredit/ishenko_06_15.pdf.
[2] [俄] 维克多·季莫费耶维奇·梁赞诺夫：《俄罗斯进口替代和新工业化：结构转型的机遇和前景》，《俄罗斯经济与政治发展研究报告（2016）》，中国社会科学出版社 2017 年版，第 75、76 页。
[3]Яков Уринсон, Перспективы развития экономики: Россия и мир. 28.02.2012. http://ru.exrus.eu/Perspektivy-razvitiya-ekonomiki-Rossiya-i-mir-id4f4cc5646ccc19b00c005b35.

反而制约俄罗斯的整体发展。因为一旦脱离正常的工业化道路，走上逆工业化之路，资源优势更可能结出对核心区的"依附"之果。[1] 这一点已充分体现在俄罗斯工业领域。俄罗斯实施进口替代战略初期，其重要工业设备对外依赖程度非常高，已成为制约俄罗斯经济可持续发展的重要"隐患"。在俄罗斯的进口工业设备中，动力设备进口率约50%，油气设备进口率达60%，农机设备进口率达50%~90%，重型机械进口率约70%，民航业进口率超过80%，机床设备进口率更是接近90%。[2]2014年美国等西方国家对俄罗斯采取的制裁措施，严重影响了俄罗斯重要设备的进口，也使俄罗斯领导人增强了改变本国严重依赖能源原材料的经济结构的紧迫感。俄罗斯总统普京在2015年圣彼得堡国际经济论坛上说："进口替代战略要使俄罗斯摆脱在世界上的落后地位，俄罗斯要生产出高质量的产品，更多打入国际市场、更好体现俄罗斯在国际舞台上的价值。"[3] 俄罗斯打算自己来生产那些从西方进口的商品。

"进口替代战略"对于增加就业，扩大内需，拉动出口，增加外汇收入，改善贸易结构，保障国家经济安全都具有重要意义。俄罗斯总统普京、总理梅德韦杰夫都多次反复强调实施"进口替代战略"对推动俄罗斯经济发展及维护国家经济安全具有重要意义，是当前和今后一段时间内俄罗斯一项重要的优先战略任务。当然，正如普京总统说的那样，进口替代并不是目的本身，俄罗斯需要做的不仅仅是要替代进口，更重要的任务在于要生产出更多质优价廉的产品，以扩大出口。

---

[1] 杨育才：《俄罗斯战略问题十讲》，国防大学出版社2015年版，第54页。

[2]Максим Блинов, Программа импортозамещения в российской экономике в 2014-2015 годах. РИА Новости. 25.11.2015. http://ria.ru/spravka/20151125/1327022750.html#ixzz4EuWTMpJN.

[3]Путин объяснил суть импортозамещения в России. 19.06. 2015. http://www.rosbalt.ru/business/2015/06/19/1410425.html.

二、俄罗斯"进口替代战略"的实施及其效果

俄罗斯进口替代不是要替代所有的进口产品，因为这条路是走不通的，俄罗斯要替代的是对国民经济发展和国防工业紧密相关的一些关键技术设备[1]，主要涉及农业、工业（机械制造、石油化工、医药、轻工、软件程序）和国防军工等重点行业。从目前实施情况看，俄罗斯进口替代主要针对那些来自对俄罗斯实施制裁的美国、欧盟、加拿大、澳大利亚、挪威等国的产品，其目标是要用本国产品来替代原先从这些国家进口的产品。

为配合进口替代战略的实施，俄联邦政府、部门及地方政府先后出台了一系列旨在支持和推进进口替代战略实施的政策性文件。其中，在农业领域，俄联邦政府出台了一份具有统领性和代表性的纲领性文件《农业发展及调节农产品、原料及食品市场的国家纲要（2013–2020）》（Государственная программа развития сельского хозяйства и регулирования рынков сельскохозяйственной продукции, сырья и продовольствия на 2013–2020 годы），该纲要旨在保障本国农业安全，并增强俄罗斯农产品在国际市场上的竞争力。按照纲要设定的目标，到 2020 年，俄罗斯国内 99.7% 的粮食、89.7% 的甜菜糖、88.6% 的植物油、98.7% 的土豆、88.3% 的肉和肉制品、90.2% 的奶和奶制品将由本国生产。[2]针对工业领域的发展现状，2014 年 4 月 15 日，俄联邦政府批准了新版《俄罗斯国家纲要：工业发展及竞争力提升》（Государственная программа Российской Федерации "Развитие промышленности и повышение ее конкурентоспособности"）[3]，这份长达

---

[1]Путин и Медведев озвучили планы по импортозамещению. 25.04.2016. https://wek.ru/putin-i-medvedev-ozvuchili-plany-po-importozameshheniyu.

[2]Государственная программа развития сельского хозяйства и регулирования рынков сельскохозяйственной продукции, сырья и продовольствия на 2013 – 2020 годы. http://www.gosprog.ru/gp-razvitiya-selskogo-hozyaystva/.

[3]Государственная программа России «Развитие промышленности и повышение ее конкурентоспособности». 15.04.2014. http://government.ru/media/files/1gqVAlrW8Nw.pdf.

367 页的纲要，其核心目标是要到 2020 年实现俄罗斯国内工业发展和国际竞争力的全面提升。该纲要具有两个突出特点：一是纲要涉及的政府部门多，多达 11 个，包括俄联邦工业和贸易部、教育和科学部、财政部、自然资源和环境部、劳动和社会保障部、运输部、经济发展部、技术管理和计量署、铁路运输署、矿产资源开发署、航天局、俄罗斯国家原子能集团公司等；二是纲要涵盖的领域多，涉及 21 个行业，包括汽车工业、农业机械制造、轻工业、国防工业、运输业、重工业、能源动力机械、冶金业、化工等，可以说囊括了俄罗斯工业的方方面面。在纲要框架下，俄联邦工业和贸易部还会同俄联邦信息通信部、运输部、能源部等多个政府部门编制了 20 个行业进口替代规划，总共约 2500 个进口替代项目。虽然该纲要并未针对俄罗斯工业 2020 年的对外依赖程度给出一个整体性量化指标，但根据俄联邦政府的评估，在工业进口替代战略顺利实施的情况下，到 2020 年，机械设备进口率将从现在的 70%~90% 降至 50%~60%，其中，机床制造业进口率由现在的 88.4% 降到 58%，无线电设备进口率由现在的 82% 降到 44%，油气设备进口率由现在的 60% 降到 40%。[1]2014 年 9 月 30 日，俄联邦政府又批准了《工业进口替代推动计划》（План содействия импортозамещению в промышленности），该计划成为指导俄罗斯工业进口替代战略实施的具体"路线图"。俄罗斯进口替代战略重点关注的第三个方面是国防军工领域，根据瑞典斯德哥尔摩国际和平研究所（SIPRI）的统计数据，2012-2016 年，俄罗斯军火出口国际市场份额占到 23%，仅次于美国，位居世界第二。[2]尽管如此，俄罗斯一些关键技术设备仍依赖国外进口，主管国防工业的俄罗斯副总理罗戈津也不得不承认，西方制裁对俄罗斯国防工业综合体、航天工业发展的确产生了较大影响。普

---

[1]Импортозамещение поможет реиндустриализации. 05.03.2015. http://new.strf.ru/material.aspx?CatalogId=223&d_no=94563.

[2]*Антон Баев*, Рынок вооружений за пять лет достиг максимума со времен холодной войны. 20.02.2017. https://www.rbc.ru/politics/20/02/2017/58aad8b59a794756977f5617.

京总统也表示："我们应尽全力,确保国防工业所需的一切都在俄罗斯国内生产,确保俄罗斯不受制于人。"[1] 为应对当前困境,2016 年 5 月,俄联邦政府批准了《俄罗斯国防工业综合体发展纲要(2016–2020)》(Программа развития оборонно-промышленного комплекса на 2016-2020 годы),作为俄罗斯国防工业综合体 2020 年前第二个五年发展规划,纲要明确提出要对俄罗斯国防工业企业进行技术革新,提高军工产品竞争力,扩大生产规模,增加军工产品的国际市场份额。基于此,纲要确定了 2020 年前四项重点目标任务:①确保国家武器发展规划任务完成率达到 100%(2016 年为 97%);②应用 929 项新研发成果;③将创新产品的比重提高到 40%;④研发 1300 多项新型军用技术。[2] 该纲要规定的总预算超过 1 万亿卢布。值得一提的是,俄联邦政府还在此纲要中单列了一个进口替代子纲要,其核心目的就是要通过在国防军工行业实施进口替代战略,最终摆脱对欧盟国家和乌克兰等国军技产品的依赖。

为了切实落实进口替代战略,俄罗斯建立了政府、部门和地方三级领导协调机制。2015 年 8 月,俄联邦政府批准成立了一个进口替代战略实施领导协调机构——"政府进口替代委员会"(Правительственная комиссия по импортозамещению),该委员会旨在统筹协调联邦权力执行机关、联邦各主体权力执行机关、地方自治机构和组织来实施国家进口替代战略,委员会主席由俄联邦政府总理梅德韦杰夫亲自担任,两位副主席分别为俄联邦政府副总理德沃尔科维奇和罗戈津。俄联邦工业和贸易部也牵头组织成立了一个下设 15 个进口替代专项推进工作组的跨部门工作机制。在地方上,为响应联邦政府号召,各联邦主体也纷纷成立相应的工作机制,以伏尔加格勒州为例,

---

[1]*Алексей Николаев*, В сфере ОПК России политическая воля сильнее санкций. 17.06.2014. https://rusevik.ru/obschestvo/108500-v-sfere-opk-rossii-politicheskaya-volya-silnee-sankciy.html.
[2]Утверждена новая версия программы развития ОПК на 2016-2020 годы. 31.05.2016. http://vpk.name/news/156427_utverzhdena_novaya_versiya_programmyi_razvitiya_opk_na_20162020_godyi.html.

该州专门设立了州进口替代专家委员会,以督导州内企业进口替代实施情况。

此外,俄联邦相关政府部门、行业协会等还通过简化政府相关审批流程、划拨专项资金、提供优惠银行贷款、加强信息化与标准化及基础设施建设等方面提供各类配套支持,以推动企业及社会各界能积极广泛地参与到战略实施当中。俄联邦政府拟从财政预算中划拨 2.5 万亿卢布的专项资金,并且通过设立工业发展基金,为不同规模的实体经济提供 5000 万至 5 亿卢布不等的信贷服务,7 年期的优惠贷款利率为 5%。截至 2016 年底,用在进口替代上的资金花费已达 3750 亿卢布,其中,国家财政预算支持专项经费达 1050 亿卢布。[1] 2014 年 5 月,俄总统普京签署了一份 "关于刺激经济增长补充措施的授权清单"(Перечень поручений о дополнительных мерах по стимулированию экономического роста),该清单共包含 20 项联邦政府授权,主要涉及简化投资项目审批流程、提供税收优惠和信贷支持、加强基础设施建设、企业激励机制等。针对中小型经济,俄联邦政府也出台了一系列激励措施,其中有一项名为 "你就是企业家" 的规划(Программа "Ты – предприниматель"),国家通过提供优惠贷款,支持中小企业创新和青年创业项目发展。2016 年 5 月 26 日,由俄罗斯工商会和俄罗斯国内最大的电商 "统一电子商务平台"(Единая электронная торговая площадка)公司共同开发的一套名为 "请选俄罗斯的"(Выбирай российское)信息集成系统上线,该平台不仅可以为商家提供各类采购信息,其更重要的意义在于向俄民众发出选购国货的倡议。2017 年 4 月 2 日,俄罗斯开发出一套 "国家工业信息化系统"(Государственная информационная система промышленности),为国内企业提供信息化支持。俄罗斯工业和贸易部牵头制定了 "标准化" 法,为企业提供设备标准方面的法律指导。

在俄联邦政策、资金、组织协调等多措并举下,实施三年多来,进口替

---

[1]Правительство РФ: О результатах импортозамещения в 2016 году. 17.05.2017. http://www.nanonewsnet.ru/news/2017/pravitelstvo-rf-o-rezultatakh-importozameshcheniya-v-2016-godu.

代战略已成为俄罗斯对抗西方制裁的一项重要经济手段，且取得了一定的积极成效。截至 2017 年底，政府进口替代纲要项下的高科技项目已超过 200个，国家为此提供了约 150 亿卢布财政拨款。[1] 农业领域，俄罗斯农产品进口额已从 2014 年的 430 亿美元下降到 2016 年的 250 亿美元。2016 年俄罗斯国内猪肉、禽肉和蔬菜的进口份额分别由 2013 的 26%、12% 和 86.6 万吨分别减少到 8%、5% 和 46.3 万吨。而俄罗斯国内农产品生产规模三年来则增长了 11%。[2] 2013–2016 年，俄罗斯国内商店的进口商品份额分别为 36%、34%、28%、23%，呈逐年下降趋势。[3] 据预测，俄罗斯国内的禽肉、奶制品、蔬菜水果将分别在 2~3 年、7~10 年和 3~5 年内实现完全自给。[4] 油气领域，三年来俄罗斯油气设备进口份额由 60% 降到 52%。俄罗斯能源部计划到 2020 年油气低温处理装置的进口率由 2016 年的 50% 降到 40%、液化天然气由 67% 降至 55%、增压压缩机由 60% 降至 45%。[5] 国防军工领域，根据俄罗斯国防部公布的数据，2014–2025 年，有至少 826 项军品和技术列入国防军工进口替代计划。[6] 按照计划，俄罗斯将分别于 2018 年和 2020 年前完成对

---

[1]Анонс: национальный форум «Импортозамещение – 2017». 30.08.2017. https://www.pharmvestnik.ru/publs/lenta/v-rossii/anons-natsionaljnyj-forum-importozameschenie-2017.html#.WkCgBizBEpo.

[2]Минсельхоз России подвёл итоги реализации программы импортозамещения за 3 года. 07.08.2017. http://mcx.ru/press-service/news/minselkhoz-rossii-podvyel-itogi-realizatsii-programmy-importozames hcheniya-za-3-goda/.

[3]Анна Ивушкина,Евгения Перцева, Доля отечественных продуктов в магазинах достигла рекордного уровня. 04.04.2017. https://iz.ru/news/675776.

[4]Развитие сельского хозяйства в России: реалии и перспективы. 29.07.2016. https://www.kp.ru/guide/razvitie-sel-skogo-khozjaistva-v-rossii.html.

[5]К. Молодцов, Россия успешно реализует программу импортозамещения в нефтегазовой отрасли. 16.05.2017. https://neftegaz.ru/news/view/161123-K.-Molodtsov-Rossiya-uspeshno-realizuet-programmu-importozamescheniy a-v-neftegazovoy-otrasli.

[6]Состояние и перспективы импортозамещения в ОПК России. 02.12.2016. http://www.arms-expo.ru/news/modernizatsiya_i_importozameshchenie/sostoyanie_i_perspektivy_importozameshcheniya_v_opk_rossii/.

乌克兰、欧盟及北约成员国的军工产品的全部进口替代任务。[1]医药行业领域，2015 年国产药品的市场占有率为 63%，2017 年初这一数字已达到 70%，根据计划，到 2018 年，该数字将达到 90%。[2]X 射线技术产品的国内市场占有率 2017 年已达 80%。[3]金融领域，2017 年 3 月 22 日，俄罗斯央行行长埃莉维拉·纳比乌林娜（Эльвира Набиуллина）在向普京总统汇报时表示，俄罗斯已建立起 SWIFT 系统的替代产品，可以在最大程度上规避金融风险，同时俄罗斯国内 90% 的银行自动取款机和支付终端将接受俄罗斯 "Мир" 银行卡交易，以替代 Visa 卡和 Master Card 卡。截至 2017 年 10 月 27 日，俄罗斯已累计发放 2300 万张 "Мир" 银行卡。[4]此外，根据 2016 年的统计结果，俄罗斯运输机械制造业和无线电工业产品的进口率分别为 3% 和 53.9%，与原计划的 18.5% 和 69% 均有大幅下降。[5]

从地方及行业执行情况看，根据俄罗斯 "地区俱乐部"（Клуб регионов）分析中心的统计数据，2015 年俄罗斯进口替代战略实施效果排在前十位的地区分别为阿尔泰边疆区、巴什基尔、别尔哥罗德州、沃洛涅日州、伊尔库茨克州、卡卢加州、克拉斯诺亚尔斯克州、莫斯科、罗斯托夫州、圣彼得堡。[6]从地方实施情况看，以阿尔泰边疆区为例，该地区在俄罗斯 "地

[1]Россия перейдет на полное импортозамещение украинской продукции в сфере ОПК в 2018 году. 27.06.2017. https://www.rusdialog.ru/news/111967_1498581302https://www.rusdialog.ru/news/111967_1498581302.

[2]Импортозамещение в медицине: итоги двух лет и перспективы. 24.10.2016. https://docland.ru/blog/importozameschenie-v-meditsine.

[3]Анонс: национальный форум «Импортозамещение – 2017». 30.08.2017. https://www.pharmvestnik.ru/publs/lenta/v-rossii/anons-natsionaljnyj-forum-importozameschenie-2017.html#.WkCgBizBEpo.

[4]*Антон Никитин*, Набиуллина объявила о нейтрализации угрозы отключения России от системы SWIFT. 22.03.2017. https://vz.ru/news/2017/3/22/863032.html.

[5]*Евгения Крючкова*, Минпромторг подвел итоги года импортозамещения. 28.03.2017. http://www.yktimes.ru/%D0%BD%D0%BE%D0%B2%D0%BE%D1%81%D1%82%D0%B8/minpromtorg-podvel-itogi-goda-importozameshheniya/.

[6]Импортозамещение-2015: регионы России. 02.02.2016. http://club-rf.ru/theme/438.

区俱乐部"分析中心发布的 2015 年俄罗斯各地区进口替代战略实施效果排名中高居榜首，该地区基于自身的优良条件和政府提供的各类优惠政策，2015 年的农业产品生产指数达到 107.5%，食品加工行业产品生产指数达到 105.2%，食品及农业原材料出口较去年增长 8%；机械制造业产品供货规模增长了 34.3%；医药行业产品生产指数达到 135.5%；国防工业企业的创新产品及特种材料生产增速超过 118%。[1]2016 年，该区农业生产规模在 2015 的基础上又增长了 12%，食品行业增长了 5.3%，机械设备增长了 18.4%（其中犁具、播种机、初加工设备的生产规模分别增长了 0.5 倍、3.5 倍和 0.6 倍）。[2]俄罗斯其他一些地区在进口替代战略实施方面也取得了不同程度的进展。

三、俄罗斯"进口替代战略"实施面临的问题与前景

虽然俄罗斯进口替代战略实施目前已取得一定成效，且俄罗斯官方对其实施前景持积极乐观态度，但从实际情况看，仍然存在诸多问题。

宏观经济状况不佳，成为制约"进口替代战略"实施的主要因素。近年来，受世界经济大环境及美西方制裁影响，俄罗斯宏观经济发展持续低迷，短期内难现提振迹象。根据俄联邦统计局发布的数据显示，与上一年相比，2012–2016 年，俄罗斯实际 GDP 指数增长水平分别为 103.7%、101.8%、100.7%、97.2%、99.8%；[3]俄罗斯劳动生产率增长水平分别为 103.3%、102.2%、

---

[1]План мероприятий по содействию импортозамещению в Алтайском крае до 2020 года. 30.06.2016. http://www.econom22.ru/importozameshchenie/plan-meropriyatiy-dorozhnaya-karta-po-sodeystviyu-po-importozameshcheniyu-v-altayskom-krae-na-2015-g/187-p.pdf.

[2]*В.В.Мищенко, И.К.Мищенко*, Импортозамещение в Алтайском крае: промежуточные результаты и перспективы развития. ЭКО.-2017.-№5. http://ecotrends.ru/images/Journals/2010-2019/2017/N05/3_Articles/125_Mischenko.pdf.

[3]Валовой внутренний продукт-годовые данные (индексы физического объема, в % к предыдущему году). http://www.gks.ru/free_doc/new_site/vvp/vvp-god/tab3.htm.

100.7%、97.8%、99.8%；[1] 基础投资增长水平分别为107%、100.8%、98.5%、89.9%、99.1%[2]，增速总体呈下降趋势。俄罗斯官方预测，2018–2020年俄罗斯GDP年增长率将维持在1.5%的水平上，目前对俄罗斯有利的一点是国际能源价格在回暖，但程度仍然有限，无法达到金融危机前的水平。西方对俄罗斯的制裁又不断延长，何时能够取消制裁是个未知数。因此，从长远看俄罗斯很难在短时间内从根本上扭转其经济颓势，其经济最好的情况是保持低速增长。从这个意义上讲，俄罗斯进口替代战略实施的经济基础相对薄弱，其未来还有很长的路要走。

俄罗斯进口替代战略实施还面临一些实际操作层面上的困难。在2016年俄罗斯全俄舆论中心（ВЦИОМ）作的一份关于"进口替代战略实施面临的困难"的调查中，被调查者认为地方政府执行不力、技术落后、缺乏总体规划、资金不足、缺乏国家支持等是当前面临的主要现实困难。[3] 另外，俄罗斯各地区、各行业对进口替代战略的执行力度不一。在一些基础条件好、对外依存度不高的地区、行业，进口替代战略实施的积极性较高，执行力度较大，而相反，对于那些基础条件差、自身"造血"能力弱的地区、行业，进口替代战略实施大多停留在纸面上。正如俄联邦工业和贸易部部长杰尼斯·曼图罗夫（Денис Мантуров）指出的，截至2015年底，俄罗斯全境仅有约40个地区通过了进口替代计划，20个联邦行业进口替代规划尚未得到所有地方政府的认可，有些计划至今仍停留在纸面上，并未付诸实施。而对于企业来说，有些进口产品要实现国内替代确实存在实际难度，要么国内根本没有替代品，

[1]Индекс производительности труда по России и основным отраслям экономики РФ (по разделам ОКВЭД) в 2003-2015 гг. 29.09.2017. http://www.gks.ru/free_doc/new_site/vvp/vvp-god/pr-tru.xlsx.

[2]Основные макроэкономические показатели Российской Федерации (в % к предыдущему году) . http://www.cisstat.com/rus/macro/rus.htm.

[3]Кризисная экономика: в поисках выхода. 25.02.2016. http://wciom.ru/index.php?id=236&uid=115594.

要么国内产品低质、产量难以满足实际需求，这在一定程度上影响了国内相关企业落实进口替代战略的积极性。[1]

此外，俄罗斯实施进口替代战略的国际环境不佳。从历史上看，俄罗斯每次陷入困境，都是借助于西方的力量，通过扩大对西方的开放来解决。此次俄罗斯的困境是西方制裁造成的，西方在资金、技术等方面对俄罗斯进行制裁，俄罗斯需要通过扩大与中国、印度等新兴国家的合作来摆脱困境，但这些国家毕竟实力有限，其整体实力无法与美欧相提并论。在新兴国家中，许多国家的经济结构与俄罗斯有相似之处，对俄罗斯帮助最大的是中国。近年来，中俄不断加深在各个领域的合作，特别是双方加大了在能源、基础设施建设和农业领域的合作，这对俄罗斯的经济发展是十分有利的。俄罗斯还努力发展与日本、韩国的关系，希望日韩积极参与俄罗斯的远东开发。

俄罗斯进口替代战略还与现行的国际贸易规则有矛盾之处，不利于争取良好的外部环境。俄罗斯对待经济全球化的态度与中国不同，中国积极融入经济全球化，并获益良多，俄罗斯则认为自己是经济全球化的受害者，对加入WTO和参与经济全球化并不积极。虽然普京总统对外宣称，"俄罗斯将在遵守世贸组织规则并履行欧亚经济联盟伙伴国义务的前提下，采取积极的进口替代战略"[2]，但在俄罗斯业内专家看来，进口替代战略其实是一种"新型保护主义"（Неопротекционизм），是与国际自由贸易规则相抵触的。[3]这也是俄罗斯一直以来希望在欧亚经济联盟内部推行自己倡导的进口替代战略，却始终未能得到积极响应的一个重要原因。可以说，进口替代战略是一

---

[1]*Сергей Цухло*, Отечественное не берем: как идет импортозамещение в России. 09.06.2015. http://www.rbc.ru/opinions/economics/09/06/2015/557195f39a7947931cc95b68.

[2]Импортозамещение: на что сделать ставку? Материал для слушателей института делового администрирования и бизнеса. Институт делового администрирования и бизнеса. Финансовый университет при правительстве Российской Федерации. Москва.2014.С.4.

[3]*ПоловинкинВ.Н.,ФомичевА.Б.*,Основы и перспективы политики импортозамещения в отечественной экономике. 18.09.2014. http://www.proatom.ru/modules.php?file=article&name=News&sid=5541.

把"双刃剑"。实施进口替代战略对俄罗斯意义固然重大,但伴随的风险及不确定性因素也同样不容小觑,此举势必在一定程度上也会影响俄罗斯融入世界经济一体化的进程。

从"进口替代战略"实施前景看,虽然普京强调此轮进口替代战略实施更加理性,指出"理性的进口替代是俄罗斯一项长期优先任务,不会因为外部环境的变化而改变"[1],但要避免重蹈前两次进口替代战略实施半途而废的覆辙,确保此轮"进口替代战略"能够得到长期持续有效的贯彻,并最终取得成功,需要着眼长远,关键是要改变俄罗斯传统的经济发展模式,彻底摆脱能源资源出口导向型的经济发展道路,这既需要俄联邦高层的政治勇气和战略定力,也需要社会各界的理解和支持。因此,如何确保进口替代战略实施的可持续性,是摆在全体俄罗斯人面前的一项重要课题。

总之,俄罗斯此轮进口替代战略的实施既有特定的外因,也有其深刻的内因,既是一种被动应对之策,也是一种主动调适之举,可以说是综合因素作用的结果。俄罗斯政府把"进口替代"战略作为国民经济发展的战略,对内旨在为生产创造良好条件,保护并培育国内新的经济增长点,对外提高国际市场竞争力。从其实现的前景看,"进口替代"战略成功的关键是要改变传统的经济发展模式,这需要俄联邦高层的政治勇气和战略定力。同时,"进口替代"战略是一项系统工程,要确保其预期效果,则需要全社会的努力,需要俄罗斯继续进行完善市场经济体制的各项改革,建立起激发经济发展和创新的机制。要真正实现"进口替代",改变俄罗斯畸形的经济结构,使俄罗斯在国际制造业市场占有一席之地,恐怕需要一代人甚至几代人的时间。

---

[1]Ольга Сергеева, Импортозамещение:а процесс-то пошел. 24.12.2015. http://tsargrad.tv/special-report/2015/12/23/importozameshhenie-a-process-to-poshel.

普京第四次入主克里姆林宫：问题与挑战

中央党校国际战略研究院　左凤荣

2017 年 12 月 6 日，普京出席俄罗斯高尔基汽车厂 85 周年庆典活动时宣布，自己将参加 2018 年俄总统大选。这是人们心中早有的答案，只是等待普京自己确认而已。根据列瓦达中心 2017 年 12 月 17 日的民意调查，普京的得票率是 75%，居于第二位的日里诺夫斯基得票率只有 10%，久加诺夫只能得 7%，美女候选人索布恰克只能得 1%。[1] 当今世界出现了一个重要现象：一些国家的老政治家不受欢迎，拿不出解决本国问题的方案，于是一批年轻的政治家脱颖而出，如法国出现了历史上最为年轻的总统——只有 39 岁的马克龙，奥地利新总理库尔茨只有 31 岁，也是欧洲历史上最年轻的总理；而另一些国家则出现了现任领导人长期当政的情况，安倍有望在首相之位上实现三连任并成为战后日本任职时间最长的首相，默克尔成为德国任职时间最长的总理，从 2005 年当政至今。2018 年 5 月 7 日，普京宣誓就任新一届总统，他成为继斯大林之后当政时间最长的国家领导人，总计任总统时间为 20 年，实际当政时间将达 24 年。2018 年 3 月 18 日举行的俄罗斯总统大选，是对普京的信任投票，普京以高票当选，但他面临的任务并不轻松，内政外交的挑战都不小，其政策走向值得关注。

---

[1]Рейтинг возможных кандидатов в президенты,https://www.levada.ru/2017/12/13/17249/print/.

一、普京执政六年并未兑现的诺言

2012 年普京第三次入主克里姆林宫以来，受乌克兰危机和西方制裁的影响，金融危机后开始复苏的俄罗斯再遇严寒，这几年经济发展状况不佳，普京上任之初承诺的俄罗斯经济改革目标，诸如到 2020 年使俄罗斯成为世界第五大经济体；新建和更新 2500 万个高生产率的就业岗位；增加投资额，到 2015 年使之增加到相当于国内生产总值（GDP）的 25%；到 2020 年，高科技产业和知识型产业在 GDP 中的比重将提高 50%，高技术产品出口翻一番；经济部门的平均收入增长 60%~70%；高校教授和教师的工资、医生和科研人员收入将达到地区平均工资的 200%，降低国有经济的比重、发展创新经济、提高俄罗斯经济的竞争力等，基本都没有实现。俄罗斯 GDP 增速从 2011 年的 4.3% 下降到了 2013 年的 1.3%。2015 年俄罗斯国内生产总值（GDP）较上年萎缩 3.7%，工业下降 2.2%，通胀率高达 12.3%，居民实际收入减少 2%~4%，失业率达 5.6%。受油价下跌和西方制裁影响，消费需求和投资双双下滑，零售额下降 10%，资本投资萎缩 8.4%，工业生产减少 3.4%，居民实际收入下降 4%。2015 年失业人数达 426 万，同比增加 7.4%。2015 年俄罗斯财政赤字为 1.95 万亿卢布（约合 250 亿美元），占当年俄 GDP 的 2.6%。2016 年，俄经济形势有所好转，GDP 下降 0.2%，农业增长 4.8%，工业增长 1.1%，但消费需求和投资积极性仍然低迷。2012 年俄罗斯 GDP 为 2.02 万亿美元，在世界经济中排名第 9 位，占世界 GDP 总额的 2.77%。2016 年俄罗斯国内生产总值（GDP）为 1.33 万亿美元，跌出世界前十强，居第 13 位，占世界 GDP 总额的 1.8%。俄罗斯经济在世界经济中的影响力下降。

2017 年俄罗斯经济形势有所好转，特别是在能源领域，油价的上涨有利于俄罗斯经济。2016 年欧佩克与非欧佩克产油国达成限产协议，规定协议参与国联合减产 180 万桶 / 天，其中俄罗斯减产 30 万桶 / 天。减产协议的实行致使世界石油供求平衡、油价上涨，2017 年 12 月底，布伦特原油价格升至 66 美元 / 桶，WTI 价格升至 60 美元 / 桶。2017 年底，欧佩克与非欧佩克产油国在维也纳召开会议，决定将减产协议再延长 9 个月，至 2018 年底。

2017 年俄罗斯经济开始增长。2017 年末联合国和欧洲复兴开发银行把俄罗斯经济增长数据调整至 1.8%，世界银行和欧盟委员会认为是 1.7%。俄罗斯经济克服了西方制裁带来的困难，普京在 2017 年 6 月圣彼得堡经济论坛上表示："应该支持和鼓励这些积极的因素，使俄罗斯经济在 2019 年至 2020 年实现高于世界平均水平的增长。"[1] 俄罗斯的通货膨胀率、失业率、财政赤字等各项宏观经济数据都好于上一年，总体形势出现好转。居民的收入名义增长 7%、实际增长 3%，通货膨胀率为 2.5%，创造了苏联解体后的新低，外国直接投资同比增长两倍，为 230 亿美元，是乌克兰危机以来最多的一年；天然气产量 6900 亿立方米和出口量 1900 亿立方米均创下历史纪录；粮食产量 1.27 亿吨也创下了包括苏联时期在内的最高纪录。俄罗斯能源部数据显示，2017 年俄罗斯天然气产量同比增长 7.8%，达 6905 亿立方米。这一数据打破了历史纪录。俄罗斯天然气工业公司 2017 年开采天然气 4710 亿立方米，同比增长 12.4%，增幅为历史最高，达到 519 亿立方米。2017 年公司对独联体以外国家的天然气供应量达到 1939 亿立方米，同比增长 8.1%，增幅为 146 亿立方米。"土耳其流"项目取得进展，该项目总造价为 60 亿欧元，两条穿过黑海的水下支线长度均为 900 千米左右。目前，俄罗斯境内的两条支线海底管道已竣工，总长为 448 千米。一条管道向土耳其输气，计划于 2018 年 3 月竣工。另一条则向欧洲南部和东南部输气，将于 2019 年竣工。"北溪-2"计划于 2018 年 5 月启动，2019 年竣工，总造价为 95 亿欧元。俄罗斯天然气工业股份公司是北溪-2 项目的唯一股东。因受美国制裁，"北溪-2"管道铺设受阻。2017 年 12 月在年度记者会上普京说：俄罗斯经济在增长，这是事实。GDP 增长 1.6%，工业生产增长比例也是 1.6%，制药业和农业发展趋势向好，汽车工业也在稳步发展中，2017 年俄罗斯谷物出口跃居世界第一。

---

[1]Пленарное заседание Петербургского международного экономического форума, http://krem-lin.ru/events/president/news/54667.

同时，2017 年俄罗斯迎来了破历史纪录的大丰收。"在近几年危机的形势下我们的实际工资收入出现下降。但是自 2000 年以来，民众的实际工资收入增长了 2.5 倍，退休金实际收入增长了 2.6 倍。"[1]

俄罗斯经济最令人骄傲之处是农业的发展。与苏联时期大量进口粮食不同，现今的俄罗斯成了世界最大的小麦出口国。2015 年和 2016 年俄农产品出口收入分别为 162 亿美元和 170 亿美元，均超过武器出口额。农业形势好，保障了俄罗斯有充足的食品供应，俄罗斯民众可以买到价格便宜的粮食和面包，有利于保障社会的稳定。

俄罗斯对国际危机的影响力增强，改变了苏联解体后被边缘化的情况。俄罗斯重新控制克里米亚半岛，增强了俄罗斯在黑海地区的战略地位，得到了国民的一致支持。俄罗斯在叙利亚展开军事行动，摧毁了伊斯兰国，有助于消除国际恐怖主义给俄罗斯造成的威胁，同时也大大增强了俄罗斯在中东的影响力和发言权。俄罗斯胜利结束在叙利亚的反恐战争，向外界展示了俄罗斯的国威和军威，巩固了俄罗斯的大国地位。从沙特国王史无前例地访问俄罗斯，到俄、土、伊首脑索契会晤，再到普京旋风式访问叙、埃、土三国，俄罗斯正在把军事优势转化为政治影响力。俄罗斯虽然在西方外交受挫，未能实现俄美关系正常化，欧美对俄罗斯的制裁还在延续，但俄罗斯外交在东方取得了不错的成果。中俄全面战略协作伙伴关系得到深入发展，俄罗斯成为"一带一路"建设的重要参与者和关键合作伙伴。同时，俄罗斯同日本、韩国的关系也有所发展，特别是在朝鲜半岛问题上的影响力增强，对朝鲜的影响力得到空前提升。俄罗斯经济上的短板由军事和外交弥补。尽管俄罗斯经济实力不强，但俄罗斯利用危机，塑造有利于自己局势的能力增强。这些成功增加了普京继续执政的资本。

对于当今的俄罗斯人而言，不管普京是否兑现了发展经济的诺言，普京

---

[1]Большая пресс-конференция Владимира Путина,http://www.kremlin.ru/events/president/news/56378.

都是俄罗斯人最信任的政治家，在俄罗斯没有能与其竞争的对手。俄罗斯人把普京看成是强国的象征，相信只有普京能再造俄罗斯的大国地位。

二、普京面临着发展经济和解决社会问题的重要任务

普京再次当选总统，第四次入主克里姆林宫。除了有民众的支持外，俄罗斯最大的政党——统一俄罗斯党一直是普京的坚定支持者，虽然普京不是统一俄罗斯党成员，他是以独立候选人身份参选的，但统一俄罗斯党把普京当成自己的候选人。统一俄罗斯党在俄罗斯政治舞台上占有绝对优势。2016年9月，亲普京的"统一俄罗斯"党赢得杜马选举，在450个席位中拿下343席，获得议会宪法多数，堪称大胜。在2017年9月10日举行的地方选举中，来自统一俄罗斯党的候选人在16个联邦主体行政长官选举中全部获胜，他们都是现任或代理行政长官。在6个联邦主体议会共309个议席中，统一俄罗斯党赢得239个议席。在莫斯科市各行政区进行的市政选举中，统一俄罗斯党获得76%的席位，位居第二的亚博卢党获得11.72%的席位。这被认为是2018年总统选举的预演。在普京宣布参加2018年总统选举后，统一俄罗斯党主席、俄罗斯联邦政府总理梅德韦杰夫表示，统一俄罗斯党将全力支持普京。2018年总统选举最大的问题是投票率和普京的得票率，普京执政团队的目标是不要让2016年杜马选举时的低投票率重现，普京的得票率应该高于上届。

2000年初，普京曾借用俄罗斯历史上颇有作为的改革家斯托雷平的话说，"给我20年，还你一个强大的俄罗斯"。一个国家强大的标志不能只看军事，还要看经济，发展经济是普京的短板。俄罗斯国力下降是客观现实。从中俄两国国力的对比看，反差巨大，两国的国力实现了历史性反转。普京的国际抱负远大，俄罗斯要做一个有世界性影响的大国，其政治雄心需要经济实力的支撑。现今的俄罗斯基本完成了从苏联模式向政治民主化、经济市场化和促进社会发展模式的过渡，但历史遗留的过于依赖石油、天然气等资源类商品的"俄罗斯病"远未解决，俄罗斯经济除了依赖能源外，还依赖军工，军技新产品每年出口能够为俄罗斯挣150亿美元左右。这一经济结构与苏联时

期并无二致。如何摆脱不合理的经济结构，实现经济的创新型发展，是普京面对的重要难题，这个问题普京一直在讲，试图改变这种状况，但多年过去了，并没有什么效果。在资源型经济发展模式下，企业缺少变革的动力和创新的动力。俄罗斯目前的经济发展模式实际上仍是自上而下的，如何调动企业的创新意识和投资动力是核心问题，如何进一步完善市场经济体制、提高市场经济制度的质量是关键因素。西方和俄罗斯的关系处于冷战之后少有的低谷时期，是制裁和被制裁的关系，美欧发达国家对俄罗斯实施的制裁，恶化了俄罗斯经济发展的外部环境，制约着俄罗斯经济的发展。

经济发展问题是俄罗斯政权面临的最大的挑战性问题。如何优化经济结构，如何调整经济发展模式，如何推动技术进步，将成为俄罗斯今后需要解决的重大问题。俄罗斯长期以来处于结构性经济衰退之中，只有通过经济和政治的深入改革才能克服，但追求渐进式发展的普京并不想进行根本性改革。如何解决地区发展的不平衡问题，也是普京面临的难题。俄罗斯远东、北部地区和北高加索地区的经济一直远远落后于莫斯科、圣彼得堡等大城市，这些年俄罗斯政府在解决地区发展不平衡的问题上做了大量工作，但问题并没有根本解决。

在政治和社会领域，普京也面临一些挑战。不仅西方对俄罗斯民主倒退有指责，俄罗斯国内也有不满情绪。2017 年 3 月和 4 月，在纳瓦尔内策动下，7000 余人走上莫斯科街头，抗议梅德韦杰夫总理的腐败行为，要求其辞职。在 2016 年俄罗斯国家杜马选举中，全国的投票率只有 47.88%，比上届选举下降 13%，是历史上投票率最低的一次选举，特别是在莫斯科和圣彼得堡，投票率不足 40%。这也说明民众对国内政治的不满，是进行抗议的一种方式。俄罗斯政治竞争性不强、一党独大、腐败问题严重等引起了许多俄罗斯民众的不满，如何改进这一工作也是普京面临的难题。2016 年的国家杜马选举中，尽管统一俄罗斯党的席位从 315 席增至 343 席，但支持统一俄罗斯党的选民人数却下降了，从五年前的 4470 万降至 2850 万，该党在多数联邦主体中的得票率低于 50%。不满情绪的长期持续会影响俄罗斯的稳定，侵蚀普京的权力根基，如何扭转这种局面，也是普京要解决的难题。

俄罗斯腐败问题仍然需要加大治理力度。2015 年 11 月经济发展部长乌柳卡耶夫被捕，许多人认为这反映了政治精英内部的冲突。普京亲信、来自强力部门、现任俄罗斯石油公司总裁谢钦以乌柳卡耶夫索贿为由发起对其的调查，乌柳卡耶夫本人及其同事被联邦安全局侦控超过一年。2017 年 12 月俄法院判定阿列克谢·乌柳卡耶夫受贿罪成立，并判处其 8 年监禁。乌柳卡耶夫是近年来反腐中落马的级别最高的官员，俄罗斯被认为是腐败程度比较高的国家，反腐之路任重道远。

俄罗斯国内还存在恐怖主义隐患。车臣非法武装残余和北高加索的宗教极端势力受到沉重打击，但他们并未销声匿迹，仍在负隅顽抗，不时制造恐怖事件。2017 年 4 月 3 日，圣彼得堡地铁发生恐怖爆炸，造成 14 人死亡，49 人受伤，爆炸案嫌疑人是来自吉尔吉斯斯坦 22 岁的阿克巴尔容·贾利洛夫。俄对叙利亚境内"伊斯兰国"组织实施空袭，目的之一就是要阻止那里的俄罗斯籍恐怖分子返回国内，现在"伊斯兰国"组织被打散，恐怖分子的回流给俄罗斯反恐形势带来很大压力。

如何赢得年轻人的认同，也是普京需要考虑的问题。在 2017 年 3 月俄各地的游行示威中，大、中学生成为主力。新一代俄罗斯青年没有经历过苏联解体后的混乱，政权追求社会稳定的政策难以打动他们。他们需要国家经济增长，给他们提供实现自己梦想的舞台，希望国家快速发展和实现民主化，不喜欢统一俄罗斯党长期占据统治地位。这些年轻人充分利用新媒体，通过网络和社交媒体组织起来，这种倾向特别值得重视。新型反对派的代表人物纳瓦尔内，主要利用社交媒体反对普京的体制，并拥有一批战斗力很强的拥护者，让当局不得不认真对待。2017 年 12 月 14 日，普京在年度记者招待会上说，他希望未来的俄罗斯是一个现代的、有着灵活政治体系的国家。"俄罗斯的政治环境和经济环境都应该是有竞争力的。当然，我很想，也将朝着这方面努力，使我们有一个平衡的政治制度。"[1] 要实现这一目标，普京需要对国内的政治体制进行改革，为了保障"后普京时代"的俄罗斯平稳发展，普京肯定会采取相应措施。

如何增加人口数量也是一个大问题。俄罗斯是世界幅员最为辽阔的国家，人口却很少，已经严重影响着远东等地区的发展。1991 年苏联解体时，俄罗斯联邦人口为 1.483 亿，2009 年降至 1.427 亿，俄罗斯政府采取了许多鼓励生育的措施，出现人口增长，到 2017 年，俄罗斯人口为 1.468 亿。俄罗斯人口增长取得了一定成效，但结果并不理想。近年来俄罗斯经济状况不佳，又造成了大量人才流失。

三、普京的对外政策面临重大挑战

2017 年 12 月 25 日俄罗斯国际事务委员会发布了《俄罗斯对外政策展望：2018》的报告，报告分为俄罗斯与西方（挑战威胁、机会及政策优先方向），俄罗斯与中东（挑战威胁、机会及政策优先方向），俄罗斯与亚太（挑战威胁、机会及政策优先方向），俄罗斯与原苏联地区（挑战威胁、机会及政策优先方向）四大部分。报告认为，2018 年俄罗斯总统选举将意味着俄罗斯外交出现新的政策周期，俄罗斯将有可能修正自己的外交。俄罗斯外交面临的最大挑战是与美国关系的恶化，普京再次入主克里姆林宫能否修正俄美关系，带来俄美关系的好转，仍是个未知数。

普京的主观愿望是希望与美国改善关系，出兵叙利亚有"逼和"美国之意，想迫使美国恢复与俄罗斯的合作，从中东合作反恐开始打破俄美关系僵局。2016 年 12 月 1 日，普京总统批准的新版《俄罗斯对外政策构想》，对发展与欧美的关系着墨很多，但美国不予理睬。2017 年 12 月 14 日，在年度记者招待会上，普京表示，相信俄美关系将正常化。普京认为，俄美在很多议题上

---

[1]Большая пресс-конференция Владимира Путина,http://www.kremlin.ru/events/president/news/56378.

可以开展合作，有关俄罗斯干扰美国大选的指责都是川普的反对者捏造出来的。[1]2018年俄罗斯总统选举之后，俄罗斯还将把调整和改善自乌克兰危机以来不断恶化的与美欧国家的关系作为重点，是否有效果，并不令人乐观。

历史上美国总统在外交上的权力是比较大的，中美关系的改善就是尼克松总统直接推动的结果。美国新任总统特朗普对普京和俄罗斯有好感，曾希望改善俄美关系，但特朗普不仅未能改善与俄罗斯的关系，还使美俄关系更加恶化。2014年乌克兰危机以来，俄罗斯与西方关系恶化，其重要原因在于俄美存在根本分歧，美国追求独霸世界，不把俄罗斯当平等的伙伴。俄罗斯则认为，国际体系结构应该是多中心的，美国领导下的西方国家在谋求单极霸权，使国际关系处于严重失衡状态，不承认俄罗斯的大国地位和对国际事务的发言权。普京希望改善与美国的关系，但主动权在美国手里，俄罗斯"干涉"美国总统选举的喧嚣声愈演愈烈，"建制派"把对特朗普的不满转向了对俄罗斯的愤怒，通过调查"通俄门"和"俄罗斯干预美国大选"制约特朗普的对俄外交。美国国内有一股强大的力量，不认同特朗普，也反对俄罗斯，制约着特朗普改善俄美关系的努力。为了洗清与"通俄门"的关系，限制了特朗普改善俄美关系的努力。尽管不认同，特朗普也签署了国会通过的对俄罗斯制裁的决议。俄美关系的改善要受制于国会通过的国内立法，受此限制，俄美关系难以改善。美国通过的《国家安全战略报告》明确把俄罗斯定为战略竞争对手。普京多次否认俄罗斯干涉了美国的选举，目前，美国的"通俄门"调查仍在进行。俄美关系难以改善的另一个重要原因是俄美之间经济关联度低，2016年美俄双边货物贸易额仅202.5亿美元，其中美国对俄出口109亿美元，占其当年总出口额（约14537亿美元）的1%都不到，这使美国可以放手对俄实施制裁。

俄美关系短期内难以改善，受此影响，俄罗斯与欧盟的关系也难以取得

---

[1]Большая пресс-конференция Владимира Путина,http://www.kremlin.ru/events/president/news/56378.

实质性改善。2014 年 7 月，欧盟理事会以俄罗斯"在乌克兰东部制造不稳定"为由对俄实施经济制裁，并于同年 9 月扩展了经济制裁内容，并多次延长制裁期限。2015 年以来，欧盟表示对俄制裁的期限要与明斯克协议的落实情况挂钩。2014 年底，德、俄、法、乌四国签署明斯克协议，2015 年初修订，其主要目标是在乌克兰东部实现全面停火。2015 年 3 月起，欧盟把对俄经济制裁期限与明斯克协议落实情况挂钩，多次延长对俄制裁。2017 年 6 月 29 日，欧盟理事会认为明斯克协议的执行情况仍不理想，决定再次延长对俄罗斯的经济制裁至 2018 年 1 月 31 日。2017 年 8 月 4 日，欧盟以西门子发电涡轮机被转运至克里米亚为由，增加了对俄制裁的对象。2017 年 12 月 14 日，在欧盟峰会上，法国总统马克龙和德国总理默克尔向其他欧盟成员国领导人通报明斯克协议的执行情况，认为俄罗斯未能有效执行该协议。21 日，欧盟理事会批准将对俄经济制裁延长 6 个月，至 2018 年 7 月 31 日。欧盟对俄经济制裁主要针对金融、能源、防务和军民两用产品领域。其中内容包括：限制俄罗斯 3 家能源企业、3 家防务企业、5 家国有金融机构及其主要控股子公司进入欧盟初级和二级资本市场；禁止欧盟同俄罗斯进行武器进出口贸易；限制俄获取涉及石油勘探和生产等领域的技术或服务；禁止向俄出口可用作军事用途的军民两用产品等。俄罗斯也针锋相对，决定在 2018 年 12 月前禁止来自美国、欧盟以及另外一些西方国家的食品进入俄罗斯。

普京面临着来自北约的地缘政治压力，如何化解这一压力，是普京必须面对的问题。2014 年 3 月乌克兰危机爆发后，俄罗斯被开除出八国集团。北约以保护成员国安全为由，加大了在波罗的海国家上空巡航，侦察飞机定期在波兰和罗马尼亚上空执行飞行任务，向地中海增派船只，不断在黑海和波罗的海地区举行各种军事演习。2014 年 9 月初在英国威尔士举行的北约峰会上，俄罗斯首次被北约明确确定为"对手"。峰会通过了"战备行动计划"，决定成立一支"尖锋"快速反应部队，以加强北约的军事能力和联合防卫实力。峰会还要求北约成员国今后几年内把军费开支提高到不少于 GDP 的 2%，全面加强北约在东欧地区的军事存在，包括派驻军队、提升现有军事装备水平和加速军事设施建设等。2016 年黑山加入北约，这是时隔 7 年后北约再次扩员。2017 年 7 月上旬，乌克兰最高拉达（议会）通过修改乌克兰《对内对外原则法》。法案规定，乌克兰将深化同北约合作，并最终获得北约成员国资格。2017 年 12 月 22 日，特朗普批准了对乌克兰的多项军售，向乌克兰出售价值 4700 万美元的反坦克导弹系统，以增强政府军对东部亲俄武装分子的反坦克能力。目前俄罗斯国防支出为 460 亿美元，美国 2018 年国防计划支出 7000 亿美元，俄罗斯在实力上难以与美国抗衡，更不用说北约了。俄罗斯面临着重要选择：是继续与北约对抗，增强军事力量，还是把重心转向发展国内经济。

俄罗斯还面临着独联体离心倾向的问题。尽管普京坚称俄罗斯人和乌克兰人是一个民族，但克里米亚问题使乌克兰义无反顾地面向西方，以俄罗斯为对手。乌克兰东部冲突将难以平息，也将长期影响俄乌关系和俄西关系。欧亚经济联盟开始运转，根据普京的说法，联盟运转很有成效，但其成员国对俄罗斯的戒心和不满仍然存在。2017 年，哈萨克斯坦纳扎尔巴耶夫发表署名文章，称 1940 年苏联让哈萨克斯坦改用西里尔文字的决定是"政治性的"，而改用拉丁字母的决定则被认为是哈萨克斯坦"国家现代化工程"的一个关键部分。他强调要加快哈萨克斯坦语言的改革，计划将在 2025 年前放弃西里尔字母——俄语使用的字母系统，改用拉丁字母来拼写哈萨克语。哈萨克斯坦是俄罗斯最忠实的盟友之一。哈萨克斯坦此举被认为是去俄罗斯化的表现。一个大国对周边国家的吸引力来源于能给对方带来实实在在的利益，俄罗斯自身的经济困难自然削弱了对独联体国家的吸引力和凝聚力。

在发展中俄关系方面面临的主要挑战在于两国国力的反差。中俄两国国力发生了逆转，原来一直是俄强中弱，现在中国除军事实力外，其他都全面超过了俄罗斯。在俄罗斯国内，不少研究俄罗斯战略者，希望促使其他国家成为美国的最大对手，以转移从乌克兰危机以来美国对俄的压力。因此，促进中俄发展更为紧密的关系，特别是加强两国在军事和安全领域的合作，以对抗美国。这与中国所提倡的构建人类命运共同体，发展不冲突不对抗、相互尊重的大国关系有不合之处。如何正确处理中俄两国利益不重合的问题，保障中俄关系平稳顺利向前发展，也是需要认真对待的问题。

总之，普京新任期的担子丝毫不比现在轻松，他必须要保证经济持续发展，保障民众生活水平的提高，处理好政权内部的竞争与平衡问题，消除社会不稳定因素，建设一套选贤任能、有一定竞争性的机制化的政治运行模式。俄罗斯是一个幅员辽阔、人口不多的国家，自然条件的复杂多变增加了基础设施建设和经济发展的困难，普京要使俄罗斯这艘大船平稳驶向未来，任务并不轻松。在 2018 年普京开始第四个任期之时，他已经是一个 64 岁的人了，相比 18 年前他从叶利钦手中接过总统权力，现在的普京显然政治经验更丰富，但精力肯定不如从前。如何克服长期执政的惰性，保持锐意进取，也是普京在新任期内要注意的问题。

"后危机时代"欧盟面临多重挑战与欧盟的结构性改革

中央党校国际战略研究院 赵柯

2016年6月，欧盟发布了第二份全球战略文件。对于欧盟自身的处境，文件认为"我们联盟的目的，甚至是联盟的存在，正在受到质疑"。自2009年欧债危机爆发以来，欧洲处于多重危机之中，如难民危机、欧元区外围国家债务危机、经济低迷、乌克兰危机、英国脱欧。面对外部世界的各类风险和内部民众不断上升的质疑情绪，2017年3月欧盟发布白皮书，提出未来5种可能的发展方向，力图凝聚共识，重振欧洲。事实上，接踵而至的重重危机正推动着欧盟进行内外战略调整，欧盟内部的力量结构也发生了根本性的变革，这主要体现在三个方面：一是欧洲的结构性改革和一体化走向深入；二是德国成为欧盟内部的领导力量，"德国的欧洲"越来越成为一种现实；三是危机也加快了欧洲调整对外战略的步伐，积极推动"大西方"的形成。中欧之间的互动也因此出现了新变动、新特征，双方开始了新一轮对双边关系的"重构"。但是此次"重构"并非是欧洲"单向度"的行为，中国也开始主动将自己对欧洲的认识和理解贯彻到此次对中欧关系的"重构"中，中欧关系进入新时代。

危机成为改革的动力

回顾战后欧洲一体化的历史，可以清晰地看到，欧洲人迈向联合的每一步，无不伴随着危机与压力，强烈的忧患意识和现实政治中的棘手难题犹如一只"无形之手",推动着欧洲人在一体化的道路上虽然步履蹒跚,但始终方向坚定地不断前行。作为欧洲一体化的起点——欧洲煤钢联营设计的初衷,是想通过对煤和钢这两种当时最为重要的战争物资的管控,来解决德法之间不再打仗的问题;而欧元的前身——欧洲货币体系在20世纪70年代的成立,则在很大程度上是为了给欧洲经济装上一道"防火墙",避免美国当时过度扩张的货币政策所引发的全球性通货膨胀对欧洲造成的伤害;1990年,当德国抓住机遇重新实现了统一之后,紧接着,1991年,欧洲领导人就通过了《欧洲联盟条约》(通称《马斯特里赫特条约》),决定放弃本国的主权货币,建立共同货币欧元。"德国统一"和"创建欧元"在时间上的紧密相连绝非偶然,而是欧洲人为了解决统一后的德国如何不再次成为欧洲大陆和平秩序的威胁,这一当时各国普遍关注的紧迫问题,是力图将德国牢固地嵌入欧洲既有框架内的一种制度安排。享有"欧洲联合设计师"美誉的法国政治家莫奈曾说,欧洲"将在危机中融合,将是应付危机的各种解决方案的总和"。这话可谓一语中的,仍是理解当前欧洲发展趋势一个非常有用的分析逻辑。

经过债务危机的洗礼,欧洲人已经从危机之初的不知所措、相互推诿、各家自扫门前雪,到最终协调一致,在欧盟层面成立制度化的应对机制。先是成立了欧洲稳定机制来为出现金融危机的成员国提供短期融资,监管面覆盖欧盟范围的银行业联盟也在不断完善中。更为重要的是,欧洲央行也在不断成长,正在一步步悄然地突破欧盟条约的禁锢,从一个单纯以维护币值稳定为唯一职责的"不完全央行",到果断出手,通过创新政策工具,稳定金融市场和促进经济增长,欧洲央行实现了"华丽转身",正在成为一个赢得市场尊重和信任的真正的中央银行,针对欧洲金融市场的大规模投机行为变得越来越不可能。财政一体化也开始起步,成员国的政府预算如今要先得到欧盟机构的认可,然后才能够在成员国议会付诸表决,这相当于成员国部分地让渡了财政主权,这在几年前是很难想象的。在乌克兰危机的刺激下,欧洲增强了在外交和安全领域政策的协调和一致性,在对俄政策上,欧洲基本上做到了"用一个声音说话",避免了像之前很多观察家所预想的那样,因为欧洲各国与俄罗斯之间千丝万缕，但又差异极大的历史传统和现实利益的纠葛，最终导致欧洲无法有效地形成对俄罗斯的统一外交。面临二战以来最为严重的难民危机，任何单个的欧洲国家都无法应对，解决之道唯有要"更多的欧洲"，而不是相反。大量难民的入境以及随之而来的管理、安全和融合问题，也必将倒逼欧洲在内务司法方面进一步将一体化深入下去。欧洲人没有轻易地"浪费"掉债务危机、乌克兰危机以及难民危机所带来的变革的机遇，一体化这趟列车还在按照既定的方向前进。

结构性改革初见成效

随着欧债危机在 2012 年夏季达到最高潮，欧洲央行在当年 9 月宣布了直接货币交易（Outright Monetary Transactions，OMT）计划，准备在二级市场无限量购买成员国多至 3 年期的国债。这相当于欧洲央行准备以无限的流动性来对付市场上针对欧元区解体的各类投机资本，实质上在扮演"最终贷款人"的角色，真正担当起中央银行所肩负的稳定金融市场的职责。包括重债国在内的欧元区国家的国债利率随之下降，国债市场趋于稳定，从整体上来说金融层面的欧债危机自此基本结束。但此时欧盟的经济却仍然处于衰退之中，一直到 2013 年第二季度，欧元区经济增长 0.3%，才结束了欧元区连续 18 个月的衰退。市场也重拾对欧洲经济的信心，美国投资者在 2013 年也大举买入欧洲股票，他们投入欧洲股市的资金金额达到 1977 年以来之最，这是对欧洲及其有能力从主权债务危机中复苏投下的重要信任票。高盛（Goldman Sachs）欧洲策略团队根据美国财政部数据进行的研究显示，养老基金和美国其他大型集团在 2013 年前六个月投资于欧洲股票的总金额达到 650 亿美元，这是 36 年来最高的上半年对欧投资总额。所以说，2013 年是欧盟经济具有转折意义的一年，在这一年欧盟经济复苏的势头逐渐企稳，当年第四季度欧元区经济增长 0.3%，欧盟整体在第四季度增长 0.4%。最为重要的是，欧元区六大经济体（德国、法国、意大利、西班牙、葡萄牙、荷兰）全都在第四季度实现正增长，这是自 2010 年以来的头一次。此外，无论是欧盟整体还是欧元区，经常账户顺差持续增长。

近年来，欧盟经济表现超出预期，复苏的势头愈加稳固，OECD 在 2017 年 9 月发布的经济增长预测报告中，将欧元区 2017 年经济增速上调至 2.1%，2018 年则下调至 1.9%。其中，德国 2017 年将增长 2.2%，2018 年为 2.1%；法国 2017 年和 2018 年将分别增长 1.7% 和 1.6%；而意大利为 1.4% 和 1.2%；IMF 今年 10 月的预测也将 2017 年和 2018 年欧元区增速上调至 2.1% 和 1.9%，较之 7 月的预测各提高了 0.2 个百分点。相较于美国"效率优先，兼顾公平"的自由市场经济制度，欧洲"公平优先，兼顾效率"的社会市场经济制度，也在某种程度上开始展示其在危机过后复原的韧性。但此前国际舆论普遍对欧洲经济持悲观看法，深层原因还是对欧洲经济的"刻板"印象，认为欧洲的福利制度削弱了生产效率，导致经济增长乏力。

在这种观点看来，"福利"明显是站在了"效率"的对立面，是实现经济增长的障碍，甚至是陷阱，公平与效率之间是此消彼长的零和游戏，要实现增长就要轻装上阵，"牺牲"体现公平的"福利"。

按照这样的分析思路，实行福利国家制度的欧洲当然是一个经济增长的"坏榜样"和"反面教材"。如果这种看法是对的，那么又该如何看待当前欧洲经济的稳健增长？

福利制度拖了欧洲后腿？

对于福利制度与经济增长的关系，还有另外一种看法。2010 年美国哥伦比亚大学、哈佛大学和雪城大学的三位学者合写了一本书《财富与福利国家》，他们开篇第一句话令人印象深刻：如果说福利是增长的负担，那么为什么现在所有西方富裕的国家都是福利国家。

他们在书中特别提到，普遍印象中，美国不是一个欧洲那样的福利国家，政府的福利开支相比欧洲国家要少，但这种印象是错误的。美国也是一个庞大的福利国家，与欧洲的不同仅仅在于福利提供方式的差异，欧洲主要是政府提供；而在美国，企业和社会也是重要的福利提供者。

在这三位学者看来，因为市场竞争给个人带来的最坏结果不是竞争失败后的贫穷，而是经济不安全，这意味着不确定的收入和不确定的支出。而福利制度通过提供教育、健康和社会保险，减少经济不安全，这些对个人的社会投资最终将转化为有益于经济增长的人力资本，所以他们认为社会福利并非是一种单纯的资源消耗，而是与增长相互促进。

　　欧洲的政治精英们现在要做的，不是简单地通过财政刺激来推高促进经济增长速度，而是要壮士断腕，实施着眼于欧洲未来竞争力的结构性改革。当前欧盟经济危机的根源不是债务危机，而是欧盟国家内部不适应全球化竞争的经济社会制度，主要涉及两个方面：一是缺乏财政可持续性的社会福利制度；二是缺乏弹性的劳动力市场。这也构成了所谓"结构性改革"的核心内容。但这些改革涉及欧盟国家强大的利益集团，推行起来阻力重重。现任欧盟委员会主席、卢森堡前首相容克在欧债危机爆发前说过一句广为流传的名言：我们都知道欧洲应当改革，以及应如何改革，但我们都不知道，改革了之后我们该如何重新当选。但在选举政治下，政府领导人很难真正下决心实施结构性改革。此次债务危机的爆发为欧洲的结构性改革提供了难得的契机，欧洲的政治精英们显然也没有"浪费"掉这次危机，而是及时把握住机会，实施了早已成为共识但却迫于国内压力而一直停滞不前的结构性改革。所以，我们看到，自2009年欧债危机爆发以来，"紧缩"成为欧洲经济治理的主旋律。不仅仅是希腊、西班牙、葡萄牙、意大利等重债国在外部压力之下进行"紧缩"，财政状况良好的德国、法国、英国、荷兰、卢森堡以及北欧国家也主动"紧缩"。虽然欧洲许多国家都出现了民众的抗议活动，甚至演变成与政府激烈的冲突，但各国政府还是顶住了国内压力，将结构性改革坚持下去。这次欧洲的领导人进行改革的勇气和决心要比之前坚定很多，欧洲国家的这次"集体紧缩"并非单纯是为了应对此次债务危机，而是欧洲政治经济精英们的共识：将危机作为推进欧洲改革与转型的契机和合法性来源，通过改革来提升和重塑欧洲在全球的经济竞争力。

　　结构性改革目前已经成为欧盟"政治正确"的标准：谁反对改革，谁下台。2012年奥朗德打着反对萨科齐紧缩政策的旗帜赢得法国总统大选，但他上台后却成了德国总理默克尔倡导的紧缩政策的支持者。2014 年 8 月，时任法国经济部长阿尔诺·蒙特布尔公开表示法国应该抵制德国式的预算紧缩政策，认为目前应该优先提振经济，改善失业问题，要求法国总统奥朗德"对经济政策进行重大改变"。奥朗德立刻改组政府，撤换反对紧缩路线的蒙特布尔，任命支持改革的马克龙担任经济部长，2014 年 12 月马克龙向法国议会提交《经济增长及活动法》，主要内容涉及延长商店营业时间、放松行业管制以及放宽雇用条件等方面。2015 年 1 月 26 日的希腊大选中，激进左翼联盟（Syriza）以"反对紧缩""削减债务"为口号赢得了选举胜利，新总理齐普拉斯上台伊始就雄心勃勃地摆出要重新谈判希腊债务的架势，但无论是欧盟还是德国、英国等主要成员国对此都明确表示反对。齐普拉斯已经表明不会离开欧元区，那么留给希腊新政府的选项只有一个：遵守欧盟既定的结构性改革方案。

欧盟此次的结构性改革已经初见成效，成员国劳动力成本的增长速度已经大幅下降，平均增长率稳定在 1% 左右，如果扣除通胀因素，几乎相当于 2008 年至今工资水平基本没有大的上涨。从更具体的数据来看，欧盟委员会（European Commission）以制造业单位劳动力成本衡量的欧元区内部相对成本竞争力数据显示，希腊、西班牙和葡萄牙的相对劳动力成本与峰值相比均明显回落，降幅分别为约 25%、15% 和 10%。希腊和西班牙的相对劳动力成本比欧元区刚刚成立时仅高 5% 左右，而葡萄牙的相对劳动力成本已经低于欧元区成立之初的水平。 劳动力成本的降低让希腊、爱尔兰、葡萄牙和西班牙竞争力得到了提升，2013 年葡萄牙实现了二十年来首次经常项目盈余。2013 年希腊出现 12 亿欧元（约合 16.5 亿美元）的经常账户盈余，为 1948 年来首次出现年度盈余，被认为是希腊逐步摆脱债务危机的积极信号。2014 年 5 月，继爱尔兰之后葡萄牙宣布退出欧盟救助计划，欧债危机爆发后，葡萄牙陷入经济困难，政府财政曾濒临破产。2011 年 5 月，葡与"三驾马车"达成总额为 780 亿欧元的救助协议，并按协议要求采取一系列财政紧缩和经济改革措施，以整固财政、削减赤字。得益于外部援助和内部改革，葡宏观经济环境明显改善，财政赤字大幅降低，国债收益率屡创新低。2014 年葡经济实现 1.2% 的增长，财政赤字占国内生产总值的比重降至 4% 以下。成绩之外，风险依然存在。乌克兰危机成为欧盟经济持续复苏的重要的外部阻碍因素，也正因为此，欧盟并没有关闭谈判的大门，欧盟的对俄政策并非是要逼垮俄罗斯，而是积极寻求与俄罗斯达成妥协。

总体而言，欧盟的经济社会改革正走在正确的道路上，只是步履稍显蹒跚。随着改革的深入，欧盟经济活力和竞争力将得到进一步提升，欧盟在世界经济中的地位将会更为稳固，在全球经济治理中的话语权也将进一步增强。

欧洲财政一体化在蹒跚起步

历史的力量无处不在。无论人们愿意与否，历史总是以一种特有的方式影响着现在与未来，同时，人又并非只是被动地接受历史的支配，每一代人都会以新的眼光来看待过去，但这种被重新解释的历史将会又一次对人类现在和未来的行为产生影响。对于这种历史与现实的双向互动爱德华·卡尔称之为今日社会与昨日社会之间的对话，他认为只有借助于现在，我们才能理解过去；也只有借助于过去，我们才能充分理解现在。使人理解过去的社会，使人增加掌握现在社会的能力，这就是历史的双重作用。[1] 中国的历史学家钱穆也有一句名言：在现实中发现问题，到历史中寻找答案。欧洲财政一体化的逻辑也有其历史根源。

在人类历史上私人之间的借贷行为和债务关系源远流长，几乎与人类的历史一样长。而"主权债务"或者"国债"相比之下要"年轻"很多，仅仅才几百年的历史，现代意义上的国债恰恰起源于债务危机。西欧历史上战争不断，大大小小的国王为给战争融资而经常深陷债务泥潭，"国债"就是为解决国王们的财政困难，偿还其巨额的负债而发明出来的一种融资手段。在国债产生以前，西欧历史上这些国王的借款活动是以国王的个人名义来进行的，本质上是国王的私人债务。但是借款给国王要冒很大的风险，这些国王

---

[1][英]E.H·卡尔：《历史是什么》，陈桓译，北京：商务印书馆 2007 年版，第 146 页。

为了逃避偿债义务，经常宣布自己之前从商人手里借来的钱为商人本应缴纳的税金，不再予以偿还；或者新继位的国王不承认前任国王所欠下的债务。由于国王的这种经常性违约，导致其信誉很低，在借款之时不得不支付比一般商人要高的利率。这样就出现了一个恶性循环：国王要支付的高额利息加重了其财务负担，经常使其陷入债务危机。而面对债务危机国王经常又以违约的方法来解决；这让国王在借贷市场上信誉扫地，其在今后的借款中必须支付更高的利率，而沉重的利息负担会很快又一次导致国王陷入债务危机以及接踵而来的再次违约。这个恶性循环让国王的负债能力失去了可持续性，无法正常借贷的国王经常会面临财政困境，为了实现低息借款，国王们想出了一个新办法：把国王的"私人债务"转换为由一个比国王信誉更高的公共机构所发行的"公共债务"。这就是现代国债的"雏形"。

在 16 世纪，奥地利的哈布斯堡王朝为了筹集对法战争的资金，利用其领地荷兰联邦的议会的信用来为其发行债券。在债权人看来，皇帝和国王总有一天会去世，债务的继承人也不确定。而议会是永久性机构，其信用度要高于国王。哈布斯堡皇帝为了长期以低息筹集巨额资金，将用于偿还本息的税收交给了荷兰议会。不仅如此，在 1542 年又将设立新税种，以及决定财政支出的权限交给了议会。在英国"光荣革命"之后，来自荷兰的威廉继承了英国的王位，威廉也把荷兰的这套国债制度带入了英国。这种通过议会加强对预算的管理，以税收作为利息担保的国债诞生后，英国政府的融资能力大大加强。在"光荣革命"前夕英国的财政支出只占 GDP 的 2%~3%，国王的债务仅为 100 万英镑，然而这些债务的利率为 6%~10%，有时甚至达到 30%；在"光荣革命"后的 1697 年英国的债务激增到 1670 万英镑，相当于 GDP 的 40%，债务的规模要远大于"光荣革命"前，但是英国政府所要支付的年利率并没有因债务规模的急剧膨胀迅速攀升，而是仅为 7.6%。[1] 国债产生、发

---

[1] [日] 富田俊基：《国债的历史——凝结在利率中的过去与未来》，彭曦、顾长江等译，南京：南京大学出版社 2011 年版，第 14~59 页。

展的历史在背后实质上体现的是一个具有普遍意义的解决债务危机的逻辑：陷入债务危机的国王交出征税权、预算权等自己原先所掌控的财政权力给更具公信力的机构——议会，作为回报，国王获得了更大规模、更具可持续性和成本更低的廉价资金。这一解决国王债务危机的办法并不是让国王勒紧裤腰带还钱，而是把国王的"私人债务"转化为国民共同承担的"公共债务"，也就是国债。而国王所必须付出的代价就是交出自己的财政权，议会可以通过公共预算控制来约束国王的开支。这个过程意义重大，因为其中蕴含着根本性的制度变革。历史上西欧国家在用"国债"的办法解决国王债务危机的这一进程实质上也就是"资产阶级革命"的进程，因为正是在国债制度的诞生、发展和不断完善中"王权"受到越来越多的限制，西方国家逐步形成了"议会民主制"、"三权分立"等一系列现代西方国家体制。

　　美利坚合众国的建立也是遵循了与其欧洲先辈们一样的逻辑。独立战争刚刚结束后的美国实际上只是由十三个州组成的松散邦联，每个州其实都相当于一个主权国家，相互之间是平等的，不存在彼此隶属和制约关系。中央对各州的公民没有直接管辖权，邦联国会颁布的任何法令须得到州政府同意后，才能对该州人民产生约束力。邦联政府既无权向国民征税和发行统一货币，又无权管制州际贸易和对外贸易，政府所需经费取决于各州是否缴纳和缴纳多少。如果从权限上来讲，当时美国邦联制下的中央政府还要远逊色于今天的欧盟。但是美国在独立后不久就遭遇债务危机，因为美国各个州和大陆会议在独立战争期间所发行的大量债券在战后无法兑现。美国解决此次债务危机的办法是由中央政府全部接收各个州的地方债务，一次性地免除各个州的债务负担。作为回报，中央政府从各州获取了征税权和管理国际贸易的权力，紧接着中央政府就成立财政部，以中央政府的信用为担保发行新的国债，用筹来的资金偿还各州之前欠下的债务。这一债务危机化解之道同样遵循了"以财政权力换取融资能力"的原则，把原先各个州的"私债"转换为由整个联邦共同承担的"国债"，而州则将原属自己的财政权（主要是征税权）让渡给中央政府。这场债务危机也让美国的政治制度发生了根本性的变革，促使美国通过了新宪法，美国从原先松散的邦联转变为由中央政府统一行使主权的联邦国家。[1]

如果用历史比照一下当今的欧债危机，可能会更加清晰地看出欧洲走出债务危机的路径。今天的希腊、爱尔兰甚至是意大利和西班牙就像历史上陷入债务危机的西欧的大大小小的国王，或者是那些美国独立战争后没有偿债能力的州，不仅债台高筑而且因为信誉太差而必须承受超出自身能力的融资成本，导致债务负担不再具有可持续性。解决之道很可能就像历史上所发生过的一样，把这些"国王"（陷入危机的国家）的私债，转化为"国债"（欧盟或者欧元区成员国共同担保的债券），但是这些"国王"需要付出代价——交出财政权。这个从根本上化解债务危机的历史逻辑也是今天的德国人在应对欧债危机时所坚持的，也就是"德国式"财政联盟之路，这也是为什么德国政府一直督促成员国逐步上交其财政权给欧盟超国家机构，坚持要赋予欧盟机构监督成员国财政的权力的原因。德国的政治经济精英已经开始认真地考虑走财政一体化的道路，建立某种形式的欧洲统一财政联盟。这种想法已经不再像欧债危机爆发初期那样因为碍于国内民众的反对而显得有些"政治不正确"，只能在精英层的小圈子内讨论，德国的政治家现在开始公开谈论建立财政联盟的可行性和具体步骤。2012 年 8 月 6 日，时任德国社会民主党（SPD）主席加布里尔在接受柏林日报（Berliner Zeitung）采访时公开表示，默克尔实际在暗地里已经偷偷地搞欧元区共同债券了，只不过是通过默许欧洲央行购买成员国国债的方式。但是同时，默克尔政府为了取悦选民，又在表面上反对共同担保欧元区成员国国债，默克尔实际是在玩弄一个双面游戏。他主张让欧元区共同担保各个成员国的国债，同时各国要遵守相同严格的财政纪律。为了实现这一目标可以通过修改宪法来实现。社民党现任主席舒尔茨更是著名的"亲欧派"，在与默克尔领导的联盟党进行组阁谈判中，力促

---

[1] 关于美国独立战争后的债务危机与美国联邦制建立的历史可以参考：Thomas J. Sargent, "United States Then, Europe Now," *Journal of Political Economy*, 2012, vol. 120, issue 1, pp. 1–40.

默克尔推进财政一体化。

而欧洲的经济界特别是大企业更是非常支持走统一财政之路。法国米其林轮胎集团主席在接受南德意志报采访时说，欧盟国家应该更为团结，如果六七个欧洲国家更为紧密地坐在一起，讨论建立一个欧洲联邦国家，那么这将给欧盟和欧盟经济一个巨大推动。

默克尔政府虽然目前仍然拒绝推出欧洲共同债券，但是也同意建立某种形式的共同预算，她在欧债危机期间曾提出建立一个每年金额为 200 亿欧元的欧元区共同预算的计划，按照此方案，德国将承担约 1/3，预算初步将主要用于那些因为实施财政改革而国内经济增长陷入困境，并且失业率高企的国家。共同预算筹措资金的方式是开征新的税种，比如金融交易税。200 亿是个小数目，占欧元区 GDP 的 0.2%。虽然预算规模小，但关键在于这一政策的实质就是财政转移，将富裕国家的资金转移分配给贫穷国家，并且预算的来源不是从成员国政府收入中分摊，而是在欧元区范围内统一开征一个新的税种，核心思想是以"统一的税收"支撑"统一的预算"，从这一意义上说，这个政策就是一个非常初级、微小和局部功能性质的统一财政的雏形。对德国人而言，可以用这一"小微"共同财政政策来应对实施"欧盟共同债券"的呼声，同时也可以借此搞一个"实验"，为进一步更大规模的预算统一积累经验。

同时值得注意的是，为了降低德国地方州的融资成本，加强地方财政能力，德国政府 2013 年发行由中央政府和地方政府共同担保的"德国债券"。目前德国联邦中央政府发行的 5 年期债券在市场上的利率为近 0.4%，而财政能力弱的州因为信用不佳，则为 0.8%，高出了一倍。中央政府和地方州政府联合发行"德国债券"，意味着中央政府的信用将注入其中，"德国债券"的利率降低很多，财政能力较弱的地方政府因此就可以以很低的成本筹资。在"德国债券"的设计中，德国联邦中央政府并不提供 100% 的担保，而是部分担保。在本质上"德国债券"设计思路的内核与欧洲统一财政下的"欧洲共同债券"是一样的，在欧洲逐渐启动财政统一进程的背景下，"德国债券"

给外界提供了很大的想象空间，舆论猜测德国恐怕不单单是为本国的地方政府融资，很有可能是想借此实验一下"欧洲共同债券"的可操作性和实际效果，为日后真正的财政统一积累经验。可以说德国正在领导欧洲"小步伐"地迈向财政联盟之路。

欧债危机的爆发在很大程度源于当初欧元的设计者们因为当时政治上的阻力而无法完成与统一货币配套的相关制度建设，也就是经济学家经常所说的，欧元区没有统一的财政政策，无法在成员国出现国际收支失衡之时通过成员国之间的财政转移支付来渡过难关，这一先天性的制度缺陷被认为是欧元很可能在主权债务的重压下最终走向解体的一个重要原因。这种分析背后所体现的逻辑是正确的，但是却没有深入分析欧元区主权债务的结构和欧元区的支付能力，同时也忽视了欧元区在此次债务危机的压力下事实上逐步建立起的一种"隐形的财政转移支付机制"，来填补统一财政政策的缺位所留下的空白。从宏观经济结构方面来分析，欧元区的财政状况还是非常健康的。首先，欧元区整体债务规模在合理范围之内，如果将欧元区看作一个整体，则其公共债务占 GDP 比重没有超过 90%，这要远远好于日本和美国；其次，欧元区国家的债务基本上是期限超过一年的长期债务；第三，债务多为欧元区国家间内部持有；最后，最为重要的是，欧元区作为一个整体是对外贸易顺差，也就是说欧元区是收入大于支出，有支付能力。

如果仔细分析一下欧洲国家主权债务的具体结构会发现，欧洲主权债务问题的严重性被过分渲染了，这在一定程度上影响了我们对欧债危机发展趋势的判断。大多数对此次欧洲主权债务的分析中都忽略了一个重要变量：欧元区国家主权债务的计价货币的构成。欧元区国家的债务很大比重是以欧元来计价的，未来偿本付息也是用欧元支付，这样一来就不会出现发展中国家债务危机中的"货币错配"问题——也就是外债多以外币计价和结算而不是本币。发展中国家的债务多是用外币，所以一旦出现债务危机，国家的财政部和中央银行毫无办法，只能向国际机构和发达国家求助，因为这些发展中国家在短期内无法创造出偿还债务所需要的外国货币。20 世纪 80 年代的墨西哥债务危机和 20 世纪 90 年代的东南亚金融危机都是如此,这些危机中的国家债务大多是美元计价和结算。而此次欧债危机不同,他们的债务以本币,也就是欧元计价和结算,而创造欧元的权力是掌握在欧洲人自己手上的,只要他们愿意和达成共识,加紧印制出一批欧元,还债是不成问题的,这样一来风险也就大大降低了。这是发达国家债务危机与发展中国家债务危机的一个根本区别,前者自己掌握解决危机的钥匙,而后者解决危机的钥匙在别人手里。

欧元区之所以能够熬过这次债务危机,是因为事实上欧元区已经隐形地存在着财政联盟的一些架构。一些经济学家批评欧元的制度缺陷甚至预测欧元解体的主要逻辑就是欧元区没有统一的财政政策来应对非对称性冲击。但是在应对此次债务危机的过程中,欧元区实际上建立了一种财政转移支付的机制。纵观此次欧债危机应对政策的演变脉络:从最初的"各顾各"到向危机国家借款,从建立救助机制到签订财政契约,从欧洲央行长期再融资操作到欧央行无限购债政策的推出。这些政策的实质就是转移支付,把富裕地区的资金转移支付给缺乏资金的地区,而这恰恰是统一财政政策的核心。如果从这个视角理解的话,欧元之所以没有解体,就是因为欧洲的领导人实质上在不断地加强财政转移支付政策的力度。

德法两国对财政一体化的分歧

2017 年 9 月,法国总统马克龙对希腊进行了上任以来的第一次国事访问。选择希腊作为首个国事访问国绝非偶然,因为希腊既是欧洲文明的诞生地,又是 2009 年引爆欧债危机的"肇事国",希腊近几年来所处的困境,就是重重危机之下欧洲的缩影。马克龙视希腊为欧洲重生之地,他在希腊演讲的主题就是"重建欧洲联盟"。马克龙在雅典的演讲中为一个"新欧洲"制定了路线图,他认为首先要做的就是"不要对雄心壮志心存畏惧",这明显是说给德国总理默克尔听的,因为马克龙重建欧盟的"雄心"显然已经突破了德国的底线:建立欧元区共同预算,在欧元区设立一名财政部长,并且要建立欧元区的议会。

马克龙重建欧盟计划的本质是要推进财政一体化，这是欧洲一体化核心中的核心。再加上一个议会，这就相当于把欧元区变成一个联邦制的国家了。虽然马克龙没有具体说明共同预算的资金来源和欧元区财长的职能，更没有提让德国人揪心的债务共同化，但方向无疑是明确的：把欧洲联盟变成欧洲合众国。

作为对法国总统马克龙雄心勃勃的"重建欧洲"计划的回应，德国推出德国版的欧元区改革方案，其核心是将现有的欧元区救助基金——拥有 7000 亿欧元资金量的欧洲稳定机制（European Stability Mechanism，简称 ESM）——转型打造为"欧洲版"的国际货币基金组织，即欧洲货币基金组织（European Monetary Fund，简称 EMF）。这一方案要点包括三个方面：第一是扩大资金能力，增强 ESM 应对未来不确定危机的"火力"；第二是优化职能，形成一套更有效的债务重组机制，对陷入危机的成员国进行救助；第三是机构转型，将目前 ESM "私人金融机构"的身份转变为欧盟机构，赋予其监督成员国执行财政纪律和对成员国的经济风险进行观测、预警的权能。

很明显，德国想要打造的"欧洲货币基金组织"，实际上是一个强有力的财政纪律监管机构和高效的主权债务重组机构。原先欧盟条约中为了使欧元平稳运行，规定了成员国必须遵守的各项指标（比如财政赤字不超过 GDP 的 3%，公共债务不超过 60%），但这种遵守主要靠成员国政府"严于律己"的自觉。德国人的目的是想让财经纪律的执行有具体制度和机构的支撑，因而处心积虑地要把 ESM 变成 EMF。EMF 显然离马克龙的政策目标还很远。德国人关心财政纪律，马克龙更希望财政作为投资手段，发挥促进经济增长的作用，因而才主张建立欧元区财政部，借此将债权国的财政资金转移给债务国，并设立欧元区财长来协调宏观经济政策。

单纯从技术层面看，稳定的欧元既需要一个"欧洲货币基金组织"来严肃财政纪律，应对成员国出现的短期国际收支危机，也需要一个"欧元区财政部"来解决成员国之间长期的竞争力失衡问题。但更为根本的是，欧元的长期稳定需要"政治信心"。曾担任欧洲央行第一任首席经济学家的奥特马·伊辛（Otmar Issing）形象地将欧元形容为一个"没有国家的货币"。没有确定的主权信用作为坚强后盾，这是欧元最大的缺陷。货币的背后永远是政治，欧元也是如此。很难猜测德国的"欧洲货币基金组织"与法国的"欧元区财政部"之间所上演的这出"权力的游戏"，谁能最后胜出。但可以确定的是，只有德法实质性的合作才能为欧元稳定提供最终的"政治信心"。

当前欧元区解体的风险并没有完全解除。所以，马克龙上台后发布雄心勃勃的重建欧洲计划，目的就是以推进财政一体化来为欧元建立制度性支撑。但对此德法之间观念的分歧也是非常明显的。法国认为中央政府对经济的干预是必要的，主张建立欧洲经济政府、欧元区财政部，而德国则认为市场的自我调节更重要；法国认为经济政策要保持灵活性，而德国则更崇尚经济秩序的法律性，认为出于任何理由对规则的违背都会带来"道德风险"；法国认为经济增长能为结构性改革赢得更大的空间，所以主张先以财政手段刺激经济；而德国则认为不先进行改革来提升竞争力，增长是不会持续的。

德国的理由无论多么义正词严，必须承认的一点是：创建欧元之时，这些国家放弃自己的主权货币，共同使用一种货币，也就意味着开始相互去承担彼此间未知的风险。作为对应，也必须建立起相应的机制，对风险的承担进行回报和对冲，让欧元的使用在制度上变得安全。这需要默克尔在第四个任期内能领导起第二次"欧元保卫战"，只有这样，默克尔才能真正像她的前任们——创建了欧洲货币体系的施密特、促成欧元诞生的科尔——一样，被称为是"欧洲的领导人"。

德国在欧盟内的"崛起"

中央党校国际战略研究院　赵柯

2013 年 7 月 20 日，德国财长朔伊布勒（Wolfgang Schaeuble）发表了一篇名为《我们不要德国的欧洲》的文章，否认德国在欧洲谋求政治领导地位。该文章当天同时在德国、英国、法国、波兰、意大利和葡萄牙的主流日报上刊发。[1] 朔伊布勒此文的目的显然是想打消其他欧盟成员国对欧债危机以来德国影响力不断上升的担心和忧虑；但另一方面，朔伊布勒如此高调的政策宣示反而凸显了一个无法否认的事实：德国在欧洲的"重新崛起"。无论是德国人的坚决否认还是其他欧洲国家的不愿承认，欧元诞生之后欧洲的政治经济格局已经在不知不觉中实现了重组，一个"德国的欧洲"正在形成。

欧元制度下的超强融资能力：德国"重新崛起"的根基

许多观察家，特别是德国人并不认为"德国的欧洲"已经或者将会成为一个现实。在他们看来，德国虽然拥有强大的经济实力，是欧洲债务危机应对机制最重要的支撑者，但是德国并没有必要将其转化为政治上的霸权。另外，欧盟层面的制度安排对德国也是一种限制，德国的权力未来将会逐渐减弱，

---

[1] 德国《南德意志报》网站，http://www.sueddeutsche.de/wirtschaft/finanzminister-zur-krise-der-eu-wir-wollen-kein-deutsches-europa-1.1726248。登录时间为 2013 年 8 月 1 日。

同时，因为与重债国关系紧张，德国的影响力在欧债危机中实际是受损的。[1]
这种具有代表性的观点忽略了两点，首先，德国将其经济实力转化为政治领
导权并非没有必要，无论德国政治精英主观愿望如何，这都是必须的，是符
合德国国家利益的唯一选择。因为欧元区是德国经济的依托，一旦欧元区解
体，对德国的打击将是致命的。而为了保持欧元区的完整，恢复欧元的竞争力，
需要一个切实的经济改革方案和保障这一方案获得实施的强有力的领导者与
监督者，这一角色目前只有德国可以承担。《经济学家》杂志的一篇评论文
章将德国称为"不情愿的霸权"（The Reluctant Hegemon），认为正像二战
后是美国肩负起领导职责来支撑起脆弱的西德，现在轮到德国来领导它那些
深陷危机的盟友，这既是为了盟国，也是为了德国自己的利益。[2]言外之意
是德国内心不情愿成为欧洲的领袖，德国的领导地位是形势所迫。

　　但实际上，德国早已不再是个"不情愿的霸权"，而是对自己影响力的
上升持非常正面的看法，德国对欧洲的领导比之前更为自信和从容，不再遮
遮掩掩，"故意"保持克制的姿态。德国总统在 2013 年德国统一日的演讲中
要求德国在欧洲"承担更多的责任"，在现实政治中，"责任"实际上乃"权
力"的另一种委婉的表达。德国联盟党和社民党在组成新政府的"联合执政
协议"中，有专门一章讲"德国的欧洲责任"，开篇就说："欧洲的统一事
业仍是德国最为重要的任务，在过去几年中，欧洲伙伴对德国的期望改变了。"
德国人不好意思直接说出来，这句话的潜台词就是：欧洲伙伴希望德国承担
更多的领导责任。紧接着，"协议"又继续写道：欧洲正处在一个历史时刻，
在这变革时期，德国作为经济强大的成员国和欧洲的稳定之锚，责任在增长，

---

[1] Daniela Schwazer and Kai-Olaf Lang, "The Myth of German Hegemony," Oct.2012, in *Foreign Affairs* ,http://www.foreignaffairs.com/articles/138162/daniela-schwarzer-and-kai-olaf-lang/the-myth-of-german-hegemony. 登录时间为 2013 年 10 月 24 日。

[2] "The Reluctant Hegemon", *The Economist*, Jun.15.2013, http://www.economist.com/news/leaders/21579456-if-europes-economies-are-recover-germany-must-start-lead-reluctant-hegemon. 登录时间为 2013 年 10 月 5 日。

也被他的伙伴国给予了特别的期望。这句话翻译过来就是：欧债危机中，德国的领导地位得到加强，而其他成员国也期望德国担负起领导责任，德国的领导地位的加强与欧洲的根本利益是一致的。[1]

其次，德国的权力当然要受到欧盟层面的制约，但关键在于，欧盟层面的许多制度安排是非中性的[2]，德国从中获取的优势远远大于其他成员国，德国的影响力不是通过传统的"单边行动"的方式强加给其他成员国，而是通过这些非中性的制度，以所有成员国"集体行动"的方式悄无声息地实现本国的战略意图，建立非中性制度是德国实现其在欧洲领导权的重要方式。欧元正是这样一种非中性制度，它让德国拥有了大国崛起中最具含金量的要素——融资能力，这也是支撑当前德国在欧洲领导地位的根基。

国家间的竞争在很大程度上体现为对国际资本的竞争，因为无论是发动战争还是发展经济，拥有充足的资金都是绝对的前提。哪个国家能够最大程度、源源不断地以低成本吸引到充足的新鲜资本，也就是说具有极强的融资能力，哪个国家就会获取到竞争优势。这也就是为什么历史上的大国兴衰、霸权更替均伴随着全球金融中心的转移，金融在本质上是一种对资本进行跨时间和跨空间配置的工具和制度，占据着金融中心地位的国家可以借此实现从全球不同区域汲到巨额资金为本国服务的目的。各国融资能力的高下在很大程度上决定了一个国家的国际地位。欧元作为一种共同货币制度，其引入后的直接后果就是重塑了欧洲的经济格局，这其中最为关键的变革就是欧洲内部的资本流由之前围绕英国、法国和德国三个中心的多边循环流动，逐渐变成了主要以德国一个中心与其他欧盟成员国之间的"一对多"的双边循环流动。德国站在了整个欧洲内部资金流动链条的顶端，扮演着"欧洲银行家"的角色。

---

[1] Deutschlands Zukunft gestalten: Koalitionsvertrag zwischen CDU,CSU und SPD, 18 Legislaturperiode. p.156.

[2] 同一制度下不同的人所获得的利益是不同的，有的人多，有的人少；甚至在很多时候同一制度能够为一部分人带来利益，却给另一部分人带来损害。这一现象被称为"制度非中性"。参见张宇燕《利益集团与制度非中性》，《改革》1994年第2期。

这让德国具有了其他欧盟国家无可比拟的"超强融资能力"。

德国这种"超强融资能力"的基础就是在欧元制度下被不断强化的工业竞争力。虽然战后德国在工业制造业领域的出口一直保持增长的态势，但在欧元诞生之前"德国制造"在欧洲大市场并没有获得"压倒性"的优势，更不是像近年来在欧债危机的背景下其他欧盟国家出口普遍疲弱，而德国出口反而"一枝独秀"，巨额对外贸易顺差频频创造纪录。[1] 当时"法国制造""意大利制造"甚至"西班牙制造"在现代工业的不少领域都有实力与"德国制造"一争高下。1990 年，两德统一，但接踵而至的是二战后最严重的经济大萧条，约 50 万制造业工人失业。企业家抱怨，德国经济变得缺乏活力，缺少竞争性。当年的总统赫尔佐克（Roman Herzog）在 1997 年发表的讲话中谈到，德国当时的时代精神是"经济活力丧失，社会发展迟缓，呈现的是一个令人难以置信的精神抑郁状态"。改革者们则呼吁要颠覆德国模式的元素，如职业培训和集中的工资谈判制度。[2] 那时的德国被称作"欧洲病夫"，但是之后德国经济很快又重新焕发活力，这其中的秘诀是什么呢？许多文献将德国强劲的出口归结为 1998 年施罗德上台后对德国劳动力市场的一系列改革，认为继任的默克尔政府之所以能够保持德国经济平稳增长并且经受住了此次欧债危机的考验，实际上是坐享了施罗德的"改革红利"。这一解释是有道理的，但并未抓住问题的实质。出口是德国经济增长的关键推动力，如果以贸易顺差来衡量，可以非常清晰地发现，德国经济的转折点在于欧元的引入。德国贸易顺差在 2001 年左右开始迅猛增长，几乎是直线上扬。而施罗德担任总理时

---

[1] 根据德国联邦统计局公布的数字，德国对外贸易顺差在欧债危机期间经历 2008 年、2009 年两年的短暂下降后，从 2010 年开始持续反弹，2012 年德国对外贸易顺差为 1881 亿欧元，创下战后以来的第二高顺差额的纪录，最高的顺差额是欧债危机爆发前的 2007 年的 1953 亿欧元。2013 年前三个季度德国的顺差就达到了 1478 亿欧元，其中 2013 年 9 月的顺差额为 204 亿欧元，创下战后单月最高顺差额纪录，之前单月最高顺差额是 2008 年 6 月的 198 亿欧元。
[2] 中国社会科学院经济研究所：《经济走势跟踪》，2012 年第 30 期（总第 1250 期），2012 年 4 月 25 日。

所启动的以恢复劳动力市场弹性为核心的改革是在 2003 年。所以很明显，德国出口的强劲增长与欧元的相关性要远大于施罗德改革。

这其中的关键在于欧元让德国享受到"双重优势"。第一，欧元的汇率是依据各成员国的经济权重来确定的，德国的权重与比其弱小的成员国权重相互加权对冲之后，德国实际享受到了比马克时代更为"便宜"的汇率，欧元的使用相当于马克"自动贬值"，这自然有利于德国的出口。另一方面，其他成员国无法再通过本币贬值的方式在市场竞争中获取对"德国制造"的优势，这让原本就非常强大的德国工业很快在欧洲大市场中占据了优势地位。原本能够实现国际收支平衡或者对德国有顺差的国家在欧元启动之后很多变成了对德逆差。德国贸易顺差的一半以上都来自欧盟内部，并且这一份额在欧元引入之后一直增长迅速，在全球金融危机爆发前的 2007 年达到顶峰。从 2001 年到 2012 年德国积累了约 1.7 万亿欧元的顺差，这些巨额顺差中的很大部分又以直接投资或者金融资产投资的方式回流到其他欧盟成员国。强劲的出口让德国经济很快走出 20 世纪 90 年代的颓势，赢得了国际资本市场的信任和青睐，德国国债受到追捧，收益率下降，这意味着德国可以以非常低的成本来融资，特别是在欧债危机爆发后，德国成为资本的避风港，进一步拉低了德国的利率水平，德国的融资能力在危机中被大大增强了，德国 10 年期国债利率基本都处于 2% 以下，如果扣除通货膨胀的因素，相当于德国基本可以"免费"从全球借钱。2012 年 5 月，德国更是首次以零利率发行了价值 50 亿美元的两年期国债，如果将通货膨胀考虑在内，这意味着有太多的投资者为了竞争到借钱给德国的机会，不仅放弃利息收益，还要"倒贴"给德国人钱。根据德国财政部的计算，因为借款成本下降，2010–2014 年德国仅利息支出就节省近 410 亿欧元。国家层面的这种融资能力体现在经济微观层面就是企业对资本的掌控力，德国的企业的融资能力远超其他成员国企业，比如一笔 5 年期以内的 100 万欧元的贷款，西班牙企业需要支付 6.5% 的利息，意大利企业是 6.24%，而德国企业仅需 4.04%。德国企业的融资能力可见一斑，也让其他欧盟成员国企业在市场竞争中明显地处于不利境地。

欧元重塑了欧洲的资本循环。德国通过强大的工业竞争力以贸易顺差的方式让欧洲实体经济中的资本流向德国，同时德国又可以在国际资本市场大规模、低成本地吸纳金融资本，然后德国再以资本输出的方式将巨额资金"二次分配"到其他欧盟国家，如此循环往复。在欧洲的这种资本循环中，德国始终掌控着欧洲资本流动的规模和流向，实际上扮演着"欧洲银行家"的角色。正是在这一机制的作用下，德国在欧洲的地位不断得到提升，影响力持续增强。

源自欧元的国际货币权力：德国主导欧洲的工具

其实，主流经济学对"欧元崩溃"的预测并非完全是危言耸听或者哗众取宠，其在相当大程度上是非常严肃的，背后有着强大而严谨的逻辑支撑。其失误之处在于核心假设出了问题，将欧元看作是一般经济学意义上完全自发地产生于市场的货币，从纯市场原则来分析预测欧元的走势。但是在现实中欧元的诞生恰恰是没有完全遵循市场逻辑，而是典型的"国家间政治"的产物，正是在用欧元这一共同货币替代欧洲民族国家各自主权货币的政治进程中，各成员国之间原有的力量格局悄悄地、以一种不易被人察觉的方式发生了变化，这其中最大的赢家就是德国。它虽然放弃了德国经济繁荣与稳定的象征，已然是世界第二大储备货币的马克，但却以制度化的方式获取了欧盟内部实质上最具含金量的最高权力——国际货币权力，一种对其他成员国行为的影响力和支配权。正因为如此，欧元对德国而言不再仅仅是一种货币，而是其核心国家利益。在应对欧债危机期间，德国为维护自己核心国家利益而发起了一场"德国式"的"欧元保卫战"，正是这场德国人的"欧元保卫战"让许多从主流经济学的视角看来并不符合市场逻辑甚至缺乏市场效率的欧元救助措施在政治上成为可能，并且付诸实施；另一方面德国又运用自己强大的影响力巧妙地将一些符合市场逻辑但却"政治不正确"的措施"改头换面"地推出。这种"双管齐下"的策略最终被证明是有效的，维护了欧元区的完整性。而德国人赢得"欧元保卫战"的胜利也意味着让自己掌控的"国际货币权力"既得到维护又实现了扩张。欧债危机演变过程中所隐藏的这些权力逻辑是被主流经济学分析范式排除在外的，因而主流经济学对欧元前途的预测出现失误也就在情理之中了。也正是因为这场"欧元保卫战"背后复杂的政治逻辑，德国在此次欧债危机中的角色在备受瞩目的同时却又备受质疑，德国的危机应对措施才那么地充满争议。

关于欧元问世的原因，主流的解释基本上都会归结到蒙代尔在 1961 年最早提出的"最优货币区"理论，蒙代尔在欧元诞生的 1999 年凭此理论获得诺贝尔经济学奖并非只是一种巧合，更应该是国际主流学术界对"最优货币区"理论解释力的一种认可，并把"欧元诞生"这一历史事件看作是为这一理论提供了完美证明，而国内更是有很多媒体称蒙代尔为"欧元之父"。"最优货币区理论"的核心思想是，如果一个区域内的生产要素能够自由流通，那么这个区域就是最优货币区,使用同一种货币是最有效率的。在这一理论中"最优货币区"的边界和"主权国家"的边界是没有任何直接联系的[1]，前者仅仅是一个地理概念，并不一定与后者重合；而生产和交易成本最小化是向"最优货币区"演变的根本动力。由此可以推演出如果一个国家疆域广大而且各地经济发展不平衡，那么在一个国家内部划分出不同的"最优货币区"，并让他们使用不同的货币，从而这一国家的经济发展也就更为有效率。很显然，当今世界中并不存在这样一个多种货币共同流通的国家，"最优货币区理论"论证了浮动汇率与生产要素自由流动之间存在的相互替代关系，这是它的一大贡献，并且据此描述了一种在技术上可行的理想状态（在最优货币区内使用同一种货币），但这种理想状态在现实中之所以很难找到对应，就在于货币的创建与国家主权之间的关系是密不可分的，"主权国家"往往决定了货

---

[1] Charles A. E. Goodhart, "The Two Concepts of Money: Implications for the Analysis of Optimal Currency Areas," *European Journal of Political Economy*，1998，Vol 14 ，pp. 420.

币流通的边界和势力范围。即使能够证明欧元区国家是一个"最优货币区"[1]，需要使用同一种货币，那么完成这一目标最为有效率的经济手段莫过于各成员国首先放弃使用本国货币，统一改为使用德国马克，同时各成员国可以派出自己的代表加入德国联邦银行董事会[2]，因为德国马克事实上是欧洲的主导货币也是继美元之后全球第二大储备货币，直接使用马克比另外创建欧元所花费的成本要低很多，所承担的风险也小很多，但在政治上明显是一个不可接受的选项。

在"最优货币区"理论的逻辑中，统一货币被看作是市场自身在私人部门追求交易成本最小化的动力驱动之下自然演变的结果，这一解释实际上是从"统一货币能带来经济收益"一步到位地直接推导出"统一货币产生"，而对将这两者联系起来的具体演化过程语焉不详，从这点讲"最优货币区理论"更多的是为能否实施统一货币提供了一种理论上的评判标准，而对于现实世界中统一货币能够实质启动的"初始条件""根本动力"和"实施机制"等问题的回答则缺乏必要的解释力。而货币统一的"特里芬理论"则在这方

---

[1] 学术界对于欧洲（特别是欧盟成员国）是否是一个最优货币区存在很多分歧，并且最优货币区理论本身也没有提供一个正式的检验标准来对其提出的假说进行验证。Eichengreen 以内部真实汇率易变性、证券价格波动和劳动力流动程度为指标来比较美国和欧盟国家，发现如果以劳动力自由流动程度和相对价格稳定来衡量是否符合最优货币区的标准，那么欧盟国家远远落后于美国。参见，Eichengreen Barry, *European Monetary Unification:Theory,Practice and Analysis,* the MIT press,1997.pp.51-71.

[2] Charles A. E. Goodhart, "The DM and the future of the Euro," in Jens Hoelscher.eds.*50 Year of the German Mark,Essays in Honour of Stephen F.Frowen.*Palgrave,2001,p.4.

面更胜一筹[1]，在特里芬看来货币统一本身并不复杂，并不需要在民族国家层面实现价格、成本、工资、劳动生产率和生活水平的完全统一，正如一个国家内部不同地区之间仍然会存在这些方面的差异一样；同时，货币统一也不需要成员国之间的预算、经济或者社会政策要均等化和一致化，成员国具体政策的多样性是货币联盟内部的一个均衡因素而不是非均衡因素，只要这种差异与其经济结构、资源和劳动生产率相一致即可。统一货币之所以被需要或者能够出现并不是市场自身的演变的结果，而是因为它是解决问题的方法，是一种特殊的工具。在各个民族国家的货币完全可以自由兑换，并且推行自由贸易的条件下，那么不可避免的是一些国家的国际收支出现盈余而另一些则是赤字，一旦不能及时对这种失衡进行调节，那么当其规模累积到一定程度时将会对整个世界经济运行造成巨大的破坏作用。而统一货币在本质

[1] 特里芬最为人所熟知的是他对布雷顿森林体系固有弱点的分析，这一思想主要体现在其1960 年出版的《黄金与美元危机》一书，并以"特里芬两难"闻名于世。但很多人忽视了他的另一主要研究领域：地区货币一体化。特里芬是比利时人，所以对于欧洲货币的一体化非常热心，早在1957 年他就在其著作中论述了欧洲统一货币的必要性，并且勾勒出了具体的路线图。他参与创建了战后欧洲支付同盟（EPU），并且参加了让·莫奈组建的欧洲合众国行动委员会，并担任其欧洲货币统一问题上的顾问。1977 他提前从耶鲁大学退休回到比利时，并且将国籍从美国又改回比利时，全力投入到欧洲货币一体化的进程中，他担任了时任欧共体委员会主席詹金斯的顾问，他认为对付美国需要胡萝卜加大棒，胡萝卜就是统一市场；大棒就是共同货币。詹金斯 1977 在佛罗伦萨发表的重启欧洲货币一体化的演讲就是出自他之手，特里芬还参加了之后欧洲货币体系的建立，包括欧洲货币局首任局长亚历山大·拉玛法鲁斯（Alexandre Lanfalussy）在内的许多欧洲政治精英都深受特里芬欧洲统一货币思想的影响，从某种意义上说特里芬才是真正的"欧元之父"。货币一体化的"特里芬理论"是笔者对其货币一体化思想的一种概括，相关内容可以参考：Robert Triffin,*Europe and the Money Muddle: From Bilateralism to Near-Convertibility,1947-1956*,New Haven ,Yale University Press,1957,pp.269-294; 关 于 特里芬对于欧洲货币一体化的理论和政策建议方面的贡献可以参考：Ivo Maes, "The Evolution of Alexandre Lamfalussy's Thought on European Monetary Intergration(1961-1993)," Paper prepared for the 31st Aphes Conference ,Coimbra,18-19.November.2011,pp.6-30;Christian Ghymers, *Fostering Economic Policy Coordination in Latin America: The REDIMA Approach to Escaping the Prisoner's Dilemma*, United Nations,ECLAC,Santiago,Chile,April.2005.pp. 48-52;Jan Joost Teunissen,The International Monetary Crunch:Crisis or Scandal? In *Alternatives*,Volume XI,No.3,July.1987,pp.359-395.

上是建立一个多边的清算支付系统，以便更好地应对国际收支失衡，在这一点上特里芬实际上是继承了凯恩斯的思想。但调节国际收支失衡本身是一个财富和资源的再分配过程，涉及方方面面的利益权衡，是一个政治问题。所以特里芬认为实行统一货币的动力和障碍本质上都是政治，假设在建立欧洲联邦这样一个更为广阔的背景下来推动货币统一，其实是不会遇到太大困难的。由此，特里芬很自然地得出结论：推动货币统一的根本路径在于国家间的共识和政策协调，关键在于政治。从历史经验来看，德国马克过渡到欧元正是这样一个过程。

从 1979 年建立欧洲货币体系开始，统一货币一直是欧洲一体化的目标，但往往说得多做得少，在 1990 年德国重新统一的刺激下，欧洲人才真正将货币联盟的计划付诸实践。这是因为德国的统一改变了整个欧洲的安全格局，欧洲国家害怕统一后的德国脱离欧洲一体化的轨道，威胁到整个欧洲的安全。与煤和钢一样，货币也是一种战争物资。主权国家垄断货币发行这一历史现象，其起源并不在于货币的生产是一种自然垄断行业，由国家统一掌管可以产生规模经济的效应，或者说由私人发行货币在技术手段上存在不可逾越的难题，其关键在于货币发行与国防和安全是密切联系在一起的，国家需要保留这一垄断权力以便在应对来自国内和国外的安全威胁时能够及时有效地充分地动员和筹集各种军需资源和财富。[1] 发动任何一场战争都需要货币来为战争融资，这就是为什么在历史上战争总是与通货膨胀如影相随。在丧失了货币发行权的情况下，发动战争基本不可能；反过来也可以说，如果不打算再进行战争，那么放弃货币主权也就成为可行的选项。从这种意义上讲，放弃本国货币改为使用集体管理之下的一种新的共同货币也就意味着一种声明和承诺：将本国的安全和防卫置于使用共同货币的成员国集体监督之下。这一点对当

---

[1] David Glasner, "An Evolutionary Theory of the State Monopoly over Money," in Kevin Dowd, Richard H. Timberlake. eds, *Money and the Nation State : the Financial Revolution, Government and the World Monetary System,* Transaction Publishers, 1998, pp.21-45.

时的德国而言尤为重要，因为在 1980 年代德国马克已经成为世界第二大储备货币，是欧洲最为强势的货币，其他欧洲国家央行的货币政策都要唯德国央行马首是瞻。从 1989 年到 1992 年德国马克在全球货币市场上的日均交易量从 2470 亿美元上升到 4610 亿美元，增长了 87%，同期美元增长了 11%，而日元仅仅增长了 1%；从 1989 年到 1995 年美元在全球货币市场中的份额从 90% 下降到 83.3%，同期德国马克的份额从 27% 上升到 36.1%（因为每次交易涉及两种货币，所以总份额为 200%）。[1] 德国马克在欧洲的优势地位使其很快成为国际投资和外国官方储备中的举足轻重的货币，根据德国中央银行的统计，在 1980 年国外持有的以马克计价的金融资产还不到 3 千亿马克，而到了 1996 年 7 月已经超过了 1 万 4 千亿马克。马克在各国官方储备中的份额在短短 5 年的时间内从 1985 年的 12% 左右，到 1990 年迅速上升到 19% 左右。[2] 正是由于德国马克毋庸置疑的影响力，时任法国总统密特朗曾不无感慨地说，德国马克就是德国的核武器。如果拥有了金融核武器的德国再次实现统一，那么其主导欧洲秩序将成为一种必然，而这正是法国等其他欧洲国家所要竭力避免的。为此法国人开出了德国实现统一所要满足的条件——交出马克，同意建立欧洲统一货币。这就可以理解为什么在德国统一后的第一年，也就是 1991 年欧共体首脑就迅速签署了《欧洲联盟条约》（简称《马约》），决定成立欧洲联盟，并且其中关于货币部分的规定最为清晰明确，没有任何的含糊和外交辞令，还为统一货币定下了具体的时间表，要求所有欧盟成员都必须履行使用统一货币——欧元的义务。

放弃马克引入欧元从表面上看是德国为实现统一所必须支付的代价，是德国在货币问题上作出的牺牲，德国是利益受损的一方。但事实却并非如此，

---

[1] Soko Tannka, "A Comparison of the European International Currencies:the Euro and the Duetsche Mark," Paper presendted for the first international workshop of the joint research group "EU Economy"of EUIJ Tokyo Consorium at Hitltsubashi University on Sepetember .23.2006.pp.4-8.

[2] Deutsche Bundesbank, "Die Rolle der D-Mark als internationale Anlage-und Reservewaerhung,Monatsbericht",April.1997.pp.18-28.

作为典型的"国家间政治"的产物，欧元具体的运行机制并非完全遵循市场的逻辑，而是一种所谓的"自发的秩序"，更多地取决于国家间的政治博弈。在实施统一货币的谈判中有两个条件是德国非常坚持的，一是要求保持欧洲中央银行的独立性，不允许其直接为成员国债务提供融资；二是通过《稳定与增长公约》严格限制成员国对内和对外举债的规模。在这种情况下，成员国想获取额外的资金只有两种方法：第一种是提高税率或者开辟新税种，以征税的方式解决资金问题。这显然在政治上不受选民欢迎，政府的支持率会因此而下降。第二种是提高本国的劳动生产力，通过赚取对外贸易盈余来获得收入。这显然非一朝一夕之功可以达到，需要一个发展过程，在政府急需资金的情况下显得有些"远水解不了近渴"。其他成员国之所以最终仍然同意了德国人提出的苛刻条件，是因为实施统一货币后其他成员国事实上可以"免费"使用德国人在资本市场上拥有的良好信誉，借此可以筹集到十分"廉价"的资金。大多数欧盟成员国在加入欧元区之前其长期利率都大大高于德国，加入欧元区使他们的长期利率开始逐渐与德国趋同，这意味着能够获得很"便宜"的资金。欧元诞生之前德国政府发行的以马克计价的十年期国债利率一直在欧洲资本市场扮演着基准利率的角色，欧元的引入使得其他成员国与德国使用同一种货币发行国债，资本市场的投资者会认为德国在为其他成员国自觉不自觉地提供一种"隐形担保"，这相当于无形中其他成员国可以"搭便车"分享德国在资本市场良好的信誉，从而能够以低成本融资，否则的话像希腊和意大利等国内通胀率高、财政纪律松散的国家根本不可能从资本市场以接近德国的成本融资。以希腊为例，在加入欧元区之前其十年期政府债券的利率一度要超过20%才能从资本市场筹集到资金，而在加入欧元区之后其利率低到了5%以下，几乎与德国相当，巨大的利差让希腊获利不菲。特别是对于欧盟的逆差国来说，这几乎成为了他们获取资金的唯一渠道。"搭便车"的代价就是欧盟成员国自身融资能力的独立性大为减弱，在不知不觉中加深了对德国的依赖。[1]

可以看出，欧元带有与生俱来的权力政治属性，其运行体制和治理规则从根本上来说是产生于国家间的政治博弈，这就注定了现实世界中的欧元与主流经济学中通过理论抽象所形成的高度一般化的"货币"有着非常大的差异，欧元的稳定和持久一方面需要在市场逻辑与政治逻辑之间小心翼翼地"走钢丝"，但是当两者发生冲突之时，市场逻辑肯定要服从政治逻辑，特别是德国人的行为逻辑。因为在欧元体制下德国以外的其他成员国失去原先所独立拥有的各种融资途径，通过发行欧元计价的低成本国债成为几乎唯一的融资渠道，而这条渠道的闸门实际是由德国所掌控。欧洲货币联盟中的这种制度安排让德国获取了安德鲁（David M. Andrews）所提出的"国际货币权力"（International Monetary Power）：一种国家因为在与其他国家的货币关系中居于优势地位而具有的影响他国行为的能力。[2]欧债危机的爆发让德国人的这种权力更加充分地显现了出来，而德国人也明显更为自信和娴熟地主动去运用这一权力，推动欧债危机朝自己所期望的方向发展。这一点恐怕是当初试图通过建立共同货币来避免德国主导欧洲的那些欧元设计者所始料未及的。

理念引领与非中性制度："德国式"权力扩张

德国"统治"欧洲的方式并非是像历史上传统的霸权国一样，是单向的强制，而是隐藏在欧洲的集体行动中，以"欧洲"的名义和渠道来投放自己的影响力，这种因为欧洲一体化而被改良后的"统治"主要通过"理念引领"与建立"非中性制度"的方式来实现的。

---

[1] 赵柯：《货币国际化的政治逻辑——美元危机与德国马克的崛起》，载于《世界经济与政治》2012 年第 5 期，第 139 页。

[2] David M.Andrews, Monetary Power and Monetary Statecraft,in David M.Andrews.eds.*International Monetary Power*, Cornell University Press,2006,p.8.

德国的理念引领作用突出体现在对欧债危机根源的解释上，国际社会对此次危机有很多种解释，比如认为欧债危机是因为欧美之间经济金融关系的密切，受美国金融危机的传染而引起的；还有观点认为是因为欧洲在货币统一之后缺乏统一的财政政策，进而导致成员国在国际收支失衡的情况下缺乏财政支持来恢复平衡，最终爆发危机；也有观点把危机的根源指向了欧元本身，认为是欧元的引入让欧元区不同国家间的利率趋同，让希腊、西班牙等南欧国家的融资成本大为降低，结果大量廉价资本流入造成了经济泡沫；从学术角度看，这些分析都为理解欧债危机提供了不同的视角，本身并无高下之分。但在政治上，对欧债危机的解释权则涉及处理危机所需权力的正当性和合法性，在这方面德国是当仁不让的。在欧洲，德国对危机的解释显然成为正统：这些国家之所以陷入债务的泥潭不能自拔有两个原因，一是因为其经济缺乏竞争力，长期处于财政赤字和国际收支失衡的状态；二是政府缺乏财政道德自律，过度举债。既然"病根"找到了，那么"对症下药"的方子也就非常明确了，就是以恢复竞争力为核心目标的结构性改革：财政紧缩，严控政府债务，削减福利，降低经济成本，恢复竞争力。虽然德国开出的危机应对"药方"引起了重债国的严重不满与批评，但是从欧盟整体而言，具有不容置疑的权威，除了卢、荷、比、奥这些德国的传统支持者外，北欧国家也认同德国人对危机的解释，中东欧国家更是紧跟德国。最终我们看到，在德国的带头下，欧洲国家集体紧缩，蔚然成风。不仅陷入危机的希腊、爱尔兰、葡萄牙、西班牙等国的政府顶住国内政治压力，坚持推进结构性改革，即使向来以欧洲政治领袖自居的法国也主动配合，2012 年 8 月 9 日，法国宪法法院判决将"国债刹车"以补充条款的方式列入宪法。虽然奥朗德打着"反对紧缩，促进增长"的口号赢得了选举，但是他上台后不仅没有对德国的危机应对理念构成挑战，反而是主动继承萨科奇的路线，实施了一系列削减开支、增加税收的紧缩政策。就连没有太受债务危机影响的荷兰和比利时也主动推出了自己的紧缩方案，德国倡导的"以紧缩提高竞争力"成为目前欧洲经济治理的主旋律。

非中性制度则让德国获得了将自己的力量向全欧洲投放的支点和网络，这其中最为重要的就是负责欧元发行的欧洲中央银行制度。欧元诞生以前德国马克是世界第二大储备货币，马克的国际地位给德国经济带来了巨大的利益，法国人甚至将马克称之为德国的"核武器"。所以，德国人不仅要求把欧洲中央银行放在德国的法兰克福，更是要竭尽全力去主导对欧洲中央银行的制度设计。《马约》第105条规定，欧洲中央银行的首要目标就是维持物价稳定，该条款还规定，在不损于物价稳定的前提下，为促进第2条规定的共同体的发展，欧洲中央银行应该支持欧盟总体的经济政策。《马约》第2条规定的一般经济目标，其中就包括"高就业水平"。所以《马约》认为欧洲中央银行有必要追求其他目标。不过，这些目标被视为是第二位的，即不应与物价稳定这一首要目标相冲突。《马约》也非常明确地规定了欧洲中央银行的政治独立性。第107条以非常肯定的表述规定了这一原则：欧洲中央银行、各成员国中央银行以及任何决策执行机构的人员，在执行或实施《马约》赋予的权利与义务时，均不得寻求或接受来自欧盟或者欧盟各机构、任何成员国政府以及任何其他机构的指示。《马约》认为中央银行的政治独立性是确保物价稳定的必要条件，因为如缺乏政治独立性，中央银行会被迫以印钞方式为政府财政赤字融资。这肯定会引发通货膨胀，为了防止这一情况的发生，《马约》第104条第1款规定：欧洲中央银行或成员国中央银行不得对欧盟及其各机构、各国中央政府、地方当局和公共部门提供赤字融资或其他任何形式的信贷便利，欧洲中央银行或各国中央银行亦不得直接购买上述机构发行的债务工具。在政治独立性与防止央行为各国政府直接融资方面，欧洲央行所获得的法律保障要超过德国联邦中央银行，因为德国议会只要简单多数就可以修改法律，改变甚至取消德国中央银行的政治独立性，而欧洲中央银行的相关法律则很难改变，这需要在所有成员国一致同意的基础上重新修订欧盟条约。所以，从中央银行的政策目标和制度设计这两方面来讲，欧洲中央银行实际上就是以德国联邦中央银行为蓝本而建立起来的。[1]

这样一种制度设计看似对所有成员国一视同仁，但实际上各成员国面临的制度约束是非常不同的，其中最为根本的就是这样一种制度设计虽然切断了所有成员国政府从中央银行获取资金的内部融资渠道，但是在两个外部融资渠道方面德国比其他所有成员国都更有优势：一是以其强大工业竞争力为基础却可以源源不断地以贸易顺差的形式获取资本，二是凭借其良好的信用从国际资本市场来融资。在经济平稳发展时期这样一种制度的"非中性"作用不会显现出来，但是遇到危机，形势就不一样了，许多成员国因外部融资成本提高而无法继续对外融资，导致财政枯竭，只有德国的外部融资渠道是畅通的，这时德国的重要性必然要凸现；同时欧洲中央银行又是以德国联邦中央银行为蓝本建立的，德国对欧洲央行拥有巨大的影响力。所以，我们会看到，此次欧债危机中欧洲央行与德国政府的合作非常默契，甚至有观察家认为目前欧洲出现了柏林—法兰克福轴心，取代了原先的柏林—巴黎轴心。

目前因债务危机而启动的财政一体化方案中，核心条款就是要求欧盟成员国政府今后的财政预算和经济政策要得到欧盟机构的批准。这一规则表面上看对所有成员国的约束是相同的，也非常精准地指向了引发债务危机的制度缺陷，但是这一德国人所极力倡导的财政一体化方式，在制度设计上让各个成员国所承受的压力是不同的。相对于其他成员国，德国财政一直奉行"稳健"的理念，财政纪律、财政平衡和财政实力面的状况要更为良好，欧盟的财政监督对德国不是问题；而对其他财政纪律松弛和财政能力薄弱的成员国而言则是"紧箍咒"。这样一来德国不仅轻易地就在财政平衡问题上占据了道德制高点，而且还能借欧盟的名义以整顿财政纪律的方式向其他成员国施加影响力。正是因为看到这一点，所以虽然德国的财政一体化方案会大

---

[1] 关于欧洲中央银行以德国联邦中央银行为蓝本的相关论述，本文主要参考：[比]保罗·德·格劳威著，汪洋译：《货币联盟经济学》，中国财政经济出版社 2004 年版，第 129、130 页。

大加强欧盟委员会的权力，欧委会主席巴罗佐仍然非常谨慎地回应德国的这一倡议，强调财政一体化要"一步步来"。财政一体化之外，欧洲的另一项"伟大工程"银行业联盟也遵循了同样的"非中性制度"的逻辑，银行联盟中最为关键的支柱就是建立一个单一银行清算机制，如果将来欧元区那些大型、具有系统性风险的银行出现问题，单一清算机制将对其进行关闭或重组。2013 年 12 月 18 日欧盟成员国就银行清算机制最终达成了一致，这一谈判过程中最被外界所关注的焦点都集中在"钱"的问题上，比如，清算机制的资金如何筹集，资金规模有多大，清算机制运行中如果资金耗尽之后又该怎么办。但实际上最为核心的问题不是"钱"，而是"权"。根据欧盟成员国达成的协议，清算机制在对陷入危机的银行实施清算或者重组时提出的任何决议都必须最终得到欧元区成员国财长的批准。这实际上就让清算机制的最终决策权掌握在了成员国手中，而德国财长无疑是权重最大的一位。

中国对外开放战略如何回应挑战

中央党校国际战略研究院　赵柯

习近平总书记在党的十九大报告中指出，开放带来进步，封闭必然落后。这一深刻论断不仅是对中国经济奇迹的经验总结，更为全球经济如何走出增长乏力的阴霾指明了方向。十九大报告不仅重申中国坚持对外开放的基本国策，而且把推动构建开放型世界经济作为政策目标，体现了以习近平总书记为核心的党中央在中国特色社会主义进入新时代的关键历史节点，统筹国内国际两个大局所作出的重大战略决策。"一带一路"建设遵循共商共建共享原则，加强创新能力开放合作，无疑将为建设开放型世界经济提供持久推动力。

以各国经济大融合、发展大联动来深化新时期对外开放

2013 年习近平总书记提出"一带一路"倡议，在国内外引起强烈反响，将我国的对外开放推进到了一个全新的发展阶段。习近平总书记指出，发展是解决一切问题的总钥匙。在"一带一路"建设框架下推进对外经济合作，根本上要聚焦发展这个根本性问题，释放各国发展潜力，实现经济大融合、发展大联动、成果大共享。[1] 新时期的对外经济合作主抓大项目建设，加强国际产能和装备制造合作，取得了一系列的显著成果。

第一，基础设施建设快速推进，标志性项目落地开花。参与"一带一路"

---

[1] 习近平：《总结经验坚定信心扎实推进 让"一带一路"建设造福沿线各国人民》，《人民日报》2016 年 8 月 18 日。

建设的大部分国家基础设施较为薄弱，而中国在基础设施和装备制造等领域拥有明显优势。这促使中国与"一带一路"参与国家在铁路、公路、桥梁、港口等基础设施领域开展大量合作，提升对外经济合作水平。作为"一带一路"建设的旗舰项目，中巴经济走廊建设已取得重大进展，巴基斯坦喀喇昆仑公路二期、卡拉奇高速公路已开工建设。中老铁路、中泰铁路、印尼雅万铁路、土耳其东西高铁、匈塞铁路、瓜达尔港口、斯里兰卡科伦坡港口、马来西亚皇京港以及中哈、中俄、中缅油气管线等项目也在顺利推进。中国企业在亚洲、非洲、拉美一些国家投资建成一批新的机场设施、光缆骨干网以及水电项目。2015 年中欧班列开行 815 列，到 2016 年 7 月中欧班列开行 2000 列，目前中国境内稳定开行中欧班列的城市已达 16 个，到达欧洲 8 个国家 12 个以上城市。与此同时，中亚班列与中欧班轮也顺利开通，为沿线经贸活动往来补充动力。"一带一路"框架下的对外经济合作，紧紧围绕发展这一总钥匙，联通各国经贸与政治关系，带动沿线各国经济发展，创造了大量就业机会。"一带一路"倡议来自中国，但成效惠及世界。

第二，产能合作不断深化，战略对接不断深入。"一带一路"倡议中，推进国际产能和装备制造合作是关键，这构成了我国开展新一轮高水平对外开放的新方向。推进参与国家产能合作，加快贸易与产业结合，既符合"一带一路"建设的发展路径，也符合我国实施"走出去"战略的现实需要。据商务部统计， 2016 年全年，我国企业对"一带一路"建设参与国家直接投资 145.3 亿美元；对外承包工程新签合同额 1260.3 亿美元，占同期我国对外承包工程新签合同额的 51.6%；完成营业额 759.7 亿美元，占同期总额的 47.7%。截至 2016 年底，我国企业在"一带一路"建设参与国家建立初具规模的合作区 56 家，累计投资 185.5 亿美元，入区企业 1082 家，总产值 506.9 亿美元，上缴东道国税费 10.7 亿美元，为当地创造就业岗位 17.7 万个。今年第一季度，尽管我国在全球对外承包工程完成营业额 292.6 亿美元，同期相比有所下降，但"一带一路"建设参与国家投资合作仍在持续升温。第一季度我国与"一带一路"建设 61 个参与国家新签对外承包工程项目合同 952 份；

完成营业额 143.9 亿美元，同比增长 4.7%，占同期总额的 49.2%，已经占据半壁江山。国际产能合作提出以来，得到发展中国家的热切回应。他们主动要求与中方开展产能和产业合作，带动一批项目落地。一些发达经济体，包括英、法、德等国希望共同开拓第三方市场，优势互补，实现双赢。

第三，贸易合作成效显著，金融合作积极开展。国家统计局数据显示，2017 年第一季度，我国对"一带一路"建设参与国家进出口 1.66 万亿元，同比增长 26.2%，高于同期我国整体外贸增速 4.4 个百分点，占我国外贸总值的 26.7%。同时，2018 年第一季度我国对俄罗斯、巴基斯坦、波兰、哈萨克斯坦和印度等国进出口分别增长 37%、18.7%、19%、69.3% 和 27.7%。可见，我国对部分"一带一路"建设参与国家进出口继续保持了较快增长，贸易投资等各类项目落地将直接带动沿线国家经济增长与就业，沿线区域的互联互通和贸易便利化将得到进一步提升。

习近平主席强调，要切实推进金融创新，创新国际化融资模式，深化金融领域合作，打造多层次金融平台，建立服务"一带一路"建设长期、稳定、可持续、风险可控的金融保障体系。在各方的共同努力下，"一带一路"建设参与各国正在加强金融合作，服务"一带一路"的金融保障体系正在形成。中国设立超过 1000 亿美元的多边或双边产能合作基金。亚洲基础设施投资银行为 7 个亚洲发展中国家的 9 个项目提供了 17.27 亿美元贷款。丝路基金参与了巴基斯坦、哈萨克斯坦、俄罗斯、阿联酋、意大利等国家重大项目投融资。国家开发银行、中国进出口银行以及 11 家中资商业银行也已对"一带一路"建设参与国家提供了数千亿美元信贷融资，设立近百家一级分支机构。

当前世界经济持续低迷，中国经济增速虽有所放缓，但仍保持中高速增长，成为拉动世界经济增长的重要引擎。根据国际货币基金组织估计，2017 年中国对世界经济增长的贡献率达到 40%。习近平主席指出，以"一带一路"建设为契机，开展跨国互联互通，提高贸易和投资合作水平，推动国际产能和装备制造合作，本质上是通过提高有效供给来催生新的需求，实现世界经济再平衡。"一带一路"建设将促进沿线发展中国家产业升级和经济发展，产生的外溢效应为缺乏动力的西方发达国家开拓市场，为企业合作创造更多机会，为世界经济复苏做出重要贡献。

以新型合作机制创新对外开放新模式

"一带一路"倡议是一个伟大的制度创新，以至于很难用现有的经济合作机制进行定义。张宇燕教授对此有一个精辟的分析："一带一路"不是国际组织，不是首脑会议，也不是单纯的贸易或投资协定安排，和已有的经贸领域的国际合作机制也都不一样。而且，它不是把包含的所有元素都先想好了再推进，而是在推动落实的过程中逐渐变得丰富，边干边学。这就为创新对外经济合作模式提供了无限的可能性。

第一，创新区域发展合作机制。在 2016 年召开的推进"一带一路"建设工作座谈会上，习近平总书记指出，要聚焦构建互利合作网络、新型合作模式、多元合作平台。"引进来、走出去"的传统国际合作模式并不罕见，但"一带一路"强调各国发展战略的对接与合作，主要体现在多元化和开放性。合作机制的多元化归因于亚洲国家发展的多样性。经济上，亚洲各国发展水平参差不齐，差异巨大；政治上，存在以中国为代表的实行社会主义制度的国家；文化上，基督教、伊斯兰教、佛教在亚洲各国并存发展。亚洲各国的多样化特点决定了合作机制必须走向开放。这也就意味着，"一带一路"建设的沿途合作伙伴既可以是发达国家，也可以是发展中国家；既包括亚洲国家，也包括域外国家。

现有的区域经济合作机制可划分为五种形式：自由贸易区、关税同盟、共同市场、经济一体化和政治经济一体化。显然，根据合作的目标和秉承的理念，"一带一路"建设都难以归入以上任何一种形式。"一带一路"建设要打破现有的区域合作机制，既要走传统意义上的自由贸易协定（FTA）的老路，也要加强互联互通，建设经济走廊、经济开放区，深化金融合作，开辟出一条对外经济合作的新路。

第二，创新政府间政策沟通机制。政策沟通是"一带一路"建设的重要保障。习近平总书记指出，"一带一路"建设不是另起炉灶、推倒重来，而是实现战略对接、优势互补。加强政府间有效沟通与协商、共同制定区域合作计划与措施是实现参与国家发展战略对接的根本保证。

近年来，中国同有关国家协调政策实现各国间发展战略的对接，包括俄罗斯提出的欧亚经济联盟、东盟提出的互联互通总体规划、哈萨克斯坦提出的"光明之路"、土耳其提出的"中间走廊"、蒙古提出的"发展之路"、越南提出的"两廊一圈"、英国提出的"英格兰北方经济中心"、波兰提出的"琥珀之路"等。中国同老挝、柬埔寨、缅甸、匈牙利等国的规划对接工作也全面展开。各方通过政策对接，实现了"一加一大于二"的效果。

同时，在"一带一路"倡议的推动下，很多国家主动加强与中国的经济合作，各方达成了"一带一路"务实合作协议，其中既包括交通运输、基础设施、能源等硬件联通项目，也包括通信、海关、检验检疫等软件联通项目，还包括经贸、产业、电子商务、海洋和绿色经济等多领域的合作规划和具体项目，中国还同有关国家的铁路部门签署深化中欧班列的合作协议。

目前，"一带一路"倡议已经得到 100 多个国际组织的支持和响应，同 20 多个国家开展机制化的国际产能合作，在沿线 20 多个国家建立 50 多个自贸区。与沿线各国搭建区域合作平台，不仅刺激合作主体间的有效政策沟通与协商，还为政策协调提供了良好的实践经验。未来，在吸取现有经验的基础上，"一带一路"建设将会健全常规性政策沟通平台，并逐步形成政策沟通的长效机制，让沿线国家更多地参与到"一带一路"的建设中来。这一系列的政府间政策沟通机制的创新极大地增强了对外经济合作的深度和广度。

第三，建立创新合作机制。创新是推动发展的重要力量。在 2008 年全球金融危机爆发 9 年后，欧、美等发达经济体仍然深陷增长缓慢的困境，这恰恰是近年来民粹主义、民族主义以及贸易保护主义等思潮在西方的强势回归，并引发全球政治动荡的深层次根源。其实早在 2008 年金融危机前，欧美发达经济体的增长就已经放缓，仅仅将当前增长乏力的原因归结为金融危机的"后遗症"，显然是简单化了。根本原因是技术进步带来的创新不能为经济增长提供足够的动力，劳动生产率增长缓慢。1950–1973 年，美国的生产率（每工作小时的 GDP 产出）增长为 2.6%，西欧国家平均为 4.9%，而 2016–2026 年预计美国只能达到 1.4%，主要的欧洲经济体则为 0.8%。美国国会预算办公室对未来十年全要素增长率的预测值只有 20 世纪 30 年代实际增长率的一半。可见，发达经济体在创新方面还远不能为全球经济的增长提供足够的推动力。创新需要新的机制来促进。

"一带一路"建设本身就是向创新要增长，坚持创新驱动发展，在"一带一路"框架下各国加强在数字经济、人工智能、纳米技术、量子计算机等前沿领域合作，推动大数据、云计算、智慧城市建设，连接成 21 世纪的数字丝绸之路。促进科技同产业、科技同金融深度融合，优化创新环境，集聚创新资源。启动"一带一路"科技创新行动计划，开展科技人文交流、共建联合实验室、科技园区合作、技术转移等合作。中国将在未来 5 年内安排 2500 人次青年科学家来华从事短期科研工作，培训 5000 人次科学技术和管理人员，投入运行 50 家联合实验室，设立生态环保大数据服务平台，倡议建立"一带一路"绿色发展国际联盟，并为相关国家应对气候变化提供援助。

2016 年 9 月，科技部联合多个部委发布了《推进"一带一路"建设科技创新合作专项规划》，科技部还专门研究制定了《"一带一路"科技创新合作行动计划》。《计划》提出，中国将与"一带一路"参与国家在科技人文交流、共建联合实验室、科技园区合作、技术转移等四方面启动具体行动，应对参与国家面临的共同挑战。在"一带一路"框架下，科技创新既服务于参与各国人民的生产生活，也促进新兴市场快速发展。未来，"一带一路"建设将会打造科技创新命运共同体，继续推动科技创新，催生科技成果，为增长提供源源不断的推动力

以新理念引领对外经济合作新方向

"一带一路"倡议顺应了时代要求和各国加快发展的愿望，提供了一个包容性巨大的发展平台，具有深厚历史渊源和人文基础，能够把快速发展的

中国经济同参与国家的利益结合起来。让参与国家得益于我国发展，坚持各国共享机遇、共迎挑战、共创繁荣。"一带一路"倡议所蕴含的这些体现时代精神的发展理念，引领着新时期对外经济合作的新方向。

第一，坚持以共商、共建、共享为原则。在"一带一路"建设中充分尊重各国核心利益和重大关切。参与国家数量众多，各国在经济发展水平、政治制度建设和宗教文化信仰等方面都存在很大差异。但是，无论各国国体大小、强弱、贫富，他们都是国际社会平等的一员，都有平等参与多边合作的机会，都可以建言献策参与到"一带一路"的建设中来。各方应充分尊重他国的发展道路和发展模式，通过沟通与协商，努力达成合作的最大公约数，实现发展战略对接。各国发挥各自优势，促使资源在最大范围内实现优化配置。

"一带一路"建设参与各国在地理位置、资源禀赋、资金储备、生产技术、科技人才等方面都有所不同。这要求在"一带一路"建设中，各方应各施所长，各尽所能，增强自主创新能力，保证最终实现共赢，成果实现共享。"一带一路"倡议虽然由中方提出，但收益却属于大家共同拥有。"一带一路"建设不是一句空洞的口号，而是看得见、摸得着的实际举措。它所取得的成果归根到底要惠及各国人民，让每一个普普通通的人真真切切地感受到获得感，实现国强民富。

在"一带一路"建设中，共商、共建、共享三者相互统一，密不可分。只有以共商为基础，共建才能得以实现；只有真正做到共商共建，成果才能最终实现共享。共商、共建、共享原则的核心在于"共"，只有最终实现三者的统一，才能形成一个命运共同体。

第二，坚持以包容性发展理念为合作准则。十八大以来，"包容性发展"一词是中央领导人出访时多次使用的高频词汇，经过创造性的转化，已经成为富于中国特色的"中国话语"，并具有丰富的内涵。在经济全球化深入发展的趋势下，"包容性"意味着一国的发展已经不能脱离他国而存在，一国的发展也不能建立在损害他国利益的基础上而获得发展，国际社会已经变成你中有我、我中有你的命运共同体。

包容性发展就是强调建立一个机会平等基础上的经济发展，既要开放发展机会，坚持贸易投资自由化，反对贸易保护主义，又要在全球范围内实现社会与经济协调发展，保证人人公平参与全球发展过程并最终受益。2013年以来，习近平主席在金砖国家领导人会晤、亚太经合组织领导人非正式会议等一系列国际场合，多次倡导各国要坚持"包容性增长"理念。强调世界经济发展和全球治理需要各国特别是新兴发展中国家的广泛参与，同时世界经济发展成果也应该由各国人民共同分享。

"一带一路"建设是开放包容的。它既没有国别的限制，也不存在排他性的制度设计。秉承共商、共建、共享的原则，大家有事商量一起办，实现互利共赢。坚持政策沟通、设施联通、贸易畅通、资金融通、民心相通的"五通"内容，更是包容性内涵的具体体现。"一带一路"建设各参与国国土面积、资源禀赋、经济实力差异较大，相互之间进行合作需要互相包容，互相理解。可以预见，在开放包容的平等合作机制下，各参与国不仅能够增进了解，减少其他国家对中国崛起的不适应感，而且各国之间距离不断拉近，还有助于增强彼此互信，建立更加紧密的联系。这无论是对中国的和平发展，还是维护世界的稳定与繁荣，都具有重要的作用。

包容发展意味着"一带一路"不是封闭的，而是开放的。它重点面向亚欧非大陆，同时向所有国家开放。"一带一路"建设跨越不同地域、不同发展阶段、不同文明，是一个开放包容的合作平台，是各方共同打造的全球公共产品，不排除也不针对任何一方。在"一带一路"建设国际合作框架内，各方携手应对全球化带来的新挑战，开创新机遇，谋求新动力，拓展新空间。

第三，坚持以打造人类命运共同体为最终目标。自党的十八大报告提出建设"人类命运共同体"的崇高目标以来，习近平总书记多次在各种外交场合谈及这一理念，并不断地丰富其时代内涵。2015年9月，习近平总书记在联合国大会演讲时，系统地描绘了人类命运共同体的具体内涵和实现途径。这不仅是对该理念做出的最详尽的阐述，也是对当前国际社会面临诸多问题做出的新的回答。

"一带一路"建设是构建人类命运共同体的伟大探索和实践。推进"一带一路"建设，不仅有利于促进中国区域协调发展，为西部地区注入经济活力，还有利于推动国内与国际市场互利合作，对内开放与对外开放同步对接，最终实现共同繁荣。正如习近平总书记 2017 年 1 月在达沃斯世界经济论坛年会发表主旨演讲时所指出的，树立人类命运共同体意识，携手努力、共同担当，同舟共济、共渡难关，就一定能够让世界更美好、让人民更幸福。

这意味着在"一带一路"建设框架内开展对外经济合作，各方要彼此照顾相互的利益关切，不能以牺牲他国的利益为代价换取本国的繁荣，不能将本国的成功建立在他国失败的基础上。各国应携手应对世界经济面临的挑战，实现优势互补、互利共赢，不断朝着人类命运共同体方向迈进。

习近平总书记指出，人类社会正处在一个大发展大变革大调整时代。世界多极化、经济全球化、社会信息化、文化多样化深入发展，和平发展的大势日益强劲，变革创新的步伐持续向前，但是世界仍不太平，和平与发展的问题仍然没有得到很好的解决。当前世界经济增长需要新动力，发展需要更加普惠平衡，贫富差距鸿沟有待弥合。地区热点持续动荡，恐怖主义蔓延肆虐。和平赤字、发展赤字、治理赤字，这是摆在全人类面前的严峻挑战。这些问题如果得不到有效的解决，人类社会不仅会丧失不断进步的动力和活力，并且长期的衰落和不满情绪的积压会逐渐改变整个国际社会的氛围，由开放、包容、温和逐渐滑向封闭、狭隘和偏执，这对于致力于推动全球自由贸易、主张构建开放型世界经济的中国而言，显然不是什么福音。

历史的经验一再证明，当世界经济长期处在增长乏力，甚至是衰退的困境时，贸易保护主义就会变得越来越有市场，许多国家会越来越热衷于构建自我保护的狭隘、排他性的政治经济集团。人类在这方面的教训是沉痛的，两次世界大战之间的大英帝国在一连串危机的打击之下，失去了自信，放弃了自由贸易原则，转向在英联邦内建立更为封闭的"帝国特惠制"和"英镑区"，其他国家也纷纷群起而效仿，整个统一的世界市场被分割成为一个个"势力范围"，各国竞相采取排他性的对外经济政策，这导致各国间政治互信恶化，继而开始军备竞赛，最终滑向了第二次世界大战的深渊。无论是从历史的经验还是从现实的利益来看，习近平总书记提出的"一带一路"倡议均精准地把握住了时代的脉搏，为世界各国积极开展对外经济合作提供了新理念，注入了新动力，开辟了新方向。在新的历史时期开展对外经济合作，本质上就是要构建以合作共赢为核心的新型国际关系，打造对话不对抗、结伴不结盟的伙伴关系。各国应该尊重彼此主权、尊严、领土完整，尊重彼此发展道路和社会制度，尊重彼此核心利益和重大关切。这是"中国智慧"为解决世界和平与发展问题贡献的"中国方案"。

下 篇

大国全球博弈

新时代的中美俄三角关系

中央党校国际战略研究院 左凤荣 赵柯 梁亚滨

党的十九大报告提出："推进大国协调和合作，构建总体稳定、均衡发展的大国关系框架。"[1] 在当今世界具有全球性影响的大国实际上只有中美俄三家。目前的大国地缘政治竞争是冷战结束以来最为激烈的，中美俄大三角关系再次成为影响当今世界发展的重要因素。在这一背景下，中美两国间的战略竞争显著加剧，俄罗斯与美欧强烈对抗，中俄两国间的战略协作大为提升。尽管特朗普与普京从各自的根本利益出发，急欲谋求美俄关系的改善，但在美国国内遇到了众多政治阻力，加之美俄之间的结构性地缘政治和战略利益矛盾尖锐，美俄关系大幅度改善在短期内没有可能。相反，中美关系并没有如特朗普上任时人们所担心的那样出现恶化，基本上实现了向前发展。中俄关系是中美俄三角关系中最为密切的一对双边关系。当今的中美俄三角关系，与 20 世纪 70 年代的中美苏三角关系相比，无论从力量对比情况、三角关系的方式，还是从相互之间的互动、对世界的影响等方面看，都已经完全不同了。

一、中美俄力量对比已经发生了变化

在 20 世纪 70 年代的三角关系中，美苏是两个超级大国，苏联处于攻势，

---

[1]《中国共产党第十九次全国代表大会文件汇编》，人民出版社 2017 年版，第 48 页。

美国处于守势，中国与美国建立了一定的战略关系，共同对付苏联霸权主义。在这一三角关系中，中国是力量最弱的一方，借美国的力量对抗苏联霸权的压力。现在的情况完全不同了，中美俄力量对比发生历史性变化。美国是处于最强的一方，但其与中国经济实力的差距日益缩小；俄罗斯是经济实力最弱的一方，但其军事实力不可小觑，仍是能给美国带来最大麻烦的一方；中国经济实力增强，对世界经济的贡献率最大，但中国的军事实力尚未达到一流水平，本身的领土主权安全还面临着诸多挑战。

　　2008年金融危机发生以来，发达国家的整体力量在下降，新兴国家在整体性崛起。西方国家在整体实力相对下降的同时，社会问题也凸显，民族主义、民粹主义思潮上升，社会不稳定因素增加，"黑天鹅"现象频发。但在评估当今世界主要大国力量对比时，也不能过低估计西方国家的实力与影响力，更不能低估美国的实力。世界银行报告发布的2016年全球各国GDP数据显示，排名第一的美国（18.03万亿美元）占全球GDP总量达（74万亿美元）的24.32%（2012年时美国占比为21.19%），美国GDP总量大致相当于排名第3位至第10位国家（即日、德、英、法、印、意、巴西和加拿大）GDP的总和。由此可以看到美国的实力和影响力。西方七国GDP总额达到34.42万亿美元（美国18.03万亿美元，日本4.38万亿美元、德国3.36万亿美元、英国2.86万亿美元、法国2.42万亿美元、意大利1.82万亿美元、加拿大1.55万亿美元），占世界GDP总量的46.5%。欧洲和北美的GDP总量占世界的49.32%。进入2017年以来，美国新总统特朗普为使制造业回归美国采取了不少措施，特别是大幅度降税，提振了美国的制造业，收到了一定成效。证券市场达到创纪录的新高，失业率为16年来最低。美国正在通过加息、减税、重塑国际贸易规则等措施，使资本回流美国，同时，也在加大对高科技领域特别是计算机领域的投入。美国的这些措施对世界经济正在产生很大影响。欧盟经历英国脱欧公投、法国大选等影响后，民粹主义势力的影响有所下降，经济形势也好于以往，在刚刚结束的德国大选中，默克尔成功连任，这对欧洲是重大利好。欧元区、日本经济增长前景均在好转。国际货币基金组织统计，2017年发达国家经济增长2%，其中美国增速达到 2.3%。虽然发达国家的增速达不到全球平均 3.5% 的水平，但其增长基数大，其鼓励制造业发展的政策成效明显，仍是影响世界经济发展的主要因素。美国具有超强的军事实力，特朗普让美国强大的重要标志是继续发展军事力量。2017 年 9 月 7 日美国审计总署向国会提交的调查报告认为美国海军舰只频繁出事故的主要原因是预算削减导致船员训练不足和过度劳累。2017 年 9 月 18 日，美国参议院以 89：8 的投票结果通过了总额高达几乎 7000 亿美元的 2018 财年国防预算授权，不但与 2017 年相比有大幅度提高，甚至比特朗普政府主动提出的预算还要高。这事实上代表了美国政界试图以武力重振美国实力的决心和意志，表明了特朗普政府和美国国会都希望重塑军事实力的决心。此外，美国还有欧盟、日本等盟国支持。

俄罗斯和中国同属新兴国家，都是金砖国家成员，但两国的国力已经发生了根本逆转。2016 年中国的 GDP 达到 11 万亿美元，占世界总量的 14.84%，俄罗斯只有 1.3 万亿美元，占世界总量的 1.8%。2017 年 9 月中国在厦门成功举办金砖五国高峰会，并首次举行金砖国家与五个发展中国家的对话会，金砖机制的国际影响力在增强。在目前中美 GDP 差距日益缩小的态势下，我国在 GDP 总量上超过美国指日可待。但在人才、资金仍主要流向欧美国家的情况下，我们要清醒地认识自己的地位与实力。俄罗斯经济实力不行，便把增强军事实力作为其维护大国地位的重要手段。在应对乌克兰危机和西方制裁的大背景下，俄罗斯与北约在东欧形成对峙，俄罗斯在军队规模、军演次数与规模、军力部署等方面，都努力寻求与北约力量对比的均衡化。2017 年 9 月 14–16 日俄在白俄罗斯和俄罗斯境内进行"西方 –2017"军演，展示了俄罗斯的新军事技术，如先进的无线电电子侦察系统，特别是无人机和使用格拉纳斯导航的系统，以及"伊斯坎德尔"战术导弹、"巴尔"岸基导弹系统、S–400"凯旋"防空导弹系统等，显示了一个军事大国的风姿，经济状况不佳并没有影响俄罗斯军力的发展。俄罗斯在核武器的数量、质量与水平上，仍可与美国抗衡。为了显示国家强大，增强在国内的合法性，俄罗斯加强了在黑海、地中海和北极地区的军力，并通过支持叙利亚打击恐怖分子，在中东取得了有利地位。

从中美俄三大国发展态势看，美国、中国、俄罗斯各具优势。美国不仅自己实力强，欧盟国家、日本为了平衡中国也努力发展与美国的军事安全关系。这种态势在短时间内不会发生实质性变化。因此，美国经济和军事实力都很强，在未来国际体系博弈中仍占优势。中国是三国中经济发展最迅速的国家，经济总量超过美国只是时间问题，中国通过加强与金砖国家的关系、加强与上合组织成员的合作、开展"一带一路"建设、增强亚投行的影响力等，增强了自己的国际影响力和国际话语权。俄罗斯经济在三国中发展最为缓慢，但看国家实力，不能仅仅看经济实力，还要看军事实力、民族凝聚力、战略运筹能力、国际影响力、资源禀赋、科技潜力、教育水平、自给能力等，综合来看，俄罗斯的实力也不容低估。俄罗斯正借助中国的"一带一路"建设，推进其构建欧亚伙伴关系计划。在油价回暖的刺激下，俄罗斯未来的经济形势会好于现在。总体看，未来世界的面貌将很大程度上取决于中美俄三国关系的发展和三国领导人的政策选择。

二、中美俄三角关系互动性不强

现今的中美俄关系已不像冷战时期的中美苏大三角那样具有很强的互动性，中美俄相互之间的关系各有各的价值、各有各的逻辑，无论是中国，还是俄罗斯，都没有20世纪70年代中美苏三角关系中的中国那样可以发挥"四两拨千斤"作用的地位，三方之间的关系不是"二对一"的对抗方式。从经济实力上看，中国位居第二，这是一个很敏感的地位，既要面对居于第一位强国的打压，也面临居于其后强国的防范。但在中国领导人的成功运筹下，我们应对得法，在三角关系中处于相对有利的地位，为我国深入改革、实现中华民族伟大复兴中国梦创造了有利的外部环境。

中美关系并未出现大的波折，保持平稳前行。特朗普在竞选期间说过不少针对中国的狠话，批评中方在中美贸易中占尽了便宜，扬言不惜对中国进行一场贸易战，让人担忧未来中美关系的发展。在美国新总统就职后，中美关系并未发生大的波折，而是保持了平稳发展的势头。特朗普与习近平主席多次通电话，就重要问题进行沟通。2017年3月18至19日美国新任国务卿蒂勒森访华，在与习近平和王毅会面时都提到美国会本着"不冲突不对抗、相互尊重、合作共赢"的精神发展对华关系。4月6日，习近平主席在美国佛罗里达州海湖庄园同特朗普总统会晤，这是一次重要会晤，为新时期中美关系发展指明方向。双方承认中美存在分歧，但着眼于中美关系的长远发展，双方同意在相互尊重的基础上管控分歧，增进互信，扩大合作；为消除美国对华贸易逆差，双方就制定"百日计划"达成共识；双方都认为朝鲜的核计划已进入严重阶段，双方将加强合作，迫使朝鲜放弃核武器；建立了中美对话新框架：外交安全对话、全面经济对话、执法及网络安全对话、社会和人文对话4个高级别对话合作机制。2017年4月，中美两国元首的首次会晤明确了新时期中美关系发展方向和原则，对推动两国关系沿着正确轨道向前发展具有重要意义。7月8日在G20汉堡峰会闭幕后习近平会见特朗普，向外界传达了中美两国将深化合作、管控分歧的意愿，强调双方要尊重彼此核心利益和重大关切，妥善处理分歧和敏感问题。2017年8月，美国宣布对华启动301调查，这对中美经贸发展造成负面影响，违背了互利共赢、相向而行的目标。中美间虽然存在一些对立和分歧，但彼此间日益加深的经贸关系和相互依存度是中美关系发展的重要基础，中美双边经贸关系支持了美国约260万个就业岗位，中国对美国企业来说是一个5600亿美元的大市场，这使特朗普不得不与中国进行对话和协商。在朝鲜核问题和中美经贸关系两个重大问题上，中美保持着密切沟通，两国的对话机制不断就共同关心的重大国际和地区问题进行对表。2017年11月特朗普访华，双方签署了2500多亿美元的经贸合作协议。从特朗普上任以来中美关系发展的态势看，中美关系正沿着习近平所确定的从战略高度把握中美关系健康稳定发展的航向向前发展，在涉及两国重大利益的问题上，可以进行合作与沟通。在敏感问题上，可以在相互尊重基础上管控分歧，防止关系下滑。

中俄关系处于历史上最好时期。中俄高层交往密切，战略互信不断深化，务实合作取得突破性进展，两国全面战略协作伙伴关系保持高水平运行。中俄双方战略利益接近，战略理念相通，经济互补性强，中俄"全面战略协作伙伴"具有实实在在的内容。2017 年 5 月，普京赴华出席了"一带一路"国际合作高峰论坛，9 月出席了在厦门召开的金砖国家领导人第九次会晤；6 月 8 日习近平和普京还在上合组织峰会召开之际举行了双边会谈，7 月习近平主席访问了俄罗斯，高层的密切交往推动中俄关系再上新台阶。2018 年上合组织峰会在青岛举行，普京届时对中国进行国事访问。中俄加强了在国际和地区事务中的协调与配合，努力改变严重失衡的国际战略格局，推进新型国际秩序的构建。在维护周边安全问题上，中俄密切配合，不允许"生战生乱"。中俄不断深化全面务实合作，充实两国全面战略协作伙伴关系的内容，稳步推进多领域合作。

美俄关系难以转圜，成为三角关系中最不友好的一对关系。2014 年的乌克兰危机，使俄罗斯与西方的关系发生了冷战结束以来最严重的倒退，双方不断强化制裁与反制裁。虽然美国换了总统，俄美关系改善的局面并未出现。特朗普在参加汉堡峰会时与普京举行了大大超出原计划时间的闭门会谈，特朗普还在没有美方其他人员参加的情况下，在峰会晚宴上与普京又单独聊了一个多小时，随后，特朗普下令停止中央情报局培训叙利亚反对派的计划。让人感觉俄美关系似乎要好转。但"建制派"通过调查"通俄门"和"俄罗斯干预美国大选"制约着特朗普的对俄外交。2017 年 7 月 25 日和 27 日，美国国会众参两院先后通过了加大对伊朗、俄罗斯和朝鲜制裁的一揽子法案，8 月 2 日，特朗普不得不签署，法案生效。新的制裁法案进一步压缩了俄罗斯受制裁企业的国际融资空间，把俄相关银行的融资期限从 30 天减少至 14 天、油气企业则从 90 天减少至 60 天。法案严禁美国企业参与任何有俄受制裁企业占股超过 33% 的能源开发项目，即便这些项目在俄罗斯境外。法案还列出了十类可受制裁的对象，从乌克兰问题扩展到所谓"腐败""侵犯人权""逃避制裁""向叙利亚转交武器""俄罗斯在欧亚地区的行为"等，几乎把美国不满的俄罗斯内政、外交主要方面都涵盖在内。新法案第 253 条表示：永不承认任何以武力改变领土的行为，其中包括阿布哈兹、南奥塞梯、克里米亚、乌克兰东部和德涅斯特河沿岸地区。这实际上要求俄罗斯彻底改变其内外政策。俄美之间经济关联度低，2016年美俄双边货物贸易额仅202.5亿美元，其中美国对俄出口109亿美元，占其当年出口总额的1%不到，这使美国对俄实施制裁可以无所顾忌。这一法案使对俄制裁纳入了美国的法律体系，将成为长期横亘在美俄关系间的一道严重障碍。美国与俄罗斯在许多地区争夺战略空间的大国博弈从来没有止息，美俄战略利益冲突从根本上来说没有改变。美国力图维护现有国际秩序，俄罗斯希望建立新的国际秩序。俄美关系短期内难以改善，受此影响，俄罗斯与欧盟的关系也难以取得实质性改善。2017年8月4日，欧盟以西门子发电涡轮机被转运至克里米亚为由，增加了对俄制裁的对象。7月28日，俄罗斯迅速进行反击，要求美驻俄使领馆削减工作人员，并从8月1日起停止美国使馆对莫斯科两处房产的使用权。美方则要求俄罗斯在9月2日前关闭驻旧金山总领馆，并缩减其在华盛顿和纽约的外交机构数量。9月2日，俄罗斯位于美国的三处外交设施被迫关闭并遭到美方搜查。轮番升级的俄美外交对等行为，进一步恶化了两国关系。但俄美也没到剑拔弩张的地步，制裁也不是全面制裁，两国仍然保持沟通，特别是在叙利亚、乌克兰、军控、防止大规模杀伤性武器扩散和战略稳定等方面，两国需要进行对话。俄美只有合作才能解决中东反恐和叙利亚问题，目前两国军方在叙利亚行动的联系机制仍在发挥作用。

俄罗斯是一个抗压能力极强的国家。面对西方制裁，俄罗斯加紧实施"进口替代"战略，并取得了一定成效。2016年俄罗斯遏制住了经济下滑的局面，经济只下降了0.2%，2017年俄罗斯经济状况好于预期，7月增速为1.8%，8月为2.3%，2017年全年俄GDP增速为1.5%。有人把俄罗斯等同于我国的广东省，显然不符合实际。俄罗斯仍保持着较高的社会福利水平，并在军事上拥有巨大优势。2017年9月10日在一年一度的"统一投票日"选举中，来自统俄党的候选人在16个联邦主体行政长官选举中全部获胜，他们都是现任或代理行政长官。在6个联邦主体议会共309个议席中，统俄党赢得239个议席。这次选举被认为是 2017 年总统选举的预演。2018 年 3 月 18 日俄罗斯举行总统大选,普京成功连任,未来俄罗斯政治发生根本性改变的可能性不大,俄罗斯与西方的关系在短期内也难以改善, "4.0 版"的普京仍将持续其强硬的外交政策。

中美俄三角关系虽然不像冷战时期中美苏三角关系那样具有相互制约的特点,中俄关系的紧密发展不会影响俄美关系,俄美关系的恶化有其自身的逻辑,中美关系的发展也不受俄美关系的影响。但在国际舞台上,中美俄三角关系也存在一定的互动因素。俄美关系的恶化是促使俄罗斯外交"向东看"的重要因素,中俄在国际舞台上的密切合作与此也有很大关系。与特朗普突出"美国优先"不同,中国领导人提倡与世界各国合作,共同维护现行国际秩序,推动经济全球化向开放、包容、普惠、平衡、共赢方向发展。在这方面,中国的政策主张得到了俄罗斯和欧盟的支持。美国宣布退出联合国应对气候变化的《巴黎协议》后,中国与欧盟一道表示仍坚持落实协议。随着中国实力的增强和国际运筹能力的提高,中国应引导中美俄三角关系朝着有利于实现构建人类命运共同体的方向发展。

三、运筹好中美俄三角关系的对策

世界历史的发展表明,大国关系决定着国际关系发展的方向,也关系着我国的国际环境。中国正前所未有地走近世界舞台中心,习近平提出的构建人类命运共同体、"一带一路"等中国理念、中国方案获得了越来越多的认同。如何运筹好中美俄三角关系,是中国特色大国外交的重要课题。

第一,努力构建加强大国合作的机制

由于冷战是以和平方式结束的,对冷战后的国际秩序无法像一战、二战结束时那样做出安排。经过冷战后 20 多年的发展,国际格局和国际力量对比都发生了巨大变化,但现行的国际机制并未反映这一变化。目前的国际机制有二战结束时建立的,如联合国、世界银行、国际货币基金组织、国际贸易组织等;也有冷战结束以后新建立的,如上海合作组织、金砖国家会晤机

制等；还有 2008 年金融危机之后新建立的，如 G20、亚投行等。这些机制或多或少都存在一些问题，原来西方发达国家主导建立的国际组织，没有反映新兴国家崛起的实际，新兴国家不满意，而在像 WTO 这样的组织里，由于发展中国家发挥着重要作用，西方发达国家又不满意，难以达成协议。目前构建一个反映当今世界战略力量对比的新型机制具有可能性和可行性。

创新大国关系互动的新模式。习近平主席在 2015 年访美时指出："中国是现行国际体系的参与者、建设者、贡献者，同时也是受益者。改革和完善现行国际体系，不意味着另起炉灶，而是要推动它朝着更加公正合理的方向发展。"现在的重心在后者，即如何推动现有的国际机制进行适应当前国际力量对比新形势的改革。现行国际机制的基础是雅尔塔会议所确定的大国合作主宰世界的原则，相应的安排就是安理会常任理事国机制。在联合国对一些问题进行表决时，经常形成中俄对美英法的局面。从构建以合作共赢为核心的新型国际关系理念出发，我们有必要倡导建立安理会五大国利益协调的机制，既要避免中美之间形成全方位的对抗，也要避免俄美之间对抗持续，还要防止形成以中俄为一方和以美欧为另一方的集团之间的对抗。此外，联合国安理会五个常任理事国美、英、法、俄和中国对各项重大决议的垄断，也引起了不少国家的不满，影响着联合国作用的发挥，我们有必要使更具代表性的 G20 从论坛变成全球治理的机制，在这个机构中发展中国家居于多数，更有利于形成对我有利的局面。总之，在全球治理层面，我国需要更多与其他国家合作，共商大计。

第二，运筹好中美俄大三角关系的举措

中美关系的重心在经济关系和全球治理的博弈上，俄美关系的重心在政治与军事的影响争夺上，影响着国际社会的安全环境，中俄关系是全方位的合作关系，但目前重心仍在政治上。我们要引导中美俄大三角形成良性互动的关系。在经济实力中，美、中两国居前两位，俄罗斯虽然经济体量同世界经济大国相去甚远，但它幅员辽阔，资源丰富，同美国并列最大的核武器国家，又善于运用军事和外交手腕，积极活跃在国际舞台上，仍是一个具有世界影响的大国（历史上俄国—苏联的大国地位也不是靠经济来维系的）。中美俄都是安理会常任理事国，没有这三个国家的合作，很难解决世界上的任何问题。中美俄三国之间的互动和较量，已经显示了未来大国战略博弈的轮廓，形成了新的大三角关系。这一大三角关系不同于冷战时期，不是零和游戏的关系。纵横捭阖地运筹中美俄大三角关系、促进全球战略稳定，关乎我国的战略环境。

美国军力独步全球，又掌握了国际话语权，盟国及友邦遍布全球，我们在处理对美关系上要谨慎行事，不要以为美国在"退守"，我们可以逆势而上。在大三角关系中，从战略谋划的角度看，中美关系仍是重中之重。中国尽管处于上升势头，但面对美国超强的政治、经济、军事、外交和同盟实力，应吸取德国、日本、苏联的教训，不可与之争锋。中美两国在发展经济、打击恐怖主义、防止武器扩散、反跨国犯罪、防止疫情扩散等诸多领域存在共同利益，特别是中美两国经济互补性强，各领域往来十分频繁，呈现了"你中有我，我中有你"的局面。在全球化不断加深的今天，相互依赖已经成为现实，低级政治领域的合作同样能够为高级政治领域的合作创造条件。目前美国对中国崛起的立场仍是"防"而不是"抗"，可以诉诸对话解决问题，以两手对两手。美国在国际上依然面临多方挑战，诸如增兵阿富汗、朝核危机凸显、伊斯兰极端势力挑衅以及与俄罗斯关系恶化等更具紧迫性，相对而言，中美矛盾属于可控范畴，现实的国际环境为中美两国改善关系提供了可能性。在一定意义上可以说，中美关系决定着世界格局的未来，未来亚太安全机制建立的关键也在于中美双方要有真正的战略协调，中美只能寻求共识追求双赢，俄罗斯是助推中美合作的力量，要防止俄美关系恶化影响中美关系的发展。

在发展中俄关系上，我们要坚持"不结盟、不对抗、不针对第三方"的"结伴而不结盟"的原则，加强与俄罗斯背靠背的关系，互为依重，共抗强权，但中俄也应保持一定的距离，有关中俄结盟的主张完全不适合当今的实际。现在的国际关系已经不像冷战时期那样仅仅是地缘政治的竞争，在经济联系日益紧密、人文文化交流日益发展、共同应对全球性挑战的需求日益增多的时代背景下，今天的中美关系虽然存在竞争，但与当年的美苏关系性质完全不同，不再是以结成军事同盟的方式进行全面竞争与敌对的关系。中国正在日益走近世界舞台的中心，中国的利益和影响范围越来越广，要求中国坚定地奉行独立自主的外交政策和方针，把中俄关系置于中国外交全局中加以考虑，既要稳步推进中俄关系的可持续发展，也要注意其关系发展的程度，不要给中国发展与美国的关系带来消极影响，更不要被俄罗斯纳入其与西方对抗的轨道。

第三，防止美国和西方其他国家结成推行"公平贸易"的联盟

在中美经贸关系发展中，特朗普强调中国没有"公平"对待美国，美国努力与欧盟国家联合向中国施压。2016 年杭州 G20 峰会针对贸易投资保护主义有所抬头的局面，在中国的努力之下，各国凝聚共识，承诺重振国际贸易和投资这两大引擎的作用，构建开放型世界经济，重申反对任何形式的贸易和投资保护主义。捍卫"自由贸易"的理念是杭州峰会的主基调，但到了2017 年汉堡峰会，"公平贸易"开始占据上风。《汉堡峰会公报》指出，二十国集团将保持市场开放，继续抵制包括不公平贸易行为等在内的贸易保护主义，努力确保公平的竞争环境，尤其是提升贸易与投资的有利环境，并且进一步确认了透明度以及互利互惠贸易关系的重要性。《公报》一方面坚持反对保护主义，但同时认为不公平贸易措施也是保护主义，认可相关合法的贸易防御措施的作用。作为东道主的德国总理默克尔在 G20 峰会结束后的新闻发布会上表示，各与会国一致认为，必须保持市场的开放性，反对保护主义，也反对不正当的贸易行为。默克尔强调各国对等、双向开放市场和投资，这与特朗普所要求的"公平贸易"并无二致。特朗普政府上任以来，多次强调在贸易中"我们没有得到公平对待"。2017 年 7 月 17 日，美国贸易谈判代表发布了北美自贸协定（NAFTA）谈判目标文件，阐述了寻求改变现有协定的一系列领域，明确表示"公平贸易"的目标就是消除"不公平的补贴、国有企业的市场扭曲行为，及对知识产权限制"，并要采取措施促进市场准入更加"对等"。这体现了美国"公平贸易"背后的利益诉求，就是要保证美国企业对全球任何市场的"自由进入"。随着近年来中国对欧洲企业，特别是对德国企业并购的增多，德国政府也开始对来自中国的投资充满疑虑。

2017 年 7 月 12 日，德国经济部正式通过了关于《德国对外经济条例》的第九次修正案，扩大了政府否决外资收购的权力，意在防止本国具有战略重要性的企业出售给外国投资者。德国经济部长齐普里斯（Brigitte Zypries）表示，德国企业经常被迫与来自"经济体系不如我们开放"的国家的企业竞争。新指令规定的举措将"确保更多互惠"。

西方发达国家推行的"公平贸易"，实质上是要求我们按照它们的标准开放市场，对此，我们要未雨绸缪，做好理论和政策上的应对准备。在策略上，我们要通过分化其内部的共同利益，使西方各国在对华贸易投资领域的政策上不能形成共同的政策目标与外交合力。我们不能对西方国家以"公平贸易"为旗帜的保护政策"全线出击"，要"重点突破"，欧洲是一个可能的突破口，切入点是中欧双边投资协定。中美和中欧之间正在进行双边投资协定谈判，美欧之间在试图重启 TTIP，这三个同时进行的谈判将决定中美欧大三角的权力关系以及未来的全球经济格局。相比美国，欧洲对中国的"战略恶意"和地缘政治考量要弱一些，如果中欧能先一步达成双边投资协议，可以大大缓解来自欧洲的压力，会促使欧洲逐渐成为中美博弈的"旁观者"甚至是"调解者"，并起到示范作用，还会对美国等其他西方国家产生压力。因此，有必要重新审视中欧双边投资协定的谈判清单，厘清哪些方面必须坚持，哪些方面可以让步，加快其进程。

第四，重视发展与周边次大国的关系

中国周边环境比其他大国复杂，处理好与那些次大国的关系也很重要。近年来，围绕中日、中韩政治关系出现的问题，我国国民抵制日货、韩货，围堵其企业的事件屡有发生，影响了中国与这两个东北亚重要国家关系的发展，促使它们更紧密地与美国站在了一起。我们要伺机改变这种情况，不应把经济贸易关系与政治牵扯在一起，应该就事论事，打造与之的命运共同体。安倍出席中国驻日本使馆举行的国庆招待会，表明其有意改善对华关系，我们要更大度一些，积极鼓励，使中日关系回归正常。作为世界第三大经济体和有影响力的国家，日本要成为正常国家。在东北亚，中日韩的经济总量超过美国，在中国改革开放的进程中，日本和韩国都曾发挥重要作用，如果中日韩三国能够在经济上顺利推进一体化进程，无疑对三国均有利。

要重视发展与印度的关系。印度的理想是做大国，在冷战时期印度奉行的是不结盟政策。为了制衡中国，冷战时期印度与苏联形成了特殊关系，这一关系一直延续至今。近年来，美国和日本不断加强与印度的关系，其针对中国的意图也很明显。化印度这个消极因素为积极因素，我们需要大国智慧。首先，要尊重印度对自身利益的诉求，承认其也是一个大国。第二，要在发展与印度、巴基斯坦的关系时，注意平衡。第三，扩大与印度的共同利益，吸引其参与我国提倡的"一带一路"建设。第四，在金砖国家和上合组织的框架下，与印度一道共同促进这两个多边合作机制的发展。第五，妥善处理好边界争端，管控分歧，不能发生军事冲突。在发展与日本、韩国、印度的关系时，对于那些大肆发泄民族主义情绪、耀武扬威的国民要进行约束，需要加强对他们的教育和引导，为发展与这些国家的关系创造良好的舆论环境和民意基础。

第五，做好本国自己的事仍是关键

中国正在走近世界舞台的中心，国际社会对我国的期待增强，希望我们更多地承担国际责任。中国确实是负责任的大国，承担了应该承担的责任。但在内政与外交的关系上，不能像俄罗斯那样，内政为外交服务，一定是外交为内政服务，工作重心要始终放在国内。我们要努力化解以往经济蓬勃发展时期累积下来的社会矛盾，消化不稳定因素，而不能靠强力维护稳定。当前我国面临美日欧在多方面的挑战，周边热点问题多，化解这些挑战最根本的是不断充实本国的综合国力，特别是要不断提高本国人民的生活水平和幸福指数，真正让民众安居乐业。特朗普之所以要"收缩"，重要原因是冷战结束后美国扩张过度，影响了弱势群体的生活，引起了民众对精英的反感。承担世界责任，一定是能使自己致富而不是变穷，透支是不能持久的。与其他大国相比，我国政策延续性和执行力都要略胜一筹，这是我们的优势。在未来大国战略博弈中，只要我们顺势而为，不逆势而上，时间对我们有利。

从"利益攸关方"到"战略竞争者"：
霸权衰落下的中美关系

中央党校国际战略研究院 梁亚滨

中美关系一直是中国对外关系中的重中之重。两国关系的好坏也直接影响着中国对外决策和战略。进入新世纪以来，中美关系跌宕起伏，接连发生一系列对峙事件，例如南海撞机事件（2001）、小鹰号事件（2008）、无暇号事件（2009）、考本斯号事件（2013）等。美国对华定位和战略也悄然经历了一系列变化。小布什政府最开始将中国视为"战略竞争者"，后来改为"利益攸关方"（Stakeholder）。奥巴马政府时期对华曾提出"战略再保证"的要求，在第二任期正式推出"亚太再平衡"。2017年12月18日，特朗普总统任内首份《国家安全战略报告》正式出炉，在提出"以实力促和平"的大概念之下，将中国视作"战略竞争者"、"竞争对手"和"修正主义者"。这种转变与美国霸权衰落紧密相连，是美国为了延续霸权而采取的应对策略。不同之处在于，过去美国政府对华政策基本上是接触与防范并举的"两面下注"，而特朗普政府则明确提高了对抗的调门。

一、新世纪以来美国历届政府对华战略定位与演变

2001年乔治·沃克·布什总统上任，一改克林顿政府的接触战略，认为克林顿政府在推行绥靖政策，进而将中国定义为"战略竞争者"（Strategic competitor）。国际关系中的"战略竞争者"简单来讲就是指特定国家为了实

现各自的最高国家利益和目标，综合运用政治、经济、文化和军事等手段，在国家战略层次进行攀比和你追我赶的状态。[1]这也意味着，美国开始将中国当作防范或者打击的对手。然而，小布什政府针对中国"战略竞争者"的认知并未明显地体现在国家政策的实施层面，最主要的原因在于"9·11"事件使恐怖主义成为美国的头号敌人，美国在全球反恐战争中需要中国的支持和合作。进入第二任期后，布什已经认识到中美两国是"错综复杂而重要"的关系，因此开始重新考虑对华战略定位。2005年9月美国国务卿佐利克就中美关系发表演讲时提到："美国和中国是国际体系中两个重要的利益攸关的参与者。"[2]他将中国视为"利益攸关方"的讲话立刻引起学界关注。所谓"利益攸关方"，用佐利克自己的话解释就是：美国"在政策方面需要看得更远一些"，即美国现行与中国"接触"的政策应该向前延伸，覆盖更多领域。既然"利益攸关"，双方就应该共同担负国际关系领域中的权利义务，例如安全、防扩散、东北亚和伊朗核问题等。

　　奥巴马政府认为中美在共同刺激全球经济恢复、全球气候变暖、朝鲜和伊朗核问题、稳定阿富汗和巴基斯坦等问题上存在广泛的合作，并且取得了令人瞩目的成就，但也同样在某些问题上对中国存有忧虑，例如中国的军事透明问题、战略核武器的现代化问题、中国不断增强的外太空打击能力和网络空间攻击能力，以及台海问题和频频发生纠纷的中国专属经济区领海问题。[3]2009年11月奥巴马总统访华期间，中美两国共同发表的《中美联合声明》对"战略再保证"（strategic reassurance）做出了回应，从两国关系，建立与深化战略互信，经济合作与全球复苏，地区及全球性挑战，气候变化、能源

---

[1] 孙建社：《对布什上台后中美关系的认识》，《国际论坛》2002年第1期，第26页。

[2] 《佐利克主张中国是"利益攸关方"》，http://news.sina.com.cn/w/2007-05-31/025511927341s.shtml.

[3] Dan Blumenthal, "China in Obama's World", *Far Eastern Economic Review*，172(10), 2009, December, pp. 40-43. Retrieved March 15, 2010, from ABI/INFORM Global. (Document ID: 1924750201).

与环境五大方面，重述两国的各种共识及关系发展与合作的目标。《联合声明》写道："双方认为，培育和深化双边战略互信对新时期中美关系发展至关重要。在双方讨论中，中方表示，中国始终不渝走和平发展道路，始终不渝奉行互利共赢的开放战略，致力于推动建立持久和平、共同繁荣的和谐世界。美方重申，美方欢迎一个强大、繁荣、成功、在国际事务中发挥更大作用的中国。"[1]如何应对一个实力不断壮大的中国，成为奥巴马政府对外政策重要考量之一。在该背景下，美国提出"重返亚太"，实施"再平衡"战略。2012年1月，奥巴马在第一任期即将结束、能否连任实现第二任期尚不明确的情况下，制定出台了新版安全战略《维持美国的全球领导地位——21世纪国防的优先任务》，夯实并最终确立了"战略东移"的大构想。在该安全战略报告的扉页上，奥巴马总统开篇第一句就指出："我们的国家正处于转折点。"该报告认为从西太平洋和东亚地区直到印度洋和南亚地区的发展与稳定与美国的经济和安全息息相关，因此，美国有必要对该地区实施"再平衡"战略，增强美国在该地区的存在，成为亚太安全的维护者。报告认为，亚太地区的和平、稳定、商品自由流动以及美国的影响力取决于美国在该地区的军事存在和打击能力。为了实现该目标，美国一方面认为亚太地区的盟友和关键伙伴是维护该地区稳定和发展的关键，另外一方面同时希望增强与该地区的新兴崛起国家之间的互动，以便形成维护共同利益的集体能力。该报告明确指出："中国作为地区强国的崛起具有从各方面影响（Affect）美国经济和安全的潜力。"[2]因此，中国学界和媒体界普遍将美国"再平衡"战略解读为针对中国。从此，"再平衡"成为奥巴马政府第二任期对外政策的代名词。中美关系也随之进入了一个相对动荡时期。美国不但在地缘政治领域加强对第二岛链的军事投

---

[1]《联合早报：中美联合声明体现战略互信》，转载于中国评论新闻网，http://cn.chinareviewnews.com/doc/1011/4/0/4/101140442.html?coluid=70&kindid=1853&docid=101140442&mdate=1118160010.

[2] "Sustaining U.S. Global Leadership: Priorities For 21st Century Defense,"Department of Defense, January 2012, p.2, http://www.defense.gov/news/Defense_Strategic_Guidance.pdf.

入，例如在关岛和澳大利亚达尔文港增加军事部署，而且经济上高调推销"跨太平洋伙伴关系"（TPP）和"跨大西洋贸易与投资伙伴关系"（TTIP），试图在经济上削弱中国在地区一体化当中不断崛起的主导地位，重新稳固美国与同盟国、伙伴国之间全面的政治、军事与经济关系。在这期间，中国与周边邻国关系也出现了微妙的变化，与日本、菲律宾、越南等国先后发生较为严重的海上军事对峙以及外交斗争。与此同时，中美网络空间的斗争也日趋严重，成为影响两国关系的一个新问题领域。即便如此，两国依然保持着斗而不破的默契，甚至在一些具体领域实现形式上的合作。2016 年 G20 杭州峰会前夜，奥巴马总统与习近平主席共同宣布签署旨在应对全球气候变化问题的《巴黎协定》。

2016 年，共和党总统候选人赢得美国新一届总统大选，震惊了整个世界，也给中美关系的未来发展带来巨大的阴影。特朗普在竞选期间的涉华言论，总体上充满进攻性。然而自上台以来，特朗普似乎大大收敛了自己的极端个性，特别是在对华关系上，总体上保持了积极稳定的基调，特别是实现了两国领导人的互访。无论如何，这对两国关系都是一个非常积极的信号。但是，这并不代表中美关系的发展一帆风顺。事实上，特朗普政府的对华战略已经在慢慢揭示。2017 年 12 月 18 日，美国白宫公布了总统特朗普任内首份国家安全战略报告。报告高度突出大国竞争，对中国的定位更趋消极，虽然也谈到"美国愿意与中俄在多个拥有共同利益的领域合作"，但更多的用词是竞争者（Competitor），甚至对手（Rival），特别是把中国和俄国定义为"修正主义者"，与流氓国家伊朗和朝鲜以及跨国恐怖主义组织共同构成美国及其盟友的三大主要挑战。特朗普指出："几十年来，美国的政策源于这样一种信念，即支持中国的崛起和将其纳入战后国际秩序最终将实现中国的自由化。然而与我们的希望相反，中国以牺牲其他国家主权的方式扩张其权力。"[1]

---

[1] Donald Trump, President of the United States of America, *National Security Strategy of the United States of America*, White House, Dec 18, 2017, p.25.

这与克林顿在 20 世纪的对华定位相比发生了剧烈的变化。尽管我们尚不知道特朗普政府将如何以及能否实施其安全战略，但是单就该安全战略报告的对华定位和基调来看，与其竞选期间的涉华言论基本保持了一致，充满进攻性。

回顾进入新世纪以来美国对华定位，表面体现了美国不同政府下的对华认知不同，背后却反映出中美两国的实力地位，特别是在国际舞台上的地位变化。这种变化一方面增强了中国的自信，更加积极奋发有为地参与全球治理，另一方面也增加了美国的焦虑，即如何应对一个不断强大的中国。

二、美国霸权衰落和中国的崛起

国际舞台上的竞争是国家实力的竞争，美国对华政策的调整实际上显示了中美两国实力的变化，与美国霸权衰落紧密相连，是美国为了延续霸权的手段。现实主义认为无政府状态是国际体系的本质特征。当国际体系中某个国家脱颖而出，拥有能够主导和制定国际政治经济运行的国际规则和秩序的优势时，便成为霸权国。[1]在霸权体系下，霸权国建立有利于自己的世界霸权，拥有并行使世界领导权。二战以来的国际体系是一个以美国为核心的霸权体系，美国的霸权地位已经延续了半个多世纪。苏联解体和冷战结束，不仅使美国成为唯一的超级大国，而且使美国在二战后主导建立的一系列国际制度和规制迅速覆盖全球，成为维护该霸权体制的制度性保证。美国霸权一度空前稳固。然而，霸权并没有改变国际体系的无政府状态性质，霸权国和世界领导权的更替在历史上呈现出某种周期性的现象。自 20 世纪 70 年代以来，有关美国霸权衰落的声音就不绝于耳。

就目前来看，美国霸权衰落并不是绝对衰落，而是一种相对衰落。一方

---

[1] Ethan B. Kapstein and Michael Mastanduno, *Unipolar Politics*, Columbia, 1999; Mark Rupert, *Producing Hegemony: The Politics of Mass Production and American Global Power*, NY: Cambridge, 1995; Lea Brilmayer, *American Hegemony: Political Morality in a One-Superpower World,* Yale, 1994; David P. Rapkin, ed. *World Leadership and Hegemony*, Boulder, CO: Lynne Rienner, 1990.

面，美国依然是世界上最强大的国家，在政治、经济、军事、科技、文化等各方面领先世界；但另一方面随着其他国家和地区的崛起，例如欧盟、日本、中国等，美国的超强优势地位相对下降。美国霸权相对下降的原因有四：第一，经济全球化加快了新技术的扩散和传播，所以对于新兴国家来说赶超美国的时间被大大缩短。美国能够攫取霸权关键在于其在制造业方面的技术革新，这使得美国从其他国家中脱颖而出，成为霸权。但是这种制造优势并不能永远维持，随着技术的扩散，世界上其他国家早晚会迎头赶上，因此霸权国就衰落了。[1] 从 1870 年到 1950 年，美国劳动生产率快速增长，而且作为领先者与其他国家的差距逐步增大，这是美国霸权得以建立的根本保证。但是在 1950–1987 年间，在生产率方面，十五个发达工业国对美国的"赶超"速度平均每年达到 1.8%，虽然 1973 年以后速度下降到 1.31%，但毫无疑问美国与其他发达国家在劳动生产率方面的差距在逐渐缩小（表 1）。冷战以

表 1　十五个发达国家的劳动生产率相对于美国的水平

平均总量 美国 =100		赶超速度（% 每年）	
1870	62	1973–1913	−0.35
1913	54	1913–1938	−0.30
1938	50	1938–1950	−1.15
1950	43	1950–1973	+1.82
1960	49	1950–1960	+1.28
1973	66	1960–1973	+2.24
1987	79	1973–1987	+1.31

十五个发达国家为西欧的比利时、丹麦、法国、德国、意大利、荷兰、挪威、瑞典、瑞士、英国、奥地利、芬兰，以及日本、澳大利亚、加拿大。

数据来源：Angus Maddison, *Dynamic forces in capitalist development: a long-run comparative view*, Oxford and New York: Oxford University Press, c1991, Table C11.

---

[1] Robert E. Harkavy, "Images of the Coming International System,"*Orbis*, Fall, 1977, p.582; Nicole Bousquet, "From Hegemony to Competition : Cycles of the Core?", in Terence Hopkins and Immanuel Wallerstein eds., *Processes of the World-System*, California : Sage, 1980, pp. 46-83.

后信息化和全球化的发展，美国正在逐渐失去在制造业和国际贸易领域的绝对优势。虽然尚未有数据证明美国的劳动生产率已经被其他国家超过，但之前的发展趋势和近年来美国不断扩大的巨额贸易逆差已经反映出美国经济竞争力的相对下降。自 20 世纪 70 年代中期开始，美国的贸易赤字不断扩大，2006 年达到顶峰 7603.59 亿美元，尽管随后由于金融危机爆发导致国内需求下降从而带来贸易赤字下降，2009 年降到不足 4000 亿美元，但随后又开始持续增加。美国商务部数据显示，2016 年美国全年贸易逆差达到 5023 亿美元，创 2012 年以来年度逆差新高。

虽然美国依然在高科技、武器制造等高端领域保持世界领先地位，但因为出于安全考虑，并不愿意卖给一些国家，所以该优势并不必然转换成贸易优势，也因此无法改变美国经济竞争力相对下降的趋势。这是美国霸权衰落的根本原因。虽然美国正在通过显示武力来维持其超级地位，但失去经济基础支持的霸权是无法长久的。[1]

第二，随着美国由实物经济转向虚拟经济，在数十年的国际贸易中积累起巨额外债，极大侵蚀了美国的国家信用。公共债务占其国内生产总值的比例已经从 20 世纪 80 年代的 30% 飞涨到 2016 年的 76.5%。特别值得一提的是，此处所说的公共债务是指美国财政部发行且被外国政府、企业或者个人等持有的各种金融债券，不包括美国各州之间发行的债权。如果再加上这部分债务，那么公共债务还将增加三分之一，总数超过 GDP 总量。[2] 彼得森国际经济研究所的研究报告预测，美国的国际经济地位即将急剧恶化，到 2030 年其经常项目账户的赤字占国内生产总值的比例将从现在的 6% 上升到 15%，每年将超过 5 万亿美元，净债务将从今天的 3.5 万亿美元增长到 50 万亿美元，相当

---

[1] Richard B. Du Boff, "U.S. Hegemony: Continuing Decline, Enduring Danger," *Monthly Review*, New York: Dec 2003. Vol. 55, Iss. 7; pp. 1-15.

[2] 根据美国经济分析局（Bureau of Economic Analysis）数据计算得出，参见 http://www.bea. gov/。

于国内生产总值的 140%。届时，美国每年将不得不把 7% 的经济产值用来支付外债。[1] 理论上来说，持续数十年的贸易逆差逐渐将美国推向破产。这是美国霸权衰落的内部因素。次贷危机爆发引发的全球金融危机已经将美国霸权的虚弱性表露无遗，美国一向引以为自豪的金融制度越来越受到怀疑，这可以视作美国霸权衰落的重要标志之一。与此同时，美元作为世界储备货币的地位也在逐渐下降，从历史上占世界全部储备 70% 以上的地位下降到 2017 年的 63.5%。而欧元自 1999 年问世以来，占世界储备总额的比例则逐年增加，从最初的 13.86% 上升到 31.55%。[2] 作为世界储备货币，欧元正在逐渐挤压美元的空间，成为仅次于美元的世界储备货币和国际贸易清算手段。

第三，美国依然过多地卷入世界纠纷，特别是频繁的对外军事干预给美国造成了巨大的财政和军事负担。自 9·11 以来，美军在伊拉克和阿富汗的战争已经持续十年之久，花费了 9440 亿美元。[3] 美国国会通过的 2010 年的国防拨款显示，其中用于伊拉克和阿富汗战争的费用达到 1390 亿美元，累计 1.08 万亿美元。[4] 约瑟夫·奈曾一度认为美国霸权没有衰落，因为从软实力角度来看，美国依然在领导世界，尽管其硬实力确实相对有所下降。[5] 然而，

[1] C. Fred Bergsten, "The Dollar and the Deficits: How Washington Can Prevent the Next Crisis," *Foreign Affairs*, Volume 88 No. 6, November/December 2009. Retrieved January 21, 2010, from Peterson Institute for International Economics, http://www.petersoninstitute.org/publications/papers/paper.cfm?ResearchID=1312.

[2] 数据截止于 2017 年第三季度，来源于：International Monetary Fund, "Currency Composition of Official Foreign Exchange Reserves", http://data.imf.org/?sk=E6A5F467-C14B-4AA8-9F6D-5A09EC4E62A4.

[3] 其中 72% 用于伊拉克，24% 用于阿富汗，3% 用于增强安全措施，1% 尚未分配。

[4] 数字来源：Amy Belasco, Specialist in U.S. Defense Policy and Budg, *The Cost of Iraq, Afghanistan, and Other Global War on Terror Operations Since 9/11*, CRS Report for Congress：Prepared for Members and Committees of Congress，p. 2, in Congressional Research Service, Federation American Scientist website, http://www.fas.org/sgp/crs/natsec/RL33110.pdf.

[5] Joseph S. Nye, Jr. ,"Soft Power," *Foreign Policy*, Issue 80, Fall, 1990, pp153-171 ;"The Changing Nature of World Power," *Political Science Quarterly*,Vol1105, No.12, 1990, pp.177 - 192; *Bound to Lead : The Changing Nature of American Power*, New York: Basic Books, 1990, p.261.

随着伊拉克和阿富汗战争在全球引起的争议逐渐发酵，奈也开始认为美国的软实力也在下降。[1]

最后，美国霸权越来越受到来自诸如日本、欧盟和中国等国家和地区的挑战。二战后，日本和欧洲令人震惊的经济恢复和发展速度，对美国的优势地位形成了巨大的挑战。在很多国际问题上，作为霸权国的美国必须考虑其他国家的利益，并与之博弈，而且也越来越需要其他大国的支持。一大批发展中国家群体性崛起和以美国为首的西方发达资本主义国家实力相对下降，成为 21 世纪初的鲜明特色。就目前来看，对美国霸权造成最大冲击的国家是中国。中国作为世界上最大的发展中国家快速崛起，而作为霸权国的美国实力相对下降，两国之间的实力越来越接近。

2016 年中国国内生产总值超过 11 万亿美元，继美国之后第二个跻身超 10 万亿美元经济体俱乐部，超过同期美国国内生产总值 18.6 万亿美元的 60%。自 2012 年中国经济实力首次超过美国的一半以来，中美两国经济实力再次快速接近。即使按照国民生产总值（GNP）来算，中国的国民生产总值也已经超过美国的一半。[2] 从人均来看， 中国按照世界银行的标准目前已经成为上中等收入国家。[3] 此外，根据 IHS 环球透视的研究报告，早在 2010 年中国就已经取代美国成为世界上最大的制造业生产国，终结了美国占据 110 年的霸主地位。[4]2010 年中国的制造业产值达到 1.995 万亿美元，占全球份额的 19.8%，超过美国的 1.952 万亿美元，其份额也下降到 19.4%。在 2008–

---

[1] Joseph S. Nye, Jr., "The Decline of America's Soft Power," *Foreign Affairs*, New York: May/June 2004, Vol. 83, Iss. 3; p. 16.

[2] 2013 年中国国民生产总值达到 8.9 万亿美元，占同期美国 16.9 万亿美元的 52.68%。数据来自世界银行，GNI, Atlas method (current US$) , http://data.worldbank.org/indicator/NY.GNP.ATLS. CD/countries.

[3] 2012 年中国人均 GDP 已经达到 6100 美元，人均 GNP 也达到 5680 美元。数据来源于世界银行，http://data.worldbank.org/country/china.

[4] "China Tops U.S. in Manufacturing,"*Industrial Week*, Mar. 14, 2011, http://www.industryweek. com/global-economy/china-tops-us-manufacturing.

2010 年间，中国的制造业年均增长速度达到了惊人的 20.2%，而同期美国和日本分别只有 1.8% 和 4.25%。[1] 与 1978 年相比，中国经济总量至少翻了两番以上。作为世界第二大贸易国，中国长期保持巨额贸易盈余，外汇储备也急剧增长，2015 年曾接近 4 万亿美元，连续数年是世界上最大的债权国。[2] 作为世界最主要的生产中心之一，中国已经成为世界原材料和能源的最主要的消费市场。

三、美对华政策调整背后的中美博弈

尽管中美两国间存在着广泛的合作空间，但两国的国家利益、行为目的和方式都存在着诸多矛盾，进行着广泛而激烈的博弈。

第一，中美两国目前最明显最迫切的博弈主要集中在经贸领域。中美之间的巨额贸易逆差问题是历届美国政府的重要关注之一，因此引出中国的金融和外汇管制问题。美方认为中国政府对本国汇率的人为干预和操作不但违反国际货币基金组织的规章制度，而且严重危害世界经济稳定和美元的主导地位。[3] 自 1973 年美国宣布放弃美元与黄金挂钩，实行浮动汇率以来，美国经济就逐渐从实物经济转向虚拟经济，发明一系列金融产品和衍生品，通过大规模的金融操纵在全世界攫取利益。美国通过战后建立的一系列制度性安排，例如国际货币基金组织、世界银行等，利用政治和经济手段，将美元资本输送到全世界，打造以美国为金字塔尖的世界金融帝国，通过不断通货膨胀的"绿色纸片"换取新兴国家的发展红利、商品和劳务。在美国实物经济

---

[1] "China Tops U.S. in Manufacturing,"*Industrial Week*, Mar. 14, 2011, http://www.industryweek.com/global-economy/china-tops-us-manufacturing.

[2] 数据来源于国际外汇管理局：《中国外汇储备–2009 年》，http://www.safe.gov.cn/model_safe/tjsj/tjsj_list.jsp?id=5&ID=110400000000000000.

[3] C Fred Bergsten, "A Partnership of Equals: How Washington Should Respond to China's Economic Challenge," *Foreign Affairs*, New York: Jul/Aug 2008. Vol. 87, Iss. 4; pp. 57-69. Retrieved January 21, 2010, from ABI/INFORM Global. (Document ID: 1495471601)

衰退的情况下，中国政府增持美元债券已经成为美国政府用来弥补财政赤字的重要来源，因此，说服中国开放金融市场，实现汇率自由浮动和资本自由流动，并继续购买美国债券成为美国政府的重要任务。美国希望将中国纳入当前自由开放的国际金融体系，成为维护该体系的一员。然而美元泛滥和自由开放的金融市场也同时助长了投机行为，带来全球金融市场的动荡不安。中国担心完全融入该体系会破坏本国的金融稳定和健康发展。

特朗普总统的国家安全战略报告反映出美国对华贸易强烈不满的氛围。与过去美国政府相比，特朗普政府在强调经贸关系互惠的同时，更加强调"公平"（fair）。换句话说，美国不再满足于合作所产生的"绝对获益"，而是开始强调合作产生的"相对获益"，看对方和己方获益谁多谁少。美国对华贸易的长期逆差，在美国很多地方引发强烈的不满，这种声音通过国会议员正在国会山集聚发酵。特朗普的胜选鼓舞了对华持强硬态度的经济界声音。近年来，中国投资环境变化引发美国商界忧虑和不满。作为美国对华投资最具权威和影响力的中国美国商会的年度报告显示，77% 的受访企业表示与以往相比，外资企业在中国的受欢迎程度正在不断降低。增长放缓、投入成本上升以及持续存在的市场限制（无论是成文的措施或是非正式的做法）对外资企业在中国的投资决策影响越来越大。外国投资者感到中国的投资环境差强人意。尽管有着巨大的市场增长机会和扩大的投资，许多外商投资企业感觉正面临不公平待遇，并被挤出市场。[1] 同时中国政府在国内政策上的"泛安全化"引发诸多不满和疑虑。2015 年，中国政府设置了一整套具有深远影响且涉及领域广泛的国家安全和网络安全保障体系。美国商人认为这套体系可能在某种程度上会被用来实施歧视性经济政策或束缚他们在中国开展经营的能力。即便是存在成文法律、法规或条约，中国在实践中也不会遵守。《国家安全法》中对于国家安全的宽泛定义也与投资审查的国际准则不符。这令

---

[1] "2017 Business Climate Survey", AmCham China, https://www.amchamchina.org/policy-advocacy/business-climate-survey/.

外界对于中国今后能否践行拟议的《中美双边投资协定》以及正与欧盟谈判的综合投资协定中向外资开放市场的承诺产生怀疑。外资企业担心草案条款缺乏明确的标准和适用范围来限定适用该条款的企业，缺乏与全球网络安全标准和认证的整合，并提出数据本地化的要求可能被用作区别对待外商投资企业的手段。中国的网络安全审查，旨在限制对某些数据的访问，数据本地化政策使得外国企业无法继续使用其现有的 IT 供应商和基础设施，从而导致成本增加。要求外国企业向中国主管机构交出源代码及加密算法等关键技术，大幅增加了外国企业在中国的生产和研究设施。这类政策给外国 IT 企业在中国的投资制造了障碍，使其处于压倒性的劣势，并给大多数外资银行造成难以承受的成本负担。由于萨德入韩引发的中韩关系交恶，中国对韩国实施了非公开经济制裁，使诸多韩国在华投资企业损失巨大。因此，美国商界担心，未来中国会继续采用这种手段来实施对美国企业的惩罚。

第二，中国周边地区成为中美两国战略博弈的重要战场。这里既是中国进一步寻求发展、走向世界的战略依托，也是美国遏制中国、维持全球霸权的重要支点。中国经济的腾飞使中国拥有了影响世界经济的巨大权力，国际权力格局也在悄然变化。尽管当前这种变化并未彻底改变美国作为唯一超级大国的地位，但世界多极化作为一种发展趋势已成为历史潮流。当前的金融危机加快了这种多极化趋势，国际制度和国际体系都在经历着深刻的变革。[1]中国积极寻求与周边国家建立双边和地区贸易协定，例如"上海合作组织""东盟 +3"（中国、日本、韩国），加大对周边国家的投资，依靠软实力逐步扩大中国的地区影响力。例如在东南亚地区，虽然美元依然是该地区最主要的

---

[1] 房乐宪：《全球化背景下的多极体系权力变迁》，载《中国人民大学学报》2009 年第 4 期，第 120-127 页；崔立如：《全球化时代与国际秩序转变》，载《现代国际关系》2009 年第 4 期，第 1-2 页；秦亚青：《国际体系转型以及中国战略机遇期的延续》，载《现代国际关系》2009 年第 4 期，第 35-37 页；宫力：《国际金融危机与国际秩序的变革》，载《现代国际关系》2009 年第 4 期，第 23-24 页；赵晓春：《国际金融危机与国际体系的变迁》，载《现代国际关系》2009 年第 4 期，第 21-23 页。

外汇储备和国际贸易支付手段，但人民币越来越受到追捧，很多国家也开始将人民币作为外汇储备之一。[1] 人民币国际化也成为当前中国学术界和决策界谨慎讨论的话题。[2] 这些建立"东亚共同体"（East Asian Community）的努力，在美国看来目的在于将美国排挤出中国的势力范围，也是对美国倡导的多边主义国际体系的挑战。[3] 因此，美国一方面继续加强在亚洲东部对中国形成的岛链封锁，积极强化与日本、韩国、菲律宾、泰国、新加坡、印度等国的同盟关系，并不断违反中美三个联合公报向中国台湾出售武器，围堵中国走向远洋的出海口；另一方面通过反恐战争和军事合作，将军事触角逐渐伸入中国背后，从西北和西南对中国形成包抄之势，限制中国势力扩张的空间。2001 年的阿富汗战争已经将美国的军队牢牢部署在中国西部。2003 年开始，每三年一次的美蒙 "可汗探索"军事演习，则是历史上第一次将美军军事触角伸向中国北方。蒙古国像一颗钉子钉在上海合作组织的中心地带。西南方向，美国继续加强与印度的军事合作，积极打造 "美印军事同盟"，引诱印度加入美国围堵中国的战略包围中。虽然缅甸尚未成为美国的军事同盟国，但其政权在美国支持下的民主派不断发动的民主运动中已经岌岌可危。此外，人民币在东南亚国家的崛起，给美国霸权造成更加严重的潜在威胁。随着中国

---

[1]《人民币在东南亚成硬通货币》，http://finance.sina.com.cn/money/forex/20071120/09214194428.shtml；刘丁：《人民币崛起东南亚》，载《南方周末》网络版，2008 年 12 月 3 日，http://www.infzm.com/content/20752；刘振冬、李圆：《人民币 "亚元"之路从东南亚开始》，原载《经济参考报》，转载于南方网，2004 年 11 月 8 日，http://www.southcn.com/FINANCE/picture/200411080827.htm.

[2] 刘永刚：《从计价货币到结算货币 人民币国际化迈出第一步》，载《中国经济周刊》2009 年第 27 期，第 54–56 页；张明：《跨境人民币结算避险与发展双重考量》，载《经济研究参考》2009 年第 36 期，第 19–20 页；马荣华：《人民币国际化将是一个漫长的过程》，载《经济研究参考》2009 年第 36 期，第 19 页；王明明：《跨境贸易人民币结算试点——突破和改变》，载《中国金融家》2009 年第 6 期，第 45–47 页。

[3] Willy Lam, "Reassurance or Appeasement?" in *Far Eastern Economic Review*, 172(9), Hong Kong: Nov 2009. Vol. 172, Iss. 9, pp. 13-14. Retrieved March 15, 2010, from ABI/INFORM Global. (Document ID: 1905522011)

与东盟自由贸易区的实现，可以预见人民币必将逐渐走向国际化。这不仅将进一步扩大中国的实力和影响，还会挤压美元在当地的地位，腐蚀美国霸权。无论中国寻求与周边国家建立双边和地区贸易协定是否怀有政治目的，是否有意建立中国领导的排他性东亚区域贸易区，这都已经引起美国和当地国家的警觉。根据瑞典斯德哥尔摩国际和平研究所的统计，在 2005 年到 2009 年期间，越南的武器进口与前五年相比增长了 32.15%，同期印度尼西亚增长 83.4%，新加坡 146%，而马来西亚则增长了 722%。[1] 多家西方媒体报道，军事分析人员认为中国的东南亚邻国加紧购买武器，可能是针对中国军力的崛起。[2] 美国一直是世界上最大的武器出口国，也是东南亚国家重要的武器来源之一。新加坡国际战略研究所的提姆·哈克斯利说，新加坡的主要关切是东南亚力量平衡的变化，因为中国和东南亚邻国之间的力量悬殊，所以一旦双方之间有事，新加坡希望美国能够至少出来斡旋，甚至希望美国直接干预。[3] 相信该观点可以代表大多数对中国怀有疑虑的东南亚国家。

针对中国在亚太地区的实力崛起，美国部分保守派政治人士早就鼓吹美国应当接受"适度的摩擦"（moderate friction）和"竞争性共处"（competitive coexistence），用行动来保护美国的利益，既要避免与中国爆发直接的、大规模的武装冲突，又要通过外交、政治、军事威慑、法律、舆论战等综合性的政策手段，强化和扩展同盟体系来实现联合行动，以提升中国在南海等争端

---

[1] 数据来源：SIPRI Arms Transfers Database, "Importer/exporter TIV tables," http://www.sipri.org/databases/armstransfers.

[2] 前卫：《专家分析：中国的东南亚邻国加紧战备》，http://www1.voanews.com/chinese/news/china/20100315-ARMS-PURCHASES-87669737.html.

[3] Ibid.

地区的政策成本，尽可能地抵消和否定中国在南海问题上的政策收益。[1] 但奥巴马政府持续地降低军费确实对美国的军事实力造成影响，一定程度上削弱了美军的战斗力和威慑能力。事实上，很多美国的战略学家已经对奥巴马政府的"再平衡战略"不满，不过与中国学者的不满相反的是，他们的不满更多集中于该战略的"花架子"上。在竞选期间，特朗普就认为美军国防开支占经济总量的比例处于二战以来的最低水平，希望加大军事方面的投入来重塑美国的军事力量和领导地位。特朗普给中国在南海的活动贴上军事化的标签，并猛烈批评美国政府的不作为。他认为中国在南海岛礁修建军用机场，达到了令人恐惧的地步，对美国的威胁超过伊斯兰国。[2] 特朗普还批评奥巴马政府在朝鲜、伊朗核问题上的无能为力。[3] 在 2016 年 11 月 8 日大选日前一天，美国《外交政策》杂志刊登了特朗普高级顾问亚历山大·格雷（Alexander Gray）和彼得·纳瓦罗（Peter Navarro）的文章《特朗普的亚洲和平观》，批评奥巴马的"亚洲再平衡"不过是一个"拿着小棍儿空喊高调门"（talking loudly but carrying a small stick）的不明智政策，因此注定或多或少给该地区带来威胁和不稳定，并指出特朗普政府的亚洲政策是"实力促和平"[4]。因此，在地缘政治领域，美国新政府的对华政策不是彻底抛弃奥巴马政府时期的"亚太再平衡"战略，而是以特朗普的方式继续强化美国在亚太地区的实力和存

---

[1] Bonnie S. Glaser, "Conflict in the South China Sea,"Contingency Planning Memo Update, Council on Foreign Relations, April 2015; David M. Lampton, "Three Perspectives to Stop the Sino-US Strategic Drift", *South China Morning Post*, November 24, 2015; (4) Patrick M. Cronin and Alexander Sullivan, *Preserving the Rules: Countering Coercion in Maritime Asia*, Center for New American Security, March 2015. "

[2] Wall Street Journal, "Donald Trump Transcript:Our Country Needs a Truly Great Leader", blogs.wsj.com, June 16, 2015.

[3] 3 月 21 日和 4 月 27 日特朗普在华盛顿哥伦比亚特区的演讲。

[4] Alexander Gray and Peter Navarro, "Donald Trump's Peace Through Strength Vision for the Asia-Pacific: How the Republican nominee will rewrite America's relationship with Asia,"*Foreign Policy,* Nov. 7, 2016, http://foreignpolicy.com/2016/11/07/donald-trumps-peace-through-strength-vision-for-the-asia-pacific/.

在。进入 2017 年以来，美国海军军舰已经发生四起与商船相撞，导致 17 人伤亡。美国审计总署给国会的调查报告认为主要原因是预算削减导致船员训练不足和过度劳累。[1] 所以，美国参众两院连续通过高达 7000 亿美元的 2018 财年国防授权法案，比上一个财年大规模提高 1000 亿美元军费开支，表明特朗普政府的"实力促和平"理念受到美国主流精英的认可。

第三，国际大舞台上的传统安全博弈。9·11 之后，美国掀起全球反恐战争，需要国际社会的合作与支持，希望中国能够参与，为中美在传统安全领域的合作提供了一个良好的契机。美国曾经向中国提出开放中国与阿富汗在瓦罕走廊的边境，使之成为美军新的补给线，以满足即将扩大到 10 万人的部队物资需求。阿富汗政府也一直敦促中国开放这段边境，并提议共同改善当地的交通以加强贸易联系。虽然中国出于自身利益考虑，并没有答应这一要求，但是可以看出中美在该问题领域存在广泛合作的可能，而且实际上中国的企业已经参与到阿富汗重建中。[2] 然而中国在阿富汗不仅有经贸利益，还有重要的地缘战略利益，一个稳定和友好的阿富汗政府对中国西北边疆的稳定非常重要。瓦罕走廊既是中国在军事上屏障西域的关隘，又是经济上进入阿富汗的重要通道。中美在苏联占领阿富汗期间曾有过紧密合作，双方与巴基斯坦一同为阿富汗的反苏游击队提供支援。美国曾一度在新疆靠近阿富汗的地方建立监听站，所获情报与中国共享。中方的主要顾虑是，一旦开放瓦罕走廊也就意味着新疆将成为美军物资供给基地，这不仅仅涉及主权问题，还有可能被国际社会解读为中国在阿富汗战争中站在美军一方，有可能成为

[1] Statement of John H. Pendleton, Director, Defense Capabilities and Management, "NAVY READINESS: Actions Needed to Address Persistent Maintenance, Training, and Other Challenges Facing the Fleet,"Testimony Before the Subcommittees on Readiness and Seapower and Projection Forces, Committee on Armed Services, House of Representatives, http://docs.house.gov/meetings/AS/AS03/20170907/106357/HHRG-115-AS03-Wstate-PendletonJ-20170907.pdf.

[2] D. S. Rajan, *CHINA: Xinjiang's Wakhan Corridor as US Base?*, South Asia Analysis Group, Paper no. 3579, 31-Dec-2009, http://www.southasiaanalysis.org/papers36/paper3579.html.

美军反恐战争的替罪羊，甚至可能得罪整个伊斯兰世界。[1] 奥巴马访华期间达成的《中美联合声明》提到双方"支持阿富汗、巴基斯坦为打击恐怖主义、维护国内稳定、实现经济社会可持续发展做出的努力"，但没有详细说明。[2] 但随着阿富汗战事平息，特别是伊斯兰国被打垮，中美在中亚、中东地区的传统安全领域正在丧失合作的空间。特别是在俄罗斯强力支持叙利亚政府，与美国支持的叙利亚自由军相对峙的情况下，中国的选择更加艰难。朝核问题也曾经是中美进行深度合作的一个关键领域，然而六方会谈最终未能解决朝核问题。在朝鲜已经进行了6次核试验之后，主动弃核的可能性几乎为零。美朝两国不断加大战争威胁的势态，让中国更加左右为难。虽然中国严格执行联合国安理会针对朝鲜的制裁决议，但是在美国为首的一些西方国家看来，中国做得还不够，对中国的抱怨和不满也在增加。

第四，中美两国作为不同性质的国家存在着激烈的意识形态冲突。作为资本主义国家的舵手，美国从冷战开始就对共产主义国家进行遏制。苏联解体和东欧剧变之后，美国已经将中国视作下一个目标，利用宗教、文化、信息自由化等多种手段，希望以压促变，实现中国国家性质的转变，倒向美国领导的自由民主阵营，甚至支持中国境内分裂势力，试图从内部搞垮中国。无论是达赖喇嘛还是热比娅，都受到西方——特别是美国——的支持。2010年初中美两国围绕谷歌撤出中国展开的争论，表面看是信息自由之争，实际是双方意识形态之争：美国希望通过信息自由化，影响中国内部变化和发展。中国作为社会主义国家为了维护本国安全被迫应对，这也是中国对彻底融入美国主导的世界体系依然怀有疑虑的重要原因。

中国改革开放三十年取得了举世瞩目的成就，百年来中华民族崛起的梦

---

[1] D. S. Rajan, *CHINA: Xinjiang's Wakhan Corridor as US Base?*, South Asia Analysis Group, Paper no. 3579, 31-Dec-2009, http://www.southasiaanalysis.org/papers36/paper3579.html.

[2] 《中美联合声明》，原载于《人民日报》，http://www.dangjiancn.com/article.do?method=-shownews&id=73508.

想正一步步变成现实。然而，一个国家和民族往往"其兴也勃焉，其亡也忽焉"。历史上，在全球权力结构由单极向两极或多极转变时，对全球领导权的争夺就会逐渐走向激烈化。原有霸权国为了维护霸权地位，往往采取各种遏制和削弱潜在挑战国的手段，甚至诉诸武力。在国际关系史上，先后出现的挑战国分别有西班牙、法国、德国、日本、苏联等国家，但没有一个挑战国最终赢得建立新世界霸权的"全球战争"。真正建立新霸权的国家往往是前一个霸权国的同盟国或合作者。[1] 中国作为社会主义国家与资本主义美国有着天然的意识形态冲突，在此基础上很难形成类似英美之间的同盟关系。因此，中国的崛起就很难不令美国保持戒心。

面对复杂多变的国际局势，战略选择成为中国当前必须慎之又慎的问题。历史告诉我们，与霸权国全面对抗没有出路，因此中国只能选择合作。但合作并不意味着投降，而是有选择地融入当前的霸权体系。一个国家的命运，通常决定于战争和债务。英国如此，苏联也是如此。此次金融危机暴露出美国的虚弱，也正因为如此美国才更需要中国的合作，也因此给中国的和平崛起提供了一次机会。这个过程中必然伴随着妥协与斗争。妥协是为了避免全面对抗，斗争是为了维护我国的核心利益。机制化的双边协调对话必然是今后中美关系保持良性发展的趋势，也是我们努力的方向。第一，要积极探讨继续融入美国主导的霸权体系的方式和方法，积极承担与中国实力相称的国际责任。中国政府积极参加哥本哈根世界环境大会，并做出与自身实力相配的减排承诺正是承担国际责任的重要表现。第二，在涉及非核心利益的领域，积极依靠和利用国际法律以及各种规制，在现行国际体制内解决争端。例如某些贸易争端可以通过世界贸易组织，按照相应规章制度提起诉讼和反诉讼，切忌动辄采取情绪化的经济报复行为。在错综复杂的国际局势面前，必要时放弃一些非核心利益。第三，利用现行的地区机制处理与周边国家的关系。

---

[1] George Modelski, The Long Cycle of Global Politics and the Nation-State, in *Comparative Studies in Society and History*, Volume 20, Issue 02, April 1978, pp.214-235.

例如在朝核问题上，继续发挥中国在六方会谈中的协调作用。处理与东南亚国家的关系，可以继续利用亚太经济合作组织的多边主义机制，而不要试图寻求彻底排挤美国的政策，否则只能导致安全困境的加深。一方面，中国目前还没有实力将美国赶出亚洲，另外一方面东南亚国家出于制衡和自保的目的也会强烈要求美国"留在"亚洲。第四，在涉及核心利益的问题领域，坚决进行有理有力的斗争，拒绝美国对中国内政的干涉。以自由民主意识形态为旗帜的颜色革命高潮虽然已经过去，但依然蠢蠢欲动，试图从内部瓦解中国，而新的围绕制度和金融的斗争也必将掀起狂潮。第五，在崛起的过程中需要格外提防国内民族主义情绪的膨胀，避免被民族主义情绪裹挟，采取不理智的对抗行为。

从"中美新型大国关系"到命运共同体：
中国视角下的中美关系

中央党校国际战略研究院　梁亚滨

中美关系是当今世界上最为复杂的一对双边关系，也是中国对外关系中最为重要的双边关系。中美关系的好坏不仅成为影响我国战略环境最为重要的因素，而且正在成为影响世界和平与稳定的关键因素。为了营造和平稳定有利的国际政治环境，中国共产党在十八大提出建立"新型大国关系"，并在十九大时发展为建立"新型国际关系"，进而提出"坚持和平发展道路，推动构建人类命运共同体"的主张。在这一过程中，美国始终是中国设计和实施外交战略中最为关键的对象和变量。换句话说，中美关系既是中国建立新型大国关系的核心内容，也是检验中国最终能否构建人类命运共同体的试金石。

一、中美建设新型大国关系的理论与现实背景

2012 年 11 月，十八大报告明确指出："我们将改善和发展同发达国家关系，拓宽合作领域，妥善处理分歧，推动建立长期稳定健康发展的新型大国关系。"[1]建设新型大国关系正式成为新时期中国外交战略的核心内容。

---

[1]《胡锦涛在中国共产党第十八次全国代表大会上的报告》，http://cpc.people.com.cn/n/2012/1118/c64094-19612151.html.

这是新时期中国共产党发展对外关系、实施对外战略的理论和实践创新，既是对过去经验的总结，也是对未来发展趋势的把握和期望。

2013 年 6 月 7 日至 8 日国家主席习近平应邀访美，在加州与美国总统奥巴马进行"庄园会晤"。这是习近平就任中共中央总书记和中国国家主席以来第一次访美。尽管不是正式国事访问，但这种"不拘形式"的非正式访问备受国内外关注，被认为是两国元首在深入交流中建立友谊，就构建中美新型大国关系进行战略沟通、勾画蓝图的良机。会晤结束后，中国国务委员杨洁篪召开记者会，在总结会晤取得的成果时，转述了习近平主席对中美两国新型大国关系的理解，进一步明确了新兴大国关系的内涵和着力点："一是不冲突不对抗，就是要客观理性看待彼此的战略意图，坚持做伙伴，不做对手，通过对话合作而非对抗冲突的方式妥善处理矛盾和分歧。二是相互尊重，就是要尊重各自选择的社会制度和发展道路，尊重彼此核心利益和重大关切，求同存异，包容互建，共同进步。三是合作共赢，就是要摒弃零和思维，在追求自身利益时兼顾对方利益，在追求自身发展时促进共同发展，不断深化利益交融格局。"[1] 两国元首在会晤期间达成多项共识，包括中美关系的重要性、加强各层次沟通、增进理解和互信、加强领域合作、在亚太区形成良性互动、深化在多边机构和国际问题上的协调配合等。中国领导人对中美关系的定位和设想首先出于如何进一步发展中美关系的现实需要，同时也为中国发展与其他大国的关系以及其他大国之间发展关系提供了思路。

新型大国关系的提出，具有强烈的现实背景。随着中美实力的不断接近，两极格局的运行逻辑在东亚地区越来越明显。一方面，美国大力加强亚太地区的军事投入，稳固战略优势，特别是加强第二岛链的军事力量。2009 美国已经将 B2 轰炸机和 F22 战斗机部署在关岛。2011 年 11 月 16 日美国和澳大利亚达成协议，美国将在澳部署军事力量，先期 200 名海军陆战队员已经于

---

[1]《中美元首同意共建新型大国关系：不冲突不对抗》，http://news.ifeng.com/mainland/special/xjpmzzx/content-3/detail_2013_06/09/26267547_0.shtml.

2012 年 4 月 3 日到达目的地达尔文港，这一数字在 2017 年将达到 2500 名。[1]
在 2012 年 6 月 3 日闭幕的香格里拉对话会上，美国国防部长帕内塔阐述了美
国实施"亚太再平衡战略"的阶段性措施，指出美国将在 2020 年前向亚太地
区转移一批海军战舰，届时将 60% 的美国战舰部署在太平洋。[2]与此同时，
中国常规军事力量在突破第一岛链封锁的情况下，正在向第二岛链扩展。中
国海军穿越日本周边海峡前往西太平洋训练，已实现常态化。中国的导弹打
击力量也正在迅速增加，是突破美国军事围堵的关键因素。东风 –3A（CSS–2
型）中程弹道导弹、H–6K 远程轰炸机所携带的对地巡航导弹以及东风 21D
反舰弹道导弹都对关岛军事基地及西太平洋地区的航空母舰编队造成致命威
胁。2012 年以来，中国政府在南海、东海专属经济区和美国关岛专属经济区
内的巡航行为也正在引起美国的警惕和不满。[3]

　　亚太国家也出现分化。面对中国的崛起，部分东亚国家感到恐惧，因此
尽管与中国的经贸关系非常亲密，但在政治和军事安全上纷纷倒向美国。受
到美国"重返亚太战略"的刺激，中国周边国家纷纷提高了对华博弈的调门，
沉寂已久的东海、南海岛礁和专属经济区划界等问题突然爆发。中越、中菲、
中日围绕南海岛礁归属、专属经济区划分、资源勘探与开发展开全方位的博
弈，不仅发生武装对峙，而且各国民众的对抗情绪也被激发起来，在多国引
发针对对方的大规模群众抗议游行。中国周边战略环境有逐渐恶化趋势。同
时，随着美国逐渐结束伊拉克战争和阿富汗战争，对全球战略进行"再平衡"，
亚太成为其重新聚焦后的中心，与中国的对抗可能再次凸显。中美关系有走

---

[1] 有关美国加强第二岛链的军事投入和同盟关系，参见 Shirley A. Kan,"Guam: U.S. Defense
Deployments", CRS (Congressional Research Service) Report for Congress, Prepared for Members
and Committees of Congress, November 15, 2013, pp. 16−18.

[2]《美国国防部长：2020 年六成美国军舰将调往亚太》，http://news.ifeng.com/mil/4/
detail_2012_06/03/15010294_0.shtml.

[3]Shirley A. Kan, "Guam: U.S. Defense Deployments", CRS (Congressional Research Service)
Report for Congress, Prepared for Members and Committees of Congress, November 15, 2013, pp.
16-18.

向对抗重复历史上"大国政治的悲剧"的趋势。如何与对方相处，不仅是对美国的严峻考验，同样是对中国的严峻挑战。在这种国际大背景下，中国政府提出建设"新型大国关系"，试图缓和稳定周边战略环境，破解大国崛起必然走向冲突的现实主义逻辑禁锢。

二、中美建设新型大国关系的探索

2013 年是中美两国建设新型大国关系的起始年。在这一年中，中美关系总体上表现良好，相互依赖继续加深，在诸多领域实现了合作，为建设两国间的新型大国关系进行了有益的探索。

中美两国建设新型大国关系，避免重复历史上大国必将冲突的老路，不仅仅是一种理论宣示或现实需要，事实上已经形成某种"路径依赖"。经济学中经常用"路径依赖"来解释历史因素对于现在决策的重要影响力，即过去的决策如何影响到现在和未来的一系列决策。换句话说，路径依赖是指我们将去哪里不仅仅取决于我们现在在哪，而且取决于我们曾经在哪。[1]路径依赖有两种表现方式：自我强化和锁定。人们一旦做了某种选择，就好比走上了一条不归之路，惯性的力量会使这一选择不断自我强化，甚至"锁定"前进的轨迹，难以改变。如果我们将该理论放到国际关系领域来进行分析和检验，发现中美关系也存在这种"路径依赖"。随着中国改革开放的实施和深化，这种"路径依赖"越来越强化。

第一，中美经济相互依赖逐年增加，经贸关系已经成为稳定两国关系的

---

[1]S.Liebowitz, Stephen Margolis, "Path Independence,"in Boudewijn Bouckaert (Univ. Ghent) and Gerrit De Geest (Univ. Ghent and Univ. Utrecht) edited, *Encyclopedia of Law and Economics*,publishedby Edward Elgar and the University of Ghent, 2000,pp. 981-998.

压舱石。[1] 作为世界上最大的发展中国家和最大的发达国家，中美两国在自然以及人力资源、市场、资金、技术等方面具有很强的互补性，中美开展经贸合作符合两国的共同利益。中美建交 30 多年来，双边经贸关系迅速发展。中美贸易额从 1979 年的 24.5 亿美元增加到 2016 年的 5243 亿美元，比建交之初增长了 209 倍，双边服务贸易额超过 1100 亿美元，双向投资累计超过 2000 亿美元。中国对美投资迅猛增长，2012 年中国对美直接投资首次超过美国对华直接投资，美国成为继香港之后中国大陆第二大直接投资目的地。[2] 目前，中美两国早已互为第二大贸易伙伴。此外，自 2012 年 12 月以来，中国持有美债总额一直稳超 1 万亿美元，稳居美国第一大债权国地位。2017 年 10 月数据显示中国拥有美国联邦债务 1.189 万亿美元，占美国联邦全部国债的 18.72%[3]，占中国外汇储备的 35% 上下。[4] 中美两国共同举办了多轮中美战略与经济对话，两国官员围绕落实两国领导人关于构建新型大国关系的重要共识展开沟通和协商，在推进双边投资协定的实质性谈判、加强宏观经济政策协调、开展能源合作等领域取得丰硕成果。这为两国进一步深化和扩展双边经贸合作和应对国家经济与金融挑战夯实了基础。中美之间无论是经济

---

[1] 关于经贸关系是中美关系"压舱石"的说法广泛见于政府官方言论、学术界和媒体界。例如 2013 年 12 月 19 日，国务院总理李克强会见来华出席第 24 届中美商贸联委会的美国商务部长普利兹克、贸易代表弗罗曼和农业部长维尔萨克时，指出经贸合作是中美关系的"压舱石"，见《李克强会见美国商务部长、贸易代表和农业部长》，http://news.china.com.cn/2013-12/19/content_30948952.htm.

[2] 驻美国使馆经商参处经济商务公使朱洪：《开辟中美经贸合作广阔前景》，2017 年 10 月 11 日，载于中华人民共和国外交部网站，http://www.mofcom.gov.cn/article/zt_dlfj19/ghjd/201710/20171002656060.shtml.

[3] 中国持有美国国债占美国联邦全部外债的比例在 2013 年曾高达 23%。数据来源于美国财政部，经计算得出，"MAJOR FOREIGN HOLDERS OF TREASURY SECURITIES(in billions of dollars),"US Treasury, http://ticdata.treasury.gov/Publish/mfh.txt.

[4] 中国外汇储备构成并不对外公布，外界一般推断为 35% 左右。例如 2011 年，道明证券 (TD Securities) 策略师理查德·吉尔胡利 (Richard Gilhooly) 估计，中国 42% 的外汇储备为美国国债，而此前的估计为 32%。引自迈克尔·麦肯兹：《美财政部：中国持有 1.16 万亿美国国债》，英国《金融时报》，2011 年 3 月 1 日，http://www.ftchinese.com/story/001037191/ce.

的互补性，还是贸易和金融关系，都已经形成深度相互依赖。一方面，这种路径依赖使中美之间的合作形成巨大的惯性冲力，产生飞轮效应，不仅将合作的领域从最初的安全领域扩展到经贸和金融领域，而且强化了两国合作的既定方向。而且这种选择已经逐渐进入锁定状态，要想脱身非常困难，因为这将付出巨大的社会与经济代价，是两国政府和人民难以承受的损失。事实上，中美已经形成巨大的利益共同体，在各自国内也形成强大的利益集团。这对现行的中美合作形成强烈的需求，只有巩固和强化现有合作才能保障彼此继续获得利益。

第二，中美之间的政治合作也在深入展开，特别是在共同应对国际挑战领域。由于意识形态的差异，新中国成立以来，中美两国对于大多数世界事务都具有不同的价值观，采取彼此敌视和冲突的应对方式。然而随着中美关系的改善，对国家利益的认知也开始出现重合或融合。这一方面是因为全球化使各国形成某种意义上的利益共同体；另外一方面作为两个世界性的政治经济军事大国，很多世界性的挑战需要两国合作，共同应对才能解决。这种利益需求和应对需求奠定了中美展开合作的坚实基础，不仅仅表现在经贸领域，例如 2007 年以来中美共同努力应对国际金融危机，同样表现在其他政治领域。中美两国同时面对全球气候危机、资源匮乏、恐怖主义和宗教极端势力、跨国犯罪等诸多不稳定因素的挑战，在稳定国际秩序、维护世界和平、确保能源安全、核不扩散等领域存在诸多共同利益。中美合作的领域逐渐从经贸、社会、文化等低级政治领域，扩展到国际安全与国际政治等高级政治领域。诚如希拉里·克林顿在第四轮中美战略与经济对话开幕式上所言："中国和美国不能解决世界上的所有问题，但是没有我们的合作，任何问题都可能难以解决。"[1]2013 年，中美在国际安全与国际政治领域的合作充分体现在伊核问题上。中国积极参与到伊核问题

---

[1]Hillary Rodham Clinton,"Remarks at U.S.-China Strategic and Economic Dialogue Opening Session", U.S. Department of State, http://www.state.gov/secretary/rm/2012/05/189213.htm.

的斡旋中，与美、英、法等国展开互动和博弈，最终达成阶段性协议。一方面，西方对伊朗动武的威胁暂时得到缓解，另外一方面，中国成功地参与其中，为维护世界和平做出了贡献，并且得到了西方世界的认同。在这一过程中，中美两国共同培育了一种合作范式，即既不挑战美国的霸权地位，又彰显中国的权力，以国际法为准则，依靠谈判为手段，进行国际战略和国家利益的和平竞争。

第三，中美在文化、教育、科技、体育等人文领域合作进一步加强。人文交流被认为是战略对话和经贸合作之外，支撑中美战略关系的第三根支柱。中美建交以来，两国间的人文交流日益加深，既是稳定两国关系的重要因素，也是未来中美真正实现新型大国关系的关键变量。2012 年 4 月初，北京大学国际战略研究中心发布了由王缉思和李侃如合作的报告：《中美战略互疑：解析与应对》，指出了两国间的不信任对实现战略合作和稳定的影响，希望两国能够更好地揣度对方的想法，并据此制定更为有效的方式来建立战略互信。[1] 由于意识形态差异和大国政治的逻辑规律，纯粹政治领域的互动可能很难实现中美之间的战略互信。因此，人文领域交流的重要性就凸显出来。2013 年 11 月 17 日至 22 日，中国国务院副总理刘延东访美，参加第四轮中美人文交流高层磋商。出访当天（17 日），刘延东在《今日美国》报发表题为《中美关系归根结底是人民的关系》的署名文章，她在文中指出："中国将加快推进以经济体制改革为重点的包括政治、文化、社会、生态文明等所有领域改革，促进社会公平正义，增进人民福祉。这为中美关系发展创造了新的机遇。"她说，通过两国政府的通力合作和人民的相知相亲，将有助于两国关系走上新型大国关系之路。美国媒体评价说，刘延东正身体力行地推动中美人文交流助力。[2]11 月 21 日，刘延东和美国国务卿约翰·克里共同

---

[1] 王缉思、李侃如：《中美战略互疑：解析与应对》，北京大学国际战略研究中心，2012 年。

[2] 周晶璐：《刘延东访美介绍中国改革计划》，http://finance.ifeng.com/a/20131120/11122747_0.shtml.

主持了此次磋商，并达成一系列成果，以巩固和加强中美两国人民在文化、教育、科技、体育以及妇女等领域的交流合作。这表明了中美两国领导人维护中美关系的决心。

三、坚持走和平发展道路，构建人类命运共同体

2011 年中国政府公布《中国的和平发展》白皮书，第一次提及："不同制度、不同类型、不同发展阶段的国家相互依存、利益交融，形成'你中有我、我中有你'的命运共同体。人类再也承受不起世界大战，大国全面冲突对抗只会造成两败俱伤。"[1]2012 年 12 月 5 日，习近平总书记在人民大会堂同在华的外国专家代表座谈时，再次强调命运共同体的概念，随后在 2013 年 3 月的莫斯科国际关系学院演讲中，清晰而明确地向世界进行了阐释："这个世界，各国相互联系、相互依存的程度空前加深，人类生活在同一个地球村里，生活在历史和现实交汇的同一个时空里，越来越成为你中有我、我中有你的命运共同体。"此后，"命运共同体"成为中国外交政策的象征性符号，在之后的上合组织峰会、中阿合作论坛、博鳌亚洲论坛、第 70 届联合国大会、亚信第五次外长会议等国际重大场合不断被阐释和强调，其理论内涵也从最初的国与国的命运共同体，逐渐扩展深化到区域内命运共同体，再到人类命运共同体。十九大明确指出："坚持和平发展道路，推动构建人类命运共同体"，正式将"命运共同体"的理念写入报告，也必将成为新一届政府外交工作的纲领。从字面意思来看，命运共同体的提出不但出于对各国利益交融和相互依赖的现状认知，而且出于对大国全面冲突对抗和世界大战的担心。但是，从内涵角度来看，与"新型大国关系"概念相比，"命运共同体"超越了大国搁置意识形态分歧、如何实现良性互动的技术层面思考，而提出一种超越意识形态、更高层次的价值观追求，为全人类的发展指明道路。从国际政治

[1] 中华人民共和国国务院新闻办公室：《中国的和平发展》，2011 年 9 月，中华人民共和国中央人民政府网站，http://www.gov.cn/jrzg/2011-09/06/content_1941204.htm.

角度来看，"命运共同体"的提出其实非常明显地指向回应两个"陷阱"：修昔底德陷阱和金德尔伯格陷阱。

1. 构建人类命运共同体，破除修昔底德陷阱

美国前助理国防部长、哈佛大学肯尼迪政府学院首任院长格雷汉姆·艾利森教授（Professor Graham Allison）在总结过去 500 年间的大国历史后，发现 16 个新兴国家中有 12 个在崛起进程中同守成国家发生了对抗和冲突。两千年前的希腊历史学家修昔底德在其巨著《伯罗奔尼撒战争史》中写道："使战争不可避免的是雅典的权力上升和它在斯巴达所造成的恐惧。"在修昔底德看来，雅典的行为是可以理解的。随着实力上升，雅典的自信也会增加，它对过去"不公正"的制度或者体系安排也会更加在意，对是否获得足够的"尊重"也更加敏感，因此会要求修改过去的权力安排，以反映当下的权力结构现实。同样道理，斯巴达则会将雅典的行为视作没有道理、不接受现状、试图威胁斯巴达所建立的体系，即便雅典是在这个体系内获得了崛起。[1]所以，修昔底德陷阱就是指当一个国家崛起时一定会挑战和威胁既有大国所主导的权力格局，而既有大国也一定会回应这种挑战和威胁，那么两者之间的战争几乎不可避免。艾利森教授在其著作中明确提出一个问题："中美能够摆脱修昔底德陷阱吗？"[2]在艾利森教授看来，中国不断增长的实力最终会挑战美国的霸权，那么两国非常可能重复历史上大国政治的悲剧，走向相互对抗与战争。应该说艾利森教授的观点代表了美国乃至西方一个主流观点，即中国威胁论，认为随着中国不断强大，那么一定会对美国和西方世界带来威胁。实际上，针对这种担忧，早在 2014 年 1 月，国家主席习近平就曾在美国《赫芬顿邮报》旗下《世界邮报》创刊号上撰文回应。习主席指出："我们都应

---

[1]Graham Allison, "The Thucydides Trap: Are the U.S. and China Headed for War?"*The Atlantic*, Sep. 24, 2015, https://www.theatlantic.com/international/archive/2015/09/united-states-china-war-thucydides-trap/406756/.

[2]Graham Allison, *Destined for War: Can America and China Escape Thucydides's Trap?*Houghton Mifflin Harcourt, May 30th, 2017.

该努力避免陷入'修昔底德陷阱'（Thucydides's trap），强国只能追求霸权的主张不适用于中国，中国没有实施这种行动的基因。"2015 年 9 月习近平主席访美时再次提到："世界上本无'修昔底德陷阱'，但大国之间一再发生战略误判，就可能自己给自己造成'修昔底德陷阱'。"从国际关系理论来看，在无政府状态下，国家实力消长所导致的安全困境确实很容易引发彼此的猜忌和冲突。这也是历史上大国之间不断发生对抗与冲突的根本原因之一。但是，无论是大同世界，还是理想国，对和平和美好生活的向往也从来都是人类的共同理想。随着人类社会的进步，基于安全困境所导致的修昔底德陷阱在现代社会能够得以避免。命运共同体不再是无法实现的乌托邦，而是逐渐成为现实。

首先，不断扩展和深化的经济全球化将世界连为一体，相互依赖构建出命运共同体。人类历史上冲突不断的根本原因之一在于资源有限。现实的生存压力往往超越内心的道德束缚，因此殖民、掠夺与扩张几乎无法避免。然而全球化逐渐改变了这一行为模式，尽管其开始过程充满了殖民、掠夺与杀戮。全球化带来市场的开放和生产效率的提高。商品、服务、生产要素与信息跨国界流动，通过国际分工，在世界市场范围内提高了资源的配置效率，大大降低了生产成本和交易成本，同时使各国间的经济相互依赖日益加深。同时，全球化还大大加快了技术扩散的速度。例如作为养蚕制丝技术的发明国，中国曾一度独享该技术至少超过一千年，而现在微软公司的视窗 10 操作系统则在全球同步发售。全球化使技术扩散速度超过历史上任何一个时期。这一切都极大地提高了人类社会创造财富的能力和速度，大大减轻了各个国家和民族的生存压力。资本、商品、技术和劳动力等生产要素在全球范围内的流动极大加深了各国间的相互依赖，一损俱损，一荣俱荣。国际社会的利益关系也由传统的排他性零和关系转变为利他性非零和关系。2008 年爆发的金融危机席卷全球，已经充分证明了这一点，无论是发达经济体还是发展中国家都无法幸免。针对这种情况，国际社会只能"同舟共济""共克时艰"。G20 峰会也应运而生，成为国家之间在相互依存中通过国际机制建设来应对国际危机的例证。观察全球及主要经济体从 2001 年至今的发展情况，我们可以清晰地看到，尽管增速存在差别，但波动趋势几乎完全一致。

与过去的时代不同，今天国与国之间的关系已经超越了纯粹的竞争关系，而是竞争与合作同时存在。现代工业体系的分工越来越细，基本上一个国家不可能完成所有的零件制造，只能各国分工合作。根据各国比较优势而形成的全球产业链将绝大多数现代工业品的生产都已经实现国际化。换句话说，我们现在几乎找不到一件工业制成品是完全由某一个国家单独设计、生产和消费的。以目前市场上最为流行的波音飞机为例，其零部件由 70 多个国家的 545 家供应商生产。在经济全球化的深度发展下，各国经济实际上已经连接成命运共同体，彼此是对方经济发展的需求和供给。经济的相互依赖不仅实现了国家之间的利益捆绑，而且让彼此脱离关系的成本急剧上升。经济全球化的发展不断深化国家间相互依赖的趋势，不断丰富命运共同体的内涵并强化各国共同的命运走向。

其次，全球治理体系和国际秩序变革加速推进。国际制度、机制和国际法的不断发展与进步逐渐规范和塑造各民族国家交往之间的行为方式和价值观，同样削弱了安全困境，并且提供了和平且有效的争端解决机制。这大大促进了全球治理体系的进步，使国际秩序更加文明、公正和民主。国家间进行合作与协调的首要障碍是互信缺失，但国际制度、机制和国际法的出现与完善恰恰有助于解决这一问题。国际制度、机制和国际法为国家间搭建了信息的沟通平台，并将国家间的单次博弈转变为多次博弈，创造出利益补偿和惩罚机制，并且通过作为第三方介入的方式来解决争端。例如联合国、国际货币基金组织、世界贸易组织等国际组织不但承担着管理、规范和监督各国政府和市场的职责，而且存在一系列奖惩机制来促进国际合作。在这一过程中，不断创造并塑造出共享的价值观和判断是非的准则，进一步促进人类社会的共同体意识。

进入新世纪以来，全球治理体系和国际秩序变革加速推进的主要特征就是旧制度的改革和新制度的创立。例如在国际货币基金组织和世界银行等重要国际组织中，西方发达国家在投票权领域曾长期享有绝对优势，而中国等发展中国家影响力不断扩大的事实却没能在投票权的分享上得到体现。这种现象正在不断得到纠正。一方面，以国际货币基金组织为代表的旧制度也在缓慢进行改革，以更好地反映现实权力结构。提高中国、印度等发展中国家投票权的提案早在 2010 年就被提起，最终在 2015 年 12 月 18 日获得美国国会的首肯，扫清了最后一道障碍。完成改革后，中国在 IMF 的投票权比率达 6.39%，排名由第 6 位提高至第 3 位，仅次于美国及日本；印度比率为 2.75%，排名由第 11 位升至第 8 位。这大大提高了新兴市场和发展中国家在国际货币基金组织中的代表性和发言权，有利于维护该组织的信誉、合法性和有效性。另一方面，以亚洲基础设施投资银行为代表的新组织被创建出来，从一开始就反映出当前世界的实力结构，中国、印度和俄罗斯根据各自认缴股份比例分别享有 26.05%、7.5% 和 5.95% 的投票权，超过西方传统经济强国德国的比例。法律和制度的发展已经不断证明国家间合作能够实现，而且能够不断自我更新和完善以适应现实变化和时代发展。这大大增强了国与国之间的制度纽带、相互信任和对未来的期待，维护了国际关系的稳定和一体化。

命运共同体的构建离不开争端解决机制。历史证明，国际法和国际制度的进步和完善是解决国际争端的有效手段。中国全面推进依法治国同样包括依照国际法来约束自身行为和规范，依靠制度主义方式来解决国际争端。这是构建国家间互信的基石和有效手段。世界上各国由于历史、宗教、文化等原因，很难形成统一的价值观和规范，所以国际法几乎是所有国家唯一能够普遍接受的准则，国际制度是国家能够进行有效沟通和合作的平台。所以，我们要努力以现有国际法准则来指导我国外交政策的制定，并依靠各种国际制度来推行和实施，增强中国在国际社会中的"归属感"，而非"疏离感"，做国家社会的"负责任大国"，而非"革命者"。

再次，核武器等新型武器的出现改变了战争逻辑，避免冲突的制度性措施成为大国间命运共同体的基石。如同人类历史上不断重复的那样，每一次军事变革都会对国际政治带来巨大的冲击，甚至瓦解原有的权力格局。由于核武器的存在，大国之间的威慑平衡已经成为常态，战争已经不再是有利可图的理性选择。对于核大国来说，在可预见的未来几乎不会遭遇迫在眉睫的直接领土侵略威胁。因为核战争对任何国家来说都是双输的结果。所以，作为一种终极武器,核武器的存在已经成为维持大国间和平的强制性约束因素。尽管核武器国家所拥有的核武器数量并不均衡，美俄两国拥有远超过其他国家核武器数量，但大国间的核威慑并不因此而受到削弱。

中美开始积极探索一些技术性措施，防止双方战略误判和操作失误引发冲突。2014 年 4 月 24 日参加在中国青岛举行的西太平洋海军论坛年会的 21 国同意通过《海上意外相遇规则》，以防止在东亚、东南亚繁忙海域"擦枪走火"，缓和东中国海、南中国海等领土主权纷争所带来的地区紧张局势。规则规定，各国海军舰艇或航空器在海上不期而遇时，须以无线电互相告知行动目的，且不以导弹、鱼雷等武器或火控雷达瞄准及锁定对方。[1] 6 月 8 日，航行在宫古海峡东南、西太平洋海域的北海舰队战备巡逻远海训练舰艇编队，运用刚通过的《CUES》，与美国海军"平克尼"号进行了及时对话，确保了编队正常训练。[2] 2014 年 11 月 12 日，习近平总书记在会见奥巴马总统时指出，中美要构建同中美新型大国关系相适应的中美新型军事关系。随后，两国国防部签署了《建立重大军事行动相互通报信任措施机制的谅解备忘录》和《海空相遇安全行为准则谅解备忘录》。建立两个互信机制是两国元首做出的战略决策，是两军关系长期稳定发展的机制化保障，也是加强对彼此战略意图了解、增强战略互信和管控危机、预防风险的重要措施。[3] 实际上，在 2016 年的"拉森号"事件中，中美全程采用相关制度性沟通措施，避免了危机。

最后，由于全球化和信息化的不断深入，各个国家各领域的联系空前加

---

[1]《中国海军签海上相遇规则"防擦枪走火"》，新华国际，2014 年 4 月 24 日，http://news.xinhuanet.com/world/2014-04/24/c_126426697.htm.

[2]《不期而遇中美军舰执行〈海上意外相遇规则〉》，《法制晚报》，2014 年 6 月 12 日 A22 版。

[3]《国防部新闻事务局就中美签署"两个互信机制"答记者问》，http://news.xinhuanet.com/mil/2014-11/14/c_1113254608.htm.

强，安全挑战也不再仅仅局限于传统的政治、国土和军事领域，而是扩展到经济、文化、社会、科技、信息、生态、资源等诸多领域，各种非传统安全需要国际上的合作来共同应对，总体国家安全观的重要性与日俱增。气候问题、核扩散、恐怖主义、海盗和宗教极端势力、网络攻击、烈性传染病等问题已经成为所有国家的威胁，任何一个国家都无法单独解决这些问题。换句话说，各国与世界的联系加深，一定程度上增加了各国对外依赖的脆弱性。安全逐渐成为共享的消费品，传统的国家安全，甚至集体安全，正在转变为共同体安全。正如十九大报告所指出："没有哪个国家能够独自应对人类面临的各种挑战，也没有哪个国家能够退回到自我封闭的孤岛。"所以，我国必须发挥负责任大国的作用，积极参与全球治理体系改革和建设，不断贡献中国智慧和力量。2017 年 4 月 6 日，习主席访问美国，与特朗普总统会面。当天纽约时报曾刊登整版广告指出："该地区的两位大国玩家共同承担一个道德责任——驶离'修昔底德陷阱'。"[1]

2、承担国际责任，避免"金德尔伯格陷阱"

2017 年 1 月 9 日美国著名国际政治学学者小约瑟夫·奈教授发文提出一个新概念"金德尔伯格陷阱"，他认为美国新总统唐纳德·特朗普的内阁团队在筹备其对华政策时，除了要警惕大家已经熟悉的'修昔底德陷阱'外，还"必须担心'金德尔伯格陷阱'：也就是对手主动示弱而不是示强"[2]。

第一次世界大战之后，受到重创的大英帝国在政治、经济、军事、金融和贸易等诸多方面表露出衰落的迹象，再也无力维持大英帝国霸权治下的国际政治与经济体系。与此同时，强势崛起的美国虽然物质上已经拥有领导世界的能力，但是在国民意愿和制度准备方面并未做好接替英国成为新霸权国的准备。1919 年美国国会拒绝批准《凡尔赛和约》，代表美国重回孤立主义。十年之后，

---

[1]Zhu Dongyang (Xinhua News Agency), "advertisement," *New York Times*, April 6, 2017.

[2]Joseph S. Nye, "The Kindleberger Trap," *Project Syndicate,* https://www.project-syndicate.org/commentary/trump-china-kindleberger-trap-by-joseph-s-nye-2017-01.

整个资本主义世界迎来了史无前例的经济危机，各主要大国既束手无策，又无一幸免。此起彼伏的"贸易战"和"汇率战"最终摧毁了国际经济体系，使整个世界陷入"大萧条"，并进一步摧毁了国际政治体系，导致惨绝人寰的种族大屠杀和第二次世界大战。哈佛大学著名经济史学家查尔斯·金德尔伯格经过对这段历史进行深入的研究，在其著名的《萧条中的世界：1929-1939》一书中指出，世界经济体系的运行，无法完全依靠市场自发的力量，或者说不能指望各国自觉、自愿地提供确保经济体系稳定所必需的成本，因此必须有一个国家在其中发挥领导作用，提供维持体系稳定所必需的成本。那些关心"公共利益"并愿意承担"公共成本"的国家，就是世界经济体系的领导者，同时也是世界政治体系中的领导者。公共成本的概念在实践与学术中逐渐发展为公共产品，包括开放且自由的贸易体系、稳定且高效的金融市场、有信誉的国际货币、海洋的自由航行、制止地区冲突与战争等。但是，作为世界领导者，一个国家既要有足够的能力来主宰并维持国家之间关系的必要规则，并且有足够的意愿和正确的手段这样做。所以，"金德尔伯格陷阱"就是指没有国家有能力或者虽然有能力却没有意愿和手段来领导世界，承担"公共产品"的成本。在约瑟夫·奈看来，由于特朗普的上台，全球经济治理体系正在步入危险的"金德尔伯格陷阱"。在文中，他还质疑随着中国综合实力的不断壮大，是否会为提供全球公共产品贡献自己的力量，暗示美国新政府应该让中国承担更多的世界责任，以避免美国由于承担太多责任而陷入难以自拔的困境。

当前的世界存在陷入"金德尔伯格陷阱"的可能。第二次世界大战后，美国成为世界上最为强大的国家，并在西方世界建立起以美国为主导的资本主义世界体系——布雷顿森林体系，发挥了世界领导者的作用。马歇尔计划、联合国、国际货币基金组织、世界贸易组织等援助项目的实施和国际组织的建立，对于战后恢复世界经济、稳定世界秩序起到了关键的作用，也是人类能够享受长达七十多年世界和平的主要因素之一。国际制度、机制和国际法的不断发展与进步逐渐规范和塑造各民族国家交往之间的行为方式和价值观，同样削弱了安全困境，并且提供了文明且和平的争端解决机制。冷战结束后，美国成为唯一超级大国,自然肩负起为世界秩序提供"公共产品"的角色。但是,随着时间的推移,美国在履行这一角色时越来越表现出力不从心,特别是随着能力下降,意愿更加快速地下降。特别是冷战结束后,美国成为世界上唯一的超级大国后,越来越凸显出单边主义和霸权主义,走上了被历史学家保罗·肯尼迪称之为"过度扩张"的帝国衰落老路。世界越来越呈现出"失序"趋势:国际恐怖主义泛滥、民族冲突与难民危机不断、大规模杀伤性武器扩散加剧、伊斯兰国崛起、气候与环境恶化等等。特朗普总统上台后更进一步加剧了这种趋势,他在竞选期间和上台一年来的言行都表现出强烈的"美国优先"意识,充分表露出美国不愿意再分担国际公共成本的意愿。美国退出《巴黎协定》则更加明确无误地告诉世界,美国拒绝肩负全球气候治理领域的领导责任。所以,约瑟夫·奈教授所担心的"金德尔伯格陷阱"是可能存在的,但这种担心应该指向美国是否还有足够的能力、意愿和正确的手段来领导世界,而不是中国"是否会为提供全球公共产品贡献自己的力量"。

事实上,作为人类世界负责任的平等一员,中国一直在为世界和平与发展积极贡献力量,提供与自身实力相匹配的公共产品。平心而论,中国的实力距离美国还有很大差距,甚至比历史上的德国与英国之间差距还要大,远远谈不上构建自己的霸权秩序。但是,作为人类世界负责任的平等一员,中国依然愿意为世界和平与秩序稳定做出贡献,提供与自身实力相匹配的公共产品。政治上,中国是联合国的创始国,也是对维护世界和平负有最大责任的安全理事会五大常任理事国之一。在世界反法西斯战争中,中国人民付出了巨大的牺牲,因此更加珍爱和平,也更愿意支持联合国在维护世界和平方面发挥最大、最重要的作用。1971年新中国恢复联合国合法席位以来,与联合国在各个层面都展开了卓有成效的战略沟通与务实合作,中国对联合国事业的支持也不断增强。与长期拖欠联合国会费的美国相比,中国不但按时足额缴纳会费,而且目前已经成为仅次于美国和日本的第三大会费缴纳国,仅次于美国的第二大维和经费贡献国。作为广大的发展中国家代表,中国已经事实上成为维护以联合国为代表的世界秩序的中流砥柱。

因此，中国的发展是现有国家政治经济体系内的发展，并不以挑战现有国际秩序为目标。早在十年前的十七大报告中，延续多年的"建立公正合理的国际政治经济新秩序"的措辞就已经被修改为"推动国际秩序朝着更加公正合理的方向发展"，并被十八大报告所继承。正如习近平主席在 2015 年访美期间所指出："中国是现行国际体系的参与者、建设者、贡献者，同时也是受益者。改革和完善现行国际体系，不意味着另起炉灶，而是要推动它朝着更加公正合理的方向发展。"中国波澜壮阔的改革开放事业本身就是不断融入世界体系的过程，抓住"和平与发展"的时代主题，充分利用全球化带来的机遇和挑战，积极参与国际竞争，发挥自身比较优势。中国政府提出"一带一路"倡议和成立金砖国家开发银行、亚洲基础设施投资银行等，本质上是与世界分享中国的繁荣和发展路径，特别是中国改革开放的成功经验。在 G20 杭州峰会期间，中国政府更是倡议各国实现更加协调的国际经济政策，共同努力"构建创新、活力、联动、包容的世界经济"。这些都是中国给世界所提供的公共产品。对此，约瑟夫·奈教授也承认："中国的所作所为并非以推翻现有自由世界秩序为目的，而是为了强化其自身对国际秩序的影响力。"所以，中国既没有改变现行国际体系的能力，更没有意愿。

中美合作是应对"金德尔伯格陷阱"的关键。面对诸多可能导致世界秩序崩溃的挑战，无论是美国还是中国，都不可能单独应对。两次世界大战之间的"二十年危机"教训告诉我们，处于相对衰落状态下的霸权国与新兴崛起国家之间的通力合作是摆脱"金德尔伯格陷阱"的唯一正确选择。正如美国另一位政治学家、普林斯顿大学教授罗伯特·基欧汉先生在其著名的《霸权之后：世界政治经济中的合作与纷争》一书中所指出：维持现有体系的关键在于创建一个无论是盟国还是第三世界国家都能够参与合作的机制。所以，面对共同的国际挑战，中美两国都不能缺席。[1] 如果说中国政府提出与美国

---

[1] 罗伯特·基欧汉著，苏长和等译：《霸权之后：世界政治经济中的合作与纷争》，上海世纪出版集团 2006 年版。

建立"不冲突、不对抗、相互尊重、合作共赢"的新型大国关系是跨越"修昔底德陷阱"的关键，那么构建相互联系、相互依赖的"命运共同体"就成为跨越"金德尔伯格陷阱"的又一个中国方案。"命运共同体"超越了历史上大国争夺主导权的思维，代之以国家间的民主协商与合作，是关于国际秩序的新主张。

确保中国崛起不会走向战争、不会推翻美国霸权的关键在于将中国的发展置于西方世界体系之内，利用现行国际制度、规制和法律约束中国的行为，使中国别无选择只能成为其中一员。"美国无法阻止中国崛起，但是它能够确保中国在美国及其盟友制定的国际制度和规则中行事。……美国的全球地位可能会削弱，但是美国领导的国际体系仍将是二十一世纪的主导。"[1] 在网络安全、太空非军事化、海上安全等领域，中美之间迫切需要建立国际协调制度和规范，为合作搭建平台，避免因沟通不畅造成冲突和冲突升级，构建相互信任的基石。中美"每一方都应学会如何从容应对另一方的不利政策。不太友好但保持稳定的合作关系比虚伪的'友谊关系'更对双方有益"[2]。十九大报告提出："中国积极发展全球伙伴关系，扩大同各国的利益交汇点，推进大国协调和合作，构建总体稳定、均衡发展的大国关系框架，按照亲诚惠容理念和与邻为善、以邻为伴周边外交方针深化同周边国家关系，秉持正确义利观和真实亲诚理念，加强同发展中国家团结合作。"这是中国政府对世界各国人民和政府的庄严承诺，也是对"修昔底德陷阱"和"金德尔伯格陷阱"的直接回应。

---

[1]G. John Ikenberry, "The Rise of China and the Future of the West; Can the Liberal System Survive?" *Foreign Affairs*, 2008, No. 87(1), pp. 23-37. Retrieved April 27, 2010, from ABI/INFORM Global. (Document ID: 1432821701).

[2] 阎学通：《中美关系：非敌非友》，英文版原载于《外交政策》，中文版载于清华 - 卡内基全球政策中心工作文件。

特朗普总统的亚洲之行与美国的"印太战略"

中央党校国际战略研究院　梁亚滨

2017 年 11 月 3 日至 14 日，特朗普总统先后访问日本、韩国、中国、越南和菲律宾，在亚洲掀起了特朗普旋风，受到各地民众的普遍关注。在访问期间，特朗普总统多次提到一个新概念"印度－太平洋"（印太），模糊地勾画出美国新政府的未来战略——"印太战略"。特别值得一提的是，在特朗普总统的亚洲之行开启之际，他先到夏威夷听取了太平洋司令部的简报，并访问珍珠港和"亚利桑那"号战舰纪念馆。这似乎为其亚洲之行先增加了注脚，美国至少从珍珠港事件开始就已经与亚洲的命运绑在一起，且愿意以实力来回应各种挑战。

一、特朗普亚洲之行简述

特朗普亚洲之行的第一站是日本。日本是美国在亚太地区最重要的军事同盟国，所以特朗普总统亚洲之行首站选择日本，进一步巩固了美日同盟和经济伙伴关系。根据白宫的总结，特朗普总统的日本之行有三个方面的成果：巩固朝鲜无核化的国际决心，重申对日本的安全保护；倡导自由而开放的印太区域，通过构建安全环境和高标准规则来促进印太区域的繁荣和发展；通过扩大内需和公平贸易来降低美日贸易失衡，促进美国经济繁荣。[1]

对日本来说，最为关心的是美国对日本的安全承诺是否可信。所以，重申对日本的保护一直是历届美国总统和高官访问日本的必选动作。在横田空军基地的演讲中和在与安倍首相的新闻发布会上，特朗普总统一再承诺保护日本人民。用特朗普自己的话说："将近六十年了，我们的同盟，作为我们两国、整个地区乃至世界的主权、安全和繁荣基石，经受住了考验。"尽管此次访问日本，特朗普总统没有提及日本所关心的钓鱼岛问题，但这并不意味美国政策有所变化，很大程度上是顾及中国政府的反应，避免为随后的访华活动带来麻烦。事实上，特朗普政府甫一上台就已经在钓鱼岛问题上满足了日本的期待。2月份国防部长马蒂斯访问日本时就已经承诺《日美安保条约》适用钓鱼岛。此前很长一段时间，美国政府在钓鱼岛问题上持模糊态度，即对主权归属不持立场，也不明确该地区是否属于日美安保条约的覆盖范围。但是在亚太再平衡战略的推进中，奥巴马在2014年访问日本期间第一次明确做出"钓鱼岛适用美日安保条约"的表态。一方面，对日本做出更加明确的承诺，满足日本长期坚持的愿望；另外一方面，也对中日关系的恶化表示出担忧，对中国发出强硬信号。所以，尽管特朗普总统宣称要全面推翻奥巴马政府的政策，但是毋庸置疑的是，在强化美日同盟方面，他将继承奥巴马的政治遗产。访问期间，特朗普总统还承诺会继续帮助日本增强其防卫能力，转移更为先进的防卫武器。

总体来看，特朗普总统的访日之行比较成功。无论是在安全领域还是在经济发展领域，美日两国对对方都有所期待，且达成了共识。双方都把对方视作自己实现安全与发展目标的重要合作伙伴，同时满足了对方一些战略期

---

[1] "President Donald J. Trump's Visit to Japan Strengthens the United States-Japan Alliance and Economic Partnership,"Fact Sheet, November 6, 2017, White House, https://www.whitehouse.gov/briefings-statements/president-donald-j-trumps-visit-japan-strengthens-united-states-japan-alliance-economic-partnership/.

待。这使两国关系更加紧密，扫除了因特朗普上台前要求日本增加驻美防卫开支比例而对两国关系产生的阴霾。此外，安倍首相还特别要求特朗普总统一起到 2020 年东京奥运会高尔夫比赛场地，与日本职业选手松山英树一起挥杆打球，借此增进与特朗普的个人信赖关系。期间，三人一同在一顶绣着"Make alliance even greater"（"让美日同盟更伟大"）字样的高尔夫球帽上签名，作为安倍送给特朗普总统的纪念品之一。

特朗普亚洲之行的第二站是韩国。韩国是美国在亚洲的另外一个重要军事同盟国。2017 年对韩国来说是一个转折之年，前总统朴槿惠遭遇弹劾下台并入狱。新上台的文在寅代表韩国左翼力量，无论是国家政策领域，还是个人经历都与朴槿惠完全不同。与日本类似，朝鲜所引发的安全问题和美韩两国的经贸关系也是两国所关注的重点。韩国和美国都希望通过特朗普总统访韩来确认两国关系的走向。安全上，特朗普总统重申强化国际合作实现朝鲜无核化的决心，与韩国一起督促朝鲜放弃大规模杀伤性武器和弹道导弹开发项目，承诺美国会继续加大对朝鲜的压力直到对方回到无核化的道路上，重申保护韩国的安全承诺。此前，特朗普总统要求韩国政府提高驻韩美军防卫费用的要求引发韩国的不满，韩国也适时提出增强自我防卫能力。韩国国家安保室首席秘书、韩国总统外交安保战略秘书官权熙石指出，文在寅总统跟特朗普总统讲，如果我们（韩国）增强自己的防卫能力，对美国是件好事。[1]作为信任和支持措施的一部分，美国放松了对韩国军事能力的限制，允许并鼓励韩国增强自我防卫能力。因此，在特朗普访问韩国期间，美韩两国就韩国弹道导弹弹头重量达成协议，取消了自 1979 年两国签署《导弹协定》以来长达 38 年的限制枷锁，使韩国可以开发部署重量超过 500 公斤且更具破坏力的弹头，能够穿透更坚硬的掩体。但是，此次协议并未对 800 公里的射程限制进行解禁。权熙石秘书官表示，这主要是为了顾及中国和日本的反应，通

---

[1]2017 年 11 月 24 日，笔者到韩国青瓦台与韩国国家安保室首席秘书、韩国总统外交安保战略秘书官权熙石进行座谈。

过继续自我限制来表达韩国不想刺激中日两国的态度。此外，特朗普总统和文在寅总统还承诺促进与日本的三国安全合作，增强威慑能力，应对来自朝鲜的安全威胁。特朗普总统强调美韩同盟建立在相互信任和共同的自由、民主、人权和法治价值之上，是确保自由、开放的印度–太平洋区域安全、稳定和繁荣的关键。美国将通过允许韩国获得和发展更加先进的军事力量来帮助韩国增强威慑能力，也将通过投资和能源出口来促进美国的繁荣和贸易。双方承诺进一步改进美韩自贸区协议，降低美国贸易赤字，实现平衡且互惠的贸易关系。[1]

访问期间，特朗普还受邀到韩国国会进行演讲。这是继 1993 年克林顿总统之后，时隔 24 年又一位美国总统在韩国国会进行演讲，充分体现出双方对此次访问的重视。在演讲中，特朗普总统盛赞韩国的自由、民主和经济发展，对朝鲜则进行了长篇严厉批评，列举朝鲜政权的种种"罪恶"，同时警告朝鲜领导人不要把美国的克制当作软弱，否则那将是一种"致命的误判"，"本届政府与以往任何一届政府都不同。"[2] 在特朗普访问亚洲之际，三艘航母所带领的战斗群在朝鲜半岛附近聚集，释放出强烈的威慑信号。美国武力解决朝核问题的声音陡然上升。我们不知道是否是美国的威胁起到了作用，但朝鲜最高领导人在 2018 年新年贺词中释放出善意，他祝愿平昌冬奥会成功举办，表示朝鲜有意采取包括派遣代表团参赛等在内的所有措施，并愿与韩方就此尽快举行会谈。此举受到韩国的热切欢迎，并最终导致 1 月 3 日南北恢复终止了两年之久的南北热线电话。美国总统特朗普 4 日清晨在推特上发文指出，朝韩恢复对话的功劳应该归在自己名下："如果不是我展示出坚决而强烈的态度，以及打算使用我们所有力量对付朝鲜，谁会相信韩朝马上要对

---

[1] "President Donald J. Trump's Visit to the Republic of Korea," November 8, 2017, White House, https://www.whitehouse.gov/briefings-statements/president-donald-j-trumps-visit-republic-korea/.

[2] "Remarks by President Trump to the National Assembly of the Republic of Korea | Seoul, Republic of Korea," November 7, 2017, White House, https://www.whitehouse.gov/briefings-statements/remarks-president-trump-national-assembly-republic-korea-seoul-republic-korea/.

话了呢？"1月6日，特朗普总统又发表讲话称，愿意和朝鲜最高领导人金正恩展开有条件对话。无论如何，南北互动确实暂时缓解了朝鲜局势的紧张状态，但是这也可能是美国最后一次试探。

特朗普亚洲之行的最重要一站是中国。2017年11月8日到10日美国总统唐纳德·特朗普对中国进行国事访问，也成为十九大之后访华的第一位外国元首。特朗普在竞选期间在诸多领域对中国进行了攻击，所以他在2016年的总统大选中获胜确实给中美关系蒙上了巨大的阴影。尽管在习近平访美与特朗普总统进行海湖庄园会谈后，为两国关系的发展奠定了稳定的基础，但是并没有彻底消除不确定性。致力于推动美国出口、减少美国对华贸易逆差的"百日计划"是双方在经济领域的第一次妥协，尽管中国做出了巨大让步，但是显然没有满足美方的期待，所以随后美国政府开始对华贸易启动"301条款"调查。所以，双方都希望通过特朗普此次访华，来展示各自在平衡两国贸易、稳定两国关系方面更多的诚意。

中国对特朗普总统的首次访华给予了"国事+"待遇，超规格接待。在11月9日的国宴上，习近平主席对中美关系的发展表达了他的期待："我们都同意中国和美国应该保持合作关系，而非对手。"在访问期间，特朗普总统和习近平主席就一系列国际和国内问题进行了深入探讨，确认中美关系存在共同利益，确认共同致力于解决全球挑战，双方应扩大合作领域，为两国人民的福祉创造积极的成果。同时，双方承诺将就存在分歧的问题进行直接、坦率的交流，并致力于解决或缩小分歧。短短三天时间，中美两国在朝核问题、核不扩散、经贸关系、网络安全、医疗合作等诸多领域达成一系列合作协议，特别是两国签署了高达2500美元的经贸合作意向书。用白宫的话来说："特朗普总统和习近平主席致力于创造一个良好的氛围，使两国人民能够促进相互理解和富于成果的交流。"[1]我们无法期待特朗普访华就能够解决中美之

---

[1] "President Donald J. Trump's State Visit to China,"November 10, 2017, White House, https://www.whitehouse.gov/briefings-statements/president-donald-j-trumps-state-visit-china/.

间的所有问题，实际上也确实是这样，特朗普总统的访华至少暂时缓和了中美之间在地缘政治和经贸关系等一系列领域的纠纷。

越南是特朗普亚洲之行的第四站。他在 11 月 10 日下午抵达岘港，参加在当地举行的亚太经合组织（APEC）领导人非正式会议，并对越南展开正式访问。飞机抵达之时，机场周边在越战期间遭受美军化学武器"橙剂"污染的土壤尚未被完全清除，所以特朗普的访问当然会引发当地民众对于越战的记忆。然而不可否认的一点是，尽管存在痛苦的记忆，但是越南民众对美国和对特朗普总统的热情和欢迎程度显然远远超过一般人的想象。根据皮尤研究中心的民意调查，高达 58% 的越南民众对特朗普怀有信心，认为他会在国际事务中做正确的事情，仅仅低于菲律宾，后者对特朗普的信心指数高达 69%，而世界平均值是 22%。[1]

特朗普对越南的访问依然主要围绕安全与经济两个主题展开，重申美越之间全面伙伴关系。美国获得了来自越南的承诺，支持全球对朝鲜施压以使之重回无核化道路。除此之外，美越双方致力于促进印太地区的自由与开放，一致认为美越全面伙伴关系是确保这一点的关键因素。为此，美越将展开更加紧密且不断扩展的合作和协调，包括扩建美国驻越南首都河内的大使馆以及签署新的"防卫合作行动三年计划"以增加更多的双边海军活动。美国正式向越南海军转交海岸警卫队快艇，以增强越南的海上力量，并确认 2018 年美国航空母舰首访越南。美越双方重申在南海地区自由航行、飞越和不受约束的商业活动的重要性，重申基于规则来解决海洋争端的路径。在经贸领域，美越两国承诺加深并扩展两国贸易与投资关系，以符合特朗普总统所要求的公平与互惠原则。[2] 特朗普上台后立刻签署命令退出 TPP，实际上对越南影响

---

[1]Richard Wike, Bruce Stokes, Jacob Poushter and Janell Fetterolf, "Worldwide, few confident in Trump or his policies,"Pew Research Center, June 26, 2017, http://www.pewglobal.org/2017/06/26/worldwide-few-confident-in-trump-or-his-policies/.

[2] "President Donald J. Trump's Trip to Vietnam,"November 12, 2017, White House, https://www.whitehouse.gov/briefings-statements/president-donald-j-trumps-trip-vietnam/.

非常大。

在 APEC 工商界领导人峰会上，特朗普提出新的贸易关系，以加强印太地区的友谊和商业联系，促进繁荣与安全，其核心就是基于"公平和互惠"原则的贸易关系。用特朗普的话说："当美国与其他国家或人民发展贸易关系时，我们将从现在开始，期待我们的合作伙伴也能够真诚地遵循我们所遵循的规则。我们期待市场将是双方对等水平的开放，而且应该是私人企业而非政府计划指导投资。"[1] 在演讲的最后，特朗普还指出："让我们永远不要忘记这个世界有很多地方，很多梦想，很多道路。但是在世界的任何一个地方，都没有一个地方像家乡一样。所以，为了家乡，为了国家，为了自由，为了历史，为了上帝的荣耀，保护你的家乡，捍卫你的家乡，并且爱你的家乡，不只今天，还有所有时间。"这番话传递出一个强烈的信息，即美国将追求自己的国家利益，将不再试图将自己的愿望和价值观强加给其他国家。这与特朗普退出《巴黎协定》和 TPP 协定的逻辑一样，即美国优先的政策将代表政治现实主义的回归，现实主义的国家利益将超越自由主义的多边主义政策。

特朗普亚洲之行的最后一站是菲律宾，特朗普总统到菲律宾主要是参加在当地举行的东盟成立 50 周年特别庆祝晚宴和美国 – 东盟峰会，庆祝美国和东盟建交 40 周年。所以，与对日、韩、中、越的国事访问不同，特朗普访问菲律宾本质上是"顺访"。尽管如此，通过此次访问，美菲两国也给外界释放出一个清晰的信号，美菲同盟依然牢固，将就共同利益和威胁展开双边合作。两国共同谴责朝鲜，承诺继续对朝施加最大的压力。在经济领域，特朗普再次强调美国希望在与印太地区国家之间倡导"公平且互惠"的贸易。美菲重申自由航行和飞越的原则，强调根据《联合国海洋法公约》等国际法来和平解决南海争端的重要性，强调继续建立信任措施以增强互信和信心，避免采

---

[1] "Remarks by President Trump at APEC CEO Summit | Da Nang, Vietnam,"November 10, 2017, White House, https://www.whitehouse.gov/briefings-statements/remarks-president-trump-apec-ceo-summit-da-nang-vietnam/.

取任何可能导致紧张局势升级的措施，例如军事化。[1]

在访问菲律宾期间，特朗普总统还和印度总理莫迪会面，双方讨论美印全面战略伙伴关系，共同恪守印太地区自由开放，承诺进一步增强两国之间的防务合作。此外，特朗普总统还同时会见了日本首相安倍晋三和澳大利亚总理马尔科姆·特恩布尔（Malcolm Turnbull）。除了朝核问题之外，三位领导人强调共同合作致力于促进自由而开放的印太区域，同时确认寻求"公平且互惠"的贸易关系。

总体来讲，特朗普的亚洲之行有几项关键内容：巩固盟友和伙伴国关系，联合对朝施压，倡导贸易领域的"公平与互惠"原则，打造一个"自由且开放"的印太区域，勾勒出美国"印太战略"的雏形。

二、美国"印太战略"的战略意图

特朗普总统上台之初曾引发同盟国的巨大恐慌，特别是他提出以撤军为威胁来要求日韩等盟国提高分担驻守美军的军费比例时，国内相当一部分学者认为这意味着美国的战略收缩，即美国霸权衰落所导致的必然结果。[2] 这种猜测并非空穴来风，因为看起来这种战略收缩其实也是对奥巴马总统时期相关政策的延续。因为，"美国一直在缺乏能够投射常规力量的军事基地的前提下，努力向东南亚国家表明其维护南海重要航道的决心。这就是为什么说'离岸平衡'在理论上是一个吸引人的概念，但在现实生活中，最终的结果都是只有离岸而无平衡。"[3]

---

[1] "Joint Statement between the United States of America and the Republic of the Philippines,"November 13, 2017, White House, https://www.whitehouse.gov/briefings-statements/joint-statement-united-states-america-republic-philippines/.

[2] 例如倪乐雄：《特朗普将如何战略收缩》，《新民周刊》2016 年第 48 期；第 53 页；汪曙申：《特朗普当选美台关系何去何从》，《两岸关系》2016 年第 12 期；张学昆：《美国关于大战略的辩论及其影响》，《国际问题研究》2016 年的第 6 期；第 74–89 页。

[3] 泰德·R·布洛蒙德、迈克尔·奥斯林、科林·杜克：《重申美国现实主义》，《亚太安全与海洋研究》2017 年第 4 期，第 5 页。

　　然而，无论是从理论还是现实来看，美国都不可能轻易放弃同盟关系，因为作为远离欧亚大陆的海洋国家，盟友是美国能够在欧亚大陆施加影响的重要支撑。历史上反复出现的地缘政治经典对抗模式之一是当"陆缘地带"国家的强势崛起打破地区权力的平衡，且具有挑战海权主导国的能力时，也就存在海权国家对抗陆缘地带大国的可能。美国"遏制战略教父"斯皮克曼（Nicholas John Spykman）认为欧亚大陆东西两侧的陆缘地带是权力"潜力股"，一旦产生整合庞大人口、社会和资源的统一国家，实现高度的组织化和工业化，就有望成为傲视天下的世界级强国。[1] 因此，美国在冷战后的全球战略目标就是牢牢控制欧亚大陆这一最有可能出现霸权挑战者的地区，防止任何一个敌对国家或国家集团获得统治欧亚大陆的实力，而实现这一点的关键手段就是建立同盟体系。对美国来说即使现在退出同盟体系，也无法避免日后再被卷入其中。因为美国一旦表现出漠视或显露出衰落的迹象，就会激发新一轮的不稳定局势，危及美国的国家利益，最终将不得不再次考虑以武力的方式介入。[2] 所以，特朗普政府的印太战略绝非"战略收缩"，而是为了进一步整合力量和资源。英国武装部队前总司令理查德勋爵（Lord Richard）曾指出，特朗普坚持让北约成员国承担更多的集体防务开支有助于增强北约的实力，帮助北约向俄罗斯清楚地表明，北约是一个严肃的组织，如果需要的话，一定会在危机中保卫其盟友。[3]

　　2018年美国国防预算是近20年中第一次在增长比例上超过中国。实际上，按照美军惯例，最终的国防预算肯定会超支，所以最终的国防费用比将超过7000亿美元。所以，新的国防预算实际增幅将达到1000亿美元。由此可见，未来的美国政府在亚太地区事务上很可能实施更加积极的干涉主义和强硬路

---

[1] 斯皮克曼：《和平地理学》，商务印书馆1965年版，第96页。

[2] 泰德·R·布洛蒙德、迈克尔·奥斯林、科林·杜克：《重申美国现实主义》，《亚太安全与海洋研究》，2017年第4期，第5页。

[3] "Trump election: Nato chief warns against going it alone," *BBC*, Nov. 13, 2016, http://www.bbc.com/news/election-us-2016-37966027.

线。亚历山大·格雷（Alexander Gray）和彼得·纳瓦罗（Peter Navarro）的文章指出未来美国新政府将"坚定地寻求实力促和平"。[1] 尽管彼得·纳瓦罗目前在特朗普政府中的地位貌似已经边缘化，但其本人人事和职务变动并不一定意味着他所展示的政策理念被放弃，事实上美国参议院以 89 : 8 的投票结果通过 2018 财年国防预算授权，已经代表了美国政界试图以武力重振美国实力的决心和意志。就目前来看，特朗普的外交政策越来越接近曾经掀起冷战新高潮的里根政府时期。因此，在地缘政治领域，美国新政府的对华政策不会彻底抛弃奥巴马政府时期的"亚太再平衡"战略，而是以特朗普的方式——"印太战略"继续强化美国在亚太地区的实力和存在，加强美国与中国周边国家的合作，应对中国崛起所导致的权力结构变化。中美之间呈现出海权国家与大陆边缘地带国家展开竞争的事态。

在这一过程中，中国周边的中等强国和小国天然成为美国对华战略中的争取国家。作为军事同盟的日本、韩国、菲律宾、澳大利亚等国自然不用说，印度的态度最为关键。作为南亚地区的核心国家，印度的重要性非常突出。罗伯特·卡普兰在其《即将到来的地缘战争》一书中指出，"印度和中国都拥有巨大的人口数量，文化传统丰富多彩，广受尊重又各有特点；尽管贸易关系可以互补，但地理上的接近和一触即发的边界争端，仍使两国注定要在一定程度上成为竞争对手。"[2] 在"一带一路"倡议的推动下，中国积极致力于把巴基斯坦打造为安全和能源通道，把石油、天然气资源从印度洋港口转运进来。但在印度看来，中国在南亚地区的经济活动是一种"珍珠链"式的战略。中国投资或参与开发的海外港口，例如巴基斯坦的瓜达尔港、孟加

---

[1] Alexander Gray and Peter Navarro, "Donald Trump's Peace Through Strength Vision for the Asia-Pacific: How the Republican nominee will rewrite America's relationship with Asia," *Foreign Policy*, Nov. 7, 2016, http://foreignpolicy.com/2016/11/07/donald-trumps-peace-through-strength-vision-for-the-asia-pacific/.

[2] 罗伯特·D·卡普兰著，涵朴译：《即将到来的地缘战争：无法回避的大国冲突及对地理宿命的抗争》，广东人民出版社 2013 年版，第 211 页。

拉国的吉大港、缅甸的皎漂港、斯里兰卡的科伦坡和汉班托特港口都是该战略链条上的"珍珠"。2013年2月4日印度《德干先驱报》称：瓜达尔港口是中国"珍珠链战略"中最西边的"珍珠"。印度早已担心中国会"包围"印度，如今中国接手瓜达尔港口将会加剧印方的这种焦虑。2014年，就在习近平主席访问印度前夕，印度媒体热炒"中印对抗"的概念。面对中国在印度洋日益增长的实力，印度政府随即推出了"季风计划"：在广义的印度洋世界，从东非、阿拉伯半岛、印度次大陆、斯里兰卡一直到东南亚群岛，恢复旧航线，加强印度洋海域周边国家的文化与贸易联结，来抗衡中国的"21世纪海上丝绸之路"。但是，印度单独的力量显然无法与中国进行抗衡，希望借助域外力量来制衡中国。美国一直希望积极拉拢印度，提升与印度合作的战略层次，试图将之打造成美国亚洲战略的"支轴"和"桥头堡"。所以，美印之间存在相似的地缘战略目标和共同需求。

三、美国"印太战略"的内涵

2017年12月18日美国白宫公布总统特朗普任内首份国家安全战略，强调被定义为"修正主义国家"的中国和俄罗斯被认为是对美国的三大安全威胁之一，与流氓国家伊朗和朝鲜以及跨国恐怖主义组织并列。安全报告认为：

"地区均势变动会产生全球性后果，并威胁美国的利益。……中国和俄罗斯渴望在世界范围内建立强大的力量，但它们与其邻国进行了最大的博弈。朝鲜和伊朗同样对最近的邻居构成了最大的威胁。但是，随着毁灭性武器的扩散和区域联系更加紧密，威胁变得更加难以遏制。而不利于美国的区域均势变化会结合起来威胁我们的安全。

"美国必须引领印太地区、欧洲和中东地区的意愿和能力，与不利于（美国）的（权力）转移进行竞争并阻止之。维持有利的均势需要坚定的承诺和与盟国、伙伴国紧密的合作，因为盟国和伙伴国可以增强美国的力量，扩展美国的影响力。它们与我们共享利益、分担责任，共同抵御威权主义趋势，对抗极端意识形态，威慑侵略行为。"[1]

印太地区是指从印度西海岸到美国东海岸的广阔范围，是世界上人口最多和经济最为活跃的地区。美国新版安全战略报告认为"中国正在运用经济诱惑和制裁、政策导向和暗示军事威胁来劝说其他国家重视其政治与安全构想。中国的基础设施建设投资和贸易战略强化了地缘政治野心。"日本、澳大利亚、新西兰等国家是美国在该地区的关键盟友。美国欢迎印度作为全球性大国的崛起，欢迎印度成为美国强大的战略与防务伙伴，将寻求增加美日印澳四国之间的菱形合作。印太战略的首要任务是继续强化并扩展亚太同盟体系，在坚持传统"轴－辐"同盟体系以强化军事前沿存在的同时，创建并领导新型的安全伙伴关系，例如联合军事行动和共同的介入式封锁等，增加美军在亚太地区的存在感，提升盟友和安全伙伴信心。

日本是美国在亚太地区最重要的军事同盟国。从地理位置、经济总量、科技实力、军事力量、人口数量和国际影响力等各方面来看，日本一直都是美国实施亚太政策或者说现在和未来的印太政策最为合适的战略支点：足够对中国形成战略制衡，又不会形成对美国的挑战。故特朗普总统亚洲之行首站选择日本，进一步巩固了美日军事同盟和经济关系。所以，尽管特朗普总统宣称要全面推翻奥巴马政府的政策，但是毋庸置疑的是，在强化美日同盟方面，他将继承和发扬奥巴马的政治遗产。实际上"亚太再平衡"战略就已经扩展到印度洋。早在 2014 年，美国学者莫汉·马利克（Mohan Malik）就指出"印太正在从地理概念转变为战略概念"。所以，印太战略代表的是美国战略界的一贯谋划。事实上，特朗普胜选后立刻就与日本首相安倍晋三和韩国总统朴槿惠通了电话，重申同盟关系和协防盟友的承诺。新政府正式组阁亮相后，新任国防部长马蒂斯外访首站就是韩国和日本，不仅重申致力于在韩国部署萨德导弹防御系统，同时对日本承诺《日美安保条约》第五条适

---

[1]The President of United States of America, *National Security Strategy of the United States of America*, The White House, Dec. 2017, p. 45.

用钓鱼岛地区。

　　无论是在安全领域还是在经济发展领域，美日之间、美韩之间都对对方有所期待，且达成了共识。双方都把对方视作自己实现安全与发展目标的重要合作伙伴，同时满足了对方一些战略期待。合纵连横历来是大国博弈的重要手段，加强美日同盟、美韩同盟可以增强美国在印太地区的战略博弈能力。

　　战略上，通过强化双边同盟关系，打造多边同盟体系。印太战略当中的一项重要内容是美国希望盟国承担更多"国际责任"，分担美国的战略压力，在军事安全领域上对盟国逐步"解禁"。日本也倾向于通过积极承担更多的所谓的"国际责任"，加速迈向正常国家的步伐。早在 2006 年，时任日本外相的麻生太郎就提出了"自由与繁荣之弧"构想，希望把欧亚大陆外围兴起的新兴民主国家联合起来。2013 年，安倍首相提出以日美同盟为基础，以日、美、澳军事联盟为过渡，最终拉拢印度组成"亚洲民主安全棱形战略"，围堵中国的战略意图呼之欲出。2017 年，美国、日本、印度三国"马拉巴尔"联合军演不仅是史上规模最大，而且也是一次"全航母"军演，因为美、日、印三国都派出了航母或者准航母参加。此次军演的核心科目为对水下目标的侦查、预警、对抗、拦截，目的在于"围猎"潜艇，剑指中国具有战略优势的潜艇。安倍在 9 月 13–15 日访印期间与莫迪共同发表倡导实现"自由、开放、繁荣的印度洋太平洋"的联合声明，确认将携手加强美国的安全保障合作。安倍还在记者招待会上强调："将以与莫迪总理、美国特朗普总统的牢固信赖关系为基础，加强三国合作。"同年安倍访问澳大利亚期间，两国签署《物资劳务相互提供协定（ASCA）》的修订版，使自卫队在安全保障关联法规定的"重要事态"上可得到澳大利亚政府提供的弹药支持。

　　未来日本和美国将会积极游说印度同意澳大利亚加入"马拉巴尔"海上军事演习，实现军事上的"安全菱形战略"。早在 2015 年澳大利亚就曾有意加入，但是一直遭到印度的反对。印度并未彻底放弃不结盟政策而倒向美国一方。但是，在中印边界问题不断出现波折的情况下，特别是 2017 年出现长达 70 多天的洞朗军事对峙事件，印度也正在调整外交政策。印度尼赫鲁大学国际政治教授拉杰什·拉贾戈帕兰（Rajesh Rajagopalan）认为，中国就是印度的直接威胁，并且拥有更强大的军事力量和资源；中国在多个国际组织中的地位使之有更多的机会能够在不同舞台上阻碍印度获得更多的国际话语权；中国与巴基斯坦结盟并与其他南亚小国深化双边关系，挑战了印度在这个地区几十年的主宰地位；中国能够利用强大的经济力量在世界范围内扩展影响力，威胁印度。所以，印度只能选择与美国建立更加紧密的同盟关系，因为美国是唯一比中国更加强大的国家。美印两国在制衡中国方面存在共同利益。这其实已经是印度政府正在寻求的道路。[1]所以，未来印度很有可能改变立场，支持澳大利亚。

特朗普总统与澳大利亚总理特恩布尔之间的"最糟糕的通话"[2]，曾引发澳大利亚人民对美国及其总统的强烈不满。罗伊研究院的调查数据显示，虽然高达77%的澳大利亚人认为与美国的同盟关系非常重要，但依然有60%的人因为特朗普总统而降低了对美国的好感。[3]但这并未真正破坏美澳同盟。相反，澳大利亚海军却做出了近年来最为配合美国的行动：2017年9月19日6艘军舰和1200名士兵组成的澳大利亚海军舰队向南海进发"以显示坚定的决心"。此次"印度洋—太平洋奋进2017"军演，是澳大利亚30多年来最大规模的同类军事行动。军演前，美国高官对澳大利亚进行了密集访问，这其中包括美国副总统彭斯、参议院军事委员会主席麦凯恩和前国家情报总监克拉珀。彭斯副总统明确指出他的目的就是"再次确认（re-affirm）美国

---

[1]Rajesh Rajagopalan, *INDIA'SSTRATEGIC CHOICES: China and the Balance of Power in Asia*, Carnegie India, September 2017.

[2] 特朗普总统与特恩布尔总理的通话原文可以见于 Greg Miller, Julie Vitkovskaya and Reuben Fischer-Baum, "'This deal will make me look terrible': Full transcripts of Trump's calls with Mexico and Australia,"*The Washington Post,*Aug. 3, 2017, https://www.washingtonpost.com/graphics/2017/politics/australia-mexico-transcripts/?utm_term=.674743adad2c.

[3] "New poll suggests Trump causes Australians to form unfavourable view of US,"*SBS,* June 21, 2017, http://www.sbs.com.au/news/article/2017/06/21/new-poll-suggests-trump-causes-australians-form-unfavourable-view-us.

和澳大利亚之间强大的历史同盟关系"[1]。麦凯恩也指出："我知道特朗普总统的言行已经令美国的朋友们不安，其实同样也令很多美国人不安……我需要你们对美国保持信心，对我们持久的同盟价值保持信心！"在回答问题阶段，麦凯恩还特别强调了"自由航行"对美国和澳大利亚的重要性。[2]

军事上，通过各种方式增强盟国的军事实力。特朗普总统在访问日本期间承诺会继续转移更为先进的防卫武器，例如舰载型 F35B 战机，同时默许日本将直升机护卫舰"出云号"改造为真正的航空母舰；在访问韩国期间，一定程度上解禁韩国导弹弹头重量。同时，继续推动导弹防御系统在亚洲国家部署。尽管曾遭到韩国新任总统文在寅以"环境评估"为由暂时冻结，但在朝鲜不断进行核试验和弹道导弹试射的压力下，9 月 7 日萨德导弹防御系统最终还是在中国的反对下部署完成。"萨德"系统中的 X 波段雷达，不但能够监测几乎整个中国北方，更重要的是能够从尾部火焰来监测射向西半球的导弹，更加清晰、准确地计算弹道轨道，并识别真假核弹头，为提前预警和拦截提供技术支持。"萨德"在韩国的部署大大削弱了中国对美国的战略核威慑，打破了东亚地区的战略平衡，大大增强了美国的单边战略优势。这代表美国对外战略的一次重大调整，主动打破大国之间的核战略平衡，寻求构建一个集"矛"与"盾"于一体的战略攻防体系，在西太平洋地区寻求压倒性战略优势、构建绝对安全。日本政府在 2017 年 12 月的内阁会议上还决定引进两套陆基"宙斯盾"系统，如果搭载日美两国共同研发的"标准 –3"增强型拦截导弹，只需两套陆基"宙斯盾"系统基本就能覆盖日本全境。此外，利用朝核危机不断恶化之机，特朗普政府很可能会寻求在日本重新部署战术

---

[1] "Mike Pence reaffirms 'historical alliance' between US and Australia in Turnbull meeting," *The Guardian*, April 22, 2017, https://www.theguardian.com/us-news/2017/apr/22/mike-pence-to-meet-malcolm-turnbull-and-business-leaders-in-sydney.

[2] "SPEECH: SENATOR JOHN MCCAIN'S ALLIANCE 21 LECTURE," delivered at the State Library of New South Wales, Sydney, Australia, Tuesday, 30 May, 2017, hosted by the United States Studies Centre, https://www.ussc.edu.au/analysis/speech-senator-john-mccains-alliance-21-lecture.

核武器，抵消中国在东亚地区的军力增长。为了配合军事上的互动，特朗普政府很可能将纵容安倍政府修改宪法，逐步突破和平宪法对日本军事力量和投放能力的限制。

经济上，通过双边谈判来主导高标准的贸易协定，打造排除中国的印太经济区域，降低中国与印太其他国家之间的经济依存度。奥巴马政府打造 TTP 的逻辑是绝不能让中国制定有利于中国工人和中国商业的商业竞争规则。特朗普在这方面与奥巴马并没有分歧，只是手段不同。奥巴马遵循自由主义的经济主张，通过做大蛋糕的方式来打造美国的经济一体化朋友圈。过去美国作为一个强大的发达国家，在与其他国家发展贸易关系时往往更加注重"绝对获益"，即只要能够互惠，可以给予对方更多的优惠，并不寻求绝对的对等，例如在降低关税和贸易壁垒领域并不要求对方给予同等水平的降低幅度，在市场准入方面也不要求对等开放。但是，经过长时间的发展，美国与多数国家都出现巨大的贸易赤字。特朗普总统曾经的首席战略分析师班农曾指出，早在尼克松时代，美国精英就犯了严重错误，没能准确估计中国的经济增长与自由民主的关系："我们的精英们自从尼克松总统在 70 年代与中国建交以来就一直相信一种错误的期望，认为一旦中国变得更加富足，中国经济得到发展后，中国的民主状态将得到相应层面的改进，认为中国越富有，中国就越会在自由市场经济下变得民主化。而今我们却发现事实是相反的，在 20 世纪 90 年代末、21 世纪初的克林顿总统任期内，精英们相信通过遵循从二战结束到共产国际解体这期间由美国和盟国建立的国际架构和规则，中国会逐步成为其中的一分子，于是美国花了很大的努力给予中国最惠国待遇，加入世贸经济组织，以此来帮助中国走向世界。而我们在过去 20 年内看到的不过是个儒家重商主义专制模式。""特朗普总统在他最近的中国之行中没有责怪中国领导人，相反他认为美国的领导人让中国得以利用这个体制来为本国获利，是美国领导层的错误。特朗普总统指出，这不是个小小的战略错误，而是把美国、日本及亚洲其他盟国置于极其不利处境的本质性的错误。"[1]

班农特别强调，政治民粹主义和经济民族主义是一个全球运动。特朗普政府对过去美国与其他国家之间的经济"互惠"关系越来越不满，因此更愿意以一种"相对获益"的视角来看待与其他国家的贸易关系，因此更加注重"公平"。用特朗普的话说："当美国与其他国家或人民发展贸易关系时，我们将从现在开始，期待我们的合作伙伴也能够真诚地遵循我们所遵循的规则。我们期待市场将是双方对等水平的开放，而且应该是私人企业而非政府计划指导投资。"特朗普退出TPP，使多边谈判变为双边谈判，可以大大增强美国的谈判能力。

在这种情况下，美国的经济伙伴几乎没有对抗的能力，只能选择合作，特别是日本，在美国的压力之下将为印太经济战略在其他国家的推广提供榜样。日本高铁在印度能够以三倍高造价、0.1%的低利息和长达50年的贷款期击败中国竞争对手，无疑充满了日印两国的政治考量，因为这意味着长达半个世纪的经济依赖。在华日企和美企在未来可能会进一步向东南亚和印度进行产业转移。通过舆论、宗教或少数民族问题来破坏中国"一带一路"倡议的推进和实施。当然，这一过程还将需要时间来推进，并不会一蹴而就，但趋势越来越明显。特朗普不相信全球化自由贸易的逻辑，他更倾向于经济民族主义观点。2018年1月，华锐风电被指控剽窃美公司技术面临联邦诉讼，或许正在开启中美贸易战。

最后，与以往不同，"印太战略"并不是一味加强同盟关系，同样存在惩罚不合作的盟友的内容。2018年初，特朗普政府就指责巴基斯坦政府没能处理好其境内的恐怖主义组织滋生问题，作为惩罚将切断几乎所有的对巴安全援助，包括对外军事援助基金（Foreign Military Financing Fund）下的2.55亿美元的军事设备和训练费以及联盟援助基金（Coalition Support Fund）下的7亿美元。此外，相关专家推测最终的数字可能将超过上述所列，因为还有

---

[1] 史蒂夫·班农2017年12月17日在日本东京的演讲。

一些来自美国国防部的安全援助尚未公布。与此同时，美国依然在向巴基斯坦提供非军事援助。所以，美国实际上在实施一种"听其言、观其行"的政策，将依据巴基斯坦政府的反应来决定下一步动作。尽管此举引发巴基斯坦内部强烈的反对与批评，但是巴基斯坦旁遮普大学的军事和政治学家哈桑·阿斯卡里·里兹维（Hasan Askari Rizvi）教授表示："如果美国的油管干了，那么军方升级设备和人力资源的计划就会立刻被停止。长期来看，这也将是一个挫折，巴基斯坦需要这些资源来维持军事设备运转，而无论是中国还是其他友好国家都不可能完全弥补。"如果美国彻底切断所有对巴援助，那也就意味着美国不再将巴基斯坦视为"非北约盟国"，而是恐怖主义支持国，甚至与印度和阿富汗合作来对抗巴基斯坦。[1]

总之，"印太战略"的出台表明特朗普政府将以更大的决心在地缘政治和地缘经济上来应对中国崛起所带来的世界性影响。这必然会增强"一带一路"建设的外部风险。然而，特朗普政府的所有政策基本上还处于谋划和起步阶段，即便是印太战略也主要靠特朗普个人性格的"疯癫"所产生的恫吓来推进，依然大多停留在原则层面，并未给对象国带来实质性好处。该战略成功的关键依然是美国实力的消长和战略实施的有效性。在特朗普正式开启亚洲之行前，他先到夏威夷听取了太平洋司令部的汇报，并访问珍珠港和"亚利桑那"号战舰纪念馆。这似乎为其亚洲之行先增加了注脚：美国至少从珍珠港事件开始就已经与亚洲的命运绑在一起，根本就不是什么"域外大国"，且愿意以实力来回应各种挑战。

---

[1] "How will the US move to cut aid affect Pakistan?"BBC, 5 January, 2018, http://www.bbc.com/news/world-asia-42579077.

谁是俄罗斯的敌人：
俄罗斯国家安全战略解读

中央党校国际战略研究院 左凤荣

2015 年 12 月 31 日，普京签署命令通过了《俄罗斯联邦国家安全战略》，取代 2009 年 5 月 12 日梅德韦杰夫签署的《2020 年前俄罗斯联邦国家安全战略》。苏联解体后，俄罗斯重视本国的安全和政策的透明化，曾于 1997 年、2000 年颁布《俄罗斯联邦国家安全构想》，2009 年 5 月出台《2020 年前俄罗斯联邦国家安全战略》。新的《俄罗斯联邦国家安全战略》第一条就指出，"该战略是确定俄罗斯联邦国家利益、国家战略重点及巩固国家安全与长期稳定发展的内外政策目标、任务和措施的基础性文件"[1]，说明其地位与作用高于以往此类文件，不仅仅涉及国家安全问题，也在为俄罗斯的内外政策定调。新版《俄罗斯联邦国家安全战略》是在俄罗斯与西方关系恶化的背景下制定的，也是指导俄罗斯维护国家安全的重要文件。俄罗斯的战略走向无论对世界，还是对地区都将产生重要影响。俄罗斯安全战略通过以来，俄罗斯当初面临的环境并无实质性改善，这一安全战略的有效性将持续下去。

---

[1]Указ Президента Российской Федерации от 31 декабря 2015 года N 683."О Стратегии национальной безопасности Российской Федерации".http://www.rg.ru/2015/12/31/nac-bezopasnost-site-dok.html.

一、俄罗斯新安全战略出台的背景

俄罗斯国家安全战略属于国家的综合性、基础性文件，需要明确国家安全利益，评估国家面临的安全状况和形势，阐明面临的安全威胁和应对之策，以及实施国家安全战略所需的条件等。俄罗斯所面临的内外形势是其修订国家安全战略最主要动因。

制定 2009 年的国家安全战略时，虽然俄罗斯经济正遭受国际金融危机的严重打击，但俄罗斯与西方国家的关系相对较好，美俄关系重启，梅德韦杰夫要与发达国家建立现代化联盟。但从普京第三次入主克里姆林宫和 2014 年春乌克兰危机、俄罗斯"收复"克里米亚后，俄罗斯所面临的内外形势都发生了很大变化，有鉴于此，2015 年 7 月 3 日（当时正值欧盟宣布延长对俄罗斯的经济制裁），普京在主持俄联邦安全委员会扩大会议时提出，"考虑到我国安全战略基础的变化，我们要立即着手制定新的安全战略规划文件。"[1] 俄罗斯需要采取系统性措施应对不断变化的国际形势，并提出新的对策。

俄罗斯所面临的内外形势最大的变化是俄罗斯与西方关系的恶化，俄罗斯与美国、北约、欧盟国家的关系都发生了逆转，西方国家集体对俄罗斯实施经济制裁，俄罗斯被开除出了八国集团，俄美两国在国际舞台上互相攻击，北约不断加强在东欧和俄罗斯周边地区的存在，俄罗斯面临的威胁和挑战增多。西方的经济制裁加上国际油价的下跌，给俄罗斯的经济带来了很大困难。推出新版国家安全战略，是俄罗斯对其所处的国际战略环境和国家安全形势最新判断的反应。

俄罗斯与西方关系的直接诱因是乌克兰危机，更深层次的原因则是西方不愿接受普京回归克里姆林宫，特别是普京要重新整合原苏联地区，组建欧亚经济联盟，西方担忧普京重建"苏联"。乌克兰危机有很深的内部因素，苏联解体后，乌克兰统治者竭力摆脱俄罗斯的影响，未能给约占人口 20% 的

---

[1] Заседание Совета Безопасности, http://www.kremlin.ru/catalog/keywords/78/events/49862.

俄罗斯族人以平等待遇；政治斗争激烈，在议会制和总统制之间来回折腾；政商不分，政客往往为自己的私利服务而损害国家利益。乌克兰本是原苏联加盟共和国中仅次于俄罗斯联邦的第二大共和国，但在转型过程中却没有找到适合自己的路径，成为转轨失败国家，民众有理由对这样的政权不满。2014 年春乌克兰危机爆发的直接导火线是总统亚努科维奇在普京的优惠条件诱惑下，放弃与欧盟签署联系国协定，转而加强与俄罗斯等独联体国家的关系，引发了部分民众抗议，并得到了西方的支持，最后迫使亚努科维奇流亡俄罗斯。亲西方者在乌克兰掌权，俄罗斯乘机"收复"克里米亚，招致西方国家的多轮制裁，至今西方仍没有取消对俄制裁的迹象，有的只是制裁的升级，俄方也采取了反制裁措施。西方制裁俄罗斯的目的是使俄经济陷入困境，从而促使普京改变政策，或者激起民众对普京的反感，在俄罗斯实现政权更迭。这一目的并未达到，普京不会改变政策，普京在俄罗斯民众中的威信无人能撼动。

除经济制裁外，北约还不断向俄罗斯施加军事压力，北约继续东扩，启动黑山的入盟进程（2017 年 6 月 5 日黑山正式成为北大西洋公约组织第 29 个成员国）。北约在东欧部署反导系统和增强军事力量，扩大快速反应部队，建立多个指挥中心，并举行了多场针对俄罗斯的军事演习。2015 年 6 月，北约部队在波兰和波罗的海国家境内举行了名为"军刀出击 –2015"的最大规模的军事演习，共有 1.1 万名军人、40 架飞机（其中包括 B–52 轰炸机）以及 500 余辆军事装备（包括豹 2A5 坦克和 M1 艾布拉姆斯坦克）参加演习。美国和西方加紧对俄战略空间挤压，让俄罗斯感到安全受到威胁，俄罗斯也做出了回应，在波罗的海、黑海、地中海、俄乌边境、中部地区、远东、北极等所有战略重点地区都举行了军演，在克里米亚、加里宁格勒等战略要地加强军事力量，俄罗斯还宣布退出《欧洲常规力量条约》联合协商小组会议。欧洲出现了冷战结束以来最严重的军事对峙，美俄关系急剧变冷，2014 年底出台的新版《俄罗斯联邦军事学说》把北约列为主要军事威胁。塔斯社军事观察员、退役上校维克托·利托夫金接受《透视俄罗斯》记者采访时表示："北约的军事单位越来越靠近俄罗斯边境，并在立陶宛和拉脱维亚部署了重型装甲机械。波兰领导人正坚持要求向本国转移部署更多军队，并在本国建设北约军事基地保护其免受所谓'俄罗斯威胁'。"[1] 西方的行为确实让俄罗斯人感到了威胁，2017 年 12 月初，列瓦达研究中心的调查显示："66% 的俄罗斯人认为国家有敌人，68% 的被调查者认为美国是敌人，29% 的人认为乌克兰是敌人，14% 的人认为欧盟是敌人。"[2]

美俄的对峙也表现在中东，美国等西方国家支持叙利亚反对派，企图推翻俄罗斯的传统盟友巴沙尔政权。中东地区的动荡为极端组织"伊斯兰国"在伊拉克和叙利亚等地兴起提供了条件,也使这一地区的难民大量涌入欧洲，欧洲也遭受恐怖袭击，影响着欧洲的稳定。2015 年 9 月 30 日，俄罗斯高调开始在叙利亚打击 IS，并取得了很大成效，俄罗斯力图借此赢得受难民潮和恐袭困扰的欧盟国家的好感，借此改善与西方国家的关系，使其解除对俄罗斯的经济制裁，但目的并未达到。2015 年 12 月，欧盟以新明斯克协议在规定期限内无法得到全面落实为由，一致通过了延长对俄罗斯制裁的决定。

在可预见的将来，西方国家很难改变对俄罗斯的不友好态度。2015 年 2 月 6 日美国发布的奥巴马政府《2015 年国家安全战略》指出："暴力极端主义和不断演变的恐怖威胁，使美国和我们的盟友面临遭受攻击的持续风险。对网络安全的挑战不断升级、俄罗斯的侵略、气候变化的影响加剧以及传染病的爆发，都使人们对全球安全感到忧虑。"6 月，美军参谋长联席会议网站发表的《2015 年美国国家军事战略》认为，"虽然俄罗斯在有选择的安全领域，如缉毒和反恐领域中做出了贡献，但它也一再显示出，它不尊重邻国的主权，并且愿意动用武力来实现自己的目标。俄罗斯的军事行动正在直接地并通过代理人势力破坏地区安全。这些行动违反了俄罗斯所签署的系列协

---

[1]《应对北约威胁 俄罗斯将加强西部方向军事部署》，http://tsrus.cn/guoji/2016/01/15/559177.

[2] «Левада-центр»: россияне считают США, Украину и ЕС главными врагами страны, https://www.kommersant.ru/doc/3515516?query=%D0%B2%D0%BE%D1%81%D1%82%D0%BE%D0%BA.

定。"美国已经把俄罗斯作为全球安全的威胁，为了防止俄罗斯发动新的"侵略"，美国将继续制裁俄罗斯。面对新的形势，俄罗斯审时度势调整安全战略，实属必然。

二、俄罗斯安全战略的新变化

新版《俄罗斯联邦国家安全战略》，与旧版相比思路和基本框架没变，仍为六大部分，六部分的题目除第二个外，其余也没有变化，分别是：总则，在当今世界上的俄罗斯，俄罗斯联邦国家利益和国家战略重点，保障国家安全，实施本战略的组织、法规和信息基础，评估国家安全状况的基本指标。俄罗斯所关注的安全问题向来是综合性的，不仅针对军事、政治和外交等传统安全问题，也关注经济安全、恐怖主义、武器扩散、跨国犯罪、非法移民等非传统安全问题。新版俄罗斯国家安全战略所提出的保障国家安全的战略措施，与上一个国家安全战略一样，仍是9个方面，即：国防，国家和社会安全，提高俄罗斯公民的生活质量，经济增长，科学、技术和教育，医疗保健，文化，生态体系和自然资源的合理使用，战略稳定和平等的战略伙伴关系等，但每一方面的内容也根据新的形势进行了调整。新版《俄罗斯联邦国家安全战略》最大的变化在第二部分，2009年确定的《2020年前俄罗斯联邦国家安全战略》第二部分的标题是："当今世界和俄罗斯：现状和发展趋势"，新版国家安全战略改成了："在当今世界上的俄罗斯"，而且这部分的分量也大大增加了，原来只有13条，现在增加到了23条。新版《俄罗斯联邦国家安全战略》与2009年版国家安全战略相比，变化主要体现在以下方面：

第一，俄罗斯对世界的看法发生了变化

在2009年版国家安全战略中，其第二部分用比较多的篇幅谈全球化的发展与世界的变化，认为"世界正沿着国际生活各领域全球化的道路发展，全球化的特点是快速并使彼此相互依赖"，"由于新经济增长和政治影响中心的加强，一种崭新的地缘政治格局正在形成。在没有外界力量的参与下，以地区为基础寻求解决现有问题及调解危机的趋势正在形成。"2009 年版国家安全战略也谈到了国际形势存在的消极现象，如："现有全球和地区体系的薄弱（尤其是欧洲—大西洋地区只以北约为方针）以及法律手段和机制的不完善，导致国际安全保障受到越来越多的威胁。""单方面武力行动可能的死灰复燃、国际政治主要参与者之间的矛盾、大规模杀伤性武器扩散及其落入恐怖分子手中的威胁，以及控制化学、生物和高科技领域非法活动形式的完善，将对保障俄联邦国家利益产生不利影响。""北大西洋公约组织向俄边界推进军事基础设施的计划及赋予自身有悖于国际法准则的全球职能的意图是俄罗斯所无法接受的，这仍是俄罗斯与北约关系的决定性因素。"[1] 但反映出来的情绪是相对乐观的，"从集团对抗向全方位外交原则的转变以及俄罗斯的资源潜力、务实政策使俄联邦巩固其在国际舞台影响力的能力得以扩大。俄联邦拥有足够的潜力，以便未来在有效参与国际分工、提高国民经济全球竞争力、国防潜力、国家和社会安全水平的基础上为俄罗斯跻身世界经济领先国家创造条件。"[2]

新版安全战略没有对国际局势进行详细描述，一开始就直接谈俄罗斯的国家安全和社会发展领域的政策能够保障国家利益，认为"俄罗斯已经证明自己有能力保障主权、独立、国家领土完整，保护海外同胞的利益。在解决世界重要问题、调解军事冲突、保障战略平衡和在国际关系中的国际法至上方面，俄罗斯的作用在增长"。"在世界经济不稳定和一些国家对俄罗斯采

---

[1]Указ Президента РФ от 12 мая 2009 г. N 537 «О Стратегии национальной безопасности Российской Федерации до 2020 года» (с изменениями и дополнениями), http://base.garant.ru/195521/#friends.

[2]Указ Президента РФ от 12 мая 2009 г. N 537 «О Стратегии национальной безопасности Российской Федерации до 2020 года» (с изменениями и дополнениями), http://base.garant.ru/195521/#friends.

取制裁措施的条件下，俄罗斯经济可以保障和增进自己的潜力。"[1]2009 版国家安全战略是把俄罗斯放到全球化的世界中，新版国家安全战略是把世界放到俄罗斯视野中，因此，新版俄罗斯安全战略更强调国际局势发展的消极方面，强调"巩固俄罗斯是在新的具有综合性安全威胁的背景下进行的。俄罗斯奉行独立的内外政策激起了美国及其盟友的对抗，它们试图保持自己在国际事务中的优势地位。它们正在奉行的遏制俄罗斯的政策是向俄罗斯施加政治、经济、军事和信息压力。""新的政治模式形成的过程是与全球和地区不稳定相伴随的。""国家之间的竞争在很大程度上是价值观和社会发展模式，以及人、科学和技术潜力的竞争。在这一进程中，掌握太平洋和北极资源的领导者占有优势。""在国际关系中实力因素的作用没有降低，致力于发展和改进新的各种进攻性武器削弱了全球安全体系和军控谈判体系。在欧洲大西洋地区、在欧亚地区以及亚太地区并没有遵循平等和不可分割的安全原则。在俄罗斯周边地区军事化和军备竞赛的进程在发展。""在中近东保持旧有紧张关系的同时，在非洲、南亚和朝鲜半岛出现了新'热点'，不受任何国家政权控制的区域在扩大。"在发生武装冲突的地区，"伊斯兰国"乘机兴起。"很大程度上受国际局势的影响，全球信息领域的对抗也在加强。"[2]从这些论述中我们可以看到，俄罗斯有一种被全球化进程抛弃的感觉，其所面对的是一个不接受俄罗斯成为强国的世界，其所关注的主要是军事和地缘政治争夺。

第二，把美国和北约看成是俄罗斯安全的主要威胁

2009 年版国家安全战略在谈及危害国家安全的问题时，对北约的行为不

---

[1]Указ Президента Российской Федерации от 31 декабря 2015 года N 683.»О Стратегии национальной безопасности Российской Федерации».http://www.rg.ru/2015/12/31/nac-bezopasnost-site-dok.html.

[2]Указ Президента Российской Федерации от 31 декабря 2015 года N 683.»О Стратегии национальной безопасности Российской Федерации».http://www.rg.ru/2015/12/31/nac-bezopasnost-site-dok.html.

认同，反对北约"向俄边界推进军事基础设施的计划及赋予自身有悖于国际法准则的全球职能的意图"，但没有明确说这是针对俄罗斯的。新版安全战略明显增加了论述国家安全威胁的篇幅，并把北约看成是安全威胁："北约扩展自己的潜力和被赋予有悖于国际法准则的全球职能，北约国家军事活动活跃，进一步扩大军事同盟，把自己的军事情报基地推进到俄罗斯边界，这些成为俄罗斯国家安全的威胁。""美国在欧洲、亚太地区和中东部署反导系统，实施'全球打击'构想，发展非核战略打击力量并将其部署太空，实质性地降低了维护全球和地区稳定的可能。""西方阻碍欧亚一体化进程并在欧亚地区制造冲突策源地的立场，对俄罗斯国家利益具有消极影响。欧盟和美国支持乌克兰反宪法的政变导致了乌克兰社会的严重分裂和武装冲突。极端民族主义意识形态增强，目的是在乌克兰居民中塑造俄罗斯的敌人形象，不断用武力解决内部矛盾，深刻的社会和经济危机，使乌克兰变成了欧洲和靠近俄罗斯边界地区长期不稳定的策源地。""在俄罗斯的邻国，美国的生物化学武器试验网在扩大。"[1] 从以上这些内容中我们看到，俄罗斯把美国和北约看成了自己安全的主要威胁，西方国家在地缘政治、军事、信息等多个方面在遏制和丑化俄罗斯。俄罗斯在基础性战略规划文件中明确把美国及其盟友划入敌对阵营，这可以说是俄罗斯对美国相关文件把俄罗斯当成威胁的回应。俄罗斯这么做，旨在向世界表明，为了保障自己的国家利益，俄罗斯不怕来自西方的政治和军事挑战。新版俄罗斯安全战略突出西方威胁，除了对形势的判断，实际上也有一定的国内宣传考虑，意在激发俄罗斯人的爱国主义情感和民族主义情绪，以转移民众对经济困难的关注。

美国也把俄罗斯当成威胁，在 2017 年 12 月 18 日发布的《美国国家安全战略报告》中，美国明确把中俄列为战略竞争对手。对此，2017 年 12 月 22

---

[1]Указ Президента Российской Федерации от 31 декабря 2015 года N 683.»О Стратегии национальной безопасности Российской Федерации».http://www.rg.ru/2015/12/31/nac-bezopasnost-site-dok.html.

日普京在俄罗斯国防部扩大会议上回应称，"如果可以用两句话说的话，用外交语言讲，它无疑具有进攻性；而如果换作军事语言的话，那么，无疑具有侵略性。我们要在自己的工作中考虑到这一点。"[1]

第三，明确维护国家安全的重点是解决内部问题

在2009年版国家安全战略中，规定俄联邦未来长期的国家利益在于："发展民主和公民社会，提高国民经济的竞争力；确保俄联邦宪法体制、领土完整及主权的稳固；把俄联邦变成一个世界大国，其活动宗旨是维护多极世界条件下的战略稳定和互利伙伴关系。"[2] 新版俄罗斯国家安全战略在国家利益目标定位上更加接近实际，对国家利益的界定也更具体化，规定俄联邦未来长期的国家利益在于："巩固国防，维护宪法体制和俄罗斯的主权、独立及领土完整；巩固民族和解，政治和社会稳定，发展民主，完善公民社会和国家的互动机制；提高生活质量，巩固居民的医疗保健体系，保障国家的人口稳定发展；保持和发展俄罗斯的文化、传统道德和精神价值；提高经济的竞争力；巩固俄罗斯联邦作为世界领导者之一的大国地位，其活动的宗旨是维护多极世界条件下的战略稳定和互利的伙伴关系。"[3] 从中我们看到，俄罗斯的世界目标从成为"世界大国"变成了"世界领导者之一"，这只是表述上的变化，其实质内容并无变化。与以往相比，增加了对俄罗斯传统价值观的保护。

俄罗斯虽然把外部环境估计得很严重，但在确定维护国家安全的原则时，新版国家安全战略规定："为了预防国家安全威胁，俄罗斯联邦将集中精力

---

[1]Расширенное заседание коллегии Министерства обороны, http://www.kremlin.ru/events/president/news/56472.

[2]Указ Президента РФ от 12 мая 2009 г. N 537 «О Стратегии национальной безопасности Российской Федерации до 2020 года» (с изменениями и дополнениями), http://base.garant.ru/195521/#friends.

[3]Указ Президента Российской Федерации от 31 декабря 2015 года N 683.»О Стратегии национальной безопасности Российской Федерации».http://www.rg.ru/2015/12/31/nac-bezopasnost-site-dok.html.

巩固俄罗斯社会的内部统一，保障社会稳定，民族和解，宗教宽容，实现经济结构平衡及其现代化，提高国家的防御能力。""为了保障俄罗斯国家利益，俄罗斯实行公开、理智的和实用主义的外交政策，排除耗费巨大的对抗，其中包括新的军备竞赛。"[1] 在发展国防力量时，强调奉行合理足够的原则。新版俄罗斯国家安全战略适应俄罗斯安全面临的新形势，确定了俄罗斯未来维护国家安全的政策指向。

三、俄罗斯维护国家安全的政策走向

新版俄罗斯国家安全战略，在第四部分"保障国家安全"条款中，从九个方面详细论述了保障国家安全的措施，这些政策措施实际上是对 2014 年以来普京政策的认可。俄罗斯新版国家安全战略指导下的国家安全政策实施以来，有效维护了国家的安全，特别是在政治和主权安全方面。

（一）俄罗斯外交重点进一步"东向"

2009 年版国家安全战略把欧洲和美国视为独联体之外的首要外交重点，新版国家安全战略对外交优先方向的排序做出了重大调整，先是谈参与多边机制，然后是独联体国家，中国、印度和亚太地区代替了西方的位置，然后谈与拉丁美洲和非洲国家的合作，最后才谈到与欧盟和美国的关系。两年多来，俄罗斯外交"东向"倾向明显，在与西方关系无法取得突破的背景下，俄罗斯与亚太国家的关系取得了很大成功。

在多边外交中，除了重视联合国外，俄罗斯还特别重视有其参与的"俄罗斯扩大与金砖国家（巴西、俄罗斯、印度、中国、南非）、俄印中（俄罗斯、印度、中国）、上海合作组织的合作，与亚太经合组织、二十国集团和其他国际组织框架下战略伙伴的互利关系。""俄方将在独联体和欧亚经济

---

[1]Указ Президента Российской Федерации от 31 декабря 2015 года N 683.»О Стратегии национальной безопасности Российской Федерации».http://www.rg.ru/2015/12/31/nac-bezopasnost-site-dok.html.

联盟框架下积极利用地区和次地区一体化潜力，并着手将集安组织转变为应对当代广泛挑战和威胁的普遍性国际组织。"[1]集体安全条约组织现由俄罗斯、哈萨克斯坦、白俄罗斯、亚美尼亚、吉尔吉斯斯坦、塔吉克斯坦六国组成，转变为应对广泛威胁的普遍性国际组织则意味着其将吸收新的成员，并扩大原有的职能。

在对外战略布局中，俄罗斯的重点方向首先是发展同独联体、集体安全条约组织、欧亚经济联盟国家的关系。对于俄罗斯曾竭力争取的乌克兰，俄罗斯接受了乌克兰西向的现实，由于克里米亚和乌克兰东部的问题，乌克兰不可逆转地越来越疏离俄罗斯。在2016年新年伊始，俄总理梅德韦杰夫宣布，为保护国内市场，俄罗斯将对乌克兰启动关税与类似于针对反俄制裁国家采取的食品进口禁令。俄罗斯国家杜马通过法案，从2016年暂停俄罗斯与乌克兰间的自由贸易区协定的效力。

俄罗斯认识到亚太地区在未来的世界格局中将占有重要地位，把发展与中国的关系置于重要地位。新版俄罗斯国家安全战略强调，"俄罗斯联邦要发展与中华人民共和国的全面战略协作伙伴关系，把之看成是维护全球和地区稳定的关键因素"。2015年俄罗斯开始在远东建设"超前社会经济发展区"，加大对远东开发的力度，在税收减免、土地、基础设施建设等方面为企业提供最优惠的条件，符拉迪沃斯托克成为"开放港口"，俄版"特区"，为外资企业提供方便，希望更多吸引包括中国在内的亚洲投资。同时，俄罗斯也重视传统伙伴印度，"俄罗斯认为与印度发展特惠战略伙伴关系具有重要作用。""俄罗斯支持在亚太地区建立可靠的、不结盟的基础上的地区安全稳定机制，提高与这一地区国家政治经济合作的效率，扩大在科学、教育和文化领域的合作，其中包括在地区一体化机构的框架下。"俄罗斯明显加大了

---

[1]Указ Президента Российской Федерации от 31 декабря 2015 года N 683.»О Стратегии национальной безопасности Российской Федерации».http://www.rg.ru/2015/12/31/nac-bezopasnost-site-dok.html.

远东地区的开放力度，举办东方经济论坛，努力吸引中日韩等亚洲国家对俄投资。

新版俄罗斯国家安全战略也关注到了北极地区安全，因为该地区与俄罗斯国家利益息息相关。2015 年 7 月 26 日，普京批准了《俄罗斯联邦海洋学说》[1]，取代了 2001 年制定的《俄罗斯联邦 2020 年前海洋学说》，新版海洋学说除强调在俄罗斯北极地区的专属经济区和大陆架财富的重要性外，突出强调俄罗斯在这一地区要保障俄罗斯舰队自由出入大西洋和太平洋的特殊重要性，强调"北方航道对俄罗斯联邦的可持续发展和安全来说，意义正在提升"[2]。俄罗斯突出重视北极航道。北极航道未来可以把俄罗斯的太平洋舰队和北方舰队联合起来，这两大舰队可以相互支援，克服了俄罗斯各个舰队被地理分割的不利局面。北极航道的商用价值潜力不容低估，俄罗斯要抢占先机，计划重建破冰船队，建造新的核动力破冰船，2017 年、2019 年和 2020 年将有三艘核动力破冰船下水。在新版国家安全战略中，强调了利用北极资源和北极航道对发展俄罗斯的重要性。

俄罗斯在努力寻找打破与西方关系僵局的途径。新版俄罗斯国家安全战略虽然把俄罗斯与欧洲、美国关系排到了拉美和非洲之后，但并不表明其不重视与欧盟和美国的关系。"俄罗斯联邦赞成巩固与欧洲国家、欧盟的互利合作，支持欧洲与后苏联空间一体化进程的和谐化，支持以明确条约为基础在欧洲—大西洋地区建立开放的集体安全体制"；俄罗斯联邦"希望与美国在利益协调的基础上，包括在经济领域发展真正的伙伴关系"，"俄罗斯联邦要在平等基础上发展与北约关系，以巩固欧洲—大西洋地区的整体安全。"，

---

[1]Владимир Путин провёл совещание, на котором обсуждалась новая редакция Морской доктрины Российской Федерации. http://kremlin.ru/events/president/news/50060.
[2] Морская доктрина Российской Федерации.С.24.

"在北极地区进行平等互利的国际合作具有特别重要的意义。"[1] 正如俄罗斯评论家所说："莫斯科感兴趣的是在包括经济利益协调的基础上与美国建立完全平等的伙伴关系，并考虑俄美关系对国际局势现状的关键性影响。"[2]事实上，普京一方面对西方表示强硬，另一方面也为与西方改善关系留有余地。在2015年12月3日的国情咨文和12月11日国防委员会扩大会议上的讲话中，普京并没有像以往那样谴责西方，只把矛头对准土耳其。普京呼吁与西方大国结成广泛反恐联盟，以应对恐怖主义的威胁。梅德韦杰夫在上海合作组织成员国政府首脑理事会会议上谈到反恐问题时也表示，俄罗斯支持阿富汗政府打击恐怖主义和毒品交易的努力，必须摒弃意识形态上的分歧，形成统一的反恐阵线。2015年12月15日美国国务卿克里访俄，同意把重点放在打击恐怖主义，而不是叙利亚政权的更迭上。但西方国家并没有因为俄罗斯积极反恐，与西方有了实质性的合作而向俄罗斯让步，美国和欧盟把对俄罗斯的制裁再次延长到了2016年年中，乌克兰危机短期内难以解决，俄罗斯与西方的关系短期内也难有实质性改善。

与西方关系恶化，严重影响着俄罗斯的经济发展。据俄经济新闻社2016年1月13日报道，俄罗斯经济发展部第一副部长利哈乔夫在2016盖达尔论坛上发言时称，据初步统计，2014年俄罗斯与欧盟双边贸易额达3800亿美元，2015年双边贸易额为2300亿美元，同比下降40%，欧盟在俄贸易总额中所占比重为44.5%。2015年俄对欧盟出口同比下降37.7%，进口下降41.5%，其中，俄与德国进出口贸易额为442亿美元，与荷兰435亿美元，与意大利301亿美元。2016年俄罗斯经济有所回升，2017年俄罗斯经济出现正增长，但俄罗斯经济难以再现以往的高速增长。

---

[1]Указ Президента Российской Федерации от 31 декабря 2015 года N 683.»О Стратегии национальной безопасности Российской Федерации».http://www.rg.ru/2015/12/31/nac-bezopasnost-site-dok.html.

[2] *Кира Латухина Владимир* Путин обновил стратегию нацбезопасности. http://www.rg.ru/2015/12/31/strategia-site.html.

在新版国家安全战略中，俄罗斯不断强调保持战略稳定的重要性，强调平等、利益协调，实质上就是要求西方国家承认和尊重俄罗斯的利益。尽管近期内俄罗斯与西方的关系难有很大改善，但双方在军控、防止大规模杀伤性武器扩散、打击恐怖主义、解决地区冲突等领域还是有合作空间的。俄罗斯并不想与西方对抗，俄罗斯与西方关系的未来走向取决于西方而不是俄罗斯。

（二）进一步加强发展军事力量的力度

俄罗斯是一个有军事传统的大国，历来重视军队在维护国家安全和国家利益方面的作用，因此，新版国家安全战略把国防作为维护国家利益最重要的手段。在国际安全领域，俄罗斯致力于首先使用政治、外交、法律等手段维护国家利益，如果非暴力手段没有效果，俄将采取武力手段捍卫本国利益。

普京一直把强军作为强国的重要目标，新军事变革取得了很大成绩，俄罗斯还根据军事技术发展的需要成立了新的军种。2011 年在航天兵基础上新组建空天防御兵，2015 年 8 月 1 日，俄军又宣布将空军与空天防御兵合并，组建新的军种——空天军。俄罗斯的海军力量得到了加强，美国人开始注意和研究俄罗斯的海军动态。近年来俄罗斯在黑海、东地中海和北极方向上的军事活动日趋活跃。俄罗斯出兵叙利亚，军事打击 IS，让世人看到了俄罗斯军队的战斗力。

新版国家安全战略在论述国防问题时，对军队建设问题进行了原则性规定，强调重视提高军队的动员能力和水平、提高军事准备能力，强调发展国防要遵循足够和有效的原则。俄罗斯军事力量的发展方向主要是应对来自西部的威胁，过去两年，北约在波罗的海三国不断部署重型战斗装备，美国还在罗马尼亚部署了反导系统。为此，俄罗斯也要相应地增强在西部的军事力量。2016 年 1 月 12 日，俄罗斯国防部长绍伊古宣布，将在西部方向新部署三个师，兴建更多的军事设施，部署最新型武器装备。2012 年以来，黑海舰队增添了 6 艘潜艇、装备"口径"巡航导弹的"格里戈罗维奇海军上将"号和"埃森海军上将"号护卫舰以及 3 个"舞会"和"棱堡"岸防导弹营。

俄罗斯增强军事力量的另一个重点地区是北极。俄罗斯特别重视在北极重建驻军基地，俄国防部在新西伯利亚群岛中科捷尔内岛上建立军事基地的工作已完成，还计划在弗兰格尔岛、施密特海角、楚科奇岛和千岛群岛建立此类基地，在法兰士约瑟夫地群岛和新地岛也可能建立俄军基地。俄罗斯还计划在最北部港口城市之一的季克西启动新机场，并在那里部署军用飞机，并为战略轰炸机在该机场降落创造条件，亚历山大地岛上也将建设类似的机场。俄罗斯计划对 9 座北极机场进行重建和现代化改造，其中 6 座将于 2016–2017 年完工。[1] 俄罗斯正在法兰士约瑟夫地群岛、新西伯利亚岛、施密特海角及阿纳德尔市区建设和改造军用机场。俄北极军事基地除飞机外，还将部署导弹防御系统和短距离防空武器。北方舰队新添 23 艘舰船，包括"尤里·多尔戈鲁基"号战略导弹潜艇和"北德文斯克"号多用途核潜艇。"乌斯季诺夫元帅"号导弹巡洋舰得到升级。

2017 年 12 月 22 日普京在国防部扩大会议上的讲话中指出，2012 年部队现代化武器装备的比重仅为 16%，而到 2017 年底达到了约 60%，至 2021 年将提高到 70%。2017 年组织了 6 次大规模军队战略检查，证明部队准备程度很高。[2]

（三）解决经济和社会问题仍是保障国家安全的重点

俄罗斯始终把搞好国内事务作为保证国家安全的前提和基础，强调国家安全状况取决于国家的经济实力以及国家安全保障体系的运行效率。正如俄罗斯联邦安全会议秘书助理谢尔盖·瓦赫鲁科夫所解释的："俄罗斯国家安全战略中特别关注了对经济领域国家安全主要战略威胁的定义，其中包括低竞争力、原料出口发展模式的维持和对外部经济形势的高度依赖、在新技术研发和应用方面的落后、国家预算体系不平衡、贷款资源不足、国家金融体

---

[1] 北极：俄罗斯的前哨阵地和资源"仓库"，http://tsrus.cn/pinglun/2015/12/03/546189.

[2]Расширенное заседание коллегии Министерства обороны，http://www.kremlin.ru/events/president/news/56472.

系不受保护以及许多其他威胁和挑战。"[1]新版国家安全战略"对最重要的任务作出了修订，完成这些任务将是主要的努力方向。这些任务包括消除经济不均衡，缩小俄联邦各主体社会经济发展的地区间分化水平，降低面对外部不良因素时的脆弱性，务实参与国际经济合作，提高经济领域的国家管理效率等"[2]。大国之间的矛盾不太可能用武力解决，各国之间的竞争还是经济实力和价值观的较量。

俄罗斯内政面临的最大问题是经济问题。经济是保障国家安全的决定性因素，低油价已经对俄罗斯国家安全构成了现实和潜在的威胁。2014年俄罗斯经济只增长了0.6%，2015年下降了3.8%，2016年1月中旬召开的俄罗斯经济论坛"盖达尔论坛"上，人们担心俄罗斯经济会出现苏联解体前夕那种全面危机。普京在"小企业—国家构想"全俄企业论坛上发表讲话表示："我们总是说，中小企业也应该是国家经济发展的支柱。""最近两年经济状况相当复杂，客观困难波及所有经济成分，但需要指出的是，企业总体上挺过来了，包括小企业。"[3]俄罗斯总统和总理召开了多次会议，研究经济问题，希望专家出良策，献良方。俄罗斯经济最需要解决的是摆脱严重依赖油气出口的局面，并大力促进经济结构转型，加快先进技术转化成生产力的进程，但这一进程是长期的。对此，新版国家安全战略里也谈到了，指出："经济领域国家安全面临的主要威胁是竞争力低下，保持依赖出口原材料增长模式，在很大程度上取决于国际市场行情。"指出西方实行的反对俄罗斯的经济限制措施对俄罗斯经济的损害，提出要加强国家对经济的调节，发展各种生产要素市场，保障能源安全，降低对外国工业品和技术的依赖，把国防工业作

---

[1] 俄安全会议：低竞争力被列为俄经济主要威胁，http://sputniknews.cn/russia/20160119/1017752939.html.

[2] 俄国家安全战略将缩小各地区经济发展差距定为主要任务，http://sputniknews.cn/russia/20160119/1017753111.html.

[3]Всероссийский предпринимательский форум «Малый бизнес– национальная идея?», http://www.kremlin.ru/events/president/news/51186.

为经济现代化的杠杆，注意解决地区差距，发展中小企业，注意解决当地民众与移民的利益平衡问题，等等。

新版国家安全战略在解决内部安全问题时，最突出的是强调了传统文化价值观的安全问题。提出"利用民族和宗教极端主义意识形态的社会激进组织、外国的和国际非法组织、财政和经济机构甚至个人的活动，在破坏俄罗斯的统一和领土完整，导致国家内部和社会局势的不稳定，包括煽动'颜色革命'抗议活动，破坏俄罗斯传统的精神和道德价值观。""在文化方面的国家安全威胁是通过外来的文化和信息入侵（包括低俗的大众文化产品），摧毁俄罗斯传统的精神和道德价值观，削弱俄罗斯多民族国家的统一。宣传暴力、种族和宗教不宽容，甚至减弱俄语在世界上的作用，降低俄罗斯和境外的俄语教学质量，试图伪造俄罗斯和世界的历史，违法损害文化设施。"强调俄罗斯要巩固传统价值观，发挥俄语的国语作用，反对外来价值观的侵略，开展爱国主义教育等。[1]在提高人民生活质量和水平问题上，要注意消除贫富不均、收入分配不均衡的现象，支持农业，保障粮食安全。

总之，俄罗斯国家安全战略有明显的针对以美国为首的西方国家的倾向，这也表明在国际政治舞台上，大国之间的博弈与斗争日趋激烈。俄罗斯国家安全战略为俄罗斯未来的外交政策所确定的基调是，以独联体地区为依托，以多边合作为重要舞台，以发展中俄、中印关系为支撑，以谋求与西方改善关系，获取更大发展空间为目标的对外战略布局。强人普京所执掌的俄罗斯，不管遇到多大困难，都不会改变要在世界上发挥大国作用的战略取向。

---

[1]Указ Президента Российской Федерации от 31 декабря 2015 года N 683.»О Стратегии национальной безопасности Российской Федерации».http://www.rg.ru/2015/12/31/nac-bezopasnost-site-dok.html.

俄罗斯与朝鲜半岛关系的演变

中央党校国际战略研究院　左凤荣

在谈到 2017 年俄罗斯外交的成绩时，俄罗斯在调解朝鲜核问题方面地位上升，成为其重要表现，"久未积极参与解决朝鲜问题的俄罗斯突然成了美朝之间的桥梁。2017 年 9 月份，美国国务院朝鲜政策特别代表尹汝尚和朝鲜外务省高管崔善姬先后访问莫斯科。他们在俄罗斯同行的协助下交换关于解决危机的看法。谈判尚未取得成功，但莫斯科重新成为调解朝鲜危机的玩家，这是俄罗斯外交的胜利。"[1] 俄罗斯与朝鲜是邻国，拥有近 40 公里共同边界（17 公里陆上边界，22.1 公里海上边界）。历史上两国有特殊关系，苏联解体后两国关系一度陷入停顿。从 2000 年普京访问朝鲜后，两国关系回暖，但两国关系也是时好时坏，外交节奏时紧时慢，并非平稳向前发展。俄罗斯与朝鲜经常相互借重，俄罗斯把朝鲜看成是外交可以利用的重要砝码，借朝鲜核问题增强其国际影响。

一、俄罗斯与朝鲜半岛两个国家关系的历史

19 世纪末，随着俄罗斯帝国向东方扩张，俄罗斯开始关注朝鲜半岛。1884 年俄罗斯与朝鲜有了外交关系。1895 年中日《马关条约》签订后，俄国

---

[1]*Михаил Коростиков* С чувством глубокого Востока：России в Азии в 2017 году стало заметно больше. Коммерсант. 29.12.2017.

伙同法国、德国干涉日本对中国东北的侵略，"三国干涉还辽"。此后，俄国大力开发中国东北地区，修筑中东铁路，并保持着对朝鲜的影响。日俄战争后，俄国退出了南满，也失去了对朝鲜的影响。

20世纪三四十年代，苏联支持金日成领导的朝鲜共产党（今朝鲜劳动党的前身）开展抗日游击活动。第二次世界大战胜利前夕，苏联在雅尔塔会议上取得了美国对其远东权益的承认，日本投降后，中国东北和朝鲜半岛北部实际上被苏联所控制。苏联在朝鲜北部扶持金日成政权，导演了一场朝鲜战争，使冷战格局在亚洲固定下来。这一后果影响至今。1961年7月6日，苏朝签订《苏朝友好合作互助条约》，包括序言和6条正文，同年9月10日生效，有效期10年，如果在期满前一年缔约双方均未提出废除，则继续有效5年，至1991年，条约有效期已自动顺延5次。条约确定了苏朝间的军事政治同盟关系：规定缔约任何一方遭受任何国家或国家联盟的武装进攻而处于战争状态时，另一方应立即尽其全力给予军事及其他援助；双方保证不缔结反对对方的任何同盟，也不参加反对对方的任何联盟和行动；双方对涉及两国利益的一切重大国际问题均将彼此协商；双方保证本着友好合作精神，发展和加强两国间经济和文化联系，彼此给予一切可能的援助。"朝鲜没有参加华约，却是社会主义友盟的一部分，与中国和苏联都签署有友好互助条约。"[1]苏联一直支持朝鲜，不承认韩国。

随着冷战体制的逐步消失，苏联从自身经济利益出发，改变了对朝鲜半岛的政策，开始承认韩国是一个主权国家。1990年6月戈尔巴乔夫与卢泰愚在旧金山会晤，9月苏联与韩国正式建交。1990年12月卢泰愚访问苏联，1991年4月19日戈尔巴乔夫在访问日本之后访问了韩国。此后，苏联与韩国的关系快速发展起来，苏联领导人震惊于韩国的经济奇迹，希望发展与韩国的关系，韩国希望在加入联合国的问题上得到苏联的支持，戈尔巴乔夫承

---

[1]*Петр Акопов* Россия может объединить Корею иным путем. http://vz.ru/politics/2015/1/29/726743.html.

诺在安理会上支持韩国加入联合国，承诺不会帮助朝鲜实施其核计划。在苏韩关系迅速发展的同时，苏朝关系受冷落，苏联要求苏朝贸易用现汇结算，两国贸易大幅减少。

苏联解体后，俄罗斯一度自顾不暇，对朝鲜半岛的政策也完全倾向韩国一边。1994年6月俄韩外交关系被定位为"建设性互补伙伴关系"，到1994年，俄韩双边贸易额为22亿美元，两国首脑先后6次见面。俄朝关系受到极大冲击，两国不仅中断了高层互访，经贸关系也基本冻结，1995年俄罗斯放弃了两国《友好合作互助条约》对朝鲜的无条件安全保障义务，双方的军事政治同盟关系终结。俄朝关系冷冻的同时，俄罗斯在朝鲜半岛的作用和影响也随之下降，1997年12月，中、美、朝、韩代表组成的朝鲜半岛四方会谈在日内瓦正式启动，俄罗斯被排除在外。随着向西方"一边倒"政策的失败，俄罗斯决定修复与朝鲜的关系。1996年春，俄副总理伊格纳坚科和国家杜马主席谢列兹尼奥夫访问朝鲜，1996年4月叶利钦致信金正日，表示愿意恢复两国睦邻与友好合作传统，建议重新修订两国友好合作互助条约。

2000年普京担任总统后，重又重视朝鲜，开始在朝鲜半岛搞平衡外交。2000年2月9日，俄罗斯外交部长伊戈尔·伊万诺夫访问朝鲜，双方正式签署了《俄朝睦邻友好合作条约》，在相互尊重国家主权、不干涉内政、平等、互利、领土完整和其他国际法公认准则的基础上支持和发展两国的友好关系。"今后俄朝两国将就共同关心的问题进行定期磋商，在和平与安全面临威胁时，双方立即联系。""缔约一方将有义务不与第三国缔结反对缔约另一方主权、独立和领土完整的条约和协定，不参与反对另一方的行动和措施。"[1]新条约的签订意味着俄罗斯与朝鲜建立了摆脱意识形态束缚的新型友好国家关系，安全问题是两国合作的重要领域。2000年7月19日，普京访问了朝鲜，与金正日讨论了双边关系，并对双方感兴趣的国际问题交换了看法，普

---

[1]Договор о дружбе, добрососедстве и сотрудничестве между Российской Федерацией и Корейской Народно-демократической Республикой.http://docs.cntd.ru/document/901771436.

京还邀请金正日在合适的时机访问莫斯科。俄朝两国领导人就一系列重大问题达成共识，并签署了《俄朝共同宣言》[1]，宣言中反映了两国对许多问题，包括反导问题的相同看法，写明了在两国遇到侵略威胁或在和平与安全受到威胁的情况下，两国立即进行接触，两国赞成保持和巩固1972年签署的反导条约。[2]普京指出，美国借口朝鲜导弹威胁，主张建立东北亚战区导弹防御系统和国家导弹防御系统，这种说法是根本站不住脚的。俄认为，任何国家实施导弹计划都应恪守国际法准则。普京主张向朝鲜提供切实的安全保证，以便在朝鲜半岛加强防止导弹技术扩散的体制。[3]2001年4月26至28日，朝鲜国防委员会副主席兼人民武装力量部部长金一哲访问俄罗斯，双方签署《2001年军事合作协议》《国防工业及军事装备合作协定》等。2001年7月26日—8月16日金正日率领150余人的庞大代表团访俄，代表团成员有朝鲜人民军总参谋长金永春、朝鲜人民武装力量部部长金一哲、前政务院总理延亨默等党政军高级干部和主管经济的政府要员，双方就朝鲜半岛问题、朝美关系、朝日关系以及双边关系等举行了一系列重要会谈。普京和金正日发表的《莫斯科宣言》认为，进一步发展俄朝传统友好合作关系将对保障亚洲与世界的和平与安全做出重大贡献，俄朝领导人一致主张拓展两国在政治、经济、军事、科技和文化诸领域的合作。双方发表的《莫斯科宣言》仍强调，1972年签署的反导条约是全球战略稳定的基石，是进一步缩减进攻性武器的基础。朝鲜发展火箭计划用于和平目的，不会对任何尊重朝鲜主权的国家构成威胁。两国将在互利的基础上，为实现建立连接朝鲜半岛与西伯利亚铁路计划做出一切必要的努力，并宣布连接朝俄铁路的工程正式进入实施阶段。俄罗斯通过加强与朝鲜的关系，增强了在朝鲜半岛事务上的发言权和同美国就维护全

[1]Совместная российско-корейская декларация.http://www.kremlin.ru/supplement/3183.

[2]В Пхеньяне состоялись российско-северокорейские переговоры на высшем уровне, http://www.kremlin.ru/events/president/news/38435.

[3]《普京总统表示俄同朝韩保持均衡关系》，《人民日报》2000年7月18日第6版。

球战略稳定问题讨价还价的筹码。

2002 年 7 月，俄外长伊万诺夫先后访问韩、朝两国，充当"和平使者"，不仅得到南北恢复对话的承诺，而且还促成日朝外相两年来的首次会晤和美朝外长（相）的非正式会谈。2002 年 8 月 20-24 日，朝鲜最高领导人金正日访问了俄罗斯远东地区，并于 23 日在符拉迪沃斯托克与普京举行了会晤。双方主要讨论了两国经济合作问题，其中包括朝鲜铁路与西伯利亚铁路的连接问题，俄罗斯还关注朝鲜和韩国的相互关系，并愿为朝鲜半岛局势正常化做贡献。朝鲜的许多项目是在苏联援助下建设的，俄罗斯希望帮助朝鲜实现企业的技术改造，实现现代化。

俄罗斯在朝鲜半岛推行的是"朝韩并重"的外交政策，在发展与朝鲜关系的同时，俄罗斯也加强了与韩国的关系。2001 年 2 月普京访问了韩国，2004 年 7 月拉夫罗夫访问了汉城和平壤，意在加强俄与这两个国家的建设性伙伴关系，加深相互了解和提高双边及在国际事务中的协作水平。2004 年 9 月 21 日，韩国总统卢武铉出访俄罗斯，与普京举行会谈，双方发表的《俄韩联合声明》将两国关系从"建设性互补伙伴关系"提升为"全面合作伙伴关系"，韩国支持俄罗斯加入世界贸易组织，声明强调朝鲜半岛无核化原则，承诺在六方会谈框架内加强合作。

这一时期俄罗斯的对朝政策，除了增强在亚太地区的影响外，也希望加强与朝鲜半岛两个国家的经济合作，但由于俄朝债务问题没有解决和朝鲜不断进行核试验，使俄罗斯的计划落空，俄罗斯也失去了与朝鲜发展关系的兴趣，俄朝关系陷入停顿。俄罗斯支持联合国安理会对朝鲜进行制裁，但也参与联合国框架下对朝鲜的援助，2008 年向朝鲜提供了 3000 万吨面粉，还拿出 500 万美元用于为朝鲜购买粮食，俄朝在许多领域有接触，但两国关系进展不大。俄罗斯积极发展与韩国的关系，2009 年 12 月 17 日俄罗斯和韩国开始首次战略对话，参加者为俄罗斯第一副外长和韩国外交通商部副长官，旨在加强相互信任，把两国在经济、外交、政治、安全和国防领域合作提高到新水平。

俄朝关系高潮是 2010-2011 年。2010 年 12 月 11-16 日朝鲜外相访问俄罗斯，2011年3月11-14日俄罗斯副外长波洛塔夫津访问朝鲜，主要目的是要求朝鲜恢复六方会谈，延缓生产和实验核武器、发射导弹；同意对其核设施进行监督和核查。希望促进朝鲜北南双方的对话，在铁路联运、天然气管道建设方面加强合作。朝鲜同意就三方经济合作方案进行磋商，俄罗斯准备就朝鲜的债务问题进行谈判。2011年5月弗拉德科夫访问朝鲜，为俄朝高峰会谈做准备。

2011年8月金正日访俄，8月24日，梅德韦杰夫与金正日在布里亚特共和国的乌兰乌德举行"一对一"会谈，致力于俄罗斯现代化建设的梅德韦杰夫，希望通过经济合作软化朝鲜的立场，同时促进与韩国的经贸关系。在会谈后回答记者提问时，梅德韦杰夫称与金正日讨论了双边、多边和地区安全问题，当然包括朝鲜核纲领和朝鲜半岛无核化问题。朝鲜领导人对布里亚特水电站感兴趣，早就想去看看，双方讨论了各种问题。两国领导人同意委托相关部门建立专门的委员会，确定双方在天然气领域合作的具体项目和经过朝鲜领土的输气管道问题。朝鲜领导人对有俄罗斯、韩国参加的三方合作方案感兴趣，并将进行相关的技术性工作。总运送规模为每年100亿立方米，如果需求增加我们还可以扩大规模。管道总长度为1100多公里，其中700公里在朝鲜境内。如果这一项目实施，有助于缓解朝鲜半岛紧张形势，也可以为朝鲜带来收益。[1]据韩国经济师估算，输气管道每年会给朝鲜带来超过5亿美元"过路费"。8月25-27日，在平壤举行了俄朝第五次经济贸易和科技合作会议，俄罗斯援助朝鲜5万吨小麦。

由于朝鲜把注意力主要放在了发展核武器上，俄罗斯所推进的经济合作没有进展。2011年两国贸易额仅为1.2亿美元，与此同时，俄罗斯与韩国的贸易额达到250亿美元，韩国是俄罗斯在亚洲继中国和日本之后的第三大贸易伙伴。关于铁路联运和输气管道建设问题没有取得任何进展。

---

[1]Встреча с журналистами по итогам переговоров с Председателем Государственного комитета обороны КНДР Ким Чен Иром. http://www.kremlin.ru/events/president/news/12432.

二、俄罗斯政策"东向"背景下的俄朝关系

2014 年乌克兰危机发生后，西方对俄罗斯进行制裁，俄罗斯利用朝鲜平衡大国之间的关系，俄罗斯和朝鲜关系发展的步伐加快。2014 年、2015 年双方官员互访频繁，签署了多项经济协定。在乌克兰危机的背景下，俄罗斯与朝鲜都受到西方的制裁，俄罗斯有意利用与朝鲜的关系向美国施加压力，俄朝关系表现很抢眼。

2014 年 2 月 7 日，朝鲜最高人民会议常任委员会委员长金永南作为"特邀嘉宾"出席了索契冬奥会开幕活动，并在索契会见了普京。6 月，朝鲜最高人民会议副议长安东春访问俄罗斯，并参加第三届国际议会大会。8 月 13 日，金正恩向普京发去贺电，称："在朝鲜解放 69 周年之际，向普京以及俄罗斯人民致以亲切友好问候。"8 月底，朝鲜原分管朝中关系的外务省副相金亨俊出任驻俄大使，并于 9 月 3 日向俄外交部递交国书副本，这是朝鲜 8 年来首次更换驻俄大使。10 月 1 日至 11 日，朝鲜外相李洙墉对俄进行了为期 10 天的访问，成为 2010 年以来首位访俄的朝鲜外相。李洙墉与俄外长拉夫罗夫举行了"非常成功"的会谈，与俄当地官员就在能源、文化、体育等领域广泛开展合作达成共识。2014 年 11 月 17 日至 24 日，朝鲜劳动党中央政治局常委、中央书记崔龙海作为朝鲜最高领导人金正恩的特使对俄罗斯进行为期一周的访问，他是金正恩执掌朝鲜政权以来访俄的最高级别官员，18 日普京会见了崔龙海。先后到访朝鲜的俄罗斯官员则包括副总理兼俄总统远东事务全权代表特鲁特涅夫、远东发展部长加卢什卡、鞑靼共和国总统米尼哈诺夫等人。其中，远东发展部长加卢什卡分别于 2014 年 3 月和 10 月两次对朝鲜进行"深度访问"，9 月，俄罗斯联邦委员会第一副主席托尔什娜访问朝鲜。2014 年俄朝共同庆祝建交 65 周年，举行了第六届政府经济合作委员会会议。朝鲜是为数不多明确承认俄罗斯合并克里米亚半岛的国家。

2014 年 9 月 26 日，俄外交部宣布，俄朝讨论了为"高级别接触"所做的准备工作。2015 年是朝鲜实现祖国解放 70 周年暨俄罗斯卫国战争胜利 70

周年，朝俄双方经协商决定将这一年指定为"朝鲜民主主义人民共和国 – 俄罗斯联邦友好年"，以推动两国关系在政治、经济、文化等诸多领域更上一层楼。普京邀请金正恩出席红场的庆祝活动，但金正恩最后并未出现在红场。有人认为这会影响俄朝关系，但俄罗斯科学院远东研究所朝鲜中心首席研究员康斯坦丁·阿斯莫洛夫接受《透视俄罗斯》记者采访时说："5月9日朝鲜领袖未能赴莫斯科参加胜利日活动，但却忽视了两个重要情况。一是朝鲜派出二号人物金永南赴俄；二是朝鲜电视台新闻联播之后马上播出了俄罗斯驻朝大使关于纪念伟大卫国战争、战争结果及其对两国意义的十分钟访谈。这是史无前例的举动。"[1]

积极推进经济合作。1988年，苏朝贸易额达35亿美元，苏联解体后，俄朝贸易额则长期徘徊在1亿至1.5亿美元。2014年3月，俄远东发展部称，制定了一系列与朝鲜开展经济合作的方案，包括到2020年双边贸易额达到10亿美元、使用卢布作为贸易结算工具、跨西伯利亚铁路与朝鲜铁路联通、过境朝鲜向韩国输送俄天然气、参与朝韩开城工业园区项目等。10月20日，俄地区发展银行与朝鲜外贸银行及朝鲜统一发展银行开始用卢布进行银行间结算，取代此前的欧元，标志着两国经济关系取得了长足进展。10月28日，俄远东发展部长加卢什卡访朝时宣布，由俄"桥梁专家"科学生产联合体牵头的俄相关公司将在20年内对朝鲜3500公里铁路以及隧道、桥梁等相关设施进行现代化改造，朝方将通过向俄方供应煤炭、稀土金属、有色金属及其他资源来支付建设费用，项目总值达250亿美元。俄打算用这个名为"胜利"的项目与朝鲜启动"铁路换资源"合作模式，以换取在朝鲜采矿的机会。

就债务问题达成协议。债务问题一直困扰着俄朝的经贸合作，朝鲜欠俄罗斯约90亿美元，2012年9月17日俄朝两国政府签署了协议，俄国家杜马和联邦委员会分别于2014年4月18日和4月29日才通过这项协议，2014

---

[1] 谢尔盖·多尔莫夫：《发展对朝特殊关系：俄罗斯利益何在？》http://tsrus.cn/guoji/2015/06/03/42141.html.

年 5 月 5 日普京签署总统令，免除朝鲜欠苏联、由俄继承债权的大部分债务，约占朝鲜对俄债务总额的 90%。此后，朝鲜欠俄的债务总额减至 10.9 亿美元，将在 20 年内还清。债务问题的悬而不决，影响着俄朝之间的经贸合作，该问题的解决有利于俄朝进一步的经贸合作。

2016 年以来，由于朝鲜试射导弹等问题，俄朝关系又开始变淡。2016 年 2 月 7 日朝鲜利用运载火箭发射卫星，俄罗斯立即对此进行了严厉谴责，警告平壤要认真考虑其将自己置于国际社会对立面的政策是否符合本国利益。平壤的核导弹试验迫使联合国安理会 5 月份通过第 2270 号决议，禁止从朝鲜进口其 80% 的传统出口商品。此后韩国退出与俄罗斯和朝鲜的联合项目"哈桑－罗津"（从俄罗斯向朝鲜港口出口煤炭，然后通过海运至韩国），但联合国决议并未禁止该项目。2016 年 9 月 9 日上午，朝鲜进行了第五次也是威力最大的一次核弹头爆炸试验。俄罗斯科学院经济研究所俄罗斯亚洲战略中心主任格奥尔吉·托洛拉亚认为，"朝鲜将继续自己的路线，加强导弹与核力量"。他说，"这样做的原因，既是出于安全考虑，也是为了加强其谈判地位，因为金正恩正在等待'美国人企求宽恕'并同意就某种新的关系模式展开谈判"。[1] 俄罗斯前驻朝鲜大使苏希宁说，朝鲜的立场是只同意与全球核裁军一起停止发展本国核计划。他说："我认为需要妥协，需要建设性的决定和相互让步，需要研究平壤担心的到底是什么，为什么他们会这样做，如不久前他们提出在美韩停止军演的情况下停止核试验。要尝试在谈判桌上寻找解决问题的方案。"[2] 2017 年 2 月初，朝鲜发射导弹，俄罗斯进行了谴责。可是在 2 月 17 日，普京批准《俄罗斯联邦与朝鲜民主主义人民共和国关于刑事领域互相给予法律援助》的法令，发展俄朝两国的国际法律合作，在刑事

---

[1] 格·费奥多罗夫：《述评：俄方能否制止金正恩继续进行核试验？》http://tsrus.cn/guoji/2016/09/16/630099.

[2] 格·费奥多罗夫：《述评：俄方能否制止金正恩继续进行核试验？》http://tsrus.cn/guoji/2016/09/16/630099.

案件上互相给予法律协助，该法令是 1 月 20 日杜马通过的，2 月 1 日联邦委员会通过。2015 年 11 月 17 日，俄朝两国在平壤草签协议，声明将发展俄朝两国的国际法律合作，在刑事案件上互相给予法律援助。2017 年 3 月，俄罗斯与朝鲜签署协议，声明将增加朝鲜在俄罗斯的劳工配额，勤劳而廉价的朝鲜劳工是俄罗斯开发西伯利亚和远东的好劳力。

　　2017 年朝鲜频频试射导弹，朝鲜的行为使美国及其盟友以此为借口在该地区大幅增加军事实力，不仅威胁朝鲜，还危及中国的安全。中国遵守联合国安理会决议，强化了对平壤的制裁，在朝鲜领导人眼中沦为"帝国主义者的帮凶"。在这种背景下，朝鲜求助于俄罗斯。2017 年 9 月 28 日，朝鲜外务省高官崔善姬率朝鲜外交代表团抵达莫斯科，29 日，俄外交部无任所大使布尔米斯特罗夫与朝鲜外务省北美局局长崔善姬在莫斯科进行了近 5 个小时的磋商，俄外交部副部长莫尔古洛夫也会见了崔善姬。但俄罗斯媒体没有公布会谈的内容和细节，只说双方讨论了朝鲜半岛和东北亚局势，俄罗斯方面准备努力寻找外交和政治手段，其中包括按俄中提出的'路线图'解决朝核问题的途径。[1]2017 年 10 月 2 至 6 日，俄罗斯国家杜马自民党三位代表到访平壤，了解朝鲜政策的动向。代表团团长、国家杜马国际事务委员会会成员安东·莫洛佐夫对俄新社表示，平壤决定继续进行导弹试验。莫洛佐夫说："他们准备进行新的远程导弹试验，他们甚至给我们展示了精确的计算，根据他们的看法，他们肯定能够借助自己的导弹打到美国西海岸。"[2] 目前俄罗斯与朝鲜交往的密切程度显然在其他东北亚利益相关方之上。俄罗斯不想失去在朝鲜半岛的影响，努力保持与朝鲜沟通的渠道。2017 年 10 月 2 至 6 日，俄罗斯国家杜马自民党三位代表到访平壤，朝鲜最高领导人金正恩、朝鲜劳

---

[1]Представители МИД России и КНДР обсудили ситуацию на Корейском полуострове. https://ria.ru/world/20170929/1505872294.html.

[2]В КНДР хотят испытать ракету, которая долетит до США, заявил депутат ГД. https://ria.ru/world/20171006/1506353937.html?inj=1.

动党副委员长李洙墉、副外相韩成烈接见了代表团，朝鲜最高领导人和俄罗斯国家杜马自民党代表团商定将加强党际联系和议会间交往。[1] 在朝鲜对中国要求其放弃核武器和对之进行制裁不满、美国加大军事施压、国际制裁加重的背景下，俄罗斯显然在利用朝鲜的困境保持与朝鲜的联系，利用朝鲜达到自己增强在朝鲜半岛问题上发言权的目的。

三、俄罗斯对朝鲜半岛政策的目标

朝鲜半岛对俄罗斯很重要，俄罗斯关注朝鲜半岛两个国家的关系，更关注大国在朝鲜半岛的博弈。"东北亚对俄罗斯来说不仅从保障安全和领土完整的角度，而且从与远东邻国合作加快发展西伯利亚的角度看，都是具有战略重要性的地区。"[2] 俄罗斯对朝鲜半岛的政策目标，一是防止朝鲜半岛对俄罗斯的安全构成威胁，俄罗斯积极推动朝鲜半岛无核化进程；二是促进有俄罗斯参加的朝韩经济合作，努力与韩国和朝鲜发展政治经贸关系，促进南北方对话，加强三方在铁路联运、天然气、电力输送等方面的经济合作；三是防止朝鲜发生政权更迭或颜色革命，影响俄罗斯的政治稳定。

2012 年 2 月普京在竞选时发表的《俄罗斯与不断变化的世界》纲领中表示："朝鲜核问题引发的局势危机也同样堪忧。平壤违背了核不扩散原则，公开宣布其制造'军事核武器'的愿望强烈，并且两次进行核试验。朝鲜的行为在我们看来是无法接受的，我们一直毫不动摇地支持朝鲜半岛无核化，尤其是希望通过政治和外交的手段达成该半岛的无核化，我们呼吁尽快恢复'六方会谈'。然而，看起来我们的伙伴中不是所有人都赞成这一方法。我相信，现在需要弄清楚朝核问题的特殊紧迫性。""我要提醒大家的是，朝

---

[1]Депутаты ГД от ЛДПР договорились развивать межпарламентские связи с КНДР. https://ria.ru/politics/20171011/1506587771.html.

[2]*Титаренко М. Л.* Геополитическое значение Дальнего Востока. Россия, Китай и другие страны Азии. — М.: Памятники исторической мысли, 2008. C.539 .

鲜与俄罗斯拥有共同的边界，而大家都知道，地理边界是无法选择的。我们将会继续与朝鲜领导人进行积极对话，与其发展友好邻邦关系。同时，我们也会帮助朝鲜解决核问题。很明显，如果朝鲜半岛上互信的氛围更加强烈，朝韩之间能够恢复对话，那么朝核问题将会更容易解决。"[1]俄罗斯对朝政策，基本是按普京的这一思路展开的，不同时期侧重点不同，其基本的政策目标主要集中在以下四方面：

一是参与朝鲜核问题和朝鲜和平统一问题的解决。在历史上，俄罗斯与朝鲜有很深的关系，朝鲜许多项目，包括朝鲜的核技术研究都是在苏联的帮助下进行的，俄罗斯在朝鲜具有传统影响。2000年7月普京访朝的主要目的是希望参与和朝鲜半岛问题谈判有关的所有会谈，以显示俄罗斯的大国地位，同时，通过恢复对朝鲜的影响，增加俄罗斯在东北亚安全问题上的发言权。俄罗斯一方面反对美国将朝列入"邪恶轴心"，劝美与朝对话；另一方面反复告诫朝鲜在发展火箭问题上要特别慎重；同时还撮合南北对话。俄罗斯积极谋求介入朝鲜半岛问题的解决，2003年4月举行美朝中"三方会谈"后，朝鲜曾提出举行美中朝韩"四方会谈"方案，美国则提出再加上日本的"五方会谈"方案，这些方案都未把俄罗斯纳入其中。由于俄罗斯曾强烈反对美国发动伊拉克战争，美国不愿让俄罗斯参与朝核问题的调停，一方面是故意贬低俄罗斯的国际地位，另一方面也是防止俄再次作梗，对美不利。俄罗斯展开了广泛的外交活动，明确提出希望参加朝鲜半岛问题会谈的要求。2003年7月底，由于中朝等国的支持，俄在最后关头终于取得了"六方会谈"的与会资格。

参与"六方会谈"也是俄罗斯重振大国地位、实现"强国梦"的重要体现。俄罗斯如不积极介入朝核问题的和平解决，必将失去对朝鲜半岛乃至东亚地区的影响力，并有损于俄的大国地位。俄罗斯是东北亚安全的利益相关方，俄在这一地区拥有不可忽视的安全利益。如果朝鲜成为有核国家，日韩等国

---

[1]《普京文集（2012—2014）》，世界知识出版社、华东师范大学出版社2014年版，第108页。

也将研制核武器，从而导致亚洲乃至世界的力量失衡和军备竞赛，也会对俄罗斯的安全造成不利影响；俄朝相邻，国土相接，一旦朝核问题引发军事冲突，也会对俄的国家安全构成极大威胁。

二是加强与韩朝两国的经济合作，实施共建新欧亚大陆桥的设想。俄罗斯与朝鲜半岛两个国家是近邻，俄罗斯学者一直在努力推动俄与朝韩的经济合作。俄罗斯世界经济和国际关系研究所国际安全中心调节和消除冲突部主任亚历山大·皮卡耶夫认为，"鉴于朝鲜半岛的经济利益开展朝韩对话对俄罗斯最有利"。朝韩对话对"仔细研究韩国铁路通过朝鲜与西伯利亚大铁路相连接的三方项目"具有重要意义，"俄罗斯对同韩国的军事技术合作、向韩国市场出口军备及向充满潜力的朝鲜市场出口军备感兴趣。俄罗斯更对一个强大的统一的朝鲜半岛感兴趣。"俄罗斯科学院远东分院朝鲜中心主任亚历山大·热宾认为："朝鲜半岛的和平从经济上而言对俄罗斯是有利的，并且也符合俄罗斯的经济利益。"[1] 2004 年 9 月卢武铉访俄期间，两国签署了总额达 40 亿美元的经济协定，韩国企业可以参与俄罗斯燃料能源开发、交通、航空工业、信息技术、通信、渔业等领域。[2] 2006 年 10 月 17 日，俄罗斯与韩国在首尔签署了关于在天然气领域合作的政府间协议，这一文件为俄罗斯天然气工业股份公司与韩国天然气公司（KOGAS）之间的商业谈判揭开了序幕。俄气公司总裁米勒认为，俄韩两国计划签署期限超过 30 年的天然气长期供应合同，这样俄罗斯出口韩国的天然气将会增加。从 2012 年至 2013 年起，俄罗斯可以每年向韩国出口大约 100 亿立方米的天然气。为了保障对韩的天然气供应，双方将对天然气管道的铺设路线进行研究。有两种方案，即铺设陆上或海底天然气管道，铺设陆上天然气管道的造价可能近 20 亿美元，铺设海底管道的造价更高。如果落实从俄罗斯过境朝鲜通往韩国的天然气管道，

---

[1] 俄新网 RUSNEWS.CN 莫斯科 2007 年 10 月 2 日电。

[2] *Валерий Денилов* Россия на Корейском полуострове:проблемы и перспективы. Аналитические Записки. Июнь 2009. МГИМО-университет2009.С.9.

韩国愿意为此向朝鲜支付数亿美元。

俄罗斯积极推动西伯利亚铁路与朝鲜半岛铁路的联运。早在 2000 年初，俄罗斯、朝鲜和韩国就提出建设一条从朝鲜半岛、经俄罗斯远东和西伯利亚、直达欧洲的铁路大动脉。如果这条铁路通道建成，原来通过海运需要一个多月到欧洲的货物，只需 10 多天便可到达欧洲，经济效益可观。西伯利亚铁路和朝鲜半岛铁路的连通将成为世界上最短的"亚洲－欧洲－亚洲"跨境运输通道，这条大铁路运行的快速集装箱列车，每年能将 20 万个集装箱运抵西欧。这条通道可以发挥俄罗斯西伯利亚大铁路的运输潜力，改善俄罗斯的运输条件，带动日本、中国对俄罗斯投资，促进西伯利亚的开发。朝鲜可以从中收取过境费，韩国商人可以节省货物运输时间和成本，俄罗斯可以加强在这一地区的影响力。在 2001 年朝鲜领导人金正日访俄时，普京和金正日就此达成协议，之后，双方一直就具体的合作细节进行谈判。2002 年三国分别就铁路连接工程达成双边协议。2006 年 3 月，俄罗斯、朝鲜、韩国的铁路负责人还在俄远东进行会晤，达成了原则协议。韩国和俄罗斯之间还签署了《俄韩铁路合作谅解备忘录》。俄罗斯不希望复兴古丝绸之路，而是希望连通西伯利亚和朝鲜半岛的铁路。2006 年 11 月 28 日，前俄罗斯总统远东联邦区全权代表、俄朝政府间经济合作委员会和俄韩政府间经济合作委员会俄方主席康斯坦丁·普利科夫斯基在莫斯科举行的纪念俄罗斯亚非人民团结合作协会成立 50 周年会议上发言时提出，建议俄朝政府间经济合作委员会和俄韩政府间经济合作委员会主席举行三方会晤，旨在启动跨朝鲜半岛铁路与跨西伯利亚铁路干线连接方案。2013 年 9 月 22 日，连接朝鲜与俄罗斯边境的铁路重开。该铁路从俄罗斯东部边境城市哈桑通往朝鲜罗津，全长约 54 公里，俄为此花费了 2.6 亿美元。俄驻朝大使季莫宁说："这条铁路把朝鲜半岛连接在一起，建立了朝鲜半岛通往欧洲的唯一运输走廊。这有助于改善朝韩关系，巩固朝鲜半岛的和平与稳定。"2013 年 11 月 13 日普京访韩，与朴槿惠总统达成协议：两国达成互免签证协议，商谈修建天然气管道问题，可以铺设管道系统并提供管道天然气。"或者沿海底铺设管道系统，或者在朝鲜境内铺设然后进入韩国。"2014年3月28日，朝俄间签署包括能源合作在内的一份贸易协定，签署协议的是俄罗斯远东发展部长亚历山大·加卢什卡，以及朝鲜对外贸易部长李龙男，双方目标是2020年双边贸易额突破10亿美元，这是两国间近年来最大的贸易举动。议定书特别强调，双方希望在朝鲜半岛实施俄韩朝三方项目，包括朝鲜铁路与跨西伯利亚铁路接轨。但在实际上由于朝韩关系起伏不定、朝鲜核问题无法解决，无论是铁路联运，还是天然气管道建设，基本上都处于纸上谈兵的状态，作用有限。

三是维护朝鲜半岛稳定，不愿看到朝鲜发生政权更迭。朝核问题也影响着俄罗斯的安全，每次在朝鲜发射弹道导弹时，俄罗斯在远东的执勤防空系统都进入高度战备状态，以防止对俄领空安全构成威胁。一旦发生核冲突，来自朝鲜的"蘑菇云"将完全有可能随风飘入俄罗斯境内，俄罗斯同样不愿看到核大国俱乐部的扩大。冲突加剧导致美国在拥有韩日两个重要盟友的地区加强军事存在同样对俄罗斯不利。俄罗斯也把朝鲜作为缓冲地带，在2012年2月普京竞选总统时发表的《俄罗斯与不断变化的世界》纲领中说："我们不能接受有人试图威胁朝鲜新领袖的地位以及这些人提出的欠妥当的应对措施。"[1]特朗普上任后，不断加强与日本和韩国的军事政治同盟，借朝鲜核问题加强在东北亚的军事存在，对此，俄罗斯学者认为，"俄罗斯将对使朝鲜更加强大，使美国及其盟国不能通过橙色革命或者其他途径对其控制感兴趣，因为朝鲜若发生制度更迭，对俄罗斯意味着反俄的制度包围。"[2]

四是反对朝鲜拥核，通过和平手段解决朝核问题。在朝核问题上，俄罗斯的立场很明确，即坚持朝鲜半岛无核化和通过政治途径解决问题，不允许朝鲜半岛出现战争和混乱。2003年5月27日胡锦涛访俄期间双方发表的《中俄联合声明》主张保障朝鲜半岛无核化地位，遵守不扩散大规模杀伤性武器

---

[1]《普京文集（2012—2014）》，世界知识出版社、华东师范大学出版社2014年版，第108页。
[2]*Владимир Ларин* Какую угрозу увидел Трамп в КНДР.http://vz.ru/opinions/2016/11/17/844354.html.

机制，同时保障朝鲜民主主义人民共和国的安全，并为其社会经济发展创造有利条件。同时，联合声明指出，武力施压和使用武力对于俄罗斯和中国都是不能接受的，强调保证朝鲜安全和为其社会经济发展创造有利条件的必要性。2003 年 8 月第一轮六方会谈开始，俄外交部副部长洛修科夫在开幕式发言中指出："重要的是，我们做好了准备，如果需要，将朝着保障朝鲜半岛持久和平、无核地位以及该地区所有国家稳定与同等安全的方向，迈出有力的第一步、第二步以及第三步。"[1] 2004 年 7 月 6 日俄外长拉夫罗夫在《俄罗斯报》刊文《我们不急于做调停人》，针对俄罗斯在朝韩外交中所起的作用，拉夫罗夫写道："现在我们将帮助各方，首先是美国和朝鲜，了解相互能够接受的促成最终一系列协议的阶段性指标。当我们看到这种理解出现时，我们将提出实现每一阶段的方案：各方能够做出何种表示，实现哪些步骤，而每一阶段的具体内容应该落实到纸上。我们的这些想法已经应用于第一阶段，在第三轮六方会谈中我们对此进行了讨论。在首尔和平壤我们又进行了详细探讨，并约定在第四轮会谈的筹备阶段继续思考第一阶段细节，包括在 9 月谈判前会见工作组。"[2] 这一时期俄罗斯主要意图是了解各方立场，促使美朝、朝韩接触，缓和它们之间的关系。

2006 年 10 月 9 日上午，朝鲜成功进行了首次核试验。俄罗斯外交部发言人米哈伊尔·卡梅宁声明："我们要求朝鲜立即采取措施回到核不扩散条约规定的状态下，并恢复六方会谈。"2006 年 10 月 25 日，普京在与民众直接连线、回答民众提问时表示，俄主张有关各方重返六方会谈，以缓解朝鲜核试验所引发的复杂局面。普京说，朝鲜已向国际社会发出信号，准备在

---

[1] Вступительное слово заместителя Министра иностранных дел России А.П.Лосюкова на открытии шестисторонних переговоров в Пекине 27 августа 2003 года. (2003-8-28). http://www.mid.ru/ru/foreign_policy/news/-/asset_publisher/cKNonkJE02Bw/content/id/509306.

[2] Интервью Министра иностранных дел России С.В.Лаврова "Мы в посредники не рвались", опубликованное в "Российской газете"6 июля 2004 года. (2004-07-06). http://www.mid.ru/web/guest/maps/kr/-/asset_publisher/PR7UbfssNImL/content/id/465410.

其国家安全利益与和平利用核能权利得到保障的前提下重返六方会谈。他认为，恢复六方会谈的可能性依然存在，但需要有关方面的共同努力，尤其是需要某些参与方避免采取可能导致局势复杂化的行动。普京说，朝鲜进行核试验对俄朝两国关系造成了损害。他还说，目前俄方正在评估朝鲜核试验对俄相关地区生态环境造成的影响。俄罗斯学者也在谴责朝鲜发展核武器，呼吁各国一致行动。"朝鲜的行为产生的安全困境和恶劣的地区军备竞赛，给美国提供了扩大自己军事潜力的借口，针对朝鲜，进而针对中俄。"[1]俄罗斯直接参与了安理会关于制裁朝鲜和通过政治途径解决朝核问题的1695号和1718号决议的制订工作。2009年4月14日，朝鲜针对联合国安理会谴责其4月5日发射卫星的声明，宣布退出六方会谈。2009年5月25日，在朝鲜实施核试验当天，俄罗斯外交部的声明表示："此次核试验是加剧东北亚紧张局势，并威胁区域安全与稳定的行为。俄罗斯只能将其视为违反联合国安理会第1718号决议的行动。"2012年12月1日，平壤正式宣布将发射用于科研目的的"光明星-3"卫星。俄罗斯外交部发布的公告称，莫斯科呼吁朝鲜重新考虑自己发射火箭的决定。俄罗斯愿意和六方会谈的伙伴继续就调解朝鲜半岛问题做出努力，希望取消对朝鲜采取的制裁。俄罗斯认为朝鲜有权进行和平的宇宙探索，但只能在联合国安理会取消禁止朝鲜利用弹道导弹技术发射远程火箭的制裁以后。

2016年6月13日，韩国外交部长尹炳世在莫斯科会见俄罗斯外长谢尔盖·拉夫罗夫，双方就朝鲜的安全威胁交换了意见。会晤达成了最重要的共识：不承认朝鲜为合法的核武器国家。2016年12月30日普京签署命令，内容涉及包括禁止向朝鲜提供航空燃料和喷气发动机燃料，以及发展核武器所需物资、设备和技术，禁止从朝鲜进口黄金、煤炭、铁矿石和钛矿石等，罚没在俄罗斯发现的与朝鲜核项目和弹道导弹项目相关的资金、金融资产和经

---

[1]Константин Асмолов Бить или договариваться? Как урегулировать кризис на Корейском полуострове. http://ru.valdaiclub.com/a/highlights/bit-ili-dogovarivatsya-uregulirovat-krizis/.

济资源。在制裁朝鲜的问题上，俄罗斯履行了联合国安理会通过的制裁决议，但反对美国、日本、韩国等单方面通过的加强对朝鲜制裁的决议。

2017年2月12日朝鲜发射导弹，2月13日俄罗斯外交部表示，"我们把这视为对联合国安理会相关决议要求的挑衅与藐视，这不能不令人遗憾和忧虑。""在目前情况下我们敦促相关各方冷静，不要采取令紧张局势进一步升级的措施。""我们相信，调解朝鲜半岛问题，包括核问题的唯一可能的方法是政治外交手段。实现地区和平与稳定的途径是放弃冲突，这有利于努力总体改善东北亚军事政治局势。"[1] 俄罗斯谴责朝鲜发射弹道导弹的行为，认为此举违反联合国安理会的决议，令地区局势更加复杂，推动俄边境附近紧张局势升级。

2017年7月4日，美国国庆日，朝鲜宣布成功试射一枚"火星-14"型洲际弹道导弹。同一天，中俄外交部发表关于朝鲜半岛问题的联合声明，双方"对朝鲜7月4日宣称发射弹道导弹表示严重关切，认为此举严重违反安理会有关决议，双方对此均不能接受，强烈敦促朝鲜严格遵守安理会决议有关要求。""呼吁有关国家保持克制，避免挑衅行动和好战言论，体现无条件对话意愿，共同为缓和紧张局势作出积极努力。""双方以中方关于朝鲜暂停核导活动和美韩暂停大规模联合军演'双暂停'倡议、实现朝鲜半岛无核化和建立半岛和平机制'双轨并行'思路以及俄方解决朝鲜半岛问题分步走设想为基础，提出共同倡议。"但朝鲜无视，于7月28日晚成功进行了第二次"火星-14"洲际弹道导弹试射。

2017年9月3日，朝鲜进行第六次核试验（为洲际弹道导弹研制热核聚变装置进行试验），俄罗斯外交部发表声明，称对此严重关切并予以强烈谴责。认为这又一次显示了平壤方面无视联合国安理会相关决议和国际法的要求，

---

[1]Комментарий Департамента информации и печати МИД России в связи с ракетным пуском КНДР. http://www.mid.ru/web/guest/kommentarii_predstavitelya/-/asset_publisher/MCZ7HQuMdqBY/content/id/2638694.

该行为应该遭到最强烈的谴责。俄罗斯对朝鲜领导层旨在破坏全球核不扩散机制的事实本身表示遗憾，认为它构成了对朝鲜半岛以及地区和平与安全的严重威胁。同时这一事件持续对朝鲜本身也造成相当严重的后果。俄罗斯认为，在当前的局势面前，各方必须要保持冷静，摒弃可能导致紧张局势进一步升级的行为。[1]

乌克兰危机以来，随着俄美关系不断恶化，俄罗斯在朝核问题上的立场也有所变化。对于美国想通过施压促变的做法，俄罗斯表示反对，从官员到学者，都经常发表制裁对解决朝核问题无效的言论。2015年5月28日，俄罗斯外交部无任所大使格里高利·洛格维诺夫针对美日韩在首尔商谈加大对朝施压与制裁力度，在接受俄新社采访时就恢复朝核问题六方会谈一事发表评论说："没有任何所谓勾结，我们就是坚决反对这样（施加更大压力）。"洛格维诺夫说，"加大施压力度是非建设性的，不会带来任何积极效果"。[2] 2017年9月3日朝鲜进行第六次核试验后，安理会也加大了对朝鲜的制裁力度，通过了史上最严厉的2275号决议，10月6日从朝鲜访问归来的俄罗斯杜马议员们表示，在朝鲜令他们印象最深刻的是：尽管受到制裁，但朝鲜经济发展很快，他们只靠自己的力量，没有哪个国家在这么严厉的制裁下能够取得这么大的成绩。[3] 俄罗斯高等经济学院政治学家、教授奥列格·马特维切夫说："任何制裁措施总有办法规避，生意和金钱，正像水一样，总是能找到流淌的缝隙。船只可以挂中立国的国旗，如运煤船。这些船只会绕过哨所，运送违禁商品，可以在不受政府有效管理的港口找到修理和补充淡水的方法，这样的港口在世界上多的是。所以美国在联合国安理会宣布的这些制裁措施

---

[1] Заявление Министерства иностранных дел Российской Федерации. http://www.mid.ru/web/guest/maps/kp/-/asset_publisher/VJy7Ig5QaAII/content/id/2851809.

[2] 谢尔盖·多尔莫夫：《发展对朝特殊关系：俄罗斯利益何在？》http://tsrus.cn/guoji/2015/06/03/42141.html.

[3] Депутаты Госдумы поделились впечатлениями от визита в КНДР. https://ria.ru/world/20171006/1506362465.html.

无效。"[1]

普京在发泄对美国的不满时，经常把美国说成是朝鲜发展核武器的原因。2017 年 6 月 2 日在圣彼得堡经济论坛上，普京在谈到与美国的关系时指责美国破坏国际关系的基本规则和准则，美国的"大中东计划"摧毁了伊拉克、利比亚，并差一点也摧毁叙利亚，使埃及和突尼斯处于危险境地，还有索马里、也门。美国又想搞乱原苏联地区，美国花 50 亿美元支持乌克兰反对派和国家政变，俄罗斯不同意就对俄罗斯进行制裁。现在没有国际法基础上的统一规则，有的是力量法、拳头法，因此出现了朝鲜问题。"小国除了掌握核武器，找不到其他维护自己独立、安全和主权的办法。这是滥用武力产生的结果。"[2]同一天联合国安理会通过决议，以最强烈的言辞谴责朝鲜的核武器和弹道导弹研发活动，再次强调朝鲜必须以完全、可核查和不可逆转的方式放弃所有核武器和现有核导计划，并立即停止相关活动，不再利用弹道导弹技术进行发射和进行核试验。2017 年 9 月 5 日普京在记者会上表示，俄罗斯谴责朝方发射导弹和进行核试验的行为，俄方认为这是一种挑衅。但普京再次强调美国对朝鲜的威胁是朝鲜发展核武器的重要原因，人们也不应忘记伊拉克和利比亚的教训。军事上的歇斯底里，对解决朝鲜问题毫无帮助，是一个死胡同。朝鲜核问题只能通过政治和外交手段解决。普京认为，朝鲜只有感到自身安全，才会放弃核武器。朝鲜不会在制裁施压下放弃研制核武器，"任何制裁措施都无益也无效，正像我昨天对自己的一位同事说的那样，如果朝鲜感觉不安全，它宁愿吃草，也不会放弃这个计划。莫斯科准备与其他国家合作讨论解决朝鲜半岛问题的细节，齐心协力解决这一问题。"[3]

[1]Политолог: все эти санкции, которые объявляет Америка в ООН, неэффективны. https://ria.ru/radio_brief/20171010/1506530949.html.

[2]Пленарное заседание Петербургского международного экономического форума. http://kremlin.ru/events/president/news/54667.

[3]Пресс-конференция Владимира Путина по итогам саммита БРИКС. http://www.kremlin.ru/events/president/news/55535.

对于特朗普威胁用军事手段迫使朝鲜弃核的言论，普京表示坚决反对。2017 年 10 月 4 日，普京在"俄罗斯能源周"国际论坛上回答记者提问时说，2001 年金正日对普京讲，朝鲜已经有了核武器，并且可以打到首尔。现在是2017 年，朝鲜在制裁下生存下来，并且不断发展核武器和导弹，已经能打到2700 公里以外，甚至可以打到 5000 公里。制裁解决不了问题，应该寻找朝鲜和美国直接对话的途径。朝鲜已经有了原子弹、氢弹、导弹，还有火炮，军事手段解决的后果是危险的。俄中提出了解决朝鲜问题的"路线图"，有人不喜欢，可以提出另外的方案，但最重要的是应该共同研究解决问题的途径，而不是单方面施压。[1]

从俄罗斯对朝鲜核问题的立场和态度看，总体上，俄罗斯维护核不扩散体制，反对朝鲜发展核武器。在解决朝鲜核危机问题上，俄罗斯的作用虽然不像中美那么大，但也是不能忽视的，朝鲜在面临危机时经常求助于俄罗斯。对俄罗斯而言，朝鲜核问题对其安全的影响并没有对中国、日本、韩国那么大，俄罗斯对解决朝鲜核问题的迫切性并没那么强。俄罗斯努力谋求在朝鲜核问题上的发言权，扮演解决这一问题不可或缺的角色，但俄很清楚，自己在此不能起决定性作用，因此强调与中国的合作。朝鲜核问题经常被普京利用来敲打和批评美国，认为美国奉行武力颠覆其他国家政权的政策才是朝鲜发展核武器的原因。在解决朝鲜核问题的方式上，俄罗斯强调六方会谈的作用，也呼吁美朝直接对话，俄方认为制裁和施压都没有效果，呼吁通过政治和外交手段解决问题，反对使用武力。

2017 年 8 月 2 日美国国会通过了加强对俄罗斯、伊朗和朝鲜进行制裁的措施，俄罗斯对此很愤怒。除了与美国进行外交战之外，普京在各种场合的讲话中还在不断谴责美国的外交政策，为朝鲜发展核武器开脱，并声称对朝鲜的制裁不会发生任何作用。9 月 9 日朝鲜国庆日，普京是为数不多向朝鲜

---

[1]Пленарное заседание форума «Российская энергетическая неделя» http://www.kremlin.ru/events/president/news/55767.

发去贺电的外国领导人，普京表示俄罗斯和朝鲜之间的关系基于友谊和互相尊重的良好传统，并承诺进一步发展各领域双边关系，为加强朝鲜半岛和整个东北亚地区的安全和稳定做出贡献。俄罗斯把朝鲜作为与美国对抗的一个重要砝码。事态发展表明，没有俄美关系的改善，俄罗斯会成为美国解决朝鲜问题的重要障碍。

　　总之，朝鲜半岛的和平与稳定关系俄罗斯的切身利益，参与朝鲜半岛问题的解决是俄罗斯显示大国地位的重要体现。从地缘安全的角度看，东北亚对中国的安全影响要大于对俄罗斯的影响，东北亚安全问题的主角是中国和美国，俄罗斯是重要的、不可忽视的非主导方。就目前而言，俄罗斯是东北亚相关方中与朝鲜交往最密切的国家，朝鲜倚重俄罗斯，俄罗斯在利用朝鲜，俄罗斯在解决朝核危机中的地位与作用不可忽视。中俄在解决这一问题上有更多共同的看法，在解决朝核问题上在加强合作，但俄罗斯的对朝政策是独立的。俄罗斯外交战略的目标一直是要做世界强国，俄罗斯对世界施加影响的经济手段有限，其谋求大国地位的主要手段是军事和政治。在朝鲜半岛问题上，俄罗斯要利用其安理会常任理事国和六方会谈参与者的地位发挥其作用和影响。同时，俄罗斯外交"东向"的意图在增强，在很多俄罗斯学者看来，现在俄罗斯在亚太的影响主要靠中国，途径过于单一，发展与朝鲜的关系，加强对朝鲜半岛的影响，是俄罗斯增强在亚太地区影响力的重要手段。俄罗斯也借朝核危机加强在东北亚的军事力量，增强与美国对抗的资本。俄罗斯一直反对美国在韩国部署萨德系统，认为这是美国全球反导系统的一部分，但俄罗斯并未针对韩国采取任何措施，而是努力发展与韩国的关系以确保在朝鲜半岛的影响，同时加强了在远东的军事力量。

日益增进的中俄全面战略协作伙伴关系

中央党校国际战略研究院　左凤荣

中俄有 4300 多公里长的共同边界，俄罗斯和中国互为重要邻邦，中俄关系的走向不仅对两国各自的安全与发展有着举足轻重的作用与意义，也关系着世界的安全与稳定。历史经验表明，中俄和则两利，斗则俱伤。近年来，中俄两国都把与对方国家的外交置于本国外交的优先方向，两国关系日益增进。对俄外交也是中国特色大国外交的重要实践和成功典范。在俄罗斯与西方关系恶化、中国实力日益增强的背景下，中国在俄罗斯外交中的地位持续上升。2017 年，国际形势继续深度震荡，国际思潮、大国关系、国际秩序持续经历深刻变化，反全球化和民粹主义思潮仍在发展，大国关系中竞争与对抗的倾向在增强，国际秩序的维护与重构矛盾突出。在国际环境发生剧烈变化的背景下，中俄全面战略协作伙伴关系开拓前行，不断融入新思想、注入新动力、迈出新步伐，中俄关系在政治、经济、安全、人文等领域持续深化。中俄关系的顺利发展、日益增进为两国和两国人民带来实实在在的福祉，为维护世界和地区的和平稳定做出了重要贡献。

一、习近平高度重视发展对俄关系

2013 年 3 月，习近平主席作为国家元首首次出访即选择俄罗斯，充分体现了对中俄关系的重视，以及两国关系的高水平和特殊性。5 年来，习近平主席 6 次访俄，与普京总统共同规划中俄关系的未来。中俄两国元首还在二十国集团、金砖国家、上海合作组织等重要国际组织的峰会上举行了 20 多次会晤，两国领导人共同参与全球经济治理，维护和发展开放型世界经济，提振全球经济复苏的信心，共同维护世界的和平与安全。在西方国家集体冷落俄罗斯，其国家领导人不出席俄罗斯主办的冬奥会开幕式时，2014 年 2 月，习近平主席来到索契，出席索契冬奥会开幕式，开创中国国家元首出席境外大型国际体育赛事的先河，习近平主席那句"按照中国人的传统，邻居和朋友家里办喜事，当然要来贺喜"，令无数俄罗斯人感动。2014 年 5 月 20 日，在俄罗斯"收复"克里米亚、西方对俄罗斯进行制裁的背景下，普京来华访问，中俄两国元首签署《关于全面战略协作伙伴关系新阶段和战略互信的联合声明》，宣布中俄关系进入全面战略协作伙伴关系新阶段。声明强调："在双方共同坚定努力下，中俄关系已提升至全面战略协作伙伴关系新阶段。双方将保持和深化高层战略互信对话，提高现有双边政府、议会、部门和地方间合作机制效率，必要时建立新的合作机制，确保全面快速发展的务实合作、人文交流和民间交往取得更大成果，进一步密切协调外交行动。这有助于中俄各自国内大规模经济改革顺利推进，提升两国人民福祉，提高双方的国际地位和影响，以利于建立更加公正合理的国际秩序。"双方承诺"在维护主权、领土完整、国家安全等涉及两国核心利益的问题上继续相互坚定支持"[1]。这无疑是对俄罗斯的巨大支持。2015 年 5 月，习近平主席到莫斯科出席纪念世界反法西斯战争胜利 70 周年庆典，两国元首在红场阅兵观礼台上并肩而立，向世界传递出珍爱和平、维护二战胜利成果和战后秩序的坚定决心。2015 年 7 月，习近平主席赴俄罗斯乌法市出席金砖国家领导人非正式会晤和上海合作组织峰会，中俄携手推动这两大机制在多边合作道路上向前发展。中俄两国元首的顶层设计和战略引领，推动着中俄全面战略协作伙伴关系不断迈上新台阶。

---

[1]《中俄关于全面战略协作伙伴关系新阶段的联合声明》，http://www.xinhuanet.com/world/2014-05/20/c_1110779577.htm.

2017 年习近平与普京共会晤了 5 次。6 月 8 日习近平和普京在上合组织峰会召开之际举行了双边会谈，两国元首共同出席了在哈萨克斯坦举行的上合组织成员国元首理事会第十七次会议。7 月，习近平主席对俄进行国事访问，同普京总统举行富有成效的会晤，对中俄未来关系发展做出了新的全面规划。习近平强调，"多年来，中俄秉承睦邻友好合作精神，树立了大国、邻国关系的典范。中俄世代友好、合作共赢不仅是两国人民的历史选择，也是建设持久和平、共同繁荣、开放包容世界的现实需要。不管外部环境怎样变化，我们对发展中俄关系的决心和信心都不会变。"[1] 中俄元首签署的《中俄关于进一步深化全面战略协作伙伴关系的联合声明》表示，"无论国际形势如何变化，都将恪守《中俄睦邻友好合作条约》；相互视对方为外交优先伙伴"[2]。习近平访俄期间，普京向习近平颁发圣安德烈勋章，以表彰习近平在增进俄中两国人民友谊方面做出的杰出贡献。2017 年 5 月 14 日，普京总统来华出席"一带一路"国际合作高峰论坛并发表演讲。在演讲中普京表示："我认为，将欧亚经济联盟、'一带一路'、上合组织、东盟等一体化机制的潜力联合起来，可以为建立大欧亚伙伴关系奠定基础。""我们应该向国际社会示范一个协作、创新、建设性的未来，其立足于公正、平等和对国家主权的尊重，以国际法准则和联合国的坚定原则为基础。"[3] 9 月普京来厦门出席金砖国家领导人会晤并与习近平再度聚首，11 月习近平主席在越南岘港 APEC 峰会期间同普京总统举行了年内的第五次会晤，这是十九大胜利闭幕后两国元首的首次会晤，两国元首共同推进新时代中俄关系向更高水平发展。

普京也重视发展对华关系。2017 年 12 月 14 日，普京总统举行年度大型

---

[1] 习近平：不管外部环境怎样变化，我们对发展中俄关系的决心和信心不会变。http://www.chinanews.com/gn/2017/07-04/8269047.shtml.

[2]《中俄关于进一步深化全面战略协作伙伴关系的联合声明》http://www.china.com.cn/news/world/2017-07/05/content_41153556.htm.

[3]Международный форум «Один пояс, один путь»,http://www.kremlin.ru/events/president/news/54491.

记者招待会，在回答中国媒体提问时高度评价中共十九大，并表示俄中关系发展具有广泛的民意基础，俄中两国正沿着正确的方向前进。普京表示："首先，我高度评价、积极看待中共十九大作出的决议，该决议对中国自身和国际关系建设进行了积极阐释。这同我们对俄罗斯的发展，对国际关系和俄罗斯的世界地位提出的倡议完全相同，至少非常接近。当我在谈首要因素的时候，我首先指的是经济。中国的经济高速发展，这归功于习近平主席及其前任领导人近几十年来采取的政策。""中共党章的内容及其修订表明，中国致力于保持稳定，保障自身发展，在稳定发展的基础上改善人民生活。对我们而言，这非常重要，因为中国是我们最大的经济合作和战略协作伙伴。""俄罗斯对发展与华关系具有全国性共识，无论 2018 年 3 月总统选举结果如何，中俄在未来的长期历史阶段中都将是战略伙伴。"[1]

除元首定期会晤机制外，中俄双方建立了以总理定期会晤机制为核心的完备的政府间合作机制，其中包括 5 个副总理级的合作委员会。地方还积极发展友好省州、经贸结对省州，扎实开拓地方合作新局面，体现了中俄关系的高水平和全面性。2017 年 10 月 31 日，俄罗斯总理梅德韦杰夫访华并出席中俄总理第 22 次定期会晤，成为党的十九大后首位来华访问的外国领导人，体现了中俄关系的紧密程度。

中俄既是联合国安理会常任理事国，也是重要的新兴市场国家。加强中俄战略协作，是习近平主席构建以合作共赢为核心的新型国际关系的重要内容。中俄加强了在国际和地区事务中的协调与配合，共同推进新型国际关系的构建。在国际多边舞台上，中俄两国协调立场、共同发声，呼吁国际社会摒弃贸易保守主义，推进贸易自由化、经济全球化深入发展，摒弃冷战思维和零和博弈，推动国际秩序和全球治理体系朝着更加公正合理的方向发展，共同构建人类命运共同体。中俄双方在国际事务中密切协作，有利于维护世

---

[1]Большая пресс-конференция Владимира Путина,http://www.kremlin.ru/events/president/news/56378.

界和平与稳定。2017 年 7 月习近平主席访俄期间，中俄双方签署的《中俄关于进一步深化全面战略协作伙伴关系的联合声明》强调，中俄"双方将全面加强国际领域战略协作，在外交工作中优先重视彼此就国际问题进行沟通，就各自重大政策和行动加强协调，深化各自外交部门、驻对方国家使领馆、各自驻第三国外交代表机构之间的合作"[1]，中俄两国元首签署的《中俄关于当前世界形势和重大国际问题的联合声明》进一步强调："在两国建立和发展新型国家关系的成功经验基础上，基于对国际关系和国际法的共同主张和理念以及对当前国际形势及重大问题的一致看法和立场，本着维护和平、推动合作、共创未来的精神，呼吁国际社会加强协作，凝聚共识，以人类团结和共同利益为基础构建国际关系，合力应对当前国际和地区形势中的威胁和挑战。"[2] 声明对国际战略形势、联合国的地位与作用、打击国际恐怖主义、维护全球战略稳定、国际网络空间安全与治理、人权、建设开放型世界经济、双方在上合组织与金砖五国机制等一系列新型全球和地区治理机制中的合作、朝核、叙利亚、阿富汗及伊核等国际热点问题表达了相同的立场。两国一致支持建设开放、包容、普惠、平衡、共赢的世界经济和多边贸易体制，倡导完善全球治理，更多地考虑和体现发展中国家和新兴市场国家的利益，共同加强应对网络安全、气候变化等全球性问题的国际协作，体现出负责任的大国担当。中俄共同谋求建立以合作共赢为核心的新型国际关系，摒弃了结盟对抗、零和博弈的国际政治陈旧思维。声明强调："双方坚持实现朝鲜半岛无核化目标，强调对话协商是解决朝鲜半岛问题的唯一有效途径。敦促有关各方积极呼应中俄推动重启半岛问题对话谈判的努力，为实质性解决问题发挥建设性作用。中俄将紧密沟通协作，共同致力于在东北亚地区建立全面有

---

[1]《中俄关于进一步深化全面战略协作伙伴关系的联合声明》，http://www.china.com.cn/news/world/2017-07/05/content_41153556.htm.

[2]《中俄关于当前世界形势和重大国际问题的联合声明》，http://www.china.com.cn/news/world/2017-07/05/content_41153551.htm.

效的和平与安全机制。"[1] 如此全方位地开展外交协调，是中国与其他国家外交关系中所没有的。正如 2017 年 12 月 28 日在 2017 年国际形势与中国外交研讨会开幕式上王毅外长所总结的："中俄两国互为最大的邻国，中俄关系经历了国际风云的检验，日益显示其坚韧性和稳定性，呈现出历史的厚重感和穿透力。中俄全面战略协作伙伴关系在双方努力下保持高水平运行。今年一年内，习近平主席与普京总统实现了互访，举行 5 次会晤，密集沟通对表，在关乎全球战略稳定的重大问题上始终紧密协作，在关乎欧亚地区振兴的发展战略上加强深度对接，引领中俄战略协作向着更高水平、更宽领域、更深层次不断迈进，中俄关系已经成为当今世界维护和平安宁、主持公平正义、倡导合作共赢的重要基石。"[2]

二、"一带一路"助推中俄合作

中俄双方战略利益接近，战略理念相通，经济互补性强，中俄"全面战略协作伙伴"具有实实在在的内容。习近平主席提出的共建"一带一路"重大倡议推进了中俄的务实合作。

2015 年 5 月，习近平主席与普京总统共同签署并发表了《丝绸之路经济带建设和欧亚经济联盟建设对接合作的联合声明》。习近平在纪念中俄睦邻友好合作条约签署 15 周年时强调："我们要在业已取得的经济合作成果基础上，深入推进两国发展战略对接和'一带一路'建设同欧亚经济联盟建设对接合作，进而在欧亚大陆发展更高水平、更深层次的经济合作关系，使中俄关系发展带来的福祉不仅惠及两国人民，还要惠及整个地区国家人民。"[3]两年多来，在中俄双方共同努力下，对接合作取得积极成果。2017 年 5 月，

---

[1]《中俄关于当前世界形势和重大国际问题的联合声明》，http://www.china.com.cn/news/world/2017-07/05/content_41153551.htm.

[2] 王毅：《在 2017 年国际形势与中国外交研讨会开幕式上的演讲》，http://www.fmprc.gov.cn/web/wjbzhd/t1518042.shtml.

[3]《习近平谈治国理政》第二卷，外文出版社 2017 年版，第 468 页。

普京总统出席"一带一路"国际合作高峰论坛，发出了俄罗斯支持"一带一路"倡议并将积极参与其中的明确信号，俄罗斯是"一带一路"倡议的重要参与者和关键合作伙伴。2016 年 6 月 25 日正式启动有关中国与欧亚经济联盟的经贸合作协议谈判，谈判涉及海关手续、贸促、知识产权、跨部门合作、国家采购、电子商务等问题。2017 年国庆节，中国商务部部长钟山与欧亚经济联盟贸易委员维罗妮卡·尼基申娜签署了《关于实质性结束中国与欧亚经济联盟经贸合作协议谈判的联合声明》，该协议将进一步减少非关税贸易壁垒，提高贸易便利化水平，营造产业发展的良好环境，推动"一带一路"与欧亚经济联盟对接合作。中俄两国联手推动欧亚国家合作，共同打造欧亚命运共同体。中俄加强发展战略对接，推动两国在能源、航空航天、基础设施、卫星导航、数字经济、北极开发、远东开发等领域战略性大项目合作不断取得新进展，打造两国合作新亮点。

在 2017 年 7 月习近平访俄时，中俄两国领导人商定："加强中俄在北极地区的合作。支持双方有关部门、科研机构和企业在北极航道开发利用、联合科学考察、能源资源勘探开发、极地旅游、生态保护等方面开展合作。"[1] 该声明把丝绸之路建设拓展到北极，随着北极地区气候环境的变化，"冰上丝绸之路"将有广阔的发展前景。

在世界经济形势不尽如人意的背景下，中俄贸易逆势实现回稳向好。据中国海关统计，2016 年中俄贸易额为 695.3 亿美元，同比增长 2.2%。进入 2017 年以来，中俄双边贸易的回升势头更加明显，合作规模和质量同步提升。贸易结构持续优化，机电和高新技术产品贸易保持两位数增长。2017 年，俄罗斯与中国货物进出口额为 840.71 亿美元，增长 20.8%。其中，俄罗斯对中国出口 411.95 亿美元，增长 27.7%；俄罗斯自中国进口 428.76 亿美元，增长 14.8%。中国是俄罗斯第一大出口市场和第一大进口来源地。农产品、油气

---

[1]《中俄关于进一步深化全面战略协作伙伴关系的联合声明》，http://www.china.com.cn/news/world/2017-07/05/content_41153556.htm.

设备、高新技术研发等日益成为两国经贸领域新的合作增长点，中俄跨境电商发展迅猛，已占俄跨境电商贸易总额的 50% 以上，打造了双边务实合作的新亮点，对拓展两国经贸合作空间、优化经贸合作结构、促进双边贸易协调可持续发展具有重要意义。

中俄合作的最大亮点在能源领域。2017 年"俄罗斯取代沙特，成为最大对华石油出口国，今年前三个季度对华石油出口同比增长 15.9%。'斯科沃罗季诺—漠河—大庆'输油管道第二条支线建成，将从 2018 年 1 月 1 日起开始输油。该支线的建成能让这条线路的年输油能力从当前的 1650 万吨增至 3000 万吨。不过，'西伯利亚力量 2 号'天然气管道建设谈判迄今没有结果。中国复兴集团斥资 9 亿美元收购俄罗斯极地黄金公司 10% 的股权。华信能源有限公司以 91 亿美元收购俄罗斯石油公司 14.16% 的股权。北京市燃气集团以 11 亿美元收购上乔斯克石油天然气公司 20% 股权的交易已经完成"[1]。华信成为俄罗斯石油公司的第三大股东，仅次于代表俄罗斯政府持股的俄罗斯石油天然气公司（持股 50%）和英国石油公司（BP，持股 19.75%）。根据协议，中国华信与俄油将在油气勘探开发与生产、石油炼制与化工、原油及石油产品贸易、零售业务和资产交易、金融服务方面建立长效机制，展开深入合作。2017 年 7 月 4 日，在中国国家领导人访俄期间，中国石油天然气集团公司与俄罗斯天然气工业股份公司签订了《中俄东线购销合同的补充协议》，规定俄将从 2019 年 12 月开始通过"西伯利亚力量"天然气管道向中国供应天然气。中俄东线天然气管道工程"西伯利亚力量"建设进展顺利。2017 年 8 月 3 日由葛洲坝集团承建的中俄合作的阿穆尔天然气加工厂举行了开工仪式。阿穆尔天然气加工厂项目建成后，设计能力为年加工天然气 420 亿立方米，年产氦气 600 万立方米，这是中俄在能源合作，特别是天然气管道东线项目的一个最新成果。中俄能源合作正从上游勘探延伸到下游加工链，进入更高水平。

---

[1]*Михаил Коростиков* С чувством глубокого Востока：России в Азии в 2017 году стало заметно больше. Коммерсант. 29.12.2017.

田湾核电站是两国目前最大的经济合作项目，田湾核电站 3 号机组反应堆在 2017 年 9 月 28 日晚成功启动。反应堆装置达到了可控链式反应最低功率，3 号机组进入装料调试阶段。田湾核电站 4 号机组反应堆于 2018 年启动。2017 年 11 月，俄罗斯对华出口石油 512 万吨，即 126 万桶 / 天，与 2016 年同期相比增长 11%。2017 年 12 月 8 日，中俄在北极地区的亚马尔项目举行首批液化天然气出产装船庆祝仪式，普京亲自参加庆祝活动，按下装船键，这是中俄共建"一带一路"取得的又一重大成果。

亚马尔液化天然气（LNG）是全球纬度最高、规模最大的 LNG 项目。亚马尔地区已探明的天然气储量为 1.3 万亿立方米，凝析油为 6018.4 万吨，该项目预计在 2019 年全面投产，每年可生产 LNG1650 万吨，凝析油 100 万吨。该项目共有三条生产线，将分别在 2017、2018、2019 年启动。其中第一条生产线于 2017 年 12 月 5 日投产，设计产能为 550 万吨 / 年。12 月 8 日，世界上第一艘 ARC7 破冰级 LNG 运输船在萨别塔港首次装载运输。俄罗斯诺瓦泰克公司控股 50.1%，中石油参股 20%，法国道达尔公司参股 20%，丝路基金参股 9.9%。

中国企业对俄投资日趋活跃，双方确定了包含 73 个重点项目的投资合作清单。中国国家开发银行、进出口银行与俄多家金融机构确定了一批重大投资合作项目，俄央行在中国开设代表处，俄罗斯人民币清算中心在莫斯科启动。连接中国东北地区和俄远东地区的跨境铁路桥建设、"滨海 1 号"、"滨海 2 号"大型交通走廊建设稳步推进，中国联通（俄罗斯）运营有限公司在莫斯科开业。中俄边界地区的基础设施建设正在加快进行，俄建筑公司已经获得了 12 亿卢布（约合 2060 万美元）用于修建跨阿穆尔河的布拉戈维申斯克 - 黑河大桥。这座大桥长 19.9 公里（13.4 公里在俄方，剩余 6.5 公里将位于中国境内）将于 2019 年 12 月投入使用。

中国与俄罗斯在航空航天领域的战略合作取得进展。在航天合作方面，中俄在国际空间站建设与运行、卫星系统数据共享、联合深空探测等领域，进一步展开实质性合作。中国与俄罗斯主张和平利用外空，反对外空军事化和进行军备竞赛。2014 年中俄双方决定共同研制远征宽体客机及重型直升机等。2017 年 5 月，中国商飞与俄罗斯联合航空制造集团共同投资成立中俄国际商用飞机有限责任公司，落实了 2014 年中俄两国签署的政府间协议，俄罗斯联合航空制造集团公司与中国商飞公司将联合研制新一代远程宽体客机，命名为 CR929。俄罗斯学者强调，"要将中俄合作切实提升到一个新的高度，唯一的办法就是两国成为彼此可靠的经济伙伴，信守诺言、履行义务、相互信任。当然，这首先是对俄罗斯提出的要求，因为俄罗斯达到这一目标所需要的时间比中国要长得多：需要进行经济改革，使国家经济具有投资吸引力和竞争力、消除腐败、易于创新和能够创新。"[1]

中俄合作最有潜力的地区是俄罗斯远东地区。近年来，俄罗斯政府为了推进远东地区的发展，在远东地区设立了 15 个跨越式发展区，类似中国的开发区。为了吸引外资，俄罗斯政府在这些地区对外资企业实行优惠政策。中国企业对这些地区的兴趣越来越大，中国资本无疑是俄罗斯要加大力量吸引的。

三、中俄战略互信增强

军事安全关系是国家关系中最具战略性的关系，反映两国政治互信的程度。2017 年 6 月，中俄两国国防部长签署了《2017–2020 年中俄军事领域合作发展"路线图"》，对中俄 2017–2020 年的军事合作进行了顶层设计和总体规划，这是两国高水平战略互信和战略协作的具体体现，有利于双方携手应对安全领域的新威胁和新挑战，共同维护地区和平与稳定。中俄两军已建立起一系列机制，如：年度战略磋商、军事技术合作混合委员会、上合组织框架下的"和平使命"联合军演、中俄海军"海上联合"演习、中国武警部队与俄国民卫队"合作"联合反恐训练等等。

2017 年俄中两国海军军事演习的范围进一步扩展。两国在波罗的海、日

---

[1]А.Г. 拉林：《当代中俄关系中的信任问题》，《欧亚经济》2017 年第 6 期。

本海和鄂霍茨克海上举行了"海上合作–2017"联合海军军演。2017年7月27日，中俄两国海军在波罗的海海域举行代号为"海上联合–2017"的第一阶段海上联合军事演习。9月18日，在俄罗斯符拉迪沃斯托克，参加中俄"海上联合–2017"第二阶段演习的中国海军参演编队，抵达俄罗斯符拉迪沃斯托克，俄海军在码头举行了隆重欢迎仪式。针对国际社会的疑虑，普京表示："俄罗斯与中国的合作，包括军事领域的合作，都是世界安全和稳定的一个重要元素。两国合作并不针对任何第三方国家。""我们不建任何军事联盟。演习中两国军人只是在磨练军事技能并开展协作。我再次重申，这也是一个好例子，展现了世界各个地区都需要开展怎样的合作，波罗的海地区也不例外。"[1] 2017年12月11日至16日中俄两军在北京举行"空天安全–2017"中俄第二次首长司令部联合反导计算机演习，演习目的是双方通过共同演练防空反导作战筹划、指挥、火力协同等内容，应对弹道导弹和巡航导弹对两国领土的突发性和挑衅性打击。这些举动标志着中俄军事战略、战术协作正迈向前所未有的高水平。两国的军技合作迅速发展，俄罗斯向中国出售了最先进的S400防空导弹系统以及先进的苏35战斗机，俄"战术导弹公司"正与中国开展多个联合开发新一代导弹和制导炸弹项目。

在中俄两国关系迅速发展的背景下，两国人民的友好感情也在加深。中俄联合举办了包括"国家年""语言年""旅游年""青年友好交流年""媒体交流年"在内的一系列大型国家级活动，巩固了两国关系发展的社会和民意基础。目前俄罗斯有22所孔子学院或课堂和200余所大中小学开展汉语教学，中国有22个俄语中心和300多所大中小学开展俄语教学。汉语在俄罗斯热度上升，汉语考试将于2020年正式纳入俄罗斯国家统一考试体系。地区语言研究中心的数据显示，近10年来，学习汉语的俄罗斯人增加了2倍。2007年有1.7万俄罗斯人学习汉语，到2017年，汉语学习人数达到了5.6万人。

---

[1] 普京：俄中两国军事等领域合作不针对第三国，http://sputniknews.cn/politics/201707271023223382/.

2017 年 9 月，中俄首次联合创办综合性大学深圳北理工－莫斯科大学已经正式开学。2017 年 10 月 26 日，上海交通大学—莫斯科航空学院中俄联合研究院揭牌仪式在上海交通大学举行，首届双硕士学位班的中俄学生参加揭牌仪式。首批 29 名俄罗斯籍和 23 名中国籍双硕士研究生是于 2017 年 9 月入学的，开启了中俄对等招生、互免学费，同堂授课、两地学习，导师联合、企业支持的国际合作办学新模式。2018 年将进行首届交大—莫航双学士学位班的招生。至 2020 年中俄互换留学生规模将达到 10 万人。中俄民间交往增多，2016 年中国访俄游客为 107.3 万人次，比 2015 年增长 15%。俄罗斯访华游客达 118.3 万人次，同比增长 31%。中国成为俄罗斯第一大入境客源国，2017 年免签赴俄中国游客增至近 90 万人次。

　　中俄两国民众的亲近感提升，成为中俄关系全面高速发展的真实写照。"近年来，国际关系的动态、俄罗斯与西方的对立、俄罗斯加快'向东看'以及俄罗斯人希望中俄接近的愿望都提升了俄罗斯社会对中国的好感。另外，越来越多的俄罗斯远东居民将自己未来的学习和工作计划与中国联系在一起。"[1] 2017 年 7 月，俄社会舆论基金会民调结果显示，中国被俄罗斯居民认为是最友好的国家。"2014–2015 年，俄罗斯科学院远东分院远东历史考古民族研究所的工作人员 В.Л.拉林和 В.Л.拉林娜进行了一项调查，76% 的受访者认为美国是可能的威胁来源，只有 37% 的受访者认为中国是可能的威胁来源；而在 2013 年的调查中，这一比重分别为 55% 和 50%。2010 年，有 57% 的受访者担心失去远东，25% 的受访者对此并不担心；2014–2015 年，27% 的受访者仍然担心失去远东，而不担心的人数增至 47%。"[2] 在中国民众的心目中，俄罗斯也已成为重要的国际伙伴。

　　当然，现在俄罗斯是多元社会，仍然存在着亲西方的力量。正如俄罗斯远东研究所学者拉林指出的，俄罗斯社会上存在一些对中国的政治不信任，

---

[1] А.Г.拉林：《当代中俄关系中的信任问题》，《欧亚经济》2017 年第 6 期。
[2] 同上。

换句话说，是对中国人口和经济扩张的恐惧。有人认为可以通过加强民间外交解决，拉林认为，"民间外交有助于建立个人之间的联系，从而形成更加友好的双边关系大气候，但并不能消除和影响政治上的不信任。关于中国的危言耸听的说法归根到底起源于一系列不断作用着的客观因素，即：两国人口潜力的巨大差异；越来越大的国力差距；中国对西伯利亚自然资源开发不断增长的兴趣；邻国关系史上若干微妙事件的不同解释。"[1]中俄在经济领域也存在竞争与矛盾。欧亚经济联盟反倾销调查最多的案件针对的是中国商品，其次是乌克兰，排在首位的案件也是针对中国商品的。俄罗斯普通民众还不够开放，对外防御心理比较强，一听说政府要将土地、房地产等转交给外国人，就会发生恐慌。这也妨碍着中俄之间的合作。这些问题都将随着中俄合作的加深和两国利益联系的紧密而逐步解决。

总体来看，中俄关系成熟稳固，基本不受外部环境变化的影响，是当今世界大国相互尊重、和谐共处、合作共赢的典范。发展对华关系，增强了俄罗斯在国际舞台上的回旋余地，俄罗斯仍会重视发展对华关系。发展中俄关系是中国发展全球伙伴关系、推进大国协调和合作、贯彻周边外交方针的重要体现。深化中俄务实合作，是推进"一带一路"倡议的具体行动。党的十九大后，随着中国特色社会主义进入新时代，中俄关系也站到了新的起点上，面临着新机遇和新前景。加强中俄战略协作，是构建相互尊重、公平正义、合作共赢新型国际关系的重要内容，也是推进人类命运共同体建设的重要体现。2018年俄总统大选普京连任，有利于中俄关系的发展，中俄全面战略协作伙伴关系仍将不断加强。

---

[1]А.Г.拉林：《当代中俄关系中的信任问题》，《欧亚经济》2017年第6期。

俄美关系为何难以转圜

中央党校研究生院博士生　李友龙

在普京第三次入主克里姆林宫后，梅德韦杰夫时期重启的俄美关系再次遭受挫折，西方对普京的反感影响着俄罗斯与西方的关系，俄美关系矛盾不断。2014年乌克兰危机发生后，美国开始对俄罗斯进行制裁，使俄美关系陷入冷战结束以来最为严峻的境地。2016年在美国总统选举中特朗普屡次威胁欧洲和东亚的盟国，扬言要重新调整盟友关系，但对俄罗斯，特朗普却很有好感，不时赞扬普京而贬损奥巴马。对于特朗普的胜选，俄罗斯国内各界曾经欢呼雀跃，寄希望特朗普的上任能够改善俄美关系，解除美国和西方其他国家对俄罗斯的经济制裁。但特朗普上任后，俄美关系并没有像俄罗斯期望的那样实现转圜，双方关系的紧张态势不仅没有缓解，还愈演愈烈。

一、改善俄美关系的转机并未出现

随着冷战的结束与苏联的解体，俄美两国结束了长达40多年的全面对抗局面，但他们始终没有找到相处之道，没有建立起正常的大国关系。苏联剧变之初，迫切需要改善国内经济落后状况的俄罗斯曾一度奉行"一边倒"政策，投入欧美的怀抱，叶利钦为此采取了一系列积极行动，但并未得到西方相应的回报。9·11事件后普京的示好也未能换来美国平等对待俄罗斯，伊拉克战争发生后俄美关系恶化。奥巴马、梅德韦杰夫对俄美关系的"重启"曾给两国关系的发展带来一定的积极影响，但良好的发展势头没有得到延续。

2014 年克里米亚事件发生后，以美国为首的西方国家对俄罗斯采取了多轮经济制裁，致使俄罗斯经济复苏的步伐被打断。俄罗斯所实施的进口替代战略虽然取得了一定成果，但落后低效的国内制造业远无法替代部分进口产品，许多先进的技术设备还需要从西方进口，俄罗斯经济也离不开西方的投资。在 2016 年 11 月底出台的《俄罗斯联邦对外政策构想》中，俄方强调，"美国及其盟友施加政治、经济、信息等压力来遏制俄罗斯，将破坏地区和全球稳定，损害各方长远利益，违背当前对合作和反跨国挑衅与威胁日益增长的需求。"文件中还指出："考虑到俄美两国对全球战略稳定和国际安全状况的共同责任，以及在贸易投资、科技及其他合作上的巨大潜力，俄联邦有兴趣与美国构建互利关系。"[1]俄罗斯清楚地认识到美国所带来的各方面的压力，同时也始终向美国敞开合作的大门，希望通过合作实现互利共赢。特朗普在竞选时提出美国最大的威胁是"伊斯兰国"，消灭这个威胁离不开与俄罗斯的合作，他曾说："俄罗斯与美国应该能够在打击恐怖主义与重塑世界和平方面展开良好合作，至于互相尊重带来的贸易以及其他方面的裨益就更不必说了。"也就是说，改善对俄关系有助于增进美国的国家利益。

大国关系的改善离不开两国领导人之间的好感。普京和特朗普都说过不少赞美对方的话，基本没说过批评或否定对方的话。在美国总统大选期间，普京的倾向明显，他赞赏特朗普而批评希拉里，特朗普为此积极回应说："普京是一个在国内外广受尊敬的人，得到他的如此友善的称赞，永远是我的巨大荣幸。"在特朗普当选总统后，普京第一个发去贺电，希望俄美关系走出危机状态，积极解决国际议事日程面临的问题和有效回应全球安全挑战，普京相信俄美间能够展开平等互信、互相尊重、符合两国人民以及所有国际社会利益的对话。普京还与特朗普进行了友好的电话交谈，并向特朗普发去圣

---

[1]"Концепция внешней политики Российской Федерации", Министерство иностранных дел Российской Федерации, 2016-12-1, http://www.mid.ru/foreign_policy/news/-/asset_publisher/cKNonkJE02Bw/content/id/2542248.

诞贺卡。特朗普也曾多次公开称赞普京，认为普京是比奥巴马"更强大的领导人"。两国领导人互有好感为两国今后的交往奠定了基础，特别是在俄美关系僵化的背景下，两人多次在公开场合的互相示好，让人们看到了两国关系发生重大转变的契机。

从特朗普方面看，商人出身的背景使其更重视实际利益而不是奥巴马等人所持的"政治正确"的价值观。在特朗普不再像前任那样过分关注俄罗斯民主问题后，两国对抗的核心问题主要集中在北约东扩和乌克兰问题上。在北约东扩问题上，特朗普虽然没有明确反对，但表明美国不愿承担更多费用，这自然会改变美国咄咄逼人的势头。在克里米亚入俄问题上，特朗普也没有过分纠缠并表示不会因此问题而与俄罗斯开战，似乎要接受现状，这给俄改善与美的关系以希望。另外，特朗普在任命一些重要职位上也表现出要改善两国关系的意愿，如提名埃克森美孚董事长蒂勒森为国务卿，此人曾与俄罗斯石油公司有过密切合作，在俄罗斯有广泛的人脉关系，埃克森美孚也曾游说国会取消对俄的制裁。

在特朗普当政之初，许多人认为，无论是出于国家利益的需要，还是领导人之间的相互认知，特朗普都不会继续奥巴马时期的对俄政策，改善对俄关系会是特朗普新政的重要部分。奥巴马在下台前曾以俄罗斯干涉美国大选为由，对俄罗斯进行外交制裁，但普京并没有采取相应的措施，特朗普对此大加赞赏。人们普遍认为，俄美关系的改善指日可待。事实却相反，特朗普要改善对俄关系的愿望并没有变成现实，俄美关系进一步恶化了。美国建制派和民众对俄罗斯的恶感是特朗普难以改变的。

二、俄美间存在重大矛盾与根本分歧

俄美关系难以转圜，重要原因是两国间始终存在结构性矛盾，这种结构性矛盾严重制约了两国关系的发展，即使两国领导人有良好的个人关系也很难改善俄美关系。当前，反俄倾向已经成为美国政府政策的惯性，成为关乎"政治正确"的方针，而自冷战时期培养起来的民众反俄情绪也使得这种反俄倾向不断深化。影响俄美关系改善的根本问题是美国不承认俄罗斯是与其平起平坐的大国，并且努力遏制俄罗斯的发展。此外，还有许多具体问题影响着俄美关系的改善。

首先是乌克兰问题和西方与俄罗斯之间的制裁与反制裁。俄美改善关系最大的障碍来自于乌克兰问题及其所带来的一系列影响。由于乌克兰特殊的地缘战略地位，俄美在乌克兰问题上始终难以妥协。俄罗斯人认为，乌克兰是俄罗斯历史及宗教发源地，乌克兰的倾向牵动着俄罗斯人民的民族感情，普京一直想将其纳入后苏联空间一体化进程，而乌克兰意欲加入欧盟则直接触碰了俄罗斯的底线，为此俄罗斯采取了两项措施：一是通过"收复"克里米亚对乌克兰形成威慑，二是促使乌克兰实行联邦制，避免整个乌克兰被基辅掌控，同时也增加乌克兰加入北约的技术难度[1]。苏联解体以来，美国的活动是致力于让乌克兰及前苏联加盟共和国与俄罗斯彻底分离，在符合美国利益的前提下全面改造后苏联空间[2]。为迫使俄罗斯在乌克兰问题上做出让步，以美国为首的西方采取了一系列的制裁措施，西方与俄罗斯间的制裁与反制裁不断升级，俄美的关系也一再恶化。奥巴马政府与欧洲国家都强烈主张美国不能放任俄罗斯的扩张倾向，而特朗普若要重启俄美关系则势必要在此问题上打消美国国内和欧洲盟国的疑虑，显然这一点很难做到。

特朗普政府上任之初，外界根据特朗普的言行曾预测美国或许会在乌克兰问题上减轻对俄罗斯的压力，但事实上美国并没有丝毫让步，甚至立场更加强硬。2017 年 8 月，美国国防部长马蒂斯出席乌克兰独立日阅兵式，这是近十年来美国防长首次访乌，同时还透露美国正积极考虑向乌克兰提供致命性防御武器。普京则称，美国做出向乌提供防御性武器的任何决定都将给乌东部冲突火上浇油。在这种对抗的背景下，俄罗斯为了让美国及其盟友接受

---

[1] 黄登学：《新"冷战"：臆想抑或是现实？——乌克兰危机背景下的俄美博弈透视》，载《东北亚论坛》2015 年第 3 期，第 22 页。

[2] Иван Егров, "Вторая холодная," Российская газета, 2014-10-15, №6507(235).

俄在乌克兰有特殊利益，只能采取强硬态度吞下制裁的苦果，而美国和欧洲为了阻止俄罗斯的扩张行为则必须在乌克兰问题上取胜，迫使莫斯科走上合作的道路。[1]

为了迫使俄罗斯改变立场，从 2014 年 3 月起，以美国为首的西方国家对俄罗斯实行了多轮制裁，制裁的程度与范围不断升级，严重影响了俄罗斯的经济发展。通过金融制裁，不断提高俄罗斯企业的融资成本，使俄企在国际资本市场上的运转能力大大下降；能源和军事领域的制裁主要针对大型的能源和军工企业，限制融资并实行技术封锁，禁止与俄罗斯进行相关武器及配件的进出口。[2] 西方对俄罗斯的制裁，特别是经济制裁对俄经济造成了巨大影响，造成俄资本外流加剧，外国直接投资下降，信用评级下调，融资渠道受阻，进而造成国内通胀率提高，直接影响到俄民众的生活。2014 年 3 月，美国和欧盟冻结 7 名俄罗斯公民和 17 家俄罗斯企业在美境内资产（后又不断扩大制裁名单），国际支付系统维萨卡和万事达卡停止向俄 7 家银行提供服务；4 月，瑞士限制俄官员的金融服务，塞浦路斯停止在克里米亚机构的经营活动；6 月，欧洲投资银行中止对俄新的项目融资；7 月中止对克里米亚和塞瓦斯托波尔的投资，中止多领域的融资，禁止进口和购买 250 种商品，禁止提供贷款；7 月，美国和欧盟禁止俄国营金融机构参与欧洲金融市场交易；9 月，美国禁止本国购买俄金融机构发行的超过 30 天的债券，冻结 5 家俄企在美资产，日本对俄银行采取制裁；12 月，美国限制向俄能源与科技企业提供资金；2015 年 10 月，欧盟禁止对俄银行的金融资产进行调研；2016 年 9 月，OFAC 对 "俄罗斯天然气" 公司的子公司及其他企业实施制裁；2017 年 3 月，乌克兰对俄5 家银行实施为期 1 年的制裁。[3]

---

[1] Robert Legvold, "Managing the new Cold War,"*Foreign Affairs*, 2014(4).

[2] 郭晓琼：《危机与应对：普京第三任期俄罗斯经济发展》，载《东北亚论坛》2017 年第 6 期，第 119 页。

[3] 许文鸿：《美欧对俄金融制裁的影响及若干思考》，载《俄罗斯学刊》2017 年第 5 期，第 39 页。

　　为应对西方制裁，改善国内经济状况，俄罗斯采取了一系列具体有效的反制裁措施。为了报复对俄制裁的国家，同时提高本国商品的市场占有率，俄罗斯禁止或限制从对俄制裁的国家进口农产品、原料和食品，并进而实施进口替代战略；为应对资本外流、降低金融风险，俄罗斯鼓励企业的海外资本回流，同时建立国家支付体系，增持黄金储备；为减轻欧洲带来的压力，俄罗斯将国内经济发展方向东移，加大远东经济投入，并加强与亚洲国家的合作。[1]

　　在一轮轮的制裁与反制裁下，俄罗斯和欧洲的经济都受到了不小的打击，双方都曾期待特朗普上台能给经济制裁画上句号，重新开启良好的经济贸易往来，然而特朗普的上台并没有减缓制裁的进程，2017年8月2日，特朗普签署了针对俄罗斯、伊朗和朝鲜的新制裁法案。该法案除制定了多项制裁措施外，还限制了美国总统解除制裁的权力，只有国会才有权修改或取消制裁俄罗斯的法律。这也反映出特朗普的个人喜好难以改变美国国会对俄罗斯的反感与仇视，俄美关系的发展方向依然被国会把持，很难看到转机。鉴于此，俄罗斯也表态"俄美关系的改善已经'基本无望'"。

　　第二，关于"通俄门"及俄罗斯干预美国大选的问题。"通俄门"的导火索是2016年大选期间民主党全国委员会电脑网络遭黑客入侵事件，美国指责俄罗斯借此干预美国大选。美国司法部于2017年5月17日任命罗伯特·穆勒为特别检察官调查"通俄门"；10月27日，由其主导的对于俄罗斯干预美国大选调查的首批指控获得了联邦大陪审团的批准；12月1日弗林承认其因与俄接触而向联邦调查局作伪证；12月5日穆勒要求德意志银行提供特朗普及其家人的银行账户数据。

　　对特朗普与俄政府有密切往来的指责和"弗林事件"引发了民众对"通俄门"的广泛关注。弗林作为特朗普重要的竞选支持者，被特朗普提名出

_____

[1] 张红侠：《制裁与反制裁：俄罗斯经济困局及脱困之路》，载《俄罗斯东欧中亚研究》2016年第6期，第61、62页。

任国家安全事务助理，但上任仅 20 多天，就因违反《罗根法》与俄驻美大使私下讨论美对俄制裁问题而辞职。弗林与俄驻美大使的私下往来，助长了美国各界对特朗普串通俄罗斯的怀疑。之后，陆续有司法部长杰夫·塞申斯、特朗普女婿贾里德·库什纳等特朗普团队重要成员被卷入"通俄门"事件。[1]"通俄门"所带来的直接影响是加大了俄美关系改善的阻力。特朗普在竞选期间主张改善俄美关系，在反恐领域寻求与俄合作，在"通俄门"出现后，特朗普的这种对俄政策倾向自然被外界质疑其与俄政府有私下交易。为减轻"通俄门"所带来的外界舆论压力，撇清自己与俄政府的关系，特朗普不得不转而采取更强硬的对俄政策，如向叙利亚的空军基地发射导弹、签署最新对俄制裁法案等，这些做法明显违背了其欲改善俄美关系的初衷。对"通俄门"调查的不断升级，涉事人员的相继落网，尤其是弗林的认罪给特朗普团队带来了不小的负面影响。随着调查的继续，特朗普势必会受此问题影响，其对俄政策也会出于"避嫌"而逐步强硬，俄美关系将渐行渐远。

"通俄门"事件背后是俄美严重的价值观冲突。普京当政后，开始整顿国内秩序，改变了叶利钦时期"以西为师"的做法，探索符合俄罗斯国情的自由民主道路。普京通过打击金融寡头、划分联邦区、打击分裂势力、管控媒体等措施加强了中央权力，国家承担管理经济和社会的职责，力图走出一条符合俄罗斯国情的社会发展道路。早在 2005 年的国情咨文中，普京就强调："俄罗斯发展中的主要政治、意识形态任务是成为一个自由民主的国家"，"俄罗斯遵循所有普遍接受的民主准则，从历史、地缘政治和其他具体情况出发自行决定如何保障自由和民主原则"[2]，而在 2016 年的国情咨文中，普京再次重申将继续推动民主制 [3]。在俄罗斯人的理解中，民主意味着政府为公民

---

[1] 何维保：《"通俄门"事件的起因、发展及影响》，载《美国研究》2017 年第 5 期，第 86–93 页。

[2] "Послание президента России В.В.Путниа Федеральному собранию РФ,"2005-4-25, http://www.mid.ru/web/guest/foreign_policy/news/-/asset_publisher/cKNonkJE02Bw/content/id/441934.

[3] "Послание президента Федеральному собранию,"2016-12-1,http://www.kremlin.ru/events/president/news/53379.

提供保护，提供教育、医疗等服务，从而保证公民自由，民主不仅意味着权利，也是公民的责任。美国却认为只有自己的民主制度模式才具有普世价值，冷战结果说明只有美国的民主自由发展模式才是唯一正确合理的模式。美国指责俄罗斯没有真正的民主，普京正在恢复沙皇传统，是"民主进程的倒退"，违背了自由民主的理念。美国指责普京的"主权民主"观念已经使俄罗斯偏离了民主的发展轨道，甚至在民主、自由、人权、政治改革等方面都出现了明显倒退[1]。这种民主价值观的分歧从政府到民间普遍存在，对俄罗斯民主模式的不认同激发了美国国内各界强烈的反俄情绪。俄美两国在民主价值观认知上的分歧，体现了美国对俄罗斯始终存在的担忧与疑虑，美国不承认俄罗斯是一个民主国家。这种价值观的分歧存在已久，难以弥合，并不断影响着两国的国家政策，使得两国难以形成相互信任的关系。

第三，俄美在叙利亚和中东的矛盾与争夺。持续多年的叙利亚危机涉及反恐、宗教等诸多复杂的矛盾和因素，域内外大国或主动或被动地牵扯其中，而普京出兵叙利亚则是基于俄罗斯在叙利亚和中东的战略利益，既有反恐安全的需求，也有地缘政治及调整大国关系的考量。[2] 在安全上看，"伊斯兰国"的威胁日益增大，恐怖主义活动的扩散严重扰乱了俄罗斯国内的安全稳定形势，受此影响，早已平息的车臣反政府武装及其他极端分子在国内频繁实施恐怖袭击。从地缘政治上看，叙利亚是俄罗斯在中东地区最重要的盟友，是俄海军在地中海的唯一立足点，俄罗斯势必要支持巴沙尔政权来保护其在中东及地中海地区的战略利益。从大国关系上看，俄罗斯强势介入热点问题以换取美国的妥协与合作，借打击"伊斯兰国"寻求俄美共同利益的契合点，从而扭转当前西方对俄全面制裁的紧张局面。美国虽然也有打击"伊斯兰国"的实际意愿，但相比之下，借"伊斯兰国"之手推翻叙利亚巴沙尔政权却更

---

[1] 王宪举：《普京第三任期执政情况评析》，载《俄罗斯学刊》2017 年第 5 期，第 16 页。
[2] 毕洪业：《叙利亚危机、新地区战争与俄罗斯的中东战略》，载《外交评论》2016 年第 1 期，第 61 页。

符合美国的国家利益。通过推翻或削弱巴沙尔政权，将削弱"什叶派新月地带"的实力和伊朗在中东地区的影响力，从而稳固美国在中东地区的领导地位。虽然美国因反恐效果不佳、打击恐怖组织不力而备受诟病，但长达五年之久的叙利亚危机不断消耗着叙利亚政府军的实力，继续维持叙利亚可控的混乱局面是美国在此真正的战略意图。

特朗普上台后，俄美针对叙利亚问题进行了多次正面较量。2017年4月7日，特朗普命令美军向叙利亚政府军一处空军基地发射了59枚巡航导弹；4月13日，特朗普指责俄罗斯默许叙利亚政府对平民发动化武袭击，并称俄美关系"处于历史最低点"；10月4日，俄罗斯外长拉夫罗夫对美国领导的国际联盟在叙利亚的行动表示不满，称"美国在叙利亚对俄军的挑衅行为是致命危险的"；11月11日两国领导人发表联合声明，指出叙利亚冲突"没有军事解决方案"，强调保持政治沟通渠道的重要性；2018年1月14日，美国主导的国际反恐联盟开始在叙利亚建立边境安全部队，叙利亚、俄罗斯、土耳其都公开表示反对。由此可见，俄美在叙利亚问题上仍处在僵持对立状态，短期内无法形成有效合作。

俄罗斯通过出兵叙利亚，在中东占据了优势地位，并与伊朗、土耳其的关系取得了巨大进展，这些都威胁到了美国的利益。而特朗普承认耶路撒冷为以色列首都、支持库尔德人武装等，也与俄罗斯的立场相悖。在可预见的未来，俄美在叙利亚和中东问题上冲突将延续，很难达成妥协。

第四个问题是俄美的军事对抗。近年来，俄美虽然没有直接的军事冲突，但也形成了较为紧张的军事对峙局面。2016年5月12日，美国在罗马尼亚部署的反导系统正式启动，13日在波兰启动东欧第二处反导系统建设；6月5日，黑山正式加入北约组织，随后俄罗斯宣布向与黑山关系紧张的塞尔维亚提供战斗机、坦克等军事装备；7月，北约华沙峰会决定在波兰和波罗的海三国部署多国部队，进一步强化了北约与俄罗斯的军事对峙。特朗普上台后，美俄在军事领域的对抗也没有中断。2017年3月，北约与俄罗斯在黑海地区分别举行军演；3月底俄罗斯"喀山"号核动力潜艇下水；6月20日，美空军侦察机在波罗的海上空飞行遭俄空军拦截伴飞；8月，俄罗斯军机依据《开放天空条约》飞越华盛顿特区等地，事后美计划根据条约限制俄军机飞越领空；9月，美军完成了"萨德"系统在韩国的临时部署；10月26日，俄罗斯举行了5年来最大规模的战略核演习，美国紧随其后开展代号"环球雷霆"的战略核演习；近年来，俄罗斯还加大了对中东地区的军售力度，伊朗、土耳其、沙特、埃及等国与俄罗斯都先后签署了军购合同。此外，在相关军事条约方面俄罗斯与美国也展开了较量，中俄力推的《防止在太空部署武器条约》和《打击化学和生物恐怖主义行为国际公约》的两份草案都因美国的立场而叫停。[1]

美俄的军事动态表明，双方的军事对抗已经涵盖了海陆空各个层面，且针对性较强，具有明显的对峙、挑衅意味。虽然军事对峙的气氛一直在加剧，但双方仍保持了一定的克制，并未出现擦枪走火的现象。双方主要还是通过间接方式进行武力威慑，特别是通过针锋相对的军事演习达到各自的震慑目的。但也不能否认，这种长时间的军事紧张状态给俄美关系的改善又增加了不小的难度。

三、俄美关系短期内难以改善

2017年下半年以来，俄美关系再度恶化。2017年7月美国国会通过对俄制裁法案后，俄罗斯要求美国裁减驻俄外交人员数量，并禁止使用莫斯科的多处房产。这是对2016年底奥巴马政府做法的回应。当时奥巴马以"干预大选"和"对美国大使施压"为由，对俄罗斯情报总局和联邦安全局的相关机构、人员进行制裁，同时驱逐部分外交官，查封了两处俄外交机构在美房产。

---

[1]"Выступление и ответы на вопросы СМИ Министра иностранных дел России С.В.Лаврова в ходе пресс-конференции по итогам деятельности российской дипломатии в 2017 году, Москва, 15 января 2018 года", http://www.mid.ru/ru/foreign_policy/news/-/asset_publisher/cKNonkJE02Bw/content/id/3018203.

出于对俄美关系改善的期望，当时普京保持克制，并未立即采取报复措施。在普京对美国实施外交制裁后，美国也要求俄罗斯关闭驻美的两处外交设施。现在这场外交战还在持续。应该说双方的相互制裁并不符合外交惯例，也都违反了《维也纳外交公约》，这说明俄美间严重缺乏信任，敌意在不断增强。奥巴马希望借此影响特朗普的对俄政策，美国内的反俄情绪也迫使特朗普在外交战中不能让步。

随着俄美关系恶化，双方的较量发展到媒体上，展开了一场媒体战。2017 年 10 月，美国社交平台"推特"禁止俄罗斯媒体"俄罗斯卫星通讯社"（Sputnik）和"今日俄罗斯"（RT）在其平台上刊登广告，指责两家媒体企图干预美国大选。美国另一社交平台"脸书"也有类似言论，指责俄罗斯利用社交网络平台接触美国选民，利用虚假账号购买大量政治广告。11 月初，美国司法部以冻结员工银行账户为威胁，要求"今日俄罗斯"电视台的美国频道以"外国代理人"机构进行司法登记。作为回应，11 月 25 日俄总统普京签署了《非商业组织法》修正案，其中将在俄境内活动的一些美国媒体定义为"外国代理人"。根据修正案，获境外资助的媒体须在司法部重新注册，而认定为"外国代理人"的媒体的活动将受到监督与限制。

美国一向标榜自己奉行言论自由，将媒体视为民众表达意见的平台，政府对媒体的监管相对较弱，但面对日益严峻的俄罗斯信息攻势，也不得不加大了对外国媒体的限制与监督。俄罗斯近几年注重在境外发展媒体的工作，旨在影响西方的舆论，改变俄罗斯政府的形象，以"今日俄罗斯"电视台为代表的媒体在西方的影响日益增大，引起了西方的警惕。2017 年底公布的最新《美国国家安全战略报告》就直接指出，"俄罗斯这样的行为者正在利用信息工具破坏民主政体的合法性，对手以媒体、政治进程、金融网络和个人数据作为攻击目标"，"俄罗斯利用信息操作作为其攻击性网络计划的一部分，以影响全球公众舆论，它的信息传播活动将秘密情报行动和虚假的网络角色与国家资助的媒体、第三方中介机构以及付费的社交媒体用户或'巨鳄'

结合在一起"[1]。随着新媒体与网络的不断发展，全球信息的流动越来越快，大量的信息开始能够影响一个国家内部的社会稳定，俄美两国的媒体战还将持续。

从特朗普执政一年以来，俄美双方的几轮较量来看，俄美关系的发展延续了之前的态势，俄美关系"重启"的希望已然破灭，特别是特朗普签署对俄新制裁法案更是使两国关系跌回低谷。俄美间存在的结构性矛盾难以根除，目前并没有出现使两国放下所有分歧的强大的共同利益，短期内俄美关系很难有所改善。

乌克兰问题一直是俄美关注的核心问题，乌克兰危机爆发近4年来，其直接结果是克里米亚重回俄罗斯版图，极大地满足了俄罗斯的地缘政治利益，使俄罗斯取得了应对北约东扩的一大优势，在这场较量中出其不意地占据了上风，这种结果是美国和欧洲都无法接受的。对于当前欧洲的形势，在《美国国家安全战略报告》中写道："俄罗斯将北约和欧盟视为威胁……通过现代化的颠覆策略，干涉世界各国的内政事务。俄罗斯的野心和日益增长的军事实力相结合，在欧亚地区形成了一个不稳定的前沿地带。在那里，由于俄罗斯的误判，冲突的风险正在增加。"[2] 以美国为首的西方国家为应对乌克兰问题，采取强硬措施对俄罗斯实施经济制裁，俄罗斯的经济发展遭受重创，同时欧洲经济也遭受了不小的损失，而俄美之间在经济上的共同利益不多，双方的贸易额微不足道，美国为此遭受的经济损失有限。当前乌克兰东部冲突只是暂时冻结，武装冲突时有发生，美国认为俄罗斯的一系列行为挑战了欧洲的稳定，俄罗斯则认为美国是在撼动其在周边地区的战略地位，北约东扩已经使其传统势力范围所剩无几。同样，叙利亚问题也有类似的趋势，在

---

[1] "National security strategy of the United States of America," pp.14,35, 2017-12-18, https://www.whitehouse.gov/wp-content/uploads/2017/12/NSS-Final-12-18-2017-0905.pdf.

[2] "National security strategy of the United States of America," pp.25-26, 2017-12-18, https://www.whitehouse.gov/wp-content/uploads/2017/12/NSS-Final-12-18-2017-0905.pdf.

目前叙利亚冲突双方无法完全和解的情况下，美国不能坐视一个强大的巴沙尔政权存在，美国必会采取相应措施重新规划中东地区的力量平衡。在这两个热点地区俄美都有各自的利益，双方又都有能力去实现各自的战略意图，这种矛盾在短期内难以解决。

目前美国国内存在的强烈反俄情绪也成为影响俄美关系的重要因素。俄罗斯外长拉夫罗夫在 2018 年年度记者会上将美国的反俄情绪归咎于美国长久以来的自我特殊性意识，这种意识使得其难以接受当前正在形成的多中心世界秩序，表现为行为更具排他性，对威胁其地位的国家常采取威胁、通牒、制裁的手段。[1] 出于国家安全和大国竞争的考虑，美国的保守派对俄罗斯始终保持着高度的戒心。不仅民主党人强烈反对俄美关系好转，就连特朗普团队内部，也对俄罗斯普遍持怀疑态度，几乎所有的最高级幕僚都反对特朗普在对俄问题上做出让步，美国防长马蒂斯与国务卿蒂勒森一直极力约束特朗普，坚持既有的立场，要求俄罗斯必须先从乌克兰撤军才会考虑解除对俄制裁和缓和外交关系。此外，反对特朗普的两党议员还不断通过"通俄门"调查来削弱特朗普的执政能力和执政合法性。特朗普空有改善两国关系的愿望，但面临国内因素的掣肘，很难采取任何有利于俄美关系发展的良策。

如果说特朗普上任初期还十分在意美俄关系的改善，力图扭转美俄关系的走向，那么到了现阶段，改善美俄关系则已经不再是特朗普需要优先考虑的问题了。最新的《美国国家安全战略报告》指出："中国和俄罗斯挑战美国的实力、影响和利益，企图侵蚀美国的安全和繁荣，中俄意图通过削弱经济自由和公平、扩展军队以及控制信息和数据来压制社会和扩大影响力。"[2] 此次特朗

---

[1]"Выступление и ответы на вопросы СМИ Министра иностранных дел России С.В.Лаврова в ходе пресс-конференции по итогам деятельности российской дипломатии в 2017 году, Москва, 15 января 2018 года", http://www.mid.ru/ru/foreign_policy/news/-/asset_publisher/cKNonkJE02Bw/content/id/3018203.

[2]"National security strategy of the United States of America,"p.2, 2017-12-18, https://www.whitehouse.gov/wp-content/uploads/2017/12/NSS-Final-12-18-2017-0905.pdf.

普延续了以往的《国家安全战略报告》中对俄罗斯的消极评价，甚至更加突出俄罗斯的威胁性，表露出打击、制裁俄罗斯的决心，美国的对俄政策又回到了奥巴马时期的强硬立场。相对于改善俄美关系，更让特朗普棘手的问题是国内对其执政能力的质疑。执政一年以来，白宫和主流共和党人控制的国会之间始终存在分歧，2018 年 1 月 20 日的政府停摆一事也充分体现了两党的分歧。现在对特朗普来说更为重要的任务是为国会中期选举做准备，届时将是考验其执政能力与成效的关键时刻。

2018 年普京开始了其第四个任期，普京仍会继续当前的政策，而普京的继续连任自然也不会给美国带来任何好感。加之普京历来以"硬汉"形象示人，在乌克兰及叙利亚问题上都表现出了强硬立场，并不惜动用武力彰显其战略决心，普京所具有的这种强硬性格早已深深刻画在美国民众的脑海中，这种刻板印象也使美国政治精英认定，如果不加防范，俄罗斯在处理与周边各国关系问题上将更具侵略性。因此，美国各界对普京的反感使得普京的连任给改善俄美关系带来新的障碍，美国不会主动贴近一个普京统治下的俄罗斯，而俄罗斯在普京的统治下也必将会以更强硬的姿态对待美国带来的各种挑战。

俄美关系的发展前景虽然不让人乐观，短期内很难好转，但是俄美关系也不是冷战时期的美苏关系。对俄美两国来说，双方仍面临着许多共同的问题，需要加强协调与合作。正如普京在 2017 年 12 月 14 日的记者招待会上所说："基于美国和俄罗斯人民的利益，俄美关系终将正常化并不断发展下去，两国将克服共同的威胁，而这些威胁包括恐怖主义、环境问题、大规模杀伤性武器的扩散以及中东、朝鲜等地区危机。"[1] 俄美间的竞争博弈状态虽然仍会持续，但两国始终会保持克制，避免直接的军事冲突，在可以妥协的领域谋求合作。竞争与对抗大于合作与协调，将是俄美关系未来发展的常态。

---

[1]"Большая пресс-конференция Владимира Путина", 2017-12-14,http://kremlin.ru/events/president/transcripts/56378.

欧盟的亚太战略：奉行"新接触主义"

中央党校国际战略研究院　赵柯

2013年10月2日，中国国家主席习近平在与印尼总统苏西洛会谈时表示，为促进本地区互联互通建设和经济一体化进程，中方倡议筹建亚洲基础设施投资银行，愿向包括东盟国家在内的本地区发展中国家基础设施建设提供资金支持。随后在出席印尼举行的亚太经合组织第二十一次领导人非正式会议时，习近平重申了这一倡议。当时这一消息并未引起世界舆论太多的关注。一年之后，2014年10月24日包括中国在内21个首批意向创始成员国的财长和授权代表在北京人民大会堂签约，共同决定成立亚洲基础设施投资银行（以下简称亚投行），标志着亚投行筹建工作进入了实际操作的新阶段。这时候西方国家政府和媒体的反应是冷眼旁观，而美国竭力阻止其西方盟国加入亚投行更是成为公开的秘密。然而，富有戏剧性的是，2015年3月12日美国的"铁杆盟友"英国率先打破坚冰，向中方提交了作为意向创始成员国加入亚洲基础设施投资银行的确认函，正式申请加入亚投行，成为首个申请加入亚投行的主要西方国家和G7成员国。紧跟英国的脚步，3月17日法国、德国和意大利共同宣布加入亚投行。欧盟四大经济体的火线加入让"亚投行"一下子成为全球舆论的焦点和当下最热门的国际政治经济话题。英法德意的加入不仅引发了卢森堡、瑞士、奥地利、荷兰、葡萄牙等其他欧洲国家的效仿，也让日本、韩国和澳大利亚这三个重要亚太国家"倍感压力"。一时间，"亚投行分裂西方""欧洲国家加入亚投行意味着世界权力的东移""英美关系受到挑战"等说法甚嚣尘上。但无论如何，欧盟国家的加入在整个亚投行的筹备过程中都是具有重要意义和影响的关键节点。到底该如何理解欧盟国家参与亚投行的行为逻辑，它们的战略目标是什么？欧盟国家的加入对中国而言是机遇还是挑战？中国该如何看待和应对欧盟国家兴起的"亚投行热"？这些问题是本文主要探讨的内容。

欧洲与亚投行：从冷眼旁观到争相加入

欧洲对于中国提出建立亚投行的倡议，一开始并没有给予积极的响应，而是冷眼旁观。所以，对于欧洲国家的积极申请，特别是欧洲四大发达经济体，同为欧盟核心成员国的英法德意在最后阶段的"抢筹"亚投行，不仅国际舆论表示"震惊"，中国政府实际上也没有完全预料到，甚至是有些"措手不及"，可以说中国在筹建亚投行的过程中遭遇了一次相当程度的"欧洲冲击"。2015年3月6日，在十二届全国人大三次会议举行的记者会上，财政部长楼继伟在回答"最终有多少国家会加入亚投行，是否欧美日等西方发达国家也会加入"的提问时表示，亚投行是区域开放的多边开发机构，实行区域开放主义，也欢迎区域外的国家加入。但是首先在区域之内寻求创始成员国。对于欧洲国家加入的可能性，他也坦率地谈道："欧洲一些国家已经表示了愿意参与。但是，我们27个国家大家比较一致的看法，就是先域内。另外，域外的国家提出了参加要求，我们稍微等等"。从楼继伟部长的回答中可以看出，亚投行的定位是十分明确的，是区域性的，主要面向亚洲，所以才有"域内"和"域外"之分。亚投行在筹建过程中吸纳创始成员国，自然也是按照"先域内、后域外"的原则，对于欧洲国家的参与，中国的态度是"我们稍微等等"。这说明至少欧洲国家当时还没有非常明确地告知中国一定会加入，而只是表达了参与的意愿，而中国方面也没有特别地对欧洲国家的加入抱有很高的期望，而是首先希望吸纳域内国家。

虽然欧洲国家的加入超出了中国的预料，但是中国政府对此表示了欢迎。这是因为，从宏观层面讲，一方面，"包容性"和"开放性"是中国政府在全球经济治理中所一直倡导和秉持的理念，接纳"域外"的欧洲国家成为创始成员国，体现了中国对这些理念身体力行的贯彻和实践，同时中国的诚意和大度也有利于打消西方国家对亚投行的种种质疑和猜测；另一方面，随着中国经济实力的增强和海外利益的扩展，积极参与全球经济治理，分享全球经济规则的制定权，是中国之利益所在。欧洲发达国家的加入，使亚投行具有了从区域性投资发展银行逐渐成长为真正的全球性多边开发性金融机构的潜力，未来很可能发展成与世界银行和国际货币基金组织比肩的全球经济治理平台，这无疑将会改善和增强包括中国在内的发展中国家在全球经济治理中的话语权。从微观层面讲，欧洲发达国家在国际发展融资领域具有丰富的经验，他们的加入能够帮助提高亚投行的运营水平，优化内部治理结构，从而增强亚投行在国际资本市场上的信誉度，提升亚投行的融资能力。正是从这个意义上说，欧洲发达国家的加入对亚投行总体上是有利的，同时也意味着这些欧洲国家对中国经济未来的发展前景投出了一张信任票。

　　然而，"欧洲冲击"同时所带来的挑战也是实实在在的。首先，中欧在国际发展方面的政策理念存在差异。多边金融开发机构不同于一般的商业投资银行，不能仅仅把经济效益和短期利益放在第一位，同时还需考虑社会责任和长期发展。正因为此，欧洲国家经常会借此把国际发展融资附加条件，比如通常会要求借款国在宏观经济领域遵循"华盛顿共识"来实施一系列的"结构改革"，涉及国有企业私有化、开放市场、财政预算以及政府采购等政策领域，甚至要求借款国承诺实施政治体制改革，推行民主化等。这些"附加条件"极富争议，批评者认为它侵犯了国家主权，而欧洲人则认为这是"善治"的重要内容，是保证贷款得到有效使用的必要条件，体现了国际多边开放性金融机构一贯遵循的所谓"高标准"和"最佳实践"。中国奉行"不干涉他国内政"的原则，认为一国人民有权选择适合本国国情的发展道路，他国不能强行干涉，应尊重每个国家自己对发展道路的选择。正是基于这一理念，中国不赞成对国际发展融资附加意识形态色彩浓厚的条件。其次，中欧在制定全球投资规则中存在分歧。专注于亚洲地区基础设施投资的亚投行成立之后，毫无疑问将会掀起新一轮的投资热潮，无论是对于欧洲企业还是对于中国企业的海外投资而言，都会是一个重大的机遇。但在全球投资治理的规则制定方面，中欧存在分歧。在中国的对外直接投资中，国有企业扮演着重要角色。根据《2012 年度中国对外直接投资统计公报》的数据，2012 年，中国非金融类对外直接投资777.3 亿美元，其中国有企业占 46.6%，2012 年末中国非金融类企业对外直接投资存量 100 强中排名前 20 位的都是大型央企。如果再加上金融类企业的话，不难看出，国有企业是现阶段中国对外直接投资的主力。所以，以国有企业为主体的投资模式得到尊重和认可，是中国参与全球投资治理体系的一大诉求，而这恰恰与欧盟目前推动的国际投资理念存在冲突。2012年 4 月 10 日，欧盟和美国发布了《欧盟和美国关于国际投资共同原则的声明》，由于目前全球尚不存在统一的国际投资规则，此举表明欧美试图在全球投资规则方面相互协调，以在全球投资治理体系中占据主导权的战略意图。《声明》中特别强调支持经合组织倡导的"竞争中立"原则，关注国有企业对私人企业构成的挑战，认为国有企业得到了政府在市场准入、信贷融资、税收补贴等诸多方面的支持，扭曲了正常的市场竞争，因而主张对国有企业的海外投资进行法律约束。中欧在界定国有企业在国际投资中地位、作用和经营方面可能存在的分歧，对中国国有企业未来参与亚投行项目的投资造成了潜在的风险和不确定性。最后，中国在亚投行中的话语权可能会受到削弱。亚投行是中国第一次主导筹建的多边金融开发机构，也是未来中国更好地参与全球经济治理的一个理想平台，但欧洲大国的加入在客观上会"稀释"中国在亚投行中的话语权。一则中国缺乏国际多边机构中的领导经验，二则因为这些欧洲国家基本上都是欧盟成员国（瑞士虽然没有加入欧盟，但与欧盟关系紧密），它们具有相似的理念和利益诉求，特别是欧盟轴心德国和法国的加入，很可能使亚投行内的欧盟成员国很自然地以德法为核心，抱团形成一个"朋友圈"。如何让这些欧盟成员国发挥建设性作用，是中国面临的一个挑战。

欧盟国家加入亚投行背后的欧美协调

对于英国，以及随后法德意三国申请加入亚投行，国际舆论特别是西方媒体纷纷将其解读为美国遭遇了欧洲盟国的"背叛"，强调欧美之间出现的"裂痕"。比如英国《金融时报》引述了一名奥巴马政府高级官员对英国加入亚投行的评论："我们对于那种不断迁就中国的倾向十分警觉，这不是同一个崛起中的强国打交道的最佳方式。"《金融时报》认为这名高级官员的话是美国对其亲密盟友发出的"罕见的谴责"，并且"这次谴责是一次罕见的翻脸"。而德国媒体则认为欧洲国家申请加入亚投行是一个极具"爆炸力的决定"，它"分裂了西方"，并且"动摇了西方主导的国际金融体系"，甚至认为这标志着"21世纪的权力向中国转移"。美国对外关系委员会亚洲中心主任易明（Elizabeth Economy）则把英国加入亚投行视为"变节"行为，认为这将导致美国精心构建的（不加入亚投行）联盟解体。

在亚投行问题上，欧美之间真的像媒体所渲染的那样双方陷入对立的僵局，而最终欧洲国家不顾美国强烈反对坚决申请加入？事实可能并非如此，仔细分析欧洲国家和美国正式的政府声明和相关官员的正式表态，我们会发现：欧美之间在亚投行问题上的共识要远远大于相互间的分歧，所谓"亚投行分裂西方"之说是不成立的。英国在宣布参加亚投行的声明中谈道：英国将会为确保亚投行在问责、透明、治理结构等方面采纳最佳标准贡献关键力量；德法意三国参加亚投行的联合声明中也谈道：渴望与亚投行创始成员国一起来建立该机构，使其具有监管、保障、债务以及采购等政策方面的最高标准和最好实践。2015年3月17日，美国国务院发言人普萨基（Jennifer Psaki）就欧洲国家参加亚投行一事答记者提问时表示：美方认为世界各地对提高基础设施建设的投资有紧迫的需求，任何新的多边机构都应该采取国际社会在世界银行和地区性发展银行建立的高标准。美方认为这些国家（英、德、法、意）中的任何一个加入亚投行，都为亚投行提供了提高标准的机会。从这些正式声明中可以看到，欧美立场都拥有一个相同的关键词——最高标准，它们实际上是高度一致的，即通过加入亚投行来确保中国遵守欧美在全球基础设施投资领域所设定的规则。

美国不愿意其盟国加入亚投行，并且施加各种压力进行阻止。这已经成为一个"公开的秘密"，因为美国不愿意自己掌控下的世界银行和国际货币基金组织受到来自亚投行的竞争和挑战，更担心中国将亚投行作为施展大国雄心的对外战略工具，但这并不意味欧盟国家申请加入亚投行就是欧美之间出现了"裂痕"，更不代表欧盟国家此举是"背叛"美国。当前欧盟的现实处境不允许欧盟国家冒着损害欧美关系的风险来加入亚投行。欧盟目前在两个问题上有求于美国：一是乌克兰危机，这仍是目前欧盟面临的最为严峻的地缘政治风险，欧盟需要美国的合作，与欧盟协调一致共同向俄罗斯施加压力，确保明斯克协定得到真正执行。同时欧盟还需要美国支持欧盟通过外交谈判而非向乌克兰提供武器的方式解决危机，避免过度刺激俄罗斯导致局面失控；二是欧盟希望与美国尽快结束 TTIP 的谈判。对欧盟而言 TTIP 不仅意味着更多的经济增长，更是确保欧盟在未来全球经济格局中主导地位的战略之举，事关欧盟前途命运。所以，欧盟委员会主席容克在上任之初就已经公开表示要在 2015 年底与美国签订协议。在这个关键节点上，作为欧盟核心成员国的英法德意只能竭尽全力加强欧美同盟，而不可能去损害欧美关系。德国总理默克尔 2015 年 2 月份访问美国时明确表示：跨大西洋关系是处于所有伙伴关系之上的伙伴关系，对德国而言是不可或缺的。而且我想我也可以代表欧洲人这样说。在这种情况下，很难想象，德国会冒着有损对美关系的风险强行加入亚投行。合理的推测是：美国之前确实不同意这些欧盟国家加入，但是欧洲人认为加入亚投行才符合欧美的长远利益，并且最终说服了美国人，征得了美国人的同意和谅解，然后才正式决定加入亚投行。欧美之间的协调应该是一个颇费周折的过程，需要时间，这也是为什么在外界看来欧洲人做出加入亚投行的决定比较仓促，充满了在最后阶段"竞相冲刺"的味道。

对于欧美之间的协调，欧盟委员会经济与金融事务总司总司长布提（Marco Buti）在接受财新网记者专访时也确认了这一点。他表示，欧洲国家决定是否加入亚投行时，不仅在欧洲内部进行了讨论，也与七国集团盟友开展了讨论，要搞清楚新银行的目的、管理以及遵循的运行原则，所有这些直到最近才得以明确。所以，与媒体广泛报道的英美特殊关系因英国执意加入亚投行而受到损伤相反，2015 年 3 月 12 日，美国国家安全委员会发言人文特尔（Patrick Ventrell）对于英国加入亚投行并没有任何的批评，而是认为英国做出了一个主权决定。同时表示说，美方期待的是，英国在推动亚投行采用高标准时再发出自己的强音。文特尔再次强调，在亚投行议题上美国一贯的立场是清晰的，任何新的多边机构都必须具有像世界银行和其他地区发展银行那样的高标准。也就是说，美国不反对英国加入亚投行，并且要求英国积极推动亚投行遵守美国所制定的国际规则。对于其他欧盟国家，美国也持同样的立场。在这一问题上，欧盟和美国实际上是一致的。美国的立场基本上成了欧洲高级官员对亚投行进行正式回应时的"标准答案"。比如，欧洲议会议长马丁·舒尔茨（Martin Schulz）一方面表示非常赞同欧盟成员国加入，但他同时特别强调（亚投行的）运营必须遵守国际的标准。德国财政部长朔伊布勒（Wolfgang Schaeuble）也是反复表示希望通过高标准为亚投行做出贡献。所以，亚投行没有分裂西方，实际情况是，欧美解决了在亚投行问题上的分歧，实现了立场的协调统一。正如德国维尔茨堡大学的中国问题专家费多丽（Doris Fischer）所说，如果美国人不愿意加入亚投行，是因为担心（国际发展援助）标准无法得到遵守，那他们应该更加乐见在人权方面其实更为严格的欧洲人加入，甚至可以将这看成是（欧美之间的）一次分工。

"亚投行热"体现欧盟亚太政策的"新接触主义"转向

从表面上看，经济利益无疑是欧盟国家中兴起的这股"亚投行热"最为直接的推动力，根据亚洲开发银行的测算，亚洲国家的基础设施总体上低于世界平均水平，随着人口和经济的迅速增长，基础设施面临的压力越来越大。2010–2020 年，亚洲需要总计 8 万亿美元左右的投资用于基础设施建设，其中 68% 用于新建，32% 用于维护和更新现有基础设施，平均每年所需基础设施投资总额为 7500 亿美元。由此可见，亚洲的基础设施建设是一个巨大的市场，通过加入亚投行，欧盟国家的企业无疑能够获得更多商机。对于经济增长乏力的欧盟而言，亚投行是一个充满经济吸引力的选择，欧盟官方对此也毫不讳言。2015 年 3 月 17 日欧盟委员会发言人称，欧盟国家加入中国主导成立的亚投行是应对全球投资需求的方式之一，跟欧洲一样，亚洲有着广泛的投资需求，从欧盟角度来说，非常欢迎亚洲增加基建投资，这对欧盟企业来说也是个商机。

但欧盟国家集体"抱团"加入亚投行，绝不仅仅是一个带有机会主义倾向的经济选择，而是近年来欧盟亚太政策转向的具体体现，反映了欧盟亚太战略的深刻调整。以往欧盟亚太政策的关键词是"接触政策"（Engagement），主轴是拓展市场，分享亚太经济的繁荣成果，获取经济利益。在对亚太地区国家的政治关系上，特别是对华关系上，"接触政策"建立在欧盟所秉持的这样一个信念之上：中国在与欧盟的接触中会受其影响，实现欧盟声称的经济自由化，法治和政治民主。欧盟相信，长期来讲，中国会发展得越来越像欧洲。这也被称为"无条件接触"政策，也就是说，为了扩大对华各个层面的交流往来，欧盟可以在对华关系上单方面做出更多的让步，以便于逐步达到其核心目标：改变中国内部的政治经济体制。在亚太地区的安全事务上，欧盟基本上是置身事外，认为地理上的遥远使得亚太安全并非欧盟的核心关切。

但是，随着近年来中国综合国力的大幅提升以及中日钓鱼岛争端和南海问题的升温，欧盟意识到中国的崛起正在改变亚太地区原有的安全结构，发生地区冲突的风险在增加。欧盟政界和智库开始重新思考和规划欧盟的亚太政策，认为欧盟不能再忽视亚太安全事务，而应积极主动介入其中，因为亚太安全已经成为欧盟不容回避的切身利益，这主要体现在三个方面：第一，如果亚太地区发生军事冲突，那么欧盟由于在该地区缺乏军事力量和手段，其在该地区巨大的经济利益将因无法得到有效、及时的保护而直接受到威胁，欧盟在该地区多年的经营很可能毁于一旦。欧盟认为这一风险并非杞人忧天，而是一种现实存在；第二，随着中国的崛起，亚太地区的安全结构将不可避免地发生变革，当前美国单独主导的亚太安全格局正在承受越来越大的压力，其可持续性存在疑问。无论未来出现中美共同主导，甚至是中国单独主导的亚太安全格局，或者是其他类型的集体安全格局，都是对现状的根本性改变，这都将迫使欧盟要及早做出反应，避免在新的亚太安全结构中被边缘化；第三，在当前这个可能发生变化的亚太安全格局中，如果中国内部出现政治动荡或者是发生经济危机，那将是冲击整个亚太的系统性风险，欧盟对此也需要进行必要的准备和应对。因此，欧盟在亚太安全问题上要更加积极有为，采取更为清晰的立场。欧盟必须要考虑，如果地区紧张加剧，是站在美国一边？中国一边？还是尽可能长地避免选边站？抑或最终决定要积极地行动起来避免冲突升级？欧盟必须及早为亚太未来可能发生的变局做好准备。而在对华政策上，以往的"无条件接触"被认为是不成功的，欧盟意识到它无法有效地影响中国政治的发展方向，中国也不会放弃自己的政治体制。

区别于以往"旧"的"接触政策"，欧盟亚太战略正在转向"新接触主义"，即由以往的"经济主导"，对政治安全问题"善意忽略"，转变为积极寻求在亚太政治安全事务中发挥作用；由以往的试图通过接触改变中国内部政治体制，转变为力求通过接触影响和引导中国的对外政策行为，确保中国不挑战现有的国际秩序，将中国的对外行为规范在当前西方主导下的国际秩序中，避免中国的崛起造成亚太安全结构失衡，进而引发冲突。从亚太安全的视角来重新审视和主动塑造中国的对外行为，是欧盟这一"新接触主义"政策的核心。2012年3月，时任欧洲理事会主席范龙佩在英国皇家国际事务研究所的演讲中就透露出了欧盟亚太政策转向的信号。范龙佩说，欧洲显然不是一个太平洋强国（a Pacific power），未来也不会是，这是地理条件使然。但我们是大多数东亚经济体最大的单一贸易伙伴，不仅该地区的稳定是我们的利益，我们还要对此做出贡献。正是在这一背景下我们看到欧盟及其主要成员国家明显加大了对亚太安全事务的投入。2013年6月，时任欧盟外交和安全政策高级代表阿什顿在第12届香格里拉对话上明确表示："今天我来到这里，是为了发出一个强烈的信号：亚洲的安全事务以及对亚洲安全事务的承诺是欧盟现实的利益。"欧盟不仅积极参加东盟地区论坛，还在努力谋求成为东亚峰会成员。欧盟成员国也开始加强对亚太安全事务的关注。2013 年 6 月奥朗德对日本进行国事访问，两国签署了"特殊伙伴关系"政治声明，表示要在"重大国际问题上采取共同立场"。在当时中日钓鱼岛争端发酵的背景下，这一声明所指之处是不言而喻的。2013 年 12 月默克尔第三次出任总理后，德国的亚洲政策也出现了变化，在新政府的联合执政协议中明确提出"要在普世价值的基础上深化与亚洲国家的关系"，支持美国更多地加强在亚太的存在，并且认为这对德国而言是一次"可供利用的机会"，并且德国也要为此贡献自己的力量。特别值得注意的是，德国将"与日本的友谊"视为其"外交政策的支柱"。2015 年 3 月 9 日，默克尔在访问日本时的演讲中进一步强调了对日本的支持，明确表示加强国际法的效力是德国和日本的共同利益，特别在涉及地区安全和稳定方面，比如东海和南海贸易通道的畅通，因为欧洲和这一地区紧密相连。德国以及欧盟之前都避免介入中国与日本和东南亚国家的岛礁争议，保持中立。但这次默克尔在日本的演讲中借与日本共同维护国际法之名，实质上委婉地表达了"德国和日本在地区安全上有共同利益"这一背后所隐藏的立场，这在某种程度上是对欧盟官方所一直宣扬的"不选边"政策的一个突破。

如果把欧盟国家加入亚投行置于其近年来不断加大对亚太安全事务介入，政策转向"新接触主义"的背景下，我们将能够更为深刻地理解欧盟国家在此次"亚投行热"背后所隐藏的行为逻辑。在欧洲人看来，中国的"一带一路"计划是一个着眼于整个亚欧大陆的对外战略，涉及整个亚欧大陆的政治、经济和安全格局，也是中国周边外交的核心，欧盟必须密切关注中国对这一地区的重塑，就"一带一路"计划与中国保持对话，理解中国的战略意图。欧洲人也非常清楚中国启动亚投行项目旨在支持通往欧洲的"一带一路"建设，因为"一带一路"建设涉及大规模的基础设施建设，背后需要强大的金融机制作为支撑，作为多边金融开发机构的亚投行无疑将发挥关键的融资平台角色，可以说是"一带一路"建设的核心枢纽。对于逐渐转向"新接触主义"的欧盟国家而言，中国的"一带一路"建设带来的不仅是巨大的经济利益，更会对当前的亚太安全格局产生冲击，使得未来亚太安全格局的演变增加了更多的不确定性。要更有效地维护欧盟在亚太的安全利益，未来影响甚至引导中国"一路一带"战略的发展方向，加入亚投行就成为欧盟大国的必然选择。

欧盟"新接触主义"亚太政策带来的风险与机遇

欧盟国家加入亚投行不仅仅是出于追求经济利益的考量，其背后深层次的行为逻辑是近年来欧盟亚太政策的"新接触主义"转向。这些申请加入亚投行的欧盟国家都是欧盟的核心成员国，并且其中的英国和法国还是联合国安理会常任理事国，而德国则是当前欧盟事实上的"盟主"，这意味着它们所代表的绝不仅是单个国家，更是欧盟整体的价值观念和长远利益，它们的加入事实上在亚投行内形成了一支"欧盟力量"。考虑到亚投行其他成员多为发展中国家，综合国力并不强，在国际发展金融领域经验不足，如何在亚投行内部治理中有效地整合这支"欧盟力量"，确实是中国所必须面对的考验。但另一方面，"欧盟力量"主动地介入亚投行和一带一路建设，也为中国化解欧盟亚太政策的"新接触主义"转向所带来的风险提供了良好的机遇。中国应该积极主动地创造双方的利益汇合点，让活跃的东亚经济圈与发达的欧洲经济圈之间实现更大规模和更具深度的流动与融合，充分利用中国拥有的市场规模优势和资本优势，通过不断提高经济相互依存度来"锁定"与欧盟的战略关系，最大程度地弱化欧盟"新接触主义"政策背后的猜忌、疑虑甚至是敌意，将投资和金融合作打造成为中欧关系发展的新引擎。

投资与贸易不同，不仅在直接创造就业方面效果显著，而且伴随着投资的增长，双方在人员、观念、制度及文化等诸多方面将出现更深层次和更具持久性的交流，投资的背后不单单是资本的跨国流动，更是两个国家间社会结构的碰撞和深层次融合，这是单纯的贸易所达不到的。因此，从国际政治的角度看，相互投资对稳固国家间关系的贡献度要远高于贸易。2013 年 10 月 30 日，时任欧盟委员会副主席、欧盟司法委员维维亚娜·雷丁（Viviane Reding）在美国耶鲁大学的演讲中直言不讳地说：当前许多（国家间的）伙伴关系都冠之以"战略性"的称号，但这当中唯一能够称得上是"战略性"的，只有欧美关系。欧美关系的这种密切程度和稳定性不仅是因为双方具有相同的价值理念、政治制度和意识形态，还有一个很重要的原因在于欧美双方互为最重要的投资伙伴。2012 年美国对外直接投资的 63% 流向了欧盟，而美国所吸引的外部投资中 44% 来自欧盟。美国和欧盟的相互直接投资在大西洋两岸创造了 700 万工作岗位，其中美国企业在欧盟就雇用了 420 万的劳动力。以欧洲最大的经济体德国为例，在美国的私人部门从业者中，每 200 人中就有一人为德国企业雇员；而在德美国企业则创造了近 80 万个就业岗位，相当于德国私人部门每 35 个就业岗位中就有一个是美国企业创造的。德美两国间社会的融合度由此可见一斑。相比之下，中欧之间的相互投资，特别是中国对欧盟的直接投资，与双方的巨额贸易量完全不匹配。根据欧盟的最新统计，截至 2013 年欧盟对中国的直接投资存量只占欧盟全部海外直接投资存量的 3%，而中国对欧盟直接投资存量仅占到欧盟所吸引的全部直接投资存量的 1%。可见，在投资领域双方都有巨大的提升空间。

中国以开放包容的态度欢迎欧盟国家加入亚投行，欢迎欧盟国家的企业参与亚洲的基础设施建设项目。同样地，按照对等的原则，中国也可以参与欧盟的投融资平台，推动中国企业走进欧盟。新一届欧盟委员会主席容克在 2014 年底提出要成立欧洲战略投资基金，用于重振欧洲经济。它将通过欧盟现有的预算和欧洲投资银行进行注资，投向能源、网络、交通运输、电信、创新研究等领域。按照容克的设想，这项基金将会吸引高达 3150 亿欧元的私人投资。在"紧缩"成为欧盟国家宏观经济政策主旋律的背景下，欧盟国家很难再通过扩张性财政政策和大规模举债的方式来促进经济增长，很自然，吸引外来投资将成为欧盟国家政府促进经济增长的一项重要政策选择，中国可以考虑以适当的方式参与欧洲战略投资基金。在 2013 年双方共同制定的《中欧合作 2020 战略规划》中，明确提出要推动中国和欧洲投资银行的互利务实合作，欧洲战略投资基金可以成为中国与欧洲投资银行开展合作的一个切入口。此外，亚投行和欧洲投资银行可以在未来携手合作，在更为广阔的一带一路的框架下共同寻找投资项目。无论是亚投行还是欧洲投资银行都属于多边开发性金融机构，不能像普通商业银行那样靠吸纳存款来获取资本金，而是主要靠成员国注资和在国际资本市场发行债券来筹资。如果这两大投资银行实现合作，随着中国资本账户的开放，未来可以根据投资项目的实际情况在欧洲和中国发行人民币债券或者欧元债券来进行融资，这对巩固欧元的国际地位和促进人民币的国际化都非常有益。

　　中欧双方在多边开发性金融领域的深度合作必然会为双方企业的相互投资营造良好的政策氛围，降低准入门槛，特别是为中国投资欧盟打开了"机会窗口"。中国主要是通过加工制造业嵌入国际生产网络而参与国际分工并获得产业发展的，但是中国参与的部分位于全球产业价值链的低端，并没有主导整个产业链。随着中国国内产业结构的调整以及随之而来的产业升级的压力不断增大，许多中国企业将对外直接投资的目光转向了欧盟这样的发达经济体，希望能够进军具有高附加值的上游价值链和建立自己掌控下的全球销售网络。2009 年肇端于希腊的欧债危机是二战后欧洲一体化所遭受的最为严重的挫折和冲击，作为大半个世纪以来欧洲联合最为重要的成果——欧元几乎走向崩溃。为了走出危机，欧洲人下决心启动了停滞多年的结构性改革，不仅希腊、西班牙、葡萄牙等重债国在国内外压力下实施紧缩政策，德国、法国、荷兰、卢森堡等财政状况良好的国家也主动地加入到"紧缩"的行列，出台了一系列缩减公开开支、降低社会福利的政策和法律。在这一背景下欧盟的生产成本，特别是劳动力成本的增速大大下降，欧盟国家的劳动力市场改革也提上日程，放松了对就业市场的管制，雇佣制度更加灵活。劳动力成本"高昂"和劳动力市场的"僵化"曾是许多中国投资者对欧盟"望而却步"的重要阻碍因素，这方面的改善，为中国企业利用欧盟高素质的劳动力创造了良好的条件。随着中国对欧盟直接投资的增长，将会有越来越多的欧洲人为中国企业工作，这既能缓解让当前欧洲政治家最为头痛的问题——失业，也能让欧洲人近距离了解和感知更为具体和真实的中国，真正实现"民相亲"。正是从这个意义上说，投资与金融合作正在成为中欧关系发展的新引擎。

包括欧盟在内的西方国家对中国筹建亚投行进行无端的质疑甚至是指责的一个重要理由，就是认为中国倡议的亚投行不是一个"单纯"的金融机构，而是服务于中国对外战略的"政治工具"。但实际上，欧盟国家加入亚投行的终极目的才是真正的"不单纯"，其带有强烈的地缘政治动机，是欧盟试图积极介入亚太安全事务，将中国的对外政策行为限定在既有的国际秩序当中，以及争取在变革中的亚太安全结构里占据先机这一总体战略的有机组成部分。所以说，欧盟近年来在亚太政策方面的"新接触主义"转向才是理解欧盟国家"抢筹"亚投行这一行为逻辑的关键。"新接触主义"虽给中国带来了风险，但对中国的对欧政策而言，同时也意味着机遇。"亚欧大市场"不仅是应对欧盟"新接触主义"亚太政策的有力工具，更是中国主动规划和引导中欧关系发展的长远举措。2014 年 4 月 1 日，中国国家主席习近平在比利时布鲁日欧洲学院的演讲中提出了这一未来中欧关系发展的远景目标：把中欧两大市场连接起来，把中欧合作和丝绸之路经济带建设结合起来，以构建亚欧大市场为目标，让亚欧两大洲人员、企业、资金、技术活起来、火起来，使中国和欧盟成为世界经济增长的双引擎。要实现习主席所提出的"亚欧大市场"这一愿景，无疑需要欧盟的积极合作和其对中欧关系发展的真诚投入。而以中欧"共建"亚投行为契机和抓手，通过发展投资与金融合作，增强中欧之间要素流动的广度和深度，进而"锁定"中欧战略关系，这将为"亚欧大市场"的建立奠定坚实的基础。

欧盟的对美战略：推动欧美关系"再平衡"

中央党校国际战略研究院　赵柯

特朗普在竞选期间以及当选总统后一系列针对北约及欧盟的不友好言辞，引发了跨大西洋两岸的紧张关系。2017 年 5 月特朗普首次出访欧洲，出席北约峰会和七国首脑峰会，期间在防务、贸易、气候等议题上对欧洲频频发难，德国总理默克尔在随后的一次演讲中直言不讳地说："那个完全可以信赖其他伙伴的时代已经部分地成为过去，我们欧洲人必须将命运掌握在自己手中。"由此，欧美同盟的稳固性受到国际舆论的普遍质疑，认为跨大西洋关系出现裂痕。分析欧美同盟稳固与否，不能仅从"挑衅性"的言辞出发，更要看"争吵"是否动摇了双方的战略共识和合作机制。本文认为，特朗普在言辞上对欧洲的"敲打"，实际上是在延续奥巴马政府时期就已启动的欧美关系"再平衡"。当前欧美"冲突"的实质是双方在防务、贸易、气候等诸多领域重新调整相互间的权利、责任和利益，而非"分裂"。"再平衡"后的欧美关系会变得更加稳固，"大西方"会在其共同推动下进一步形成，这对中国是一个真实的挑战。

北约框架下欧美军事同盟没有弱化

特朗普带给欧美关系的最大冲击莫过于其安全防务政策。特朗普竞选时称北约已经"过时"，并且威胁欧洲国家，如果不增加军费开支，美国将放弃对欧洲的安全承诺。特朗普这一咄咄逼人的表态确实挑战了欧美关系的底线，但其真实目的是要让欧洲在世界安全事务中发挥更为重要的作用，增加军费和各种资源的投入，为北约的全球行动做出更大贡献，加速在北约框架内实现美欧力量的"再平衡"，减轻美国的责任和负担，而非弱化甚至放弃欧美军事同盟。这与奥巴马的北约政策是一致的，只不过特朗普不像奥巴马那么"温文尔雅"，而是用更加"蛮横"的威胁性语言和"步步紧逼"的高压态势来敦促欧洲履行防务义务。

在欧美关系史上，以放弃对欧洲国家的安全承诺为威胁，迫使欧洲国家让步的美国总统，特朗普不是第一个。在 20 世纪 60 年代后期，美国由于越南战争出现巨额财政赤字和贸易逆差，各国普遍对美元信心不足，法国更是带头用美元储备向美国兑换黄金，引发了市场对美元的抛售浪潮。当时德国是最大的美元外汇储备国。对美国而言，说服德国继续持有美元不抛售，对稳定美元尤其关键。美国要求德国书面承诺不将所持的美元兑换黄金，但德国只想口头约定，时任美国总统约翰逊以从德国撤军相威胁。在冷战背景下，对处于东西方对抗桥头堡位置的德国而言，苏联军队跨过边境长驱直入并非一种低概率事件，而是现实的危险，从国家安全考虑，德国只能遵从美国的要求。1967 年 3 月 30 日，时任德国联邦银行行长布莱辛写信给美联储主席马丁，承诺德国不会把所持美元储备兑换成黄金。

从历史经验看，美国过去对欧洲的这种"放弃安全承诺的威胁"，并没有实质性地损害欧美军事同盟关系，这主要源于双方安全利益的高度融合，"特朗普冲击"未必就能改变历史。更为重要的是，欧洲对于美国要求的防务"再平衡"也是认同的。因为欧洲人也很清楚，美国对北约防务开支的贡献比例长期地维持在 70% 左右的水平不可持续，特别是乌克兰危机让欧洲人切实地感受到了地缘政治风险的存在，意识到了加强美欧军事同盟的必要性和紧迫性。在 2014 年举行的威尔士北约峰会上，欧洲国家第一次承诺将遵守军费开支不低于国内生产总值的 2%，保证军费中装备和研发开支不低于 20% 的义务。威尔士峰会标志着欧洲国家开始改变长期以来在安全领域"搭便车"的策略，形成了重整军备的战略共识。

欧盟在 2016 年 6 月发布的《全球战略》文件中，一改之前对自身"软实力"

的自信和推崇，认为在当前充满对抗性的世界中要提升"硬实力"，就需要增加安全与防务领域的可信度，为自己的安全承担更多责任。在《全球战略》文件中，欧盟再次确认了威尔士北约峰会的共识，要求各成员国将足够的经费投入到防务中，并且认为更可信的欧洲防务是与美国建立健康的跨大西洋关系的基本前提。与美国更加平衡地分担防务负担，已经成为欧洲国家的共识。作为当前欧盟事实上的"盟主"，德国在 2016 年 7 月发布的《2016 年安全政策与联邦国防军未来白皮书》中也表示，在北约框架内，欧洲承担共同防务中的比例越大，跨大西洋安全伙伴关系就会越紧密越有成效。可以看出，由于地缘安全形势的恶化，早在特朗普上台之前，欧洲就已经决定要更多地分担美国的防务支出，并且要进一步加强跨大西洋的军事同盟。

特朗普对欧洲发出的夸张性"安全威胁"，更多的是对既有共识的"另类"强调，仅仅停留在外交辞令层面，没有成为实际的行动，北约框架下的欧美军事同盟没有弱化。欧洲不满的是特朗普要求欧美防务"再平衡"的"粗暴"方式，而非"再平衡"本身，欧洲对欧美军事同盟仍然是有信心的。2017 年6 月 1 日，法国新任国防部长古拉尔出访德国。她和德国国防部长冯德莱恩会面之后均表示，法德两国毫不怀疑美国在北约问题上采取的团结精神。古拉尔认为，特朗普到访布鲁塞尔本身就释放出他对北约的兴趣并没有减弱的信息，并且表示"毫不怀疑美国人民和领导人会忠实于协防条款"。德法两国的国防部长也再次确认了欧洲加大防务支持的必要性，认为欧洲为维护自身利益，防卫必须得到加强。冯德莱恩还特别强调"这将需要很大的开销，但这些开销是有必要的"。

欧美贸易政策的共识大于分歧

特朗普是商人出身，显然更加明白国际贸易的重要性。他反对的不是自由贸易本身，而是美国没有得到"足够收益份额"的自由贸易。用特朗普的话说就是，"我们没有得到公平对待"。所以，特朗普贸易政策的核心是所谓"公平贸易"，其具体内涵大致是"公平贸易"就是要为美国企业打开海外市场。

通过谈判或者施压的方式要求贸易伙伴更多地向美国开放市场，遵守对美国有利的国际经济规则，甚至要重新设定能够确保美国得到"足够收益份额"的国际规则。具体而言，就是要改变之前具有"照顾"性质的对贸易伙伴单向市场开放的做法，代之以要求贸易伙伴按照对等原则双向开放，确保美国企业能够自由进入任何国家的市场。为实现这一政策目标，特朗普不惜挥动关税、制裁等大棒，为了更有效地制定有利于美国商业利益的规则，不再拘泥于多边贸易谈判，而是改为使用双边的方式。

特朗普的"公平贸易"政策并不新鲜，欧洲人在这方面至少领先了十年，并且对"公平贸易"内涵的阐释更加明确、系统化，在政策工具的使用上也更加细腻、成熟。2006年10月4日，欧盟委员会公布了题为《全球的欧洲：参与世界竞争对欧盟增长和就业战略的贡献》的新贸易政策文件，确立了为欧洲企业打开海外新市场和确保公平竞争的贸易战略。从2007年开始，欧盟官员在各种场合不断强调"我们必须时刻坚持公平贸易"，包括结束出口产业的不公平的国家干预、坚持世界贸易组织关于市场准入的承诺和尊重知识产权等诉求，认为"通过反对其他国家不公平的出口补贴来保护欧洲产品是市场开放的题中之义"。欧盟当时的做法与现在特朗普政府一样，没有仅仅局限在主流的多边贸易谈判中，而是"使用双边和多边的讨论和协议来达到此目的。当需要之时，求助于贸易保护措施"。

通过对比可以看出，特朗普版的"公平贸易"政策实际上就是欧盟"公平贸易"政策"更具进攻性"的新版，两者的政策理念和目标指向是一致的——打开广大发展中国家，特别是新兴经济体的市场，用国际规则来约束其竞争力，从而确保自身的竞争优势。因为欧洲和美国本身就互为重要的贸易伙伴以及投资来源地和目的国，彼此间的贸易壁垒和投资障碍要少很多，要扩大本国企业的海外市场份额，短期内潜力有限，扩大在发展中国家特别是新兴经济体的市场份额，才是其真正的目标。所以，在贸易政策上，美欧是真正的利益共同体。

这就是为什么特朗普在竞选时威胁对欧洲国家采取贸易保护措施，对《跨大西洋贸易与投资伙伴关系协定》（TTIP）大加批判，导致谈判搁浅，而现在又主动提出要重启的原因。2017 年 4 月 24 日，美国商务部长威尔伯·罗斯会晤欧盟贸易专员马尔姆斯特伦，正式讨论如何推进 TTIP 谈判，美欧之间发生贸易战的概率大大降低。在贸易议题上，双方的利益远大于分歧。2017年 5 月 27 日闭幕的 G7 峰会因为特朗普的贸易保护主义倾向，在会前被普遍认为很难达成贸易政策的共识，但实际上，欧美再次确认了一致支持"公平贸易"和"开放市场"的原则，会议联合声明强调："我们一致认同，自由、公平和互惠的贸易是经济增长和创造就业的关键动力，因此我们强调保持市场开放和打击保护主义的义务。"欧洲实际上对此次峰会在贸易领域取得的成果还是满意的。德国总理默克尔认为："七国集团在这次峰会上至少就'建立在规则基础上的世界贸易体系'达成了共识，重申支持开放市场、反对保护主义和不公平贸易——这就是对于我们来说重要的成果，因此我认为这是一个进步。"

欧美正在推动"大西方"的形成

特朗普虽然表面上对欧洲保持"不屑"与"敲打"的姿态，但这只是对欧洲长期以来在同盟关系中"搭便车"的不满，是以施压的方式要求欧洲更多地履行作为盟友的责任，投入更多的资源来巩固欧美同盟，双方精英阶层对维护跨大西洋同盟关系具有高度的共识，分歧在于"以何种方式"和"多大程度"上。跨大西洋同盟近些年在贸易、金融、防务等领域的合作实际上是在不断加强，这一方面是基于历史，另一方面也基于现实的需要，即美欧自 2008 年全球金融危机以来为应对国际格局变化所采取的战略调整。根据 IMF 的数据，按照购买力平价计算，2013 年发展中国家 GDP 占到全球的50.4%，超过发达国家，这是近百年来的第一次，其中的关键原因在于中国综合国力的大幅上升。欧美精英对这一变化敏感异常。

哈佛大学教授、美国前财长劳伦斯·萨默斯很好地描述了这种变化背后的重大意义，他认为：在过去 300 年的世界历史中，社会主义与资本主义，以及美国与苏联之间的冷战终结是影响力居第三的大事件；伊斯兰世界与世界其他各国的斗争、争论和挑战是影响力居第二的大事件；而以中国为核心的亚洲崛起，其影响力位居第一。工业革命之所以被称为"革命"是因为在1800年之前的2300年里，人们的生活水平只提高了50%，而工业革命第一次让人们的生活水平在几十年的时间出现了重大变化。而中国经济的高速增长持续了30多年，中国人民的生活水平在不到十年的时间翻了一番，在近五年的时间里增长了10%，这种变化发生在占世界人口五分之一的土地上，涉及数以十几亿计的民众，它对全球经济体系的影响不亚于工业革命和文艺复兴，甚至可能超过后两者，所以萨默斯认为当今这个时代所面临的重大挑战是如何管理大国的崛起。所谓"管理大国的崛起"则是发达国家需要一个"再平衡"，以约束和管控中国的崛起对发达国家既得利益格局的冲击。

这个"再平衡"的关键就是积极推动发达国家间更紧密的合作，特别是要巩固和加强跨大西洋关系，通过权利、责任和利益的重新调整，以欧美为核心打造出一个制度化、机制化的发达国家间政治、经济和金融集团，同时联合一些价值观相似的发展中国家，重建对西方有利的国际经济政治新规则、新机制。美国前国家安全事务助理布热津斯基曾对此有一个深刻的分析，他认为西方的衰落并非就意味着中国可以主导世界，如果美国和欧洲加强团结，就可以塑造出一个更广大和更具活力的西方。他认为这个"大西方"的地盘将从北美一直延伸到欧洲，然后再进入欧亚大陆拥抱俄罗斯和土耳其，接着跨越地理距离达到亚洲第一个成功实现民主制度的国家日本，然后是韩国。中国可以超越任何一个西方国家，但却无法超越整个"大西方"。

虽然目前以TPP为代表的区域多边贸易谈判陷入僵局，但美、日、欧、加等发达国家之间的双边自贸区协定谈判其实早已有条不紊地向前推进，并取得重要成果。比如欧盟与加拿大之间已经完成谈判，与日本的谈判也有可能在今年完成。发达国家间的这种双边贸易协定政治含义非常明显，卡内基伦理与国际事务委员会资深研究员斯都尔特（Devin T. Stewart）认为，通过经济活动来设定和推广自由主义价值观这一目标，能够平衡中国的影响力和发展模式。时任欧盟贸易委员德古赫特也非常明确地表示：TTIP的重要目的之一就是应对以中国为代表的新兴经济体的崛起。

相较于试图重新规范实体经济运行的TPP和TTIP在各国政策界和学术界所引起的巨大反响和激烈讨论，全球虚拟经济层面规则的变化则显得异常低调和悄无声息，但其正在根本性地改变着国际货币体系的运行机制和治理平台。2013年10月31日，美联储、欧洲央行、瑞士央行、英国央行、加拿大央行和日本央行等全球六大央行同时宣布，它们将把现有的临时性双边流动性互换协议转换成长期协议。而且，任何当事央行都可在自己司法辖区内以另外五种货币中的任何一种提供流动性。这意味着，在主要发达经济体之间，一个长期、多边、多币、无限的超级储备货币网络已编织成形。发达经济体央行之间在货币互换平台上的协同一致，很有可能替代以国际货币基金组织为代表的原有治理机制，但是这个全球超级储备货币网络依然将中国排除在外。欧元的诞生具有强烈的政治目的，本质上是欧洲"去美元化"的过程，是要分享美元在全球货币体系中的霸权地位所带来的收益，要与美元一争高下。但这个超级储备货币网络的形成，意味着美欧在货币问题上也达成了谅解，各自保持自己在国际货币体系中的现有地位，不再谋求向对方的货币空间进行拓展。

21世纪的第一个十年在某种意义上来说是一个"欧洲时代"，欧元横空出世，成为可以与美元一争高下的全球第二大储备货币，欧盟实现了梦寐以求的东扩，成功地从15国扩大到27国，欧盟人口增加到近5亿，欧洲统一大市场的规模不仅极大地得到了扩展，欧盟核心国家的地缘政治地位大为改善。当时，无论是欧洲的政治精英还是学术精英，最热衷谈论的话题是"欧盟是一支什么样的力量"，强调欧盟以自身经济力量、国际多边主义和人道主义精神为代表的软实力与美国以军事实力、霸权支撑下的单边主义为代表的硬实力的不同，强调欧盟是独立于美国的一支独立的战略力量。欧盟踌躇满志地试图用软实力来重新构造世界秩序。那时的欧洲显然是充满自信的，在对外政策上也更具包容性。

然而，2009 年的欧债危机以及随后的乌克兰危机无异于给了欧洲的精英阶层一记闷棍，他们意识到欧洲在变化的世界中是如此脆弱，如此易于受到伤害，意识到以中国为代表的新兴国家具有如此强大的竞争力。欧洲的政治经济精英正在慢慢地失去自信，他们痛苦地意识到欧洲原来并不是一支独立的力量，他们重新把目光投向了大西洋，投向了大西方，试图通过加强跨大西洋联盟来保护自身免遭外部世界的风险，巩固其在全球政治经济格局中的既有地位。2015 年 2 月德国总理默克尔访问美国时表示："跨大西洋伙伴关系是高于其他一切（伙伴关系）的伙伴关系，对德国而言是不可放弃的。我相信，我也可以代表欧洲这么说。"作为当前欧盟事实上的"盟主"，德国领导人的这番表态典型地体现了当前欧洲在对外战略方面的心态和考量。

发达国家正在加速形成一个对内开放、对外封闭的"大西方"，制定和推广新的国际规则，以期最大限度地利用对自身更为有利的、非中性的国际规则来约束或限制竞争对手。这一情形被称之为"再全球化浪潮正在涌来"。正是在这一点上，特朗普政府与欧洲并无根本性的分歧，它们都是"大西方"的支持者和推动者。

中欧关系发展进入新时代：
从贸易伙伴迈向全球合伙人

中央党校国际战略研究院　赵柯

在中欧关系发展史上，2016 年 1 月 15 日和 16 日，无疑将会成为一个重要节点，中欧金融合作结出了丰硕的成果，也预示着中欧关系开始走向新的阶段：双方通过不断加强的资本纽带，正从传统的贸易伙伴逐步转变为全球合伙人。1 月 15 日，国务院总理李克强在会见欧洲复兴开发银行行长查克拉巴蒂（Suma Chakrabarti）时表示，"你此次访华，标志着中国正式加入欧洲复兴开发银行"。中国人民银行网站当天公布的信息称，国务院决定加入《欧洲复兴开发银行成立协定》并接受欧洲复兴开发银行理事会通过的《关于中国成员资格的决议》。外交部长王毅签署了加入书，外交部出具了法律意见函，中国人民银行行长周小川签署了股本认购函等函件。这意味着中国加入欧洲复兴开发银行的相关法律程序已经完成，中国正式成为欧洲复兴开发银行成员。紧接着在第二天即 1 月 16 日，中国国家主席习近平宣布亚洲基础设施投资银行（以下简称亚投行）正式成立并开业。众所周知，亚投行具有浓重的"欧洲色彩"，57 个正式的意向创始成员国中有 18 个是欧洲国家，近三分之一；特别是 2015 年 3 月，英国率先打破坚冰，向中方提交了作为意向创始成员国加入亚投行的确认函，成为首个申请加入亚投行的主要西方国家和 G7 成员国，此举引发了法、德、意等欧洲国家竞相加入"亚投行"的热潮，亚投行也因此成为当时全球舆论的焦点和最热门的国际政治经济话题。连续两天之内，先是中国加入欧洲复兴开发银行，紧接着具有浓重"欧洲色彩"的亚投行开业，这两件标志性事件意味着中欧金融合作达到了一个全新的水平。

金融在本质上是一种风险管理机制，通过对风险合理的分担和分摊来规避和化解未来可能出现的各类挑战；而金融的核心运转机制是实现资产跨越时间和跨越空间的交换。所以，相较于贸易关系中商品和服务在交易对手间的流动，金融关系意味着双方将各自的短期风险和长期收益实现了有效的捆绑和融合，从简单的"一手交钱，一手交货"的交易对手，转变为利益深度相融的合伙人。中欧相互加入由对方发起和成立的多边开发金融机构，意味着双方通过制度化的风险和收益的共担、共享，面向全球共同寻找投资机会，在"一带一路"的广阔天地下推动世界经济的增长，这是中欧关系进入新时代的重要标志。

中欧金融合作的起点：国际金融货币体系的动荡

早在 2008 年肇端于美国的全球金融危机爆发之前，世界经济领域里各国学术界和政策界讨论最为热烈的话题之一就是全球范围的"流动性过剩"，认为流动性过剩蔓延已开始威胁国际经济和金融稳定。而美国自 2001 年以来为刺激经济增长而长期实施的扩张性财政政策和货币政策是全球流动性过剩的主要根源，其中的核心传导机制是，由于美国国内过度消费和储蓄不足的矛盾进一步凸显，经常项目赤字不断膨胀，为了弥补资金缺口，美国通过向全球资本市场出口各类金融产品来为贸易逆差和财政赤字融资，这成为美国向世界输出美元，引起全球美元泛滥的重要原因。美国经常项目赤字占 GDP 的比重由 1998 年的 2.44% 升至 2005 年的 6.35%，上升近 2 个百分点。同期，其经常项目赤字规模更是从 2135 亿美元增至 7915 亿美元，扩张了 2.71 倍。这导致 2008 年全球金融危机前夕，国际金融货币体系承受了越来越大的全球经济失衡的压力，处在了动荡的边缘。

20 世纪 90 年代，美国建立在信息技术基础上的"新经济"实现了持续的高速增长，高额的投资回报率吸引了全球大量资本流向美国，纳斯达克指数更是屡创新高，人们沉浸在"新经济"带来的辉煌中，认为美国经济的发展已经超越了周期性增长；盲目的乐观和非理性的预期所引发的疯狂投机造就了金融资本市场的空前繁荣，"新经济"的泡沫越吹越大。随着美联储上调利率收紧银根，到 2001 年 3 月 20 日，纳斯达克指数跌落至 2000 点以下，纳斯达克市场和纽约证券交易所损失的市值是 5 万亿美元，几乎相当于美国 GDP 的一半。2001 年 11 月 8 日，美国权威机构——国民经济研究局正式宣布，美国经济于 2001 年 3 月陷入衰退，为持续了 100 多个月的"新经济"繁荣画上了句号。2001 年美国经济增长放缓，失业率上升，消费和投资持续低迷。为了刺激经济增长，从 2001 年 5 月起，美联储连续 13 次降息，到 2003 年 6 月，将联邦基金利率（美联储基准利率）从 6% 下调到 1%，为 48 年历史最低。特别是在"9·11"事件后，布什政府不断推出减税措施以恢复人们对经济的信心。这些政策使美国经济渐渐回暖，走上新一轮增长周期，但作为全球主要储备货币，美联储推行的低利率货币政策为美元在全球范围的流动性过剩埋下了隐患；同时美国在伊拉克和阿富汗不断膨胀的巨额支出，也使其财政状况日趋恶化，也就造就了所谓的"双赤字"问题。2005 年联邦政府赤字高达 3190 亿美元，2006 年略有好转，降至 2480 亿美元。经常项目赤字也大幅攀升，2004 年占 GDP 的 6%，2005 年更高达近 8000 亿美元。此外，美国家庭储蓄率处于 20 多年来的最低水平，2005 年美国家庭支出超过税后收入，出现"大萧条"以来储蓄率首次为负值的局面，

从经济学的常识出发，如此庞大的贸易逆差和财政赤字将要求一个国家立刻调整他的经济政策来恢复经济平衡，否则将导致其外汇储备耗尽，引发本国货币金融系统的严重危机，进而使整个国民经济陷入衰退的境地。而过低的国民储蓄率，决定了只能靠吸引外来资本和大规模借债为经济增长注入资金。然而美元在国际货币体系中的主导地位及由此带来的"美元霸权"却可以使美国通过大规模发行债券来弥补赤字，用世界各国庞大的美元外汇储备来满足美国经济发展所需的大量资本。对于美国所享有的这种"美元霸权"所带来的好处，吉尔平分析得很清楚，"即使在冷战后的岁月，凭借美元作为世界主导货币的地位，美国仍然可以保持远远超出其财政能力的生活水平，

并成为世界第一大债务国。其他持有美元的国家相当于实际在给美国提供无息贷款。由于美国的债务是以美元来结算的，美国可以用通货膨胀来减免自己的债务，美元在 20 世纪 90 年代的贬值减轻了美国的债务负担，却同时让日本和其他债权国蒙受巨大损失。然而，只要没有能被大家所接受的另一种货币取代美元，美元的持有者继续对美元保持信心，美国将继续享受铸币税所带来的特权"。

很显然，美国用债务货币化来获取资金的方法严重威胁到国际金融货币体系的稳定，因为这段时期美元的过量发行不仅导致了美元持有者的财富大为缩水，并且强化了市场对美元贬值的预期，出于保值的需要，过剩的美元流动性很大部分变身成为"热钱"，在全球寻找投机的机会，交易高度金融化的能源资源类商品首当其冲。比如，石油价格从 2002 年 1 月的 20 美元 / 桶上涨至 2005 年 9 月的 65 美元 / 桶，再到 2008 年 7 月的 147 美元 / 桶。正如弗里德曼所说，通货膨胀始终是一种货币现象，"过多的货币追逐过少的商品"，这导致国际市场上以美元计价的能源与原材料商品快速上涨，在金融全球化的背景下，庞大的国际资本和金融利益集团对于这些处于价格上涨期的大宗商品过分投机，通过国际资本市场和国际贸易活动层层传导，形成了一般性商品和资产价格的上涨趋势，推高了全球性通货膨胀，资产泡沫开始形成。各国政策界和市场参与者都知道美国宽松货币政策开启的繁荣无法持续，终将危及以美元为主导的国际金融货币体系的稳定，有效协调主要储备货币发行国的货币政策，使之有助于稳定世界经济，成为国际共识，同时也是必要的政策选择。美元泛滥也导致了世界主要贸易伙伴国之间的汇率不稳。由于美元的贬值速度远大于人民币对美元的升值速度，所以 2005 年底至 2007 年 11 月 23 日，人民币兑美元升值幅度达 10.89%，但人民币兑欧元却贬值了 9.59%，这无疑成为中欧之间贸易摩擦的重要原因。而仅仅从 2001 年至 2005 年美元兑欧元就贬值了近三分之一。在事实上扮演着"锚货币"角色的美元的持续贬值也给欧美贸易造成了巨大的汇率风险，欧洲空中客车公司公开表示，2007 年至 2010 年期间，美元的贬值给其造成了 30 亿欧元的损失，因为空客的大部分成本是以欧元计价，但收入全部以美元计价。国际贸易对中欧经济发展都至关重要，欧盟是世界上最大的国际贸易集团，而中国作为世界主要的出口大国，对外贸易依存度高达 60%。双方在国际贸易中的地位决定了美元币值的稳定符合中欧双方的利益。

面对美元的流动性过剩，国际货币金融体系的稳定性受到了严峻的挑战，中国和欧洲的经济发展无疑都处于风险之中。早在 2005 年，就有学者开始探讨中欧金融货币合作的可性能，认为中欧双方应该从汇率机制、本币结算以及资本市场联通等方面入手开展合作，从而能够未雨绸缪，及早为美国货币政策所可能引发的国际金融货币体系危机做好准备。2008 年全球金融危机爆发的一个重大后果就是让货币金融领域的合作"实质性"地进入双方关系发展的议程中。中国更为深刻地认识到美国不负责任的货币政策不仅是此次金融危机的根源，更使未来中国经济的发展也面临越来越大的风险和不确定性，所以中国政府以更为积极的姿态参与全球金融货币事务；而欧洲人从金融危机中得出的教训是要加强全球性的金融监管，让全球金融货币体系的运转更符合"欧洲规则"。同时，面对高失业率所带来的压力，欧洲需要尽快走出危机的阴影，恢复增长，而这些无疑需要中国的支持。国际金融货币体系的动荡，成为中欧金融货币合作的起点。

中欧改革全球货币体系的努力

2008 年爆发的全球金融危机让整个世界经济陷入了自 20 世纪 30 年代"大萧条"以来最为严重的衰退。要走出衰退的泥潭，重回经济增长的轨道，就要"对症下药"，这要求首先找到此次危机的"病根"。但对于此次金融危机根源的理解，各国的观点非常不同。在美国的决策层看来，"全球储蓄过剩"是导致此次危机的"罪魁祸首"。其内在机制是，贸易盈余国，特别是以中国为代表的亚洲国家，通过经常账户顺差积累了巨额储蓄，而这些储蓄又回流至美国，压低了美国资本市场的利率，融资成本的降低大大刺激了美国金融业的过度杠杆化，最终形成泡沫引发危机。美国人把所谓的"病根"

找到了，"药方"开起来也就容易了：为了避免再次出现金融危机，让世界经济能够健康、平稳地增长，以中国为代表的贸易盈余国应该承担起调节全球失衡的责任，要减少顺差，增加国内消费，同时让汇率浮动。按照美国人的说法，美国非但不是金融危机的始作俑者，反而是受害者，是以中国为代表的顺差国积累了巨额的过剩储蓄才酿成了此次危机；在欧洲人看来，过剩储蓄虽然是危机爆发的一个原因，但根子还是当前国际货币体系固有的缺陷：特里芬困境。美国作为主要储备货币发行国，很难抵制美元由此所享有的"嚣张的特权"（Exorbitant Privilege），在国内利益和国际义务之间往往选择前者，结果是过度的货币发行量引发危机。所以，欧洲人认为，解决之道在于建立一个真正多元化的国际货币体系，在美元之外让市场可以有其他的选择，这样一可以约束美国的货币政策，二可以让中国这样的顺差国具有更大的空间来调整经济失衡和过热的压力。

欧洲人对金融危机的这种看法并非偶然，而是有其深刻的历史渊源和切肤之痛。20世纪60年代末到70年代欧美国家普遍经历了一个"大通胀"（Great Inflation）的时期：增长乏力、就业恶化和物价上涨"三期叠加"。当时欧洲认为美国不断扩大的国际收支逆差使得作为储备货币的美元供给迅速增长，美国人以过度消费的形式将大量的美元送入欧洲，但却没有生产出相应的出口商品来使这些美元重新回流至美国，这就造成欧洲美元泛滥的状况。布雷顿森林体系之所以崩溃并不仅仅在于外汇市场的动荡，而是因为这一体系本身就具有通货膨胀效应，自然不可持续；而美国则认为通货膨胀源自欧洲内部，战后欧洲国家经济的高速发展导致工资的大幅提高，而欧洲建立的"福利国家"，又不可避免地使政府支出增加，进而引发通货膨胀，流入欧洲的美元仅仅是为欧洲国家的扩张性政策提供了条件，而与储备货币的供给机制没有太大关系。所以，尼克松时期的财政部长康纳利面对欧洲人对美国货币政策的诘难，能够非常轻松和不屑地以一句"美元是我们的货币，却是你们的问题"作为回敬。当时欧洲国家要求短期内美国要抑制其国内的过度需求以恢复国际收支平衡，长远来看就是要限制美元作为储备货币的供应，对储备货币的发行、创造机制进行更有效的管理。欧洲人开出的"药方"是美国人绝对不能接受的，美国的目标非常明确：通过让其他国家购买和持有美元资产来解决自身逆差问题，不仅仅要德国，而且也要意大利、荷兰、比利时以及英国、加拿大和日本遵守同样的游戏规则。由此，整个世界将进入美元本位，美国充当世界银行家的角色。美国不愿意也不可能承担调节国际收支失衡的负担。欧美之间关于国际货币政策的理念在本质上是冲突的，20世纪70年代愈演愈烈的国际性通货膨胀和美元长期的持续走弱的严峻现实，迫使欧洲人正视这一理念差异，不再幻想与美国人达成全球性的货币妥协，而是主动采取有效的行动来对此进行回应，欧洲的货币一体化以及后来欧元的诞生就是在这样的背景下成为现实的。

很显然，在对全球金融危机爆发根源的诊断上，中欧有更多的共同语言，而推动国际货币体系改革，建立一个多元化的国际货币体系也符合中欧的共同利益。首先，无论是作为世界贸易大国的中国还是作为世界上最大贸易集团的欧盟，都需要一个稳定的汇率环境，这就要求作为实质上处于"锚货币"地位的美元币值保持稳定。所以，敦促美国履行其作为储备货币发行国的国际义务，约束美国不负责任的货币政策是中欧的共同诉求。其次，中国和欧洲都希望避免出现美元突然崩溃的危机。一旦美国债务规模的积累超过了债权国能够容忍的程度，美元信用突然出现危机，美元资产被大量抛售，包括中国和欧盟在内的世界经济体将遭受重大的打击。全球经济不平衡以这种极端的方式得到纠正的情形，是中国和欧盟都竭力希望避免的，双方都希望能够以相对公平、平稳的方式实现全球经济再平衡。为此，双方都希望国际货币体系能够减少对美元的依赖，变得更为多元、合理，同时要促成世界主要经济体在全球财经金融政策层面进行协调合作。在2008年二十国集团领导人华盛顿峰会上，时任中国国家主席胡锦涛提出要改善国际货币体系，稳步推进国际货币体系多元化。在2009年4月二十国集团领导人伦敦峰会上，胡锦涛进一步提出，国际货币基金组织应该加强和改善对各方特别是主要储备货币发行经济体宏观经济政策的监督，尤其应该加强对货币发行政策的监督。

要完善国际货币体系，健全储备货币发行调控机制，保持主要储备货币汇率相对稳定，促进国际货币体系多元化、合理化。中国政府的这一倡议得到了欧洲人的回应。2009 年 7 月，法国总统萨科齐表示，应当促进国际货币体系更加多元化，减少对美元的依赖。他希望全球领导人对国际货币体系问题进行讨论，特别是讨论汇率问题和实施一种基于多种货币而非美元单一货币的"多元货币体系"的可能性。萨科齐特别提到："目前，以美元为中心的货币体系是第二次世界大战后诞生的布雷顿森林协议的产物。60 年后，我们必须问这样一个问题：一个政治上多极化的世界难道不应该有一个与其相适应的货币上多极化的世界吗？"2010 年 12 月 21 日在北京举行的第三次中国与欧盟经贸高层对话中，国际货币体系改革成了双方讨论的重要议题，参加会议的欧盟经济与货币事务委员雷恩当日向媒体透露，中国和欧盟就改善国际货币体系达成了一致，虽然会议并未公开双方达成共识的具体内容，但这至少说明中国和欧盟都认识到了目前的国际货币体系存在巨大缺陷，并愿意为推进国际货币体系改革而共同努力。法国更是把推进国际货币体系改革列为其 2011 年担任二十国集团轮值主席任内的主要目标，为了获得中国的支持，在 2011 年 3 月，法国特意在南京举行了二十国集团国际货币体系改革高级别研讨会。

然而，中欧此次推进国际货币体系改革的努力，成果非常有限。在法国夏纳举行的二十国集团领导人峰会上，并没有提及约束美元"嚣张的特权"，也没有就各国汇率的协调问题形成决议，更没有正式讨论扩大 SDR（特别提款权）在国际交易中的使用范围，使其真正成为一种可以代替美元，承担计价和储备功能的国际货币。这一方面是因为国际货币体系的改革涉及方方面面的利益，难度非常大，另一方面也在于欧洲作为现行国际货币体系的受益者，其改革的意愿和动力并不十分充足。更为重要的是，在金融危机以及随之而来的欧债危机的冲击下，欧洲对美国的依赖程度进一步加强，而国际货币体系改革首先要触动的就是美国的利益，这让欧洲人很难在这方面迈出实质性的步伐。但是，中欧之间的金融合作并未就此止步，双方及时调整了合作的方向和路径，开辟了更为广阔的合作空间。

开辟新路径：中欧资本的互联互通

由于货币所具有的天然权力属性，金融货币合作注定将是一个敏感的国际政治问题，它既能够为合作双方带来巨大的政治经济利益，也最容易引起国家间的冲突和猜忌。所以，合作路径的选择尤为重要，笔者认为，就中欧双方而言有着两种可供选择的路径。第一种可称为战略导向型，这意味着双方的合作将直接导向国际货币体系改革的核心——替代美元的储备货币地位。如此，双方将更多地采取政治合作的方式，比如在改革 IMF 治理结构的前提下，协调双方在 IMF 中的立场，共同推动 SDR 使用范围的扩大和发行量的增加，特别是通过用 SDR 作为部分大宗商品的计价单位，来稳定全球大宗商品的价格，积极实现 SDR 在私人部门的使用；也可以通过政府间协议的形式转换双方的外汇储备和贸易往来所使用的币种，改变目前美元"一币独大"的局面。第二种为需求导向型，这是指在互利的原则下通过解决彼此在金融货币领域亟待解决的现实问题，逐步扩大人民币和欧元的使用范围，主要采用经济合作的方式，着力点在于加强中欧之间的资本纽带，但主要以市场的力量推动。很显然，第二种路径在国内和国际两个层面都不太容易遭遇政治阻力，并且合作的主体是中欧双方的企业，中欧之间庞大的贸易量和不断增长的相互投资为货币金融领域的合作提供了强大的动力和需求空间。近年来中欧以加强资本纽带为切入点，开辟了以中欧资本互联互通为主要内容的金融合作新路径。

第一，推动中欧资本市场的对接。在全球经济格局中发达国家传统上是对外直接投资的主体，而发展中国家则往往是外国直接投资的接受者，但中国却在经济发展水平相对较低的情况下，在较短的时间内从一个吸引外国投资的发展中国家转变为对外直接投资大国。2011 年中国成为世界第六大对外投资国，仅仅过了一年，2012 年中国对外直接投资的规模就已经位列美国和日本之后的全球第三。更为引起国际社会关注的是，中国对外直接投资的主要目的地从之前的主要集中在发展中国家和资源型国家，迅速扩展到欧美发达国家，特别是在欧债危机的背景下，中国对欧盟直接投资的增长速度可以用"跳跃式"来形容。根据《2013 年中国对外直接投资统计公报》的数据，2004 年中国对欧盟直接投资的流量和存量仅为 0.73 亿美元和 5.37 亿美元，而到了 2012 年则分别达到了 61.2 亿美元和 315.38 亿美元，在不到十年的时间里增长了几十倍。自 2010 年以来，中国对欧盟投资已连续多年超过欧盟对华投资。资本流动的规模增大，速度加快，必然要求更高质量的金融服务，中欧双方在资本市场的对接方面合作潜力巨大。欧委会 2015 年 1 月 28 日启动由 28 个成员国组成的资本市场联盟（CMU）计划，旨在建设 28 个成员国的资本单一市场，消除跨境投资壁垒，降低欧盟内部融资成本。欧洲的金融体系更加"以银行为中心"。欧洲企业融资超过 80% 的资金来自银行，其余来自资本市场。欧洲人现在认为，基于资本市场的融资体系不仅能够使经济更快地从金融危机中复苏，还可以有效地避免主权债务危机。中国同样也是以银行为主的间接融资体系，十八届三中全会提出要"健全多层次资本市场体系，发展并规范债券市场，提高直接融资比重"。这和欧盟目前要做的是非常一致的，中欧在推动双方资本市场连接方面具有共同的意愿和理念。随着中国企业在欧盟投资的增多，当前中国企业已经开始利用欧洲资本市场融资了。眼下在欧洲，利率处于极低水平，在欧洲资本市场融资能够大大节省成本。2013 年中海油首开先河，发行欧元债券，2014 年中国国家电网以及中国建设银行的香港子公司总计发行了价值 16.3 亿美元的欧元债券。中国船舶工业集团公司也发行了 5 亿欧元（约合 5.7 亿美元）的债券。随着中国企业在欧洲业务的增多且都需要用欧元结算，在欧发行企业债，不仅节省成本，还能提高企业知名度，更为重要的是，随着"一带一路"的开展，欧洲在中国对外战略中的地位升高，中国资本"走向欧洲"，用资本的纽带将中欧企业、中欧市场联系起来，对一带一路的实施意义重大。同时，随着中国资本市场的开放,欧洲的企业和金融机构也会越来越多地到中国发行人民币债券，逐步实现中国和欧洲两个资本市场的互联互通。

第二，促进全球金融治理结构的改革。对于中欧在全球金融治理合作方面的必要性，中国人民银行副行长易纲有过清晰的表述："欧盟是世界上最大的发达经济体，中国是快速增长的最大发展中国家。在全球化不断加深和世界政治经济格局发生重大变化的今天，加强中欧双方宏观经济和金融政策的协调，有利于维护中欧乃至世界经济和金融的稳定，促进全球治理结构改革。"中欧的金融合作没有停留在口号上，中国对于选择欧洲作为自己参与全球金融治理的重要伙伴，是充满信任的，这种信任体现为实实在在的支持。易纲表示，"欧元和欧洲金融市场是国际金融体系的重要组成部分，过去、现在和将来都是外汇储备最主要的投资领域之一。按照多元化和分散化原则，外汇储备投资欧元政府债券，不仅有利于维护欧洲金融稳定和国际金融稳定，也能获得合理的投资回报，从而有利于我国外汇储备的总体安全和保值增值"。在欧债危机的背景下，中国对欧元资产的投资，对于市场恢复对欧洲的信心提供了强有力的支撑。欧洲同样也支持中国积极参与全球金融治理的诉求，当前中欧在全球金融治理方面的合作虽然不再直指国际货币体系改革，但是却在内容上更为务实，基本上遵循着"边际改革"的原则。作为现有国际金融货币制度的接受者，中欧双方并没有放弃对其加以改善的努力。在国际机构改革问题上，欧盟为国际货币基金组织份额与治理结构改革做出了切实贡献，同意放弃高估的部分份额及执董会中的两个席位，促进了新兴市场和发展中经济体代表性和发言权的提高。在美国国会执意阻挠国际货币基金组织改革方案通过的情形下，欧洲国家一直敦促美国履行承诺。2015年12月18日，美国国会通过了IMF2010年改革方案。这标志着2010年改革方案在拖延多年后将正式生效。由此，IMF份额将增加一倍，从2385亿SDR（特别提款权）增至4770亿SDR，并实现向有活力的新兴市场和发展中国家整体转移份额6个百分点。其中，中国份额占比将从3.996%升至6.394%，排名从第六位跃居第三位。欧洲也支持人民币加入SDR的货币篮子，这都让中国在国际金融治理中的话语权得到了实质性的提高。此外，为了维护全球金融市场的稳定，中国人民银行同欧洲央行和英国央行签订了货币互换协议，欧洲还是中国建立海外人民币清算安排最多的地区；在政策协调层面，中国政府与欧盟，以及英、法、德等欧盟主要成员国都建立了机制性的财金对话，这为中欧之间沟通和协调全球金融治理事务提供了制度性的保障和平台。

第三，共同开发第三方市场。2015 年 6 月 30 日，中法两国签署了《开发第三方市场合作协议》。这是国际上首次以"第三方市场合作"为主题签署的合作协议。实际上，近年来"共同开发第三方市场"已经成为中欧经济关系发展的新方向，其背后的经济逻辑就是用资本纽带将中欧各自的优势产能进行对接，面向全球来开拓新的市场。所以，打造中欧之间稳固、灵活的资本纽带是关键。这就是为什么欧洲国家加入中国发起的亚洲基础设施投资银行，而欧洲复兴开发银行则通过接受中国加入该行的决议，同时双方还决定建立中欧共同投资基金的原因。通过这一系列的金融机制安排，中欧之间真正地实现了风险共担、收益共享，强韧有力的资本纽带将使中欧成为全球合伙人，在广阔的亚欧大陆、拉美和非洲寻找更大的投资空间。在国际贸易中，商品虽然是跨国流动的，但商品背后不同国家的"人"却可以不见面，货物和货款按合同约定及时到位即可；但投资与贸易不同，直接投资所带来的资本的跨国流动将不同国家的社会连接在了一起，为了保证商业上的成功，投资各方必须去主动理解和适应对方的法律规范和风土人情，资本背后的"人"必须要面对面地交流，这实际上意味着不同国家间的社会在融合，这是单纯的贸易所达不到的。国之交在于民相亲，但是"民"如何"亲"呢？双方的投资和金融往来提供了重要渠道。因此，从国际政治的角度看，相互投资对稳固国家间关系的贡献度要远高于贸易。

当然，要让中欧资本互联互通能够"梦想照进现实"，还需要克服制度和观念上的阻碍。首先，实行单一货币后，一系列的机构和制度被设计和建立来确保欧元的顺利运行，但关于欧元事务的最终决定权却相当分散，欧盟实际上并不能有效地对外代表欧元。与欧盟在金融货币事务方面的合作，中国要面对的不是一个单一的欧元代表机构，而是一个复杂的、网络状的和多层次的治理体系，这种复杂的治理结构，使得中欧货币金融合作仅仅在技术和程序层面就面临挑战。其次，欧盟对于中欧金融合作抱有较强的戒备心理。货币金融合作虽然潜力巨大符合双方的共同利益，担由于其在政治经济运行中牵一发而动全身的地位，也就更容易触动欧洲人敏感的神经。

以金融合作助力中欧战略伙伴关系进入新时代

2016新年伊始，英国《金融时报》就刊发了其欧洲版主编托尼·巴伯（Tony Barber）的评论文章，题目也足够吸引眼球，叫作"欧洲衰落应引起全球关注"。巴伯在文章中忧心忡忡地写道，由于欧洲各国政府、欧盟机构看起来似乎都越来越无力应对同时来自各个方向的众多挑战，欧洲的衰落越来越成为一种现实；巴伯之所以认为欧洲的衰落要引起全球的关注，因为这不仅仅说明欧洲人难以处理好自己的内部事务，更在于，作为大西方的核心力量，欧洲的衰落预示着整个西方社会在全球文化、经济、政治及技术领域丧失优势；巴伯担心这一趋势让西方人熟悉的生活方式受到威胁（2015年11月份的巴黎恐怖袭击事件就发生在音乐厅、体育馆和咖啡厅等这些象征现代生活方式的地点），降低了人们对西方自由民主制度的信任，削弱了西方国家政府的行动能力。在国内，许多观察家在谈论"欧洲衰落"的时候，往往自觉不自觉地设置了一个参照系：中国的崛起。似乎欧洲的衰落更加反衬出中国的强大，中国对此应"乐见其成"。那么问题就来了，一个衰落的欧洲真得就符合中国的利益吗？为了回答这个问题，我们还不得不再追问一句，欧洲真的衰落了吗？中国需要一个怎样的欧洲？

对于欧洲是否衰落，这是一个见仁见智的问题。但是对于一个怎样的欧洲才符合中国的利益，习近平主席2014年4月1日在比利时布鲁日欧洲学院的演讲中对这个问题给予了精彩的阐述。他说，"我们要建设增长繁荣之桥，把中欧两大市场连接起来。中国和欧盟经济总量占世界三分之一，是世界最重要的两大经济体，要积极探讨把中欧合作和丝绸之路经济带建设结合起来，以构建亚欧大市场为目标，让亚欧两大洲人员、企业、资金、技术活起来、火起来，使中国和欧盟成为世界经济增长的双引擎"。从习近平主席的演讲可以看出，中欧关系的定位和发展已经远远超出了双边的范畴，而是着眼于带动整个世界经济的复苏，为世界经济的长期增长提供持久、可靠的动力。所以，我们首先需要的是一个繁荣的欧洲，而不是一个衰落的欧洲。只有一个繁荣的欧洲才有能力同中国一起，一东一西形成合力，让古老的丝绸之路焕发新的活力，实现亚欧大陆的经济整合，让各类生产要素在亚欧大市场内自由流通，为全球经济增长提供新的动力。

相反，一个不断衰落的欧洲不仅无法提供与中国共建"一带一路"所需要的经济动力和活力，并且长期的衰落会逐渐改变整个欧洲的气质，由开放、包容、温和逐渐滑向封闭、狭隘和偏执，这对于致力于推动全球自由贸易，主张构建开放型世界经济的中国而言，显然不是什么福音。欧洲曾经充满自信。1999 年，欧元横空出世，成为可以与美元一争高下的全球第二大储备货币；进入 21 世纪，欧盟实现了梦寐以求的东扩，成功地从 15 国扩大到 27 国，欧盟人口增加到近 5 亿，欧洲统一大市场的规模不仅极大地得到了扩展，欧盟的东部边界也从柏林移到了华沙，欧盟核心国家的地缘政治地位大为改善。当时，无论是欧洲的政治精英还是学术精英，最热衷谈论的话题是"欧盟是一支什么样的力量"，强调欧盟以自身经济力量、国际多边主义和人道主义精神为代表的软实力与美国以军事实力、霸权支撑下的单边主义为代表的硬实力的不同，强调欧盟是独立于美国之外的一支战略力量。欧盟踌躇满志地试图用软实力来重新构造世界秩序。那时的欧洲显然是充满自信的，在对华外交政策上也更具远见卓识。2003 年，中欧建立全面战略伙伴关系，欧洲领导人开始认真考虑解除对华武器禁运和承认中国市场经济地位问题，中欧关系一度进入蜜月期。

当前的欧洲，对中国的崛起的影响开始疑虑，对华政策上也有保守的趋势。2016 年 1 月 13 日举行的欧盟委员会全体会议在决定是否承认中国的市场经济地位一事时，欧盟选择的是推迟决定。显然，一个失去自信，在对外经济中走向封闭，在战略上加速倒向美国的欧洲是中国不愿看到的，中国需要一个繁荣而自信的欧洲，需要一个有自信以更具包容性和长远眼光看待中国未来发展的欧洲。所以，中国对欧战略的关键是要能够找到合适的政策工具来"锁定"中欧全面战略伙伴关系，避免欧洲走向封闭的"大西方"。而金融合作除了提供给双方经济红利外，还用强有力的资本纽带将中欧引向全球合伙人的新时代，让中欧关系中的"战略性"具备更加坚实的基础。正因为此，李克强总理在 2015 年 6 月 29 日出席中欧工商峰会时特别提到：让金融合作成为双方利益融合的牢固纽带。

"构建人类命运共同体"：
中国外交战略的目标追求

中央党校国际战略研究院 左凤荣

人类社会发展到今天，地球已经变得越来越小，"地球村"面临的问题很多，需要治理。随着中国的发展与进步，中国的国际影响越来越大，世界期望听到中国的声音，看到中国的方案，习近平所提出的"构建人类命运共同体"理念，是以习近平同志为核心的新一届中央领导集体提出的中国对全球治理的理想目标与追求。在习近平讲话中，"人类命运共同体"这个词出现的频率很高，在谈到两国关系、周边关系、中国与世界的关系时，他都反复使用这个词。"人类命运共同体"是从国与国的命运共同体、区域内命运共同体逐渐发展而来的。"人类命运共同体"这个新理念表达了中国追求和平发展的愿望，展现了中国负责任大国的形象，对全球治理和国际秩序的变革有很强的引领作用。党的第十九次全国代表大会，明确把"坚持推动构建人类命运共同体"作为中国对外战略的总目标，体现了中国共产党谋求人类社会发展美好未来的目标追求。

一、"人类命运共同体"：中国向世界贡献的新理念

2010 年中国超越日本成为世界第二大经济体，成为世界第一大工业国、第一大出口国和第一大外汇储备国，也是世界上大多数国家的最大贸易伙伴，成为拉动全球经济复苏的重要引擎，在重大国际和地区事务中发挥着越来越

大的作用。中国从来没有像现在这样靠近世界舞台的中心，中国与世界的关系也从来没有现在这样紧密。作为一个社会主义大国的崛起，会对世界有什么样的影响，有人担心中国威胁和侵害其利益，有人担心中国重走历史上大国崛起的老路，会挑起战争，中国需要向世界明确表明自己的态度，世界期待着中国的主张。习近平提出的构建"人类命运共同体"这一新理念，鲜明地表明了中国的态度，也可以说是中国为世界的未来提供的中国方案。

2013 年 3 月 23 日，习近平作为中国最高领导人首次出访，他在莫斯科国际关系学院演讲时，清晰而明确地向世界表明："这个世界，各国相互联系、相互依存的程度空前加深，人类生活在同一个地球村里，生活在历史和现实交汇的同一个时空里，越来越成为你中有我、我中有你的命运共同体。"[1] 2013 年 4 月 7 日，习近平在出席博鳌亚洲论坛年会发表主旨演讲时再次强调，"人类只有一个地球，各国共处一个世界。共同发展是持续发展的重要基础，符合各国人民长远利益和根本利益。我们生活在同一个地球村，应该牢固树立命运共同体意识"。[2]2013 年 10 月 3 日习近平在印尼国会发表题为《携手建设中国—东盟命运共同体》的演讲，他表示中方愿与东盟国家共同努力，"使双方成为兴衰相伴、安危与共、同舟共济的好邻居、好朋友、好伙伴，携手建设更为紧密的中国—东盟命运共同体，为双方和本地区人民带来更多福祉。"[3] 他还具体提出了五项措施：政治上"讲信修睦"，经济上"合作共赢"，安全上"守望相助"，人文上"心心相印"，地区机制上"开放包容"。此次演讲把"命运共同体"理念具体落实到了中国与东盟的关系上，"一个更加紧密的中国—东盟命运共同体，符合求和平、谋发展、促合作、图共

---

[1] 习近平：《顺应时代潮流，促进世界和平发展》，《习近平谈治国理政》，外文出版社 2014 年版，第 272 页。

[2] 习近平：《共同创造亚洲和世界的美好未来》，《习近平谈治国理政》，外文出版社 2014 年版，第 332 页。

[3] 习近平：《共同建设二十一世纪"海上丝绸之路"》，《习近平谈治国理政》，外文出版社 2014 年版，第 292 页。

赢的时代潮流，符合亚洲和世界各国人民共同利益，具有广阔发展空间和巨大发展潜力。"[1]2014 年 4 月 15 日，习近平在中央国家安全委员会第一次会议上指出："既重视自身安全，又重视共同安全，打造命运共同体，推动各方朝着互利互惠、共同安全的目标相向而行。"[2] 2015 年 3 月 28 日习近平在博鳌亚洲论坛上发表题为《迈向命运共同体 开创亚洲新未来》的主旨演讲，进一步指出，"人类只有一个地球，各国共处一个世界。世界好，亚洲才能好；亚洲好，世界才能好。面对风云变幻的国际和地区形势，我们要把握世界大势，跟上时代潮流，共同营造对亚洲、对世界都更为有利的地区秩序，通过迈向亚洲命运共同体，推动建设人类命运共同体。"他指出，"亚洲命运共同体"包括四大支柱：政治上坚持各国"相互尊重、平等相待"，经济上坚持"合作共赢、共同发展"，安全上坚持实现"共同、综合、合作、可持续"的安全，文化上坚持不同文明"兼容并蓄、交流互鉴"。[3]具体指明了构建"亚洲命运共同体"的路径。

周边是中国对外构筑"人类命运共同体"的起点和重点。2014 年 11 月 28 日至 29 日中央外事工作会议召开，习近平在讲话中明确了我国对外工作的战略布局，特别强调要切实抓好周边外交工作，打造"周边命运共同体"。在访问非洲、拉美、欧洲时，习近平也多次提出建立"命运共同体"。2014 年 7 月 16 日习近平在巴西议会发表演讲时强调，"我们应该倡导人类命运共同体意识，在追求本国利益时兼顾他国合理关切，在谋求本国发展中促进各国共同发展，建立更加平等均衡的新型全球发展伙伴关系。"[4]2014 年 7 月

---

[1] 习近平：《共同建设二十一世纪"海上丝绸之路"》，《习近平谈治国理政》，外文出版社 2014 年版，第 295 页。

[2] 习近平：《坚持总体国家安全观，走中国特色国家安全道路》，《习近平谈治国理政》，外文出版社 2014 年版，第 201 页。

[3] 习近平：《迈向命运共同体 开创亚洲新未来》，《人民日报》2015 年 3 月 29 日。

[4] 习近平：《弘扬传统友好 共谱合作新篇 —— 在巴西国会的演讲》，http://www.chinanews.com/gn/2014/07-17/6396896.shtml.

17 日，习近平在中国—拉美和加勒比国家领导人会晤上发表题为《努力构建携手共进的命运共同体》的主旨演讲，他说："共同的梦想和共同的追求，将中拉双方紧紧联系在一起。让我们抓住机遇，开拓进取，努力构建携手共进的命运共同体，共创中拉关系的美好未来！"[1] 2015 年 12 月 4 日，在中非合作论坛约翰内斯堡峰会开幕式上致辞时，习近平说："中非历来是命运共同体。共同的历史遭遇、共同的奋斗历程，让中非人民结下了深厚的友谊。"[2] 2016 年 6 月 17 日，习近平在波兰《共和国报》发表题为《推动中波友谊航船全速前进》的署名文章，强调："中欧应该顺应和平、发展、合作、共赢的时代潮流，深化双方战略合作，加强在国际事务中的沟通和协调，为推进以合作共赢为核心的新型国际关系、打造人类命运共同体作出贡献。"[3] 表达了中国希望加强与世界各国的团结协作、共同打造命运共同体的愿望。

习近平系统阐述"人类命运共同体"理念是在 2015 年 9 月 28 日出席第七十届联大做一般性辩论时，他在题为《携手构建合作共赢新伙伴 同心打造人类命运共同体》的演讲中强调，"和平、发展、公平、正义、民主、自由，是全人类的共同价值，也是联合国的崇高目标。目标远未完成，我们仍须努力。当今世界，各国相互依存、休戚与共。我们要继承和弘扬联合国宪章的宗旨和原则，构建以合作共赢为核心的新型国际关系，打造人类命运共同体。"他从政治、安全、经济、文化和环境等五个方面，具体谈了如何打造"人类命运共同体"："要建立平等相待、互商互谅的伙伴关系，营造公道正义、共建共享的安全格局，谋求开放创新、包容互惠的发展前景，促进和而不同、兼收并蓄的文明交流，构筑尊崇自然、绿色发展的生态体系。"[4] 这一表述发展和深化

---

[1] 习近平：《努力构建携手共进的命运共同体》，《人民日报》2014 年 7 月 19 日。

[2] 习近平：《开启中非合作共赢、共同发展的新时代》，http://news.xinhuanet.com/world/2015-12/04/c_1117363197.htm.

[3] 习近平在波兰媒体发表署名文章《推动中波友谊航船全速前进》，http://news.xinhuanet.com/mrdx/2016-06/18/c_135446703.htm.

[4] 习近平：《携手构建合作共赢新伙伴同心打造人类命运共同体》，http://politics.people.com.cn/n/2015/0929/c1024-27644905.html.

了联合国的宗旨与原则。2016 年 7 月 1 日，习近平在建党 95 周年庆祝大会上讲话时进一步强调，"中国始终是世界和平的建设者、全球发展的贡献者、国际秩序的维护者，愿扩大同各国的利益交汇点，推动构建以合作共赢为核心的新型国际关系，推动形成人类命运共同体和利益共同体。"[1] 表达了中国对推动世界和平与发展的愿望和责任。作为一个奉行和平外交、走和平发展道路的社会主义中国，以打造"人类命运共同体"为目标，强调世界各国共享发展成果和安全保障，努力弘扬和平、发展、公平、正义、民主、自由等全人类的共同价值，占据了人类道义和时代发展的制高点。2017 年 1 月 18 日，习近平在联合国日内瓦总部发表了题为《共同构建人类命运共同体》的主旨演讲，系统阐述了构建人类命运共同体的思想。他说："人类也正处在一个挑战层出不穷、风险日益增多的时代。世界经济增长乏力，金融危机阴云不散，发展鸿沟日益突出，兵戎相见时有发生，冷战思维和强权政治阴魂不散，恐怖主义、难民危机、重大传染性疾病、气候变化等非传统安全威胁持续蔓延。"面对当今世界的种种问题，"中国方案是：构建人类命运共同体，实现共赢共享。"[2] 构建人类命运共同体，关键在行动。习近平提出国际社会要从伙伴关系、安全格局、经济发展、文明交流、生态建设等方面作出努力。

在党的十九大报告中，习近平强调："坚持推动构建人类命运共同体。中国人民的梦想同各国人民的梦想息息相通，实现中国梦离不开和平的国际环境和稳定的国际秩序。必须统筹国内国际两个大局，始终不渝走和平发展道路、奉行互利共赢的开放战略，坚持正确义利观，树立共同、综合、合作、可持续的新安全观，谋求开放创新、包容互惠的发展前景，促进和而不同、兼收并蓄的文明交流，构筑尊崇自然、绿色发展的生态体系，始终做世界和平的建设者、

---

[1]《习近平在庆祝中国共产党成立 95 周年大会上的讲话》，http://www.chinanews.com/gn/2016/07-01/7924310.shtml.

[2]《习近平谈治国理政》第二卷，外文出版社 2017 年，第 538、539 页。

全球发展的贡献者、国际秩序的维护者。"[1] 在阐述中国对外战略时，习近平强调："中国共产党是为中国人民谋幸福的政党，也是为人类进步事业而奋斗的政党。中国共产党始终把为人类作出新的更大的贡献作为自己的使命。""我们呼吁，各国人民同心协力，构建人类命运共同体，建设持久和平、普遍安全、共同繁荣、开放包容、清洁美丽的世界。""世界命运握在各国人民手中，人类前途系于各国人民的抉择。中国人民愿同各国人民一道，推动人类命运共同体建设，共同创造人类的美好未来！"[2] 中国作为共产党领导的社会主义国家，在自己发展壮大起来后，并没有像历史上那些列强那样，谋求称霸和领导世界，而是努力让自己的发展惠及世界人民，特别是惠及发展中国家。

习近平提出的"人类命运共同体"是一个内涵与外延不断深化的概念：从地域看，中国在双边、地区、全球层面都提出了构建命运共同体倡议；从涉及的领域看，"人类命运共同体"理念涵盖经济、政治、安全、发展、文明、生态、网络等多个领域，其实质是希望世界各国和平相处，互利合作，利益共享，责任共担，共同打造人类命运共同体，保障中国和世界的发展都有一个和平环境。需要注意的是，习近平倡导建立"人类命运共同体"并不是无原则的，他强调："中国倡导人类命运共同体意识，反对冷战思维和零和博弈。中国坚持国家不分大小、强弱、贫富一律平等，尊重各国人民自主选择发展道路的权利，维护国际公平正义，反对把自己的意志强加于人，反对干涉别国内政，反对以强凌弱。中国不觊觎他国权益，不嫉妒他国发展，但决不放弃我们的正当权益。中国人民不信邪也不怕邪，不惹事也不怕事，任何外国不要指望我们会拿自己的核心利益做交易，不要指望我们会吞下损害我国主权、安全、发展利益的苦果。"[3] 也就是说，中国在自己发展的过程中在为人类谋福祉，

---

[1]《中国共产党第十九次全国代表大会文件汇编》，人民出版社 2017 年版，第 20-21 页。

[2]《中国共产党第十九次全国代表大会文件汇编》，人民出版社 2017 年版，第 46、47、49 页。

[3]《习近平在庆祝中国共产党成立 95 周年大会上的讲话》，http://www.chinanews.com/gn/2016/07-01/7924310.shtml.

其他国家不能借中国的良好愿望，侵犯我们的利益，如果他们不想与我们成为"命运共同体"，还要坚持"零和"游戏，还要遏制中国的发展，我们也不会听之任之。

二、"人类命运共同体"：中华文化传统与现实紧密结合

"人类命运共同体"思想的提出，既是根植于中华文化和世界历史发展的经验教训，也是对全球化进程的回应，是把历史与现实连接起来的考量，更是指导未来发展的方向标。

首先，"人类命运共同体"是倡导和平的中华文化在当代的反映。王毅外长曾在文章中说："人类命运共同体理念植根于源远流长的中华文明和波澜壮阔的中国外交实践，契合各国求和平、谋发展、促合作、要进步的真诚愿望和崇高追求，有着深刻丰富的理论内涵。"[1] 中华文化博大精深，但其特质是开放、和平、包容的文化，中华文化倡导"以和为贵"、"和而不同"，具有"海纳百川，有容乃大"的情怀，秉持"天下为公"、"协和万邦"、"兼爱非攻"、"万国咸宁"的政治理念，"命运共同体"理念，是从中华文化中提炼升华而成的一种价值观。中国不认同"国强必霸论"，中国人的血脉中确实没有称王称霸、穷兵黩武的基因。在新中国成立之初，我们就倡导"和平共处五项原则"，强调"求同存异"。2011 年 9 月推出的《中国和平发展》白皮书写到：国际社会应该超越国际关系中陈旧的"零和博弈"，超越危险的冷战、热战思维，超越曾把人类一次次拖入对抗和战乱的老路，要以命运共同体的新视角，以同舟共济、合作共赢的新理念，寻求多元文明交流互鉴的新局面，寻求人类共同利益和共同价值的新内涵，寻求各国合作应对多样化挑战和实现包容性发展的新道路。"打造人类命运共同体"是中国作为一个对世界负责任的大国向世界发出的"中国声音"。

第二，构建"人类命运共同体"也是作为社会主义大国的中国走的一条新

---

[1] 王毅：《携手打造人类命运共同体》，《人民日报》2016 年 5 月 31 日 。

路。从工业革命以来，西方列强的崛起带来的是战争与血腥的征服，战争不断，英国打败了西班牙的无敌舰队，拿破仑发动了征服欧洲的战争，美国也曾进行美西战争，两次世界大战与德国的崛起直接相关、日本的崛起打破了东亚的和平秩序，使亚洲人民遭受了极大痛苦。作为世界第一个社会主义国家的苏联，也未能坚持列宁所倡导的和平发展道路，而是更多继承了沙皇俄国侵略扩张的基因，挑战整个资本主义世界的秩序，大搞军备竞赛和军事扩张，先后入侵捷克斯洛伐克和阿富汗，武力扩张消耗了大量国民财富，影响了民众生活水平的提高，招致了最后的失败。近年来，随着中国的迅速发展，国际社会关于"中国威胁论"的声音不绝于耳。中国作为一个有悠久的文明史、曾被列强奴役的新兴国家，作为一个走中国特色社会主义道路的大国，要走出一条新路，跨越所谓"修昔底德陷阱"，打破"国强必霸规律"，让中国的发展惠及世界。这也是"中国特色社会主义道路"与"苏联模式社会主义道路"的一个重大差别。中国坚持走和平发展道路，主张世界各国和而不同、和谐共生、共同发展。习近平强调："中国从一个积贫积弱的国家发展成为世界第二大经济体，靠的不是对外军事扩张和殖民掠夺，而是人民勤劳、维护和平。中国将始终不渝走和平发展道路。无论中国发展到哪一步，中国永不称霸、永不扩张、永不谋求势力范围。历史已经并将继续证明这一点。"[1]2015年9月3日习近平在纪念中国人民抗日战争暨世界反法西斯战争胜利70周年大会上发表重要讲话，强调要以史为鉴，坚定维护和平的决心，牢固树立"人类命运共同体"意识。2017年1月18日他在联合国日内瓦总部发表演讲时，从世界历史的角度强调了和平与发展的重要性。"构建人类命运共同体是一个美好的目标，也是一个需要一代又一代人接力跑才能实现的目标。中国愿同广大成员国、国际组织和机构一道，共同推进构建人类命运共同体的伟大进程。"[2]

　　第三，"人类命运共同体"也是对当今时代潮流的回应。冷战结束以来，

[1]《习近平谈治国理政》第二卷，外文出版社2017年版，第545页。
[2]《习近平谈治国理政》第二卷，外文出版社2017年版，第548页。

两大阵营对立局面不复存在，两个平行市场的对立也随之消失，各国相互依存大幅加强，经济全球化快速发展演化，地球变成了"地球村"。"人类命运共同体"理念把握了这个时代潮流，顺应了这个大势。2012 年 11 月，党的十八大报告提出，"这个世界，各国相互联系、相互依存的程度空前加深，人类生活在同一个地球村里，生活在历史和现实交汇的同一个时空里，越来越成为你中有我、我中有你的命运共同体。"2013 年 3 月，习近平在莫斯科国际关系学院的演讲时强调，"要跟上时代前进步伐，就不能身体已进入 21 世纪，而脑袋还停留在冷战思维、零和博弈的旧时代。我们认为，应该积极倡导共同、综合、合作、可持续的亚洲安全观，创新安全理念，搭建地区安全和合作新架构，努力走出一条共建、共享、共赢的亚洲安全之路。"[1] 正是基于对时代潮流的把握，习近平提出，"当今世界正在发生深刻复杂的变化，和平、发展、合作、共赢的时代潮流更加强劲，国际社会日益成为你中有我、我中有你的命运共同体。同时，国际关系中的不公正不平等现象仍很突出，全球性挑战层出不穷，各种地区冲突和局部战争此起彼伏，不少国家的民众特别是儿童依然生活在战火硝烟之中，不少发展中国家人民依然承受着饥寒的煎熬。维护世界和平、促进共同发展，依然任重道远。"[2] "人类命运共同体"理念，反映了世界各国和各国人民相互依赖、利益交融、休戚相关的现实，同坚持独立自主的和平外交政策、坚持和平共处五项原则、坚持互利共赢的开放战略、坚持推动建设和谐世界等新中国外交优秀传统一脉相承，同时反映了各国人民追求发展进步的共同愿望以及一些区域和国家建立不同形式共同体的有益经验，既具有鲜明的中国特色，又蕴含全人类共同价值，是中国对 21 世纪国际关系理论的重要贡献。2016 年英国脱欧、美国特朗普当选，一股反全球化、贸易保护主义的潮流令人不安，但经济全球化作为世界潮流

---

[1] 习近平：《积极树立亚洲安全观 共创安全合作新局面》，《习近平谈治国理政》，外文出版社 2014 年版，第 354 页。

[2] 习近平：《弘扬和平共处五项原则，建设合作共赢美好世界》，《人民日报》2014 年 6 月 29 日。

难以阻挡，如何让世界各国人民，包括发达国家的工人阶级在全球化中受益，成为一项新的课题。"人类命运共同体"理念无疑有助于解决这一问题。

三、"一带一路"是打造"人类命运共同体"的重要举措

中国不仅是构建人类命运共同体的倡导者，也是实践者、贡献者和先行者，正如王毅外长所言："作为中国外交创新的核心成果，打造人类命运共同体和实现中华民族伟大复兴一道成为中国特色大国外交追求的目标。在这一目标指引下，确立了以坚持和平发展为战略选择、以寻求合作共赢为基本原则、以建设伙伴关系为主要路径、以践行正确义利观为价值取向的中国特色大国外交理论体系框架，丰富了以习近平同志为总书记的党中央治国理政的理念和方略，成为中国特色社会主义理论体系的重要组成部分。"[1]中国提出的"一带一路"倡议，是中国向世界贡献的公共品，突出体现了中国为建立"人类命运共同体"的责任与担当。

我们正在以"一带一路"为引领，稳步推进"人类命运共同体"建设。"中国坚持走和平发展道路，既积极争取和平的国际环境发展自己，又以自身发展促进世界和平；既让中国更好利用世界的机遇，又让世界更好分享中国的机遇，促进中国和世界各国良性互动、互利共赢。"[2]2016年1月21日，习近平在阿拉伯国家联盟总部的演讲时说："中国坚持走和平发展道路，奉行独立自主的和平外交政策，实行互利共赢的对外开放战略，着力点之一就是积极主动参与全球治理，构建互利合作格局，承担国际责任义务，扩大同各国利益汇合，打造人类命运共同体。"[3]习近平大力倡导、推进的"一带一路"就是要寻找各国更多利益交汇点，培育各国新的利益交汇点，用"利

---

[1] 王毅：《携手打造人类命运共同体》，《人民日报》2016年5月31日。

[2]《习近平接受拉美四国媒体联合采访》，http://news.xinhuanet.com/video/2014-07/14/c_126752042.htm。

[3]《共同开创中阿关系的美好未来——在阿拉伯国家联盟总部的演讲》，http://news.xinhuanet.com/world/2016-01/22/c_1117855467.htm。

益共同体"把各国和各地区联成"命运共同体"。

为了推动"一带一路"建设，中国倡议召开了"加强互联互通伙伴关系对话会"，宣布投资 400 亿美元成立"丝路基金"。中国发起成立了"亚投行"，启动授权资本为 1000 亿美元的亚洲区域基础设施投融资新机制，促进亚洲国家在基础设施领域的投资，并得到了英国、法国等西方发达国家的响应。中国与金砖国家合作推动建立授权资本为 1000 亿美元的金砖国家开发银行，以缓解金砖国家和其他发展中国家在基础设施建设领域所遭遇的"融资难"问题。中国采取实质性举措破解基础设施投融资难题，大力推进 G20 基础设施投资议程。中国非常清楚地表明，中国有意愿、有能力帮助其他国家，向亚太和全球提供更多公共产品。这些区域国际金融机制的建立，旨在打破亚洲互联互通的财政瓶颈，为"一带一路"项目筹措资金，提供财政支持。

"一带一路"以交通基础设施建设为重点，契合亚欧大陆的实际需要，已经得到了 60 多个国家的积极响应。《中华人民共和国国民经济和社会发展第十三个五年规划纲要》第十一篇构建全方位开放新格局提出"以'一带一路'建设为统领，丰富对外开放内涵，提高对外开放水平，协同推进战略互信、投资经贸合作、人文交流，努力形成深度融合的互利合作格局，开创对外开放新局面"。第五十一章推进"一带一路"建设进一步提出："秉持亲诚惠容，坚持共商共建共享原则，开展与有关国家和地区多领域互利共赢的务实合作，打造陆海内外联动、东西双向开放的全面开放新格局。"党的十九大报告提出，"要以'一带一路'建设为重点，坚持引进来和走出去并重，遵循共商共建共享原则，加强创新能力开放合作，形成陆海内外联动、东西双向互济的开放格局。"[1] "一带一路"以实现政策沟通、设施联通、贸易畅通、资金融通、民心相通为手段，打造国际合作新平台，树立了各国共同发展的榜样。中国的经济发展不仅造福中国人民，更造福"一带一路"参与国民众。"一带一路"使各国经济更加紧密结合起来，推动各国基础设施建设和体制机制创新，

---

[1]《中国共产党第十九次全国代表大会文件汇编》，第 28 页。

创造新的经济增长点和增加就业岗位，增强各国经济发展的内生动力和抗风险能力，为低迷的世界经济注入新的活力。

"一带一路"倡议得到越来越多参与国家的认同。2015 年 5 月，中俄两国元首签署《关于丝绸之路经济带建设和欧亚经济联盟建设对接合作的联合声明》，是"一带一路"倡议在欧亚大陆取得的又一重大进展，中俄在稳步推进交通、跨境基础设施、物流及其他双方重点关注领域的项目合作。习近平和纳扎尔巴耶夫一致决定，在平等互利基础上加快推进"丝绸之路经济带"同哈方"光明之路"经济战略对接。中国和白俄罗斯的领导人同意将中白工业园项目建成丝绸之路经济带的标志性项目。2016 年 11 月 3 日，上合组织成员国政府首脑批准《2017-2021 年上海合作组织进一步推动项目合作的措施清单》等多项合作文件和决议，中国与中亚国家的合作发展到各个领域。中国与中东欧国家的"16+1 合作"日趋成熟，正在共同打造涵盖交通、金融、科技、人文等广泛领域的互联互通，实现互利共赢。2016 年 11 月 5 日，中国与中东欧 16 国共同发表《中国 – 中东欧国家合作里加纲要》和关于开展三海港区基础设施、装备合作的联合声明，签署了涵盖产能合作、基础设施建设等多个领域的合作协议。未来五年中国实施的"十三五规划"，重点依托"一带一路"倡议，促进中外合作共赢，为"人类命运共同体"建设打好基础。

在建设"丝绸之路经济带"与"21 世纪海上丝绸之路"的过程中，中国强调与各国合作共赢，"一带一路"就是一条合作共赢之路。2016 年 8 月 17 日习近平在出席推进"一带一路"建设工作座谈会时强调，"坚持各国共商、共建、共享，遵循平等、追求互利，牢牢把握重点方向，聚焦重点地区、重点国家、重点项目，抓住发展这个最大公约数，不仅造福中国人民，更造福沿线各国人民。中国欢迎各方搭乘中国发展的快车、便车，欢迎世界各国和国际组织参与到合作中来。"[1] "一带一路"建设将带动各国经济更加紧密

---

[1]《习近平对"一带一路"建设提 8 要求》，http://news.xinhuanet.com/mrdx/2016-08/18/c_135609953.htm.

结合起来，推动各国基础设施建设和体制机制创新，创造新的经济增长点和增加就业岗位，增强各国经济发展的内生动力和抗风险能力，为低迷的世界经济注入新的活力。

总之，国际形势复杂多变，各种挑战层出不穷，"构建人类命运共同体"这个新理念、新目标，立足于时代发展的潮流，反映了民众求和平与发展的愿望，是中国承担大国责任、参与全球治理的目标所向。习近平不仅提出"构建人类命运共同体"，还努力把这一新理念变成现实。"一带一路"倡议秉持共商共建共享的原则，与世界各国一道解决世界经济持续发展面临的问题，通过与沿线各国的合作，让那些周边国家搭乘中国发展的便车，许多国家也确实从中国的发展中得到了实实在在的好处。"人类命运共同体"这一新理念，有助于推进"一带一路"沿线各国的合作，同时，"一带一路"的稳步推进也有利于构建人类命运共同体目标的实现。实现"人类共同体"这一理想目标不是一朝一夕的事，需要一步一步向前走，需要在发展双边关系、周边关系、与发展中国家的关系、与发达国家的关系时，都努力深化共同利益，通过"利益共同体"实现"命运共同体"。中国将继续坚持共商共建共享的全球治理观，以更加开放的姿态面向世界，与其他国家和人民一道为世界和平与发展做出新的重大贡献。在对外交往中，我们强调使中国的发展惠及世界，使世界各国从中国的发展中受益。现在中国是对世界经济增长贡献率最高的国家，我们是世界上绝大多数国家最大的贸易伙伴，中国的发展实际上已经带动了许多国家的发展。习近平提出的"一带一路"倡议，就是让世界更好地分享中国的机遇，促进中国和世界各国良性互动、互利共赢，形成命运共同体，共建美好的世界。